Gerhard und Nadja Simon:
Verfall und Untergang des sowjetischen Imperiums
Mit zahlreichen Dokumenten



Deutscher
Taschenbuch
Verlag

dtv

Originalausgabe
April 1993

Umschlagtypographie: Celestino Piatti
Umschlagabbildung: Spontane Unabhängigkeitsfeier der Ukrainer am 25. 8. 1991 in Kiew (Foto dpa)
Gesamtherstellung: C. H. Beck'sche Buchdruckerei, Nördlingen
Printed in Germany · ISBN 3-423-04598-1

## Das Buch

Das Ende des Kommunismus in Osteuropa und der Zerfall der Sowjetunion sind vorläufige Endpunkte eines rasanten Prozesses von weltgeschichtlicher Bedeutung. Dieses Buch beschreibt die Entwicklung von den Voraussetzungen und Bedingungen der Perestrojka über die immer aussichtsloser werdenden Bemühungen Gorbatschows in den Jahren 1985 bis 1991 bis zum Putsch im August 1991 und zur endgültigen Auflösung des sowjetischen Imperiums. Die unerwartet rasche und insgesamt erstaunlich friedliche Entwicklung ist eine Anti-Revolution, eine von den Trägern des Systems selbst eingeleitete Abkehr von den ideologischen, politischen und ökonomischen Grundlagen der bolschewistischen Revolution von 1917. Dem Untergang des Alten folgt die Suche nach der angemessenen Ordnung für die Zukunft in den Nachfolgestaaten der UdSSR, der nationale Spannungen ebenso entgegenstehen wie das Fortwirken alten Denkens und der nur langsame Wechsel der Machteliten.
Die Darstellung wird durch eine Auswahl von Dokumenten ergänzt, die vom Gedicht über offizielle Deklarationen bis zu Leserbriefen und Statistiken reiches Material bietet, um möglichst viele Aspekte der Veränderungen zu veranschaulichen, die zur Umwälzung in Osteuropa geführt haben.

## Die Autoren

Prof. Dr. Gerhard Simon, geb. 1937 in Rensin/Pommern, ist wissenschaftlicher Direktor im Bundesinstitut für ostwissenschaftliche und internationale Studien in Köln und lehrt osteuropäische Geschichte an der Universität zu Köln.
Nadja Simon, geb. 1948 in Tawda (Sibirien) bei Jekaterinburg ist freie Journalistin, Dolmetscherin und Übersetzerin.

Inhalt

# Einleitung

Der Untergang des Kommunismus in Osteuropa und das Ende der Weltmacht Sowjetunion sind Vorgänge von weltgeschichtlichem Rang. Die Epoche der russischen Geschichte, die 1917 begonnen hat, ist zu Ende gegangen. Die Machtergreifung der Bolschewiki und das von ihnen errichtete totalitäre Regime haben die Sowjetunion und die von ihr beherrschten Länder Osteuropas von wesentlichen Entwicklungen der europäischen Geschichte im 20. Jahrhundert ausgeschlossen. Diese Länder erleben deshalb das Ende der kommunistischen Diktatur als die »Rückkehr nach Europa«, die oft auch als die »Rückkehr zur Normalität«, die »Rückkehr in die Gemeinschaft der zivilisierten Staaten« begriffen wird. Dahinter steht die Überzeugung, daß, ähnlich wie der Faschismus in Italien und der Nationalsozialismus in Deutschland, die Diktatur der kommunistischen Partei Rußland und die anderen Länder ins Verhängnis geführt hat, daß die Weichenstellung von 1917 falsch war, daß es für die Millionen Opfer der Diktatur keine Rechtfertigung gibt.

In Osteuropa vollzieht sich eine Anti-Revolution. Die weltanschaulichen, politischen und ökonomischen Grundlagen der bolschewistischen Revolution werden abgelehnt, und die Folgen der Revolution sollen – soweit das möglich ist – rückgängig gemacht werden. Damit verbindet sich vielfach die Überzeugung, daß die historische Entwicklung dort wieder aufgenommen werden muß, wo sie von den Revolutionären 1917 gewaltsam abgebrochen worden war. Selbstverständlich ist eine Rückkehr vom Ende des 20. Jahrhunderts zu dessen Anfang nur begrenzt und eingeschränkt möglich. Die jetzige Anti-Revolution akzeptiert bestimmte gesellschaftliche Wandlungsprozesse, die in den vergangenen Jahrzehnten Lebensverhältnisse und Wertesysteme verändert haben. Dazu gehören Urbanisierung, Industrialisierung und der Aufbau eines allgemeinen und berufsbezogenen Bildungswesens in einer sich modernisierenden Gesellschaft. Während für eine Revolution grundsätzlich alles zur Disposition steht, weil sie ja die schlechte alte Welt durch die gute neue Welt ersetzen will, erlaubt die Anti-Revolution nicht den Umsturz aller Verhältnisse. Sie bezieht ihre Legitimation nicht zuletzt aus der Ablehnung der Gewalt als Mittel der Politik, die für die Revolutionäre eine Selbstverständlichkeit, ja Notwendigkeit gewesen war.

Drei Merkmale charakterisieren den bisherigen Gang der Anti-Revolution: Der Zusammenbruch des alten Regimes kam *erstaunlich schnell*; er verlief erstaunlich gewaltfrei; und er kam für die Beteiligten und die meisten Beobachter von außen ziemlich unerwartet. Dieses Buch will erklären helfen, warum dies so war. Nur zwei Jahre nach dem Fall der kommunistischen Regierungen in Polen, Ungarn und der Tschechoslowakei 1989 mußte die KPdSU die Macht aus der Hand geben. Aber ein seit mehr als 70 Jahren bestehendes politisches System verfällt nicht von heute auf morgen, eine Weltmacht tritt nicht über Nacht von der politischen Bühne ab. Die Prozesse der Degeneration hatten seit Jahrzehnten eingesetzt. Es gehörte zu den fatalen »Leistungen« des Sowjetsystems, daß es wirksame Instrumente entwickelt hatte, um diesen Sachverhalt vor sich und anderen zu verbergen. Die geschlossene sozialistische Ordnung brach nicht zuletzt deshalb zusammen, weil sie die inneren Konflikte leugnete, Harmonie vortäuschte und sich damit alle Möglichkeiten verbaute, rechtzeitig auf Degenerationsvorgänge zu reagieren. Die Chancen einer demokratischen Gesellschaft beruhen auf ihrer erheblich größeren Fähigkeit, Konflikte offenzulegen und dadurch an ihrer Überwindung zu arbeiten.

Die Anti-Revolution verlief bisher in Ostmitteleuropa sowie in den slawischen und baltischen Staaten auf dem Territorium der früheren Sowjetunion *erstaunlich gewaltfrei*. Bedenkt man die Ströme von Blut, die in Revolution und Bürgerkrieg flossen, und das Ausmaß von Gewalt, mit dessen Hilfe nach 1944 das sowjetische Regime in Ostmitteleuropa aufgerichtet wurde, so muß es als große politische Leistung gewertet werden, daß die Weltmacht Sowjetunion vergleichsweise unblutig von der Bühne abtrat. Dies gilt um so mehr vor dem Hintergrund des brutalen Völkerkriegs im ehemaligen Jugoslawien. Wo es dennoch während und unmittelbar infolge des staatlichen Zerfalls zu Gewaltausbrüchen, Kriegshandlungen und lokal begrenzten Kriegen kam, waren in den südlichen Regionen der ehemaligen Sowjetunion meist nationale Spannungen die Ursache. Die Zahl der Todesopfer bei gewalttätigen ethnischen Auseinandersetzungen zwischen 1985 und Mitte 1992 wird auf 3200 geschätzt. 90 Prozent der Opfer waren im armenisch-aserbaidshanischen Krieg um Berg-Karabach und bei den Ausschreitungen zwischen muslimischen Völkern im Fergana-Tal zu beklagen.

Das Ende der kommunistischen Ordnung der Macht und des Staates Sowjetunion kam für viele so *unerwartet*, daß sie es noch immer vorziehen, den Tatsachen nur halbherzig ins Auge zu sehen. Dazu bietet insbesondere die Schaffung der Gemeinschaft Unabhängiger Staaten einen Vorwand. Hier wird die Illusion genährt, an die Stelle der UdSSR sei die GUS getreten, obwohl die Gründungsdokumente ausdrücklich erklären, die GUS sei »weder ein Staat, noch ein suprastaatliches Gebilde«. Die Gemeinschaft ist also völkerrechtlich oder politisch keineswegs mit der EG auf eine Stufe zu stellen. Das mangelhafte Vorbereitetsein auf das Ende des Kommunismus im Westen ist einerseits auf die Fähigkeiten des Regimes zurückzuführen, den falschen Eindruck von Stabilität zu erwecken, es ist aber auch selbstverschuldet. Das Fortbestehen des Status quo in Osteuropa war seit den sechziger Jahren zu einem zentralen Bestandteil westlicher Interessenwahrnehmung geworden. Westliche Politik hat in diesem Sinn nicht unwesentlich zur Stabilisierung und Fortdauer kommunistischer Ordnung in Osteuropa beigetragen. Die bestehende Ordnung der politischen Macht innerhalb der Sowjetunion und die seit 1945 eingerichtete Abgrenzung der Interessensphären in Europa, also die Teilung Deutschlands und Europas, wurden zumeist im Westen, jedenfalls auf absehbare Zeit, für unabänderlich gehalten. Dahinter verbarg sich – zumeist unausgesprochen – auch die Einschätzung, daß die Völker Osteuropas, zumal die Russen, für Demokratie und Marktwirtschaft nicht reif seien und eigentlich dahin auch gar nicht strebten. Für sie sei vielmehr das Ende der Terrorherrschaft Stalins ein großer Fortschritt, und eine westeuropäische Ordnung von Staat und Gesellschaft sei für die Völker Osteuropas nicht angemessen. So wurden die Demokratiebewegungen in Polen, Ungarn und der Tschechoslowakei ebenso wie die Dissidenten-Gruppen in der UdSSR zwar mit einer gewissen persönlichen Sympathie und Anteilnahme zur Kenntnis genommen, ihr Tun zuletzt aber doch als sinnloses Aufbegehren gegen die unabänderliche Realität der Gegenwart eingestuft und eben nicht als die Vorarbeit für die Zukunft gesehen. Der Westen hatte sich gut im Kalten Krieg eingerichtet und schätzte seine Stabilität, die es erlaubte, in Westeuropa nach dem Zweiten Weltkrieg Demokratie und Wohlstand aufzubauen.

Allerdings hat die Politik der Entspannung, die ja im Interesse der Stabilitätssicherung entworfen worden war, zur Unterminierung der kommunistischen Diktatur beigetragen, wenn auch in anderer Weise als die Partner auf beiden Seiten erwartet hatten. Statt der Annäherung kam es zum Zusammenbruch der Diktatur der kommunistischen Partei. Dies ist durch die vorangehende teilweise Öffnung Osteuropas im Prozeß der Entspannung erleichtert worden.

Ein Grund für den schnellen und vergleichsweise schmerzlosen Untergang des Ancien régime ist die Tatsache, daß er von den Kommunisten selbst ins Werk gesetzt worden ist. Dies gilt insbesondere für Rußland, in geringerem Umfang für die nichtrussischen europäischen Nachfolgestaaten der UdSSR und kaum für ein Land wie Polen. Man hätte erwarten können, daß in Rußland, im Zentrum der Revolution, der Widerstand besonders hartnäckig sein würde. Stattdessen entsteht der Eindruck, daß die Führungskader seit etwa 1989 den Glauben an die eigene Sache verloren. Jene, die seit Jahrzehnten der Leninschen Tradition nachgelebt hatten, daß die Machterhaltung im Zentrum aller Politik steht, schienen nach kurzem und halbherzigem Widerstand gleichsam die Instrumente der Macht selbst aus der Hand zu legen. War es die Überzeugung, daß Widerstand auf die Dauer nutzlos sein würde? Oder war es die Hoffnung, durch rechtzeitige und großräumige Rückzugsbewegungen noch am ehesten etwas retten zu können?

Weil die Inhaber der Macht den Parteiapparat der KPdSU – das Herzstück des sowjetischen politischen Systems – selbst demontierten, hat ein Elitenwechsel nur sehr begrenzt stattgefunden. Ein erheblicher Teil der alten Herrschaftsstrukturen löste sich auf, aber vielen Amtsinhabern gelang das Hinübergleiten in die neuen Institutionen der Macht und der Verwaltung. Allerdings fehlt den neuen/alten Machteliten die Geschlossenheit und vergleichsweise Homogenität, die durch das Nomenklatura-System garantiert wurde. Die neuen Machteliten bestehen nicht nur aus Wendehälsen und Opportunisten. Unter ihnen gibt es ehemalige Kommunisten, die sich wie Jelzin vom alten Regime lösten, als das noch ein Risiko war. Hinzu kommen Vertreter der antikommunistischen und der Dissidentenbewegung. Einige ehemalige politische Gefangene in Rußland und in den anderen Nachfolgestaaten nehmen Schlüsselstellungen in der Politik ein. Außerdem steigen in zunehmendem Maß meist jüngere Persönlichkeiten in verantwortliche Positionen in der Exekutive und in den Parlamenten auf, die keine Nomenklatura-Biographie aufzuweisen haben. Die Selbstdemontage des kommunistischen Systems bzw. der gewaltlose Übergang von der Diktatur zu einer demokratischen Ordnung und der nur langsame, bislang ganz unvollständige Wechsel der Machteliten hängen ursächlich miteinander zusammen.

Die Ablösung der alten Ordnung vollzog sich zügig und zielstrebig, der Aufbau des Neuen erwies sich als wesentlich schwieriger. Es war leicht, antikommunistische Koalitionen und Bündnisse zusammenzubringen. Aber nachdem die Gegner, die KPdSU und der sowjetische Zentralstaat, das Feld geräumt hatten, bestand kein Konsens über die Wege zu einer neuen politischen und ökonomischen Ordnung. Es läßt sich sogar argumentieren, daß die lange Dauer der Sowjetordnung nicht so sehr auf ihrer Geschlossenheit und Kraft beruhte, als vielmehr auf dem Mangel an einer konsensfähigen Alternative in Rußland. Auch die Dissidenten und Oppositionellen seit den sechziger Jahren hatten sie trotz vielfacher Anstrengungen nicht entwickeln können. Die Oppositionellen in Rußland hatten weder die soziale noch die nationale Frage in ihren Entwürfen angemessen berücksichtigt. Die nationale Frage blieb weithin den Antiliberalen überlassen. Außerhalb Rußlands formierte sich demgegenüber seit langem eine politische Alternative – die Nationen. Die Nationalbewegungen hatten wesentlichen Anteil am Sturz des kommunistischen Systems. Aber auch sie standen, ähnlich wie die antikommunistischen Kräfte in Rußland, der neuen Situation nach dem Ende des sowjetischen Imperiums unvorbereitet gegenüber, weil der Zusammenbruch so rasch gekommen war.

So folgte dem Ende des alten Regimes, für das viele gekämpft und dem sich immer weniger entgegengestemmt hatten, nicht eine Zeit des triumphalen Sieges, sondern der konfliktreichen Suche nach neuen Orientierungen in allen Bereichen von der Sinngebung des persönlichen Lebens bis zur Einrichtung des Staates. Hinsichtlich der politischen Ordnung sollten an die Stelle der Diktatur einer Partei demokratische Selbstbestimmung und Pluralismus treten; in der Wirtschaft sollte das planwirtschaftliche Kommandosystem durch Marktwirtschaft ersetzt werden. In der Realität zeigte sich sehr bald, daß dies Neue nicht sozusagen spontan und selbstverständlich aus dem Zusammenbruch des Alten hervorging. Chancen für den Aufbau von Demokratie und Marktwirtschaft, die sich jetzt eröffneten, sind noch nicht Demokratie und Marktwirtschaft. Überzogene Erwartungen führten in Teilen der Gesellschaft, insbesondere der Intelligenz, in eine postkommunistische Depression; die anhaltende Talfahrt der Wirtschaft bedeutete weitverbreitete Armut.

Dennoch konnte in Rußland und den meisten anderen Nachfolgestaaten ein Minimum an politischer Stabilität bewahrt werden – die elementare Voraussetzung für jede Aufbauleistung. Nur in Georgien und Tadshikistan schlugen 1992 ethnische und politische Spannungen, Konflikte zwischen Regionen und Klanen in bürgerkriegsähnliche Gewaltausbrüche um. Der Krieg um Berg-Karabach nahm an Härte zu.

Überall in Ostmitteleuropa und den Nachfolgestaaten der Sowjetunion, aber auch im Westen setzte sich allmählich die Einsicht durch, daß der Aufbau von Marktwirtschaft und demokratischer politischer Ordnung lange Zeit erfordern würde, und daß man von den kurzen Fristen, in denen seit 1989 das alte Regime abgetreten war, Abschied nehmen mußte. Die Zeit der kataraktischen Umbrüche schien vorüber, und vor den postkommunistischen Staaten und Gesellschaften lag eine Periode der konfliktreichen Instabilität und der Suche nach der angemessenen Ordnung für die Zukunft.

Die Schwierigkeiten waren um so größer als zahlreiche Kontinuitäten aus kommunistischer Zeit den Wandel erschwerten. Selbst gewaltsame Revolutionen schaffen keine Tabula rasa und zerbrechen nicht alle historische Kontinuität; dies gilt in viel stärkerem Maß für die Anti-Revolution, die ihrem Selbstverständnis nach eine gewaltsame Umwälzung aller Verhältnisse ablehnte. Von dem begrenzten und nur sehr allmählichen Wechsel der Machteliten war bereits die Rede. Dazu kamen die Schwierigkeiten bei der strukturellen Neuordnung der Macht. In allen slawischen und islamischen Nachfolgestaaten waren Ende 1992 noch die parlamentarischen Institutionen aus kommunistischer Zeit im Amt; nirgendwo waren die Sowjetverfassungen durch demokratisch-parlamentarische Verfassungen ersetzt worden. Nur in den baltischen Staaten begann im Herbst 1992 eine neue Runde freier Wahlen und die Einsetzung demokratischer Verfassungen. Neben den Sowjets bestand in den slawischen und islamischen Nachfolgestaaten auch der KGB nach vergleichsweise geringer organisatorischer Umgestaltung, wenn auch nun auf nationalstaatlicher Ebene, fort. Zwar zerfiel die Sowjetarmee; alle Nachfolgestaaten hatten 1992 erklärt, eigene Armeen aufbauen zu wollen. Aber vor allem die neue russische Armee bestand nicht nur in ihrem Offizierkorps aus den alten sowjetischen Offizieren, sondern sie war vielfach auch den alten Traditionen einer Armee verpflichtet, die dem Imperium gedient hatte und die den eigentlichen – und einzigen – Anspruch auf Weltmachtgeltung der Sowjetunion verkörpert hatte.

Zu den größten Hindernissen beim Anschluß an die europäische Neuzeit gehörten die Defizite einer demokratischen politischen Kultur und generell das Fortwirken der alten Mentalitäten. Die bolschewistische Diktatur hatte nicht nur die institutionellen Ansätze zu einer demokratischen Ordnung zerstört, sondern sie prägte auch die politische Kultur im antidemokratischen Sinn. Gefördert und belohnt wurden die politischen Tugenden der Unter- und Überordnung, der Hierarchisierung. Verfemt und verleumdet wurden demgegenüber Kompromißbereitschaft und Koalitionsbildung. Die bolschewistische politische Kultur, die geprägt war von der Maxime, »wenn der Feind sich nicht ergibt, wird er vernichtet« (Gorkij), wirkt bis heute fort. Das Gewissen war durch die revolutionäre

Ethik kastriert worden, nach der alle Mittel zur Erreichung der revolutionären Ziele erlaubt sind. Hieraus resultiert nicht nur eine Geringschätzung oder sogar Verachtung für das Prozedurale im bürgerlichen Staat, sondern die Mißachtung der Wege und der Zwischenschritte überhaupt und die Fixierung auf das Endziel. Die bolschewistische politische Kultur war kämpferisch und anti-pragmatisch gewesen. Toleranz und Konsens waren negative Werte. Wenn die Welt aus Freunden und Feinden bestand, hatten solche Werte keine Bedeutung mehr. So ist es nicht verwunderlich, daß die politische Rhetorik und Mentalität auch nach dem Fall der KPdSU noch erheblich von der Kampfsprache und dem Denkstil Lenins mitgeprägt sind. Meinungsunterschiede und Interessengegensätze hießen in kommunistischer Zeit Abweichung und Überbleibsel der bourgeoisen Gesellschaft; Opposition war Verrat und nicht zuletzt ein strafrechtlicher Tatbestand. Der Abbau solcher mentalen Prägungen nimmt mehr Zeit in Anspruch als das Abfassen einer neuen Verfassung.

Dennoch muß betont werden, das kommunistische politische System ist zusammengebrochen, weil die revolutionäre Ethik des Alles-ist-erlaubt und das verordnete Schwarz-Weiß-Bild von der Welt in der Gesellschaft nicht mehr akzeptiert wurden. Perestrojka und das Ende des sowjetischen Systems sind der russischen und »sowjetischen« Gesellschaft nicht von oben übergestülpt worden, es gab dafür reale Voraussetzungen, ja Forderungen von unten. Die Wiederannäherung der Völker und Staaten unter sowjetischer Herrschaft an die europäische Moderne trägt nicht zufälligen und ephemeren Charakter; sie ist historisch erlitten. In der russischen Geschichte hat es immer wieder Perioden der Annäherung und der erzwungenen oder selbst gewählten Entfernung von Europa gegeben. Phasen der Annäherung waren etwa die Zeit Peters I. und Alexanders II.; die bolschewistische Revolution leitete eine Periode der Entfernung ein. Im 20. Jahrhundert gab es keine russische Regierung, die so pro-westlich eingestellt war, wie diejenige, die nach dem August 1991 die Macht übernahm. Natürlich besteht keine Garantie, daß dies so bleibt. Aber es liegt in unserem Interesse, diese Entwicklung zu unterstützen.

Dieses Buch will einerseits Einblicke in die langfristigen Ursachen und Vorgänge des Verfalls geben. Es erzählt auf der anderen Seite die Geschichte von Perestrojka und vom Ende des sowjetischen Imperiums. Jede Zukunft beginnt in der Vergangenheit, und insofern will dieses Buch auch eine Hilfe für ein vernünftiges Räsonnement über zukünftige Entwicklungsmöglichkeiten sein. Die Darstellung wird durch einen Dokumententeil ergänzt, der sehr verschiedenartiges, ausgewähltes Quellenmaterial anbietet, um den Leser einzuführen in den vielstimmigen und dissonanten Chor der Zeitzeugen, die die jüngste Epoche der Geschichte auf dem Territorium der ehemaligen Sowjetunion so faszinierend machen. Die Darstellung ist in mancher Hinsicht den Wissenschaftlern am Bundesinstitut für ostwissenschaftliche und internationale Studien in Köln verpflichtet, zu denen Gerhard Simon gehört, der für die Darstellung die Verantwortung trägt. Die Dokumente wurden von Nadja Simon ausgewählt und übersetzt. Dieses Buch – insbesondere in der Kombination von Quellen und Darstellung – geht auf eine Anregung von Dietmar Storch von der Niedersächsischen Landeszentrale für politische Bildung in Hannover zurück, dem wir unseren Dank sagen.

# I. Voraussetzungen und Bedingungen der Perestrojka

Am Anfang der Politik des »Umbaus« (Perestrojka) stand eine Negativbilanz. Als Gorbatschow im März 1985 Generalsekretär der KPdSU wurde und damit die Staatsführung in die Hand bekam, waren er und zahlreiche leitende Funktionäre sich darin einig, daß in vielen Bereichen der inneren und äußeren Politik der Sowjetunion dringend etwas geschehen mußte. Das Land hatte mindestens ein Jahrzehnt der Stagnation hinter sich, in dem die Gerontokratie unter Leitung des eitlen und leutseligen Breshnew die innenpolitischen Probleme recht erfolgreich unter den Teppich gekehrt hatte. Am deutlichsten sichtbar waren die Symptome des Niedergangs in der Wirtschaft: Gegen Null tendierende Wachstumsraten und ein sinkender Lebensstandard waren ernste politische – und nicht nur ökonomische – Warnsignale. Der elfte Fünfjahresplan (1981–1985) bezeichnete ein historisches Tief in der Geschichte der Sowjetunion. Zugleich hatten sich die außenpolitischen Handlungsbedingungen der sowjetischen Führung im Vergleich zur Mitte der siebziger Jahre wesentlich verschlechtert. Die von der Sowjetunion dem Westen aufgezwungene Politik der Hochrüstung und ein immer weiter ausgreifendes Engagement in der Dritten Welt überforderten die Kräfte. Der Krieg in Afghanistan seit Ende 1979 hatte das Land in die außenpolitische Isolation und die innenpolitische Handlungsunfähigkeit geführt.

Als die neue Parteiführung unter Gorbatschow auf die unabweisbaren Krisensymptome mit Versprechungen für »radikale Reformen«, eine »entscheidende Wende« und sogar für eine »Revolution« reagierte, da nahm sie auch Stimmungen und Bewußtseinslagen in weiten Teilen der Gesellschaft auf, wonach es nicht so weiter gehen könne wie bisher. Die verbalradikalen Ankündigungen »von oben« trafen auf vorerst noch ungerichtete Erwartungen »von unten«. Perestrojka sollte also die Anzeichen von Krise und Niedergang aufhalten, sie sollte den Trend umkehren und dem sowjetischen Sozialismus den erfolgreichen Weg ins 21. Jahrhundert bahnen.

Warum gelang dies nicht? Warum scheiterte die Reform und führte in eine »Revolution«, allerdings in einem vollständig anderen Sinn als der Generalsekretär der KPdSU es gewollt hatte? Er und seine Mannschaft waren bereit zu einer Reform des Sowjetsystems an

Haupt und Gliedern, das Ergebnis ihrer Politik war jedoch das Ende des spezifischen sowjetischen Systems von Herrschaft und Gesellschaft. Je weiter die Gorbatschow-Führung im Laufe der Jahre mit ihren Reformmaßnahmen zu gehen bereit war, um so mehr rüttelte sie – entgegen ihrem Willen – an den Fundamenten des sozialistischen Systems. Die Gorbatschow-Führung war davon überzeugt, daß sie durch ihre Politik den Problemdruck, der sich im vorangegangenen Jahrzehnt aufgestaut hatte, würde abbauen können. Tatsächlich trat jedoch das Gegenteil ein. Statt Entlastung zu schaffen, wuchs mit jeder Ankündigung von Reformen in Wirtschaft, Gesellschaft und Politik der Druck in Richtung auf radikale Veränderungen immer weiter. Das kommunistische Sowjetsystem beseitigte sich selbst. Es erwies sich am Ende der achtziger Jahre als nicht mehr reformfähig, sondern nur noch als abschaffbar. Dies erscheint insbesondere aus zwei Gründen überraschend und ist so weder von der sowjetischen Führung noch von den meisten westlichen Beobachtern vorausgesehen worden. Zum einen bot die Sowjetunion in den Jahrzehnten Breshnews nach innen und außen ein Bild relativer Stabilität, wenn auch abnehmender Leistungsfähigkeit. Zum anderen hatte die Sowjetunion seit den fünfziger Jahren durchaus einschneidende Veränderungen erlebt, ohne daß das Sowjetregime zusammengebrochen war. Es ist unzutreffend anzunehmen, das Leninsche System von Herrschaft und Gesellschaft sei grundsätzlich veränderungsunfähig gewesen, und die Verhältnisse in den zwanziger, fünfziger und achtziger Jahren seien im wesentlichen die gleichen gewesen.

Allerdings hat es vor den achtziger Jahren nur einen wirklichen Reformer an der Spitze von Partei und Staat gegeben: Nikita Chruschtschow. Die von ihm und seiner Mannschaft ausgehenden Reformimpulse erreichten in den Jahren 1956 bis 1959 ihren Höhepunkt. Chruschtschows Ausgangssituation war einfacher als die Gorbatschows. Er war entschlossen, die Terrorherrschaft Stalins und die Massenarmut der Menschen zu überwinden. Dabei konnte er zunächst nicht nur auf breite Unterstützung in der Gesellschaft, sondern auch unter den Funktionären zählen, denen er die Unversehrtheit von Leib und Leben garantierte. Es war leichter, die Sowjetunion in den fünfziger Jahren aus dem Tränental des Stalinismus herauszuführen, als ihr in den achtziger Jahren den Weg zurück zur europäisch-westlichen Entwicklung zu bahnen. Chruschtschow machte der Gesellschaft insbesondere seit dem XX. Parteitag (1956) mit dem Verzicht auf den Stalinschen Massenterror und gewaltsame blutige Umwälzungen im Stil von Stalins »Revolution von oben« ein Friedensangebot. Diese auch von den Nachfolgern Chruschtschows eingehaltene Zusage verband sich seit der zweiten Hälfte der fünfziger Jahre mit einem langsamen, aber doch spürbaren Wachstum des Lebensstandards, der breite Schichten allmählich aus der Massenarmut herausführte.

Chruschtschow und seine Führungsmannschaft waren überzeugte Kommunisten, die an die Überlegenheit des eigenen Systems glaubten, das sich auch ohne Gewaltanwendung überall in der Welt durchsetzen werde. Allerdings hatte sich auch Chruschtschow schon vor dem Dilemma gesehen, daß Reformen die Fundamente des Systems zu unterspülen drohten. »Wir fürchteten, das Tauwetter könnte eine Flut auslösen, die wir nicht mehr würden kontrollieren können, und in der wir untergehen würden ... Wir wollten den Fortschritt des Tauwetters so leiten, daß es nur jene kreativen Kräfte stimulieren würde, die zur Stärkung des Sozialismus beitragen würden.«[1] So blieben Chruschtschows Liberalisierungsmaßnahmen nicht nur halbherzig und inkonsequent – die Kirchen und Religionsgemeinschaften sahen sich massiven Verfolgungen ausgesetzt –, sondern in vielen Bereichen nahm die Chruschtschow-Führung seit Anfang der sechziger Jahre manche Lockerungen wieder zurück. Die Breshnew-Führung hat dann insbesondere nach der Niederschlagung des Prager Frühlings 1968 ganz auf »Ruhe und Ordnung« gesetzt, so daß der Problemdruck bis Mitte der achtziger Jahre eine gefährliche Höhe erreichte.

Lenins revolutionäres Sowjetregime war ein Kriegsregime, und es zeigte sich in den Jahrzehnten nach Stalins Tod (1953), daß das Sowjetsystem der Entspannung nach innen und nach außen nicht gewachsen war. Lenins Diktatur war auf die Weltrevolution, auf den Kampf gegen innere und äußere Feinde angelegt. Es ist deshalb kein Zufall, daß es in Zeiten der Bedrohung – in Krieg und Bürgerkrieg – seine größte Leistungsfähigkeit erreichte. Manches spricht dafür, daß der deutsche Überfall auf die Sowjetunion 1941 einen wesentlichen Beitrag zur Stabilisierung des Stalinismus leistete. Nach Stalins Tod war von der Weltrevolution in den westlichen Industrieländern nicht mehr die Rede, innerhalb des Landes konnte die Fiktion von Klassenkampf und Klassenfeinden nicht länger aufrechterhalten werden, die Stalin als Begründung für den Terror gedient hatte. Ein revolutionäres Regime aber, daß weder nach außen noch nach innen Revolution machen kann, hat seine Existenzberechtigung verloren.

[1] Khrushchev remembers. The last testament. Hrsg. S. Talbott, Boston 1974, S. 79.

Entspannung und Frieden nach außen und innen wurden auch deshalb zu einer Bedrohung für das Sowjetsystem, weil es nur wenige Instrumente zur Konfliktlösung entwickelt hat. Diese Instrumente sind im Grunde nur zum Einsatz in Kriegs- und Krisenzeiten geeignet. Im wesentlichen handelte es sich um zwei Strategien: die Ausschaltung des Gegners – und das bedeutete bis zum Ende der Stalinzeit häufig die physische Vernichtung – oder die Leugnung von Konflikten –, so wurden unter Breshnew Stabilität und Stagnation aufrechterhalten. Andere Wege zur Konfliktregelung, wie Offenlegung, Kompromiß, Integration, Infragestellung der eigenen Position, waren mit der Diktatur der KPdSU nicht vereinbar. Zwar hat das sowjetische Herrschaftssystem den Wandel vom Terror Stalins zur Diktatur der Partei unter Breshnew vollzogen, aber die Diktatur selber konnte es nicht aufheben, ohne sich selbst zu beseitigen.

So blieb der Wandel im Bereich der Herrschaftsordnung begrenzt, während sich die Gesellschaft zugleich in erheblichem Umfang veränderte. Diese Veränderungen waren einerseits die Folge von Industrialisierung, Urbanisierung und generell den Prozessen der spezifischen Modernisierung unter sowjetischen Verhältnissen, auf die noch einzugehen sein wird. Verändert und verschlechtert haben sich die Voraussetzungen für die Diktatur aber auch dadurch, daß die Sowjetideologie mit den Jahrzehnten immer unglaubwürdiger wurde. Die seit den sechziger Jahren deutlich hervortretende Auseinanderentwicklung einer latent auf Emanzipation drängenden Gesellschaft auf der einen Seite und der nur begrenzt wandlungsfähigen Einparteidiktatur auf der anderen war eines der entscheidenden Motive für die neue Politik seit Mitte der achtziger Jahre, die antrat, um diese Kluft zu überwinden. Der Graben war aber zu breit geworden, als daß er durch Reformen innerhalb des Systems hätte überbrückt werden können. So führten die Versuche zur Reform am Sowjetsystem zu seinem Ende.

## Die Sowjetideologie

Zu den tragenden Säulen des Leninschen Systems gehörte die Sowjetideologie. Sie war seit Jahrzehnten einem Erosions- und Verschleißprozeß ausgesetzt, der zwar sowohl im Lande selbst als auch von westlichen Beobachtern wahrgenommen wurde, dessen Bedeutung für die Lebensfähigkeit des Systems jedoch unterschätzt worden ist. Ohne die Akzeptanz zumindest bestimmter Grundlagen der Sowjetideologie gibt es keine Legitimation für die Herrschaft der KPdSU und damit für das Fortbestehen des Sowjetsystems insgesamt. Der Marxismus-Leninismus erfüllte im sowjetischen System die gleiche Funktion, die in demokratisch-parlamentarischen Systemen Wahlergebnisse haben. Zu den ideologischen Grundaussagen gehörte die Überzeugung, daß die Bolschewiki die Geschichte auf ihrer Seite haben, daß sie nicht nur die Gesetze der historischen Entwicklung kennen, sondern daß sie ihre Vollstrecker sind. Die Bolschewiki bezogen Motivation und Legitimation für ihr revolutionäres Handeln aus der Gewißheit, daß sie ein besonderes Mandat besaßen, um den Willen der Geschichte zu exekutieren. Deshalb hielten sie es für überflüssig und für ein überwundenes bürgerliches Vorurteil, sich freien, d. h. mit anderen politischen Gruppen konkurrierenden Wahlen zu stellen. Wer die Stimme der Geschichte ist, kann auf die Stimme des Volkes verzichten.

Zwar hat diese Leninsche Demagogie stets nur verhältnismäßig kleine Schichten der Gesellschaft erreicht – vor allem die Intelligenz und die städtische Arbeiterschaft –, aber am Ende der zwanziger und zu Beginn der dreißiger Jahre reichte das revolutionäre Feuer immerhin aus, um genügend Intellektuelle und Arbeiter zu mobilisieren, die bereit waren, Krieg gegen das eigene Volk zu führen. Die Zwangskollektivierung der Landwirtschaft und die Kampagnen der ersten Fünfjahrespläne wären nicht möglich gewesen, wenn die Stalin-Führung nicht über genügend Helfer verfügt hätte, die ihr teils blutiges, teils aufopferungsbereites Handwerk für den Aufbau des Sozialismus hielten. Der Sieg über Hitler-Deutschland verlängerte dann noch einmal die Lebensdauer der Sowjetideologie in der Form des Sowjetpatriotismus und des Antifaschismus.

In den Jahrzehnten nach Stalins Tod degenerierte die »wissenschaftliche« Weltanschauung immer mehr zu einer Fassade, die zwar in der Publizistik und im Bildungswesen überall präsent war und eine Monopolstellung hatte, die aber kaum noch Wertorientierung, moralische Maßstäbe oder Sinngebung vermittelte. Hinter der imposanten Fassade tat sich ein immer größeres geistiges Vakuum auf. Der überall gelehrte und gelernte weltanschauliche Konformismus wurde zum Deckmantel für Opportunismus und Karrieredenken. Bildung, sozialer Aufstieg und die Zugehörigkeit zu den Eliten waren ohne das Lippenbekenntnis zum Marxismus-Leninismus ausgeschlossen. Gerade deshalb hatte dieses Bekenntnis immer weniger den Charakter einer weltanschaulichen Überzeugung und wurde zu einem Vehikel, mit dem man sich den Zugang zu den begehrten Gütern sicherte.

Die Zahl derjenigen, die an die Ideale der lichten kommunistischen Zukunft glaubten und vor allem daran, daß die Sowjetunion sich auf dem Wege dahin befinde, schrumpfte immer mehr. Die Selbstzweifel erreichten auch die Führungseliten. Keine Gesellschaft kann überleben, wenn der Grundkonsens sogar in den Kerngruppen nur noch durch Zynismus und Karrieredenken aufrechterhalten wird. Dies gilt um so mehr für den Weltanschauungsstaat Sowjetunion, der ja zu keiner Zeit ein säkularer, moderner Staat hat sein wollen, sondern der die Sinngebung menschlicher Existenz, die Kultur und das Privatleben zur Aufgabe der Staats- und Parteiführung erklärte.

Die Erosion der Sowjetideologie war vor allem auch eine Folge der Friedensperiode nach innen und außen in den vergangenen Jahrzehnten. Die Kluft zwischen Anspruch und Wirklichkeit der Ideologie wurde dadurch immer größer und konnte immer weniger verborgen werden. Solange Krieg nach außen oder innen herrschte, konnten die Menschen damit vertröstet werden, daß die Segnungen des Sozialismus noch auf sich warten lassen, weil zuerst die Kampf-Periode von Blut und Tränen durchschritten werden müsse. Je länger der Frieden dauerte, um so weniger überzeugte diese Argumentation. Möglicherweise war dies eine der Triebfedern dafür, daß Chruschtschow sich Anfang der sechziger Jahre zu dem verhängnisvollen Schritt entschloß, einen konkreten Termin für den Beginn der kommunistischen Gesellschaftsordnung zu nennen. Im neuen, 1961 verabschiedeten Programm der KPdSU hieß es nämlich, die Sowjetgesellschaft sei jetzt in die Phase des »entfalteten Aufbaus des Kommunismus« eingetreten. Die kommunistische Gesellschaft werde in ihren Grundzügen im Jahre 1980 Realität sein[2].

Tatsächlich trat zu diesem Zeitpunkt die Sowjetideologie und mit ihr das gesamte Sowjetsystem in seine endgültige Krisenperiode ein. Es scheint, daß um 1980 immer mehr Menschen ihre miserablen Lebensverhältnisse mit Kommunismus identifizierten und daraus den Schluß zogen, daß von hier keinerlei Zukunftsperspektiven mehr zu erwarten waren. Auch die zuvor unternommenen Entlastungsversuche konnten daran nichts mehr ändern. Die ideologischen Höhenflüge der Ära Chruschtschow waren schon unter Breshnew gebremst worden. Die sechziger und siebziger Jahre hießen in der

[2] B. Meissner, Das Parteiprogramm der KPdSU. 1903–1961. 3. Aufl., Köln 1965, S. 188.

Selbstdarstellung nur noch »Etappe des entwickelten Sozialismus«. In der DDR wurde dafür die Sprachregelung vom »real existierenden Sozialismus« entwickelt. In der Neufassung des Parteiprogramms der KPdSU von 1986 wurde diese Selbstdarstellung erneut zurückgestuft. Danach befand sich die Sowjetgesellschaft jetzt in der Phase der »Vervollkommnung des Sozialismus«[3].

Nach 1986 ging der Rückzug der Ideologie in panikartige Flucht über. Jetzt konnte auch die zuvor einigermaßen unbeschädigt bewahrte Fassade nicht mehr aufrechterhalten werden. Der Marxismus-Leninismus hielt der Glasnost nicht stand. »Heute sehen alle, daß die Ideologie vollständig bankrott ist. Dort wo die Ideologie war, gähnt ein schwarzes Loch.« »Wie konnte die ideologische Utopie so viele Jahre über das Land herrschen?« fragte der Schriftsteller Fasil Iskander und antwortete: »Sie befreite den Menschen von der nicht leichten Arbeit, selbst zu denken und selbst das Leben rundum zu beurteilen.«[4]

Mit dem Studienjahr 1989/90 wurden die Unterrichtsfächer des gesellschaftspolitischen Unterrichts an den Hochschulen umbenannt. Der Kurs »Marxistisch-leninistische Philosophie« hieß jetzt »Philosophie«. Der Kernbereich der politischen Ideologie »Wissenschaftlicher Kommunismus« degenerierte zu »Probleme der Theorie des gegenwärtigen Sozialismus«. Der Pflichtkurs für alle Studenten »Geschichte der KPdSU« verwandelte sich im Lehrplan der Hochschulen in »Sozial-politische Geschichte des 20. Jahrhunderts«[5]. Solche Umbenennungen sind keineswegs nur Äußerlichkeiten, und hier wurden nicht lediglich Türschilder geändert. Diese Namensänderungen waren zugleich Folge und Ausdruck des endgültigen Machtverlustes der Ideologie über die Köpfe und Herzen der Menschen.

In dem 1989 erschienenen Hochschullehrbuch ›Einführung in die Philosophie‹ wurde die sogenannte »Grundfrage der Philosophie« nicht mehr behandelt. Sie war der Ausgangspunkt aller ideologischen Systematik gewesen, denn sie hatte kategorisch festgelegt, daß es zwei Richtungen in der Philosophie gebe – eine idealistische und eine materialistische. Der Marxismus betrachtete sich als Wis-

[3] Programm der KPdSU. Neufassung. Moskau 1986, S. 7.

[4] F. Iskander, Čelovek ideologizirovannyj. In: Ogonek 11, März 1990, S. 8–11, Zitate S. 10, 11.

[5] A. Buchholz, Transformation von Ideologie und Bewußtsein in der Sowjetunion. Berichte des Bundesinstituts für ostwissenschaftliche und internationale Studien (BIOst), Nr. 53, 1990, S. 10.

senschaft und stützte sich auf den Materialismus[6]. Sogar in der Programmerklärung des XXVIII. Parteitages im Juli 1990 kam der Begriff Marxismus-Leninismus nicht mehr vor, obwohl sich die KPdSU hier als eine Partei »der sozialistischen Wahl und der kommunistischen Perspektive« bezeichnete[7]. Die oberste Lehrinstanz, das »Institut für Marxismus-Leninismus beim ZK der KPdSU«, nannte sich nun »Institut für die Theorie des Sozialismus beim ZK der KPdSU«. Nicht nur die Substanz, sondern sogar die Fassade der Sowjetideologie befand sich im Herbst 1991 in voller Auflösung. Dies war einer der Gründe dafür, daß der Parteiapparat seine Auflösung nach dem gescheiterten Putsch vom 19. August 1991 offenbar widerstandslos hinnahm.

## Entwicklungstendenzen in der Gesellschaft

Krise und Ende der Sowjetideologie spielten sich in einer Gesellschaft ab, die sich seit der Stalinzeit gründlich gewandelt hatte. Die totalitäre Diktatur hatte selbständige Regungen in der Gesellschaft weitgehend unterdrückt, unabhängige Gruppen zerschlagen, Interessenartikulation weitgehend verhindert, ein hierarchisches Befehlssystem aufgebaut und damit das Land in eine ständige Kriegs- und Ausnahmesituation versetzt. Das Verhältnis zwischen Herrschaftssystem und Gesellschaft in den achtziger Jahren war durch ein dreifaches Dilemma gekennzeichnet: 1. Die Strukturen der Herrschaft – ein administrativ-diktatorisches Kommandosystem, das Nichtvorhandensein einer demokratisch-parlamentarischen Legitimation – waren seit den dreißiger Jahren unverändert geblieben. 2. Die Führung war aber nicht mehr bereit und in der Lage, zur Durchsetzung der Diktatur uneingeschränkt Gewalt und Massenterror einzusetzen. Äußeres und inneres Feindbild konnten nicht mehr aufrechterhalten werden. 3. Die Gesellschaft war aus dem Trauma von Terror und Krieg erwacht. Eine Fülle von alten und neuen Gruppen, Schichten und Organisationen entstand, die ihre jeweiligen Interessen vertraten und Selbsttätigkeit praktizierten. Dies galt insbesonde-

[6] Vvedenie v filosofiju. Učebnik dlja vuzov. 2 Bde, Hrsg. I. T. Frolov, Moskau 1989; Buchholz, Transformation, S. 19.
[7] Pravda, 15. Juli 1990.

re für die nichtrussischen Nationen und die christlichen sowie die nichtchristlichen Religionsgemeinschaften. Seit Ende der sechziger Jahre formierten sich Bürgerrechtsgruppen; mit dem Samisdat (Selbstverlag) entstanden die ersten Ansätze zu einer öffentlichen Meinung außerhalb der Zensur.

Diese zunächst sehr vorsichtigen, aber dann doch unaufhaltsamen Versuche der Gesellschaft zur Emanzipation von der Einparteidiktatur hatten eine sozialhistorische Voraussetzung: das Entstehen einer Mittelschicht innerhalb der sowjetischen Gesellschaft, die Nährboden und Träger der Emanzipation wurde. Diese quasi bürgerliche Schicht bestand aus jenen Millionen von Menschen, die insbesondere in der Nachkriegszeit eine qualifizierte allgemeine und berufliche Ausbildung erhalten hatten und nun in wachsendem Maß kulturelle und materielle Ansprüche stellten, die nicht befriedigt wurden. Zwar unterschied sich die sowjetische Intelligenz hinsichtlich ihres Ist-Zustands in vieler Hinsicht von der Mittelschicht in westlichen Gesellschaften, hinsichtlich ihrer Ambitionen und Hoffnungen waren die Unterschiede jedoch nicht so groß.

Die Bildungsexplosion hatte nicht nur in den fünfziger Jahren endgültig das Analphabetentum beseitigt, sondern es waren breite Schichten von Angehörigen der technischen, kulturellen und ökonomischen Intelligenz herangewachsen, die das Zustandsbild der Gesellschaft gegenüber der Stalinzeit entscheidend veränderten. Die Zahl der in der Volkswirtschaft tätigen Spezialisten mit Hochschulausbildung kletterte von 909000 im Jahre 1941 auf 6,85 Millionen im Jahre 1970. Bei den in der Volkswirtschaft beschäftigten Spezialisten mit mittlerer Fachschulausbildung nahm die Zahl von 5,24 Millionen des Jahres 1960 auf 13,32 Millionen im Jahre 1975 zu. Während es im Studienjahr 1927/28 in der Sowjetunion nur 163000 Hochschulstudenten gab, erreichte diese Zahl im Studienjahr 1980/1981 5,24 Millionen[8]. Die neuen Intelligenzschichten lebten überwiegend in den Städten. Während 1940 die Stadtbewohner nur ein Drittel der Gesamtbevölkerung ausmachten, waren 1990 zwei Drittel aller Menschen in den Städten ansässig[9].

Bestimmte Aspekte der Modernisierung machten also in der Sowjetunion rasche Fortschritte – dazu gehörten der Ausbau des Bildungswesens und die Urbanisierung, aber auch die Entwicklung be-

[8] G. Simon, Nationalismus und Nationalitätenpolitik in der Sowjetunion. Baden-Baden 1986, S. 443–447.

[9] Sowjetunion 1990/91. Krise – Zerfall – Neuorientierung. Hrsg. BIOst, München 1991, S. 345.

stimmter technischer und Naturwissenschaften. Andererseits wurde die Gesellschaft insgesamt von der herrschenden kommunistischen Partei nach wie vor wie ein unmündiges Kind behandelt. Den Menschen wurde vorgeschrieben, welche Bücher sie lesen und welche Bilder sie sehen durften; politische Nachrichten unterlagen einer engstirnigen Zensur, die die Wirklichkeit häufig auf den Kopf stellte. Eine übermächtige Bürokratie entschied, ob und wenn ja nach welchen erniedrigenden Prozeduren jemand ins Ausland reisen durfte. Religionsausübung wurde kleinlich reglementiert und zumeist auf die Abhaltung religiöser Zeremonien in einem sehr engen Verständnis beschränkt.

Der Weltanschauungsstaat verwehrte seinen Bürgern also jene liberalen Rechte und politischen Freiheiten, die in den säkularen Staaten Europas und Nordamerikas seit dem Ende des 18. Jahrhunderts selbstverständlich geworden waren, während er zugleich bestimmte andere Prozesse der Modernisierung vorantrieb. Man kann von einer spezifischen Art der sowjetischen Modernisierung sprechen, die von außen gesehen manche Ähnlichkeit mit der Modernisierung in westlichen Gesellschaften hatte. Untersucht man nur die quantitativ meßbaren Aspekte von Modernisierung etwa bei der Industrialisierung, der Urbanisierung oder der Migration, so ergeben sich viele Gemeinsamkeiten mit Modernisierungsprozessen außerhalb des Sowjetsystems. Die westliche Sozialwissenschaft, die nicht selten in diese Falle hineingetappt ist, hat dabei übersehen, daß wesentliche andere Aspekte der Modernisierung im Sowjetimperium fehlten, ja daß sie aktiv bekämpft wurden. Die Bolschewiki wollten die Fabrik, aber nicht das Parlament. Sie brachten den Völkern Lesen und Schreiben bei, verordneten ihnen aber dann , was sie zu lesen und zu schreiben hatten. Sie dekretierten den Atheismus als verbindliche Weltanschauung und verfolgten die Religionsgemeinschaften. Die Bolschewiki mißachteten den Einzelnen als Person, sahen in ihm lediglich einen Teil des Kollektivs und der Klasse. In all diesen Hinsichten war die Sowjetordnung antimodern und antisäkular. Dieser in der bolschewistischen Tradition angelegte Widerspruch verschärfte sich unter den Bedingungen breiter, neuer sowjetischer Intelligenzschichten. Er ist einer der Gründe für den Untergang des Sowjetsystems.

Eine weitere Belastung entstand dadurch, daß die Integration der neuen Mittelschichten in das Arbeitsleben und der soziale Aufstieg zunehmend auf Schwierigkeiten stießen. Die Eliteschichten, allen voran die Nomenklatura – also das Establishment in Politik, Wirtschaft, Militär und Wissenschaft – tendierten zunehmend zur Selbstrekrutierung; es entstand die »neue Klasse« (Milovan Djilas). Stalin hatte rasche soziale Aufwärtsmobilität einerseits durch periodische Säuberungen möglich gemacht, bei denen Zehntausende von Führungspositionen frei wurden. Andererseits hatten forcierte Industrialisierung und Bürokratisierung in der Stalin-Zeit eine riesige Zahl von Aufstiegspositionen neu geschaffen.

Seit den fünfziger Jahren wurde ein Hochschulstudium eine entscheidende Voraussetzung für sozialen Aufstieg. Aber der Zugang zu den Hochschulen wurde insbesondere seit den siebziger Jahren schwieriger, weil ihr Ausbau nicht mit der wachsenden Zahl der Absolventen der Sekundarschulen Schritt hielt. Traten zu Beginn der fünfziger Jahre noch ungefähr 60 Prozent der Abiturienten in die Hochschulen ein, so waren es 1977 nur noch 15 Prozent (beide Zahlen ohne Berücksichtigung der Abend- und Fernhochschulen)[10]. Dennoch ist in den vergangenen Jahrzehnten in vielen Fachbereichen und manchen Regionen ein Überangebot an Hochschulabsolventen entstanden, die nicht angemessen in den Arbeitsprozeß integriert werden konnten. Der Anteil der Spezialisten (Erwerbstätige mit Hochschulbildung oder mittlerer Fachschulbildung), die nicht ihrer Ausbildung entsprechend beschäftigt waren, stieg von 18 Prozent im Jahre 1970 auf 33,2 Prozent im Jahre 1980[11].

Zu den frustrierten Abiturienten, die keinen Studienplatz erhielten, gesellten sich die frustrierten Hochschulabsolventen ohne den erhofften Arbeitsplatz. Ansprüche und Erwartungen wuchsen – gleichzeitig sanken die Realisierungsmöglichkeiten. Die Folgen waren Perspektivlosigkeit und ein zunehmender Pessimismus als Grundstimmung in der Gesellschaft. Daran hat auch die Politik der Perestrojka nichts ändern können. So antworteten im August/September 1989 bei einer repräsentativen Umfrage auf die Frage: »Was glauben Sie, werden die Veränderungen in den Jahren der Perestrojka zu einer fühlbaren Verbesserung der Lage im Lande in den nächsten Jahren führen?« nur 12 Prozent mit »Ja«. 70 Prozent der Befragten äußerten sich in Abstufungen negativ[12].

Dies steht in starkem Kontrast zu der optimistischen Aufbruchstimmung während der Entstalinisierung in der zweiten Hälfte der fünfziger Jahre. Bei einer Umfrage unter Examenskandidaten an

[10] M. Yanowitsch, Schooling and inequalities. In: The Soviet worker. Hrsg. L. Schapiro u. J. Godson, London 1981, S. 134.

[11] W. Teckenberg, Sozialstruktur. In: Länderbericht Sowjetunion. Hrsg. H. G. Bütow, 2. Aufl., Bonn 1988, S. 92.

[12] Za i protiv. In: Ogonek 43, Okt. 1989, S. 5.

der Moskauer Universität erwarteten damals 52 Prozent, sie würden sich in den nächsten zwei bis drei Jahren ein Auto kaufen können; nur 5 Prozent glaubten, sie würden dazu nie in der Lage sein. Die Sowjetunion produzierte damals noch so gut wie keine Personenautos für den privaten Gebrauch[13].

Typisch für die Entwicklung der Gesellschaft in den vergangenen zwei Jahrzehnten waren Stagnationserscheinungen, und zwar sowohl im qualitativen Bereich, von dem oben die Rede war, als auch im Blick auf quantitative Indikatoren. So leisteten 1959 19,5 Prozent der in der Volkswirtschaft Beschäftigten vorwiegend geistige Arbeit; der Anteil dieser nicht manuell Beschäftigten stieg 1970 auf 26,7 Prozent und betrug 1979 29,5 Prozent der in der Volkswirtschaft Tätigen. Der für ein Land auf dem Wege der Industrialisierung viel zu hohe Anteil von Menschen, die physische Arbeit leisten, wird auch daran sichtbar, daß sogar in den siebziger Jahren der Prozentsatz der Industriearbeiter innerhalb der Erwerbstätigen noch weiter anstieg, während der Anteil der Angestellten und Spezialisten relativ stagnierte. Der Dienstleistungsbereich blieb unterentwickelt. Seit dem Ende der siebziger Jahre sanken die Ausgaben für Gesundheitswesen und Bildung[14].

Alle hier beschriebenen Krisensymptome gewannen dadurch zusätzliches Gewicht, daß sie sich vor dem Hintergrund einer teilweisen Öffnung der Sowjetunion nach außen entwickelten. Das totalitäre System war nur funktionsfähig unter der Voraussetzung einer weitgehenden Abschließung gegenüber der Außenwelt bzw. der Monopolisierung aller Kontakte nach außen. Der eiserne Vorhang war eine der Voraussetzungen für das Funktionieren des sowjetischen Systems. Betrug und Selbstbetrug der eigenen Propaganda über die angeblich grandiosen eigenen Erfolge und den angeblich immer mehr dem Untergang zu driftenden »Kapitalismus« wirkten nur so lange, wie selbst für die Eliten keine Möglichkeit bestand, diesen Tatbestand zu überprüfen.

Seit den fünfziger Jahren wurde der eiserne Vorhang zunehmend poröser. Kontakte und Informationsmöglichkeiten entglitten – wenigstens teilweise – der Kontrolle des KGB. Während 1940 nur etwa zwei Prozent der Bevölkerung in der UdSSR ausländische Radiostationen empfangen konnten, waren es 1950 etwa acht Prozent.

[13] G. W. Lapidus, Social trends. In: After Brezhnev. Hrsg. R. F. Byrnes, Bloomington, Ind. 1983, S. 235f.

[14] Teckenberg, Sozialstruktur, S. 89–96; M. Lewin, The Gorbachev phenomenon. Berkeley, Calif. 1988, S. 43ff., 145ff.

In den siebziger Jahren konnten aber etwa die Hälfte aller Menschen in der Sowjetunion ausländische Rundfunkstationen hören. Obgleich die Sendungen bis Ende der achtziger Jahre teilweise massiv gestört wurden, haben sie doch einen wichtigen Beitrag zum Abbau von Propaganda-Lügen geleistet[15]. Seit den siebziger Jahren nahmen die unkontrollierbaren Kontakte auch in vielen anderen Bereichen zu. Die Politik der Entspannung vermehrte die Wirtschaftsbeziehungen und verbesserte die Wissenschaftskontakte. Die Ausreise Hunderttausender von Juden und Deutschen erweiterte das Wissen über die Welt da draußen.

Immer mehr Menschen kamen zu der Überzeugung, daß die westlichen Industrieländer nicht nur im Blick auf den technischen Fortschritt und die Innovationsfähigkeit ihrer Wirtschaft, sondern auch hinsichtlich des Lebensstandards und der sozialen Sicherheit überlegen waren. Zugleich fiel das Feindbild des aggressiven Imperialismus, der angeblich den fortschrittlichen Sozialismus bedrohte, in sich zusammen. Seit den achtziger Jahren war die Zurückgebliebenheit der Sowjetunion nicht nur ein objektiver, sondern immer mehr auch ein subjektiver Tatbestand. Die Sowjetmacht hatte von Anfang an die eigene Gesellschaft mit dem Slogan vom »Einholen und Überholen« des Kapitalismus mobilisiert und drangsaliert. Jetzt wurde für immer mehr Menschen klar, daß diese Politik nicht nur in der Vergangenheit gescheitert war, sondern daß sie auch für die Zukunft keine Perspektive bot.

[15] S. White, Gorbachev in power. Cambridge 1990, S. 59.

## II. Gorbatschow: Neue Orientierungen und alte Techniken der Macht

### Neue Orientierungen

Das historische Verdienst Michail Sergejewitsch Gorbatschows bestand darin, die Krisensymptome erkannt und daraus die Entschlossenheit zum Handeln abgeleitet zu haben. Er stellte sich und die neue Partei- und Staatsführung an die Spitze einer Reformbewegung, um sie nicht anderen zu überlassen und um nicht von ihr überrollt zu werden. Die Stagnation der Breshnew-Jahrzehnte hatte einen Problem- und Konfliktstau anwachsen lassen, der bei weiterem Zuwarten einem Explosionspunkt zutreiben konnte. Von daher stand jede neue sowjetische Führung Mitte der achtziger Jahre unter Handlungszwang. Die Reformversuche sollten die neue Führung innen- und außenpolitisch wieder handlungsfähig machen. Gorbatschow hat dies selbst immer wieder betont, wenn er feststellte, daß es zu ihm und zu seiner Politik keine Alternative gebe. Dies galt allerdings nur unter der Voraussetzung, daß man sich in Kategorien innerhalb des Sowjetsystems bewegte, und ein Ende des Leninismus undenkbar erschien. Beides traf für Gorbatschow zu.

Er hat es zu Recht abgelehnt, die Perestrojka mit dem Begriff »Revolution von oben« zu bezeichnen, den Stalin zur Charakterisierung seiner Politik der gewaltsamen Zerstörung und Umwälzung der Gesellschaft in den dreißiger Jahren eingeführt hatte[1]. Diese Zurückweisung ist nicht nur berechtigt, weil der neue Kurs sich gerade als die konsequente Abkehr vom Stalinismus verstand, sondern auch weil es für die Stalinsche »Revolution von oben« durchaus Alternativen gab. Die Überzeugung, daß die neue Partei- und Staatsführung unter geradezu schicksalhaftem Handlungszwang stand, wurde 1985 von vielen führenden Politikern geteilt. Dazu gehörte auch Gorbatschows späterer konservativer Widerpart, Jegor Kusmitsch Ligatschow, seit April 1985 Mitglied des Politbüros der KPdSU, zuständig für Kaderfragen und bereits seit 1983 ZK-Sekretär. Es war allerdings unzutreffend, wenn Gorbatschow und viele

[1] M. Gorbatschow, Perestrojka. Die zweite russische Revolution. München 1987, S. 67ff.

andere davon sprachen, die Reformpolitik sei das Werk der KPdSU. Die Entscheidungen für die neue Politik wurden im Politbüro getroffen, der Parteiapparat war von Anfang an eher gegen sie eingestellt, und die Mitglieder blieben wie stets an politischen Entscheidungen unbeteiligt.

Vor Gorbatschow hatte bereits der Breshnew-Nachfolger Jurij Wladimirowitsch Andropow während seiner kurzen Amtszeit (12. November 1982 bis 9. Februar 1984) die Bereitschaft zu Aufbruch und Reformen erkennen lassen. Auch dessen Nachfolger als Partei- und Staatschef, Konstantin V. Tschernenko (13. Februar 1984 bis 10. März 1985), bekannte sich jedenfalls verbal zu einer Wende und der Notwendigkeit tiefgreifender Veränderungen, obwohl er ganz im Schatten Breshnews gestanden hatte und als dessen Kronprinz aufgebaut worden war. Die persönliche Handlungsunfähigkeit Breshnews während seiner letzten Lebensjahre und die sich danach über viele Jahre hinziehende Nachfolgekrise mit zwei kranken und ebenfalls kaum aktionsfähigen Generalsekretären verstärkten den Immobilismus und ließen den Handlungsdruck weiter anwachsen.

Als Gorbatschow am 11. März 1985 mit knapper Mehrheit vom Politbüro dem ZK als neuer Generalsekretär zur Wahl präsentiert wurde, hatte er eine typische Karriere als Parteifunktionär hinter sich, die erst seit 1978 mit der Berufung nach Moskau steil in die Höhe geführt hatte. Der am 2. März 1931 im Dorf Priwolnoje, Region Stawropol im Nordkaukasus geborene Russe Gorbatschow machte 1955 an der Moskauer Universität sein Abschlußexamen als Jurist und kehrte in seine Heimat zurück, wo er zunächst in der kommunistischen Jugendorganisation Komsomol und dann in der kommunistischen Partei als hauptamtlicher Funktionär immer weiter nach oben stieg. 1970 wurde er Erster Parteisekretär der Region Stawropol. 1978 berief ihn Breshnew als den für Landwirtschaft zuständigen Sekretär des ZK nach Moskau. Schon im Jahr darauf wurde er zum Kandidaten und bereits 1980 zum Vollmitglied des Politbüros kooptiert[2].

Gorbatschow war der erste sowjetische Führer, dessen Karriere nicht mehr in die Stalinzeit zurückreichte und insofern nicht mit Blut befleckt war. Prägendes Erlebnis dürfte für ihn die Aufbruch-

[2] B. Meissner, Die Sowjetunion im Umbruch. Historische Hintergründe, Ziele und Grenzen der Reformpolitik Gorbatschows. Stuttgart 1988, S. 75ff.; Ch. Schmidt-Häuer, Michail Gorbatschow. 5. Aufl., München 1987; G. Ruge, Michail Gorbatschow. Frankfurt a. M. 1990.

stimmung der Entstalinisierung Mitte der fünfziger Jahre gewesen sein, als er Student in Moskau war. Ihn verband Wesentliches mit Chruschtschow: die Überzeugung, daß dem Sozialismus und Leninismus die Zukunft gehört, aber auch die Entschlossenheit zu umwälzenden Neuerungen, ohne die dieses Ziel nicht zu erreichen ist. Gorbatschow war ähnlich wie Chruschtschow ein Mann voller Kühnheit im Wort und Risikobereitschaft in seinen Entschlüssen. Das unterschied ihn deutlich von Breshnew und dem gesamten Führungsstil seit Mitte der sechziger Jahre. Er war dennoch umsichtiger und weniger sprunghaft als Chruschtschow.

Gorbatschow war ein Mann des Wortes. Es mag mit der Leninschen Tradition und der dort verwurzelten Überzeugung der zentralen Rolle von Agitation und Propaganda zusammenhängen, jedenfalls nahm das öffentliche Reden einen wichtigen Platz in der politischen Tätigkeit Gorbatschows ein. Er war von der Wirksamkeit seines Wortes überzeugt und beherrschte eine große Skala rhetorischer Instrumente und Techniken vom werbenden und entspannten Eingehen auf den Gesprächspartner bis zum verletzenden Anblaffen, das keinen Widerspruch duldete. Die Perestrojka begann mit dem Wort und ist im Bereich des Wortes, der Glasnost, viel schneller vorangeschritten als im Bereich des politischen Handelns.

Seit 1986 – insbesondere nach dem XXVII. Parteitag (Februar/März 1986) – wurde zunehmend der Terminus Perestrojka (Umbau) zur Bezeichnung des neuen Kurses benutzt. Gorbatschow gebrauchte daneben Begriffe wie »radikale Reform«, »tiefgreifende Erneuerung« und sogar »Revolution« zur Bezeichnung seiner Politik. Für einen Leninisten läßt sich kaum ein prätentiöserer Ausdruck für die eigenen Ansprüche finden als »Revolution«. In Wirklichkeit war Gorbatschows »Revolution« der Versuch, durch evolutionäre Reformen innerhalb des Sowjetsystems der kommunistischen Partei wieder Legitimation zu verschaffen – der letzte Versuch, wie er selbst beschwörend und wiederholt gesagt hat[3].

So stand denn der Wortradikalismus in einem deutlichen Mißverhältnis zum politischen Handeln, das eben nicht auf Revolution, d.h. die Ablösung des Ancien régime durch eine neue Herrschafts- und Gesellschaftsordnung, sondern auf Verbesserungen und Erneuerungen am alten System gerichtet war. Gorbatschow hielt strikt an den Säulen des Sowjetsystems fest, zu denen für ihn vor allem der Leninismus als politische Weltanschauung, das Machtmonopol der kommunistischen Partei und die zentrale Plan-

[3] Moskovskie novosti, 17. Jan. 1988, S. 4.

wirtschaft mit dem Monopoleigentum an den Produktionsmitteln gehörten. Dies alles sollte aufgelockert werden; der Leninismus zum Beispiel durch die Herausstellung von Lenins Fähigkeit, auch politische Grundsatzentscheidungen unter veränderten Voraussetzungen umzustoßen. Die Einparteiherrschaft sollte sich durch ein gewisses Maß an innerparteilicher Demokratie den veränderten Forderungen aus der Gesellschaft nach Mitsprache anpassen, und die Planwirtschaft sollte durch die Einführung von Marktelementen effizienter werden. Allerdings ist Gorbatschow im Laufe der Jahre, insbesondere seit 1990, auch von den zuvor für unaufgebbar gehaltenen Prinzipien immer weiter abgerückt.

Gorbatschows politische Philosophie war die Vereinbarkeit des Unvereinbaren. Die KPdSU sollte zu einer parlamentarisch-demokratischen Partei werden; staatlich gesteuerte Planwirtschaft sollte mit Marktwirtschaft verbunden werden. Das sollte sich in einem »sozialistischen Rechtsstaat« vollziehen, in dem »sozialistischer Meinungspluralismus« herrschte. Alles sollte zugleich geändert werden und doch ebenso bleiben, insbesondere sollte die Macht in den Händen der Mächtigen bleiben. Im Laufe der Jahre wurde deutlich, daß mit Hilfe dieser Grundsätze zwar das alte System demontiert, aber kein neues aufgebaut werden konnte. Hier wurden Zielvorstellungen anvisiert, die es in Wirklichkeit nicht gab. Das Eintreten für Rechtsstaat und Meinungspluralismus bedeutete in der Konsequenz die Abwendung vom Sowjetsozialismus. »Gorbatschow handelte unlogisch, indem er einerseits von der sozialistischen Wahl und der kommunistischen Perspektive sprach und andererseits von all den Markt-Einlagen in das alte System. Das ist unvereinbar! Entweder hierhin – oder dorthin. Ein drittes gibt es wirklich nicht.«[4]

Seit Herbst 1989 wurde der Terminus »Revolution« seltener von der amtlichen sowjetischen Publizistik benutzt. Gerade wegen der stets radikaler werdenden Forderungen von unten nach tatsächlich revolutionärer Umgestaltung und wegen der revolutionären Umwälzungen in Ostmitteleuropa mäßigten Gorbatschow und seine Führung ihren Verbalradikalismus. So waren am Ende diejenigen, die zuerst nach Revolution gerufen hatten, ohne sie zu meinen, schließlich mit ihrer Realität konfrontiert. Damit war die Perestrojka, insofern sie Reform hatte sein wollen, gescheitert.

Mehr als ihre Feinde hatten orthodoxe Kommunisten seit mehr als hundert Jahren stets die Revisionisten und den Revisionismus

[4] I. Zaslavskij, Sistema, kotoruju oni zaščiščali, byla der'mom. In: Stolica 36, 1991, S. 6.

gefürchtet. Gorbatschow ist ein weiteres Beispiel dafür, wie recht sie hatten. Denn Gorbatschow war bei aller Entschlossenheit, an »sozialistischen« und »leninistischen« Idealen festzuhalten, bereit, bisher unantastbare Tabus in Frage zu stellen, um die Sowjetunion wieder in Schwung zu bringen. Während bis dahin die kommunistische Partei – wenn auch nicht alle Parteiführer – als unfehlbar gegolten hatte, stellte Gorbatschow fest: »Wir haben kein Universalrezept...«. »Wir sind weit davon entfernt, unseren Weg für den einzig richtigen zu halten.« Das »Monopol auf die Theorie« müsse überwunden werden[5]. Solche revisionistischen Positionen hielten Gorbatschow allerdings nicht davon ab, sich als Retter des Sozialismus darzustellen, der Antwort auf alle Fragen »nicht außerhalb, sondern innerhalb des Sozialismus« sucht. »Wir werden uns weiter auf einen besseren Sozialismus zu bewegen und nicht von ihm weg.«[6]

Als Gorbatschow im März 1985 die Führung des Landes übernahm, hatte er kein fertiges konkretes Programm oder auch nur einen generellen Bauplan, wie die Sowjetunion nach Abschluß einer Perestrojka aussehen sollte. Diese Konzeptionslosigkeit ist ihm, insbesondere von dogmatischen Bremsern in den eigenen Reihen, immer wieder zum Vorwurf gemacht worden. Tatsächlich gehört es jedoch zu Gorbatschows Verdiensten, daß er keine klaren Vorstellungen von den Strukturen einer zukünftigen Sowjetunion hatte, weil damit Wege für pragmatisches Handeln eröffnet wurden, zu dem weder Chruschtschow noch Breshnew fähig gewesen waren. Gorbatschow hat sich in hohem Maße als lernfähig erwiesen. Er hat viele zunächst getroffene Entscheidungen und Maßnahmen zurückgenommen, als sie ohne Erfolg blieben, und er hat seine Einschätzung der Krisensituation des Landes ständig nach oben korrigiert. Das hat ihn in die Lage versetzt, auf die weder von ihm noch von den meisten Beobachtern von außen erwartete Dynamik der gesellschaftlichen Kräfte zu reagieren, die durch vergleichsweise begrenzte Reformschritte der Führung ausgelöst worden sind. Unter dem Druck von unten ist Gorbatschows Politik ständig radikaler geworden. Eine gewisse Tragik und schließlich auch die Erfolglosigkeit dieser Politik besteht darin, daß sich die gesellschaftlichen und politischen Verhältnisse von unten schneller radikalisierten als Gorbatschow. Die Systemkrankheit verschlimmerte sich rascher als die Therapie nachkommen konnte.

[5] Gorbatschow, Perestrojka, S. 13, 57.
[6] Ebd., S. 42f.

In seiner Rede zum 70. Jahrestag der Oktoberrevolution im November 1987 pries Gorbatschow noch die Kollektivierung der Landwirtschaft als einzigen Ausweg aus der Krise am Ende der zwanziger Jahre und als Großtat des sozialistischen Aufbaus. Im Sommer 1988 plädierte er für das Pachtsystem, den ersten Schritt auf dem Weg zur Auflösung vieler Kolchosen und Sowchosen[7]. Im März 1989 sprach er dann sogar davon, daß während der Kollektivierung »Millionen Bauern mit ihren Familien ihr Land, ihren Heimatboden verloren ... und in den Lagern und in der Verbannung zugrunde gingen«[8]. Fünf Jahre lang zog Gorbatschow gegen alle Versuche zu Felde, am Machtmonopol der KPdSU zu rütteln. In der Neufassung des Parteiprogramms von 1986 war in alter Tradition sogar vom weiteren Wachsen der führenden Rolle der kommunistischen Partei die Rede. Dann schlug er im Februar 1990 einem verblüfften ZK-Plenum den Verzicht auf die Führungsrolle der kommunistischen Partei vor.

Was als mangelnde Festigkeit und Sprunghaftigkeit erscheint, ist in Wirklichkeit die Fähigkeit zum Eingehen auf sich drastisch verändernde politische Handlungsbedingungen. Aber vor allem zeigte sich hier die überragende Fähigkeit Gorbatschows zur Machtsicherung. Insofern war er nicht nur ein Mann des Wortes, sondern auch der Tat. Er ist immer wieder bereit gewesen, auch prinzipielle Positionen zu räumen, wenn ihm dies im Interesse der Machterhaltung unabweislich erschien. Der Generalsekretär der KPdSU und spätere Präsident hat im Laufe der Jahre seine Politik vielfach geändert. Dabei ist jedoch eine Kontinuitätslinie klar erkennbar: die Entschlossenheit, die Macht in den Händen zu behalten.

Die Zickzacklinie der Politik war nicht zuletzt durch die Formierung verschiedener politischer Lager bestimmt. Während 1985 in der Führung und wohl auch in Teilen der Apparate weitgehend Einigkeit über die Notwendigkeit von Reformen bestand, haben sich in den Jahren danach in der Auseinandersetzung um konkrete Maßnahmen und die Qualität der Veränderungen deutliche Fronten formiert. Den dogmatischen Bremsern – mit Politbüro-Mitglied Ligatschow an der Spitze – traten die demokratischen und radikalen Reformer – mit Andrej Dmitrijewitsch Sacharow als Integrationsfigur – gegenüber. Gorbatschow hat im Laufe der Jahre mehrfach

[7] H. Brahm, Ein Porträt Gorbatschows. In: Sowjetunion 1988/89. Perestrojka in der Krise? Hrsg. BIOst, München 1989, S. 52.

[8] M. S. Gorbačev, Ob agrarnoj politike KPSS v sovremennych uslovijach. Doklad na plenume CK KPSS 15 marta 1989 goda. Moskau 1989, S. 10.

die Fronten und die Koalitionspartner gewechselt, immer darum bemüht, seine eigene Position als zentristisch darzustellen. Das Risiko einer solchen Taktik besteht allerdings im Verlust der Glaubwürdigkeit und in der Gefahr, zwischen den Fronten aufgerieben zu werden.

## Die Etappen der Perestrojka

Die fehlende Konzeption auf Seiten der Gorbatschow-Führung und die Taktik der wechselnden Fronten erklären, warum die Perestrojka nicht geradlinig verlief und unterschiedliche Perioden aufweist. 1985 und 1986 wurde im wesentlichen mit traditionellen administrativen Mitteln versucht, die wirtschaftliche Talfahrt aufzuhalten. Neben die Umorganisation der schwerfälligen wirtschaftlichen Leitungsapparate (durch Einrichtung von Superministerien) traten Kampagnen zur Disziplinierung am Arbeitsplatz, gegen die Produktion von Ausschuß (»Staatliche Qualitätskontrolle«) und die Anti-Alkohol-Kampagne. Erst 1987 wurde der Führung klar, daß eine Wiederbelebung der Wirtschaft ohne tiefgreifende Einschnitte in das System der Herrschaft nicht möglich war. Glasnost gewann seit 1987 an Schärfe und Kraft; sie sollte die Gesellschaft aus Passivität und Resignation reißen und ihr neuen Schwung verleihen.

Der Sommer und Herbst 1987 brachten Rückschritte. Symptomatisch waren die wochenlange Abwesenheit Gorbatschows von der politischen Bühne im Sommer 1987 und der Sturz des Moskauer Parteichefs und Politbüro-Kandidaten Boris Nikolajewitsch Jelzin im Oktober 1987, weil er eine wesentlich schnellere Gangart bei den wirtschaftlichen und politischen Reformen gefordert hatte. In diese Periode eines zeitweiligen Rückschritts fiel der 70. Jahrestag der Oktoberrevolution – noch wurden, wenn auch mit gedämpftem Pathos, die »sozialistischen Errungenschaften« gefeiert; noch war Kritik an Lenin tabu.

Mit der XIX. Parteikonferenz im Juni/Juli 1988 trat die Perestrojka in eine neue Phase ein. Handstreichartig wurde die Reform des politischen Systems in Angriff genommen. Seit dieser Zeit erreichte auch Glasnost eine höhere Stufe, das markierte zum Beispiel die Publikation von Alexander Solshenizyns ›Archipel GULAG‹ im Jahre 1989.

Die letzten Monate des Jahres 1989 bis Januar 1990 waren erneut eine Periode der Dogmatiker und Bremser. Gorbatschow solidarisierte sich – wohl auch unter dem Eindruck des Zusammenbruchs der kommunistischen Regime in Ostmitteleuropa – in wesentlichen Punkten mit den Orthodoxen in der KPdSU, um dann mit einem Paukenschlag während des Februar-Plenums des ZK (1990) auf die Seite der radikalen Reformer zu treten und den Verzicht auf das Machtmonopol der KPdSU vorzuschlagen. Man hat geradezu den Eindruck, daß die Wintermonate den reaktionären Kräften gehörten, während des Sommers hingegen die Demokraten ihre Chance hatten.

Diese Konstellation wiederholte sich besonders ausgeprägt im Winter 1990/1991 und im Sommer 1991. Zwischen Herbst 1990 und März 1991 suchte Gorbatschow Zusammenarbeit mit und Anlehnung an die reaktionären Kräfte in der KPdSU, im militär-industriellen Komplex und bei den Streitkräften. Er ließ es zu, daß die reaktionäre »Sojus«(Union)-Fraktion im Volkskongreß der UdSSR ihn auch öffentlich aufforderte, den Ausnahmezustand zu verkünden oder zurückzutreten. Von den blutigen Staatsstreich-Versuchen in Litauen und Lettland im Januar 1991 distanzierte sich der Präsident spät und halbherzig. Dann aber ging er im April 1991 mit Jelzin und acht weiteren Präsidenten von Unionsrepubliken die sogenannte Neun-plus-eins-Koalition von Nowo-Ogarjowo ein. Die Reaktionäre in der unmittelbaren Umgebung des Präsidenten rächten sich mit dem fehlgeschlagenen Putsch am 19. August 1991. Gorbatschow wurde von den Demokraten, insbesondere vom russischen Präsidenten Jelzin, in sein Amt, wenn auch nicht an die Macht zurückgeholt.

## Die Techniken der Macht

Es gehörte zu den traditionellen Techniken der Macht, daß sich ein neuer Führer insbesondere während des Ausbaus seiner persönlichen Machtstellung mal auf die eine, mal auf die andere Gruppierung stützte und sich selbst das Image des gemäßigten Zentristen gab. So hat z. B. Stalin seine Führerstellung in den zwanziger Jahren aufgebaut, ehe er zum Diktator wurde. Auch in einem anderen Bereich hat Gorbatschow alte und im sowjetischen System erprobte

Machtmittel intensiv eingesetzt: in der Personalpolitik. Kein sowjetischer Führer seit Stalin hat in so kurzer Zeit so viele Funktionäre auf allen Ebenen entlassen und so viele Positionen mit neuen Leuten besetzt. Dabei waren sicher nicht alle neuen Amtsinhaber treue Gefolgsleute Gorbatschows, aber er hat sich doch eine umfangreiche Klientel geschaffen, die ihm und seiner Politik – jedenfalls zunächst – loyal gegenüberstand. Allerdings zeigte der Putsch im August 1991, wie brüchig die Bindung der Klientel an den Patron war.

Zunächst gelang es Gorbatschow in verhältnismäßig kurzer Zeit, seine Machtstellung in den Führungsorganen der KPdSU auszubauen. Noch im Jahr seines Amtsantrittes 1985 wurden die potentiellen konservativen politischen Rivalen, G. W. Romanow und W. W. Grischin, sowie Ministerpräsident N. A. Tichonow aus dem Politbüro entfernt. Zu Beginn des Jahres 1990 hatte von den Vollmitgliedern des Politbüros außer Gorbatschow selbst nur noch W. I. Worotnikow diese Funktion bereits vor März 1985 inne. Alle Kandidaten des Politbüros waren danach in diese Position gelangt, und von den zehn Sekretären des ZK waren nur Gorbatschow und Ligatschow in dieser Funktion bereits vor dem März 1985 tätig. In den ersten beiden Amtsjahren des neuen Generalsekretärs der KPdSU wurden im Regierungsapparat neben dem Ministerpräsidenten von den 14 Mitgliedern des Präsidiums des Ministerrats der UdSSR 11 ausgewechselt (zwei Erste Stellvertretende und neun Stellvertretende Ministerratsvorsitzende). Insgesamt kamen von 116 Regierungsmitgliedern in dieser Zeit 73 neu in ihr Amt[9]. Im Zeitraum vom März 1985 bis August 1987 wurden 6 von 14 Parteichefs in den Unionsrepubliken sowie 75 von 150 Parteichefs in den Gebieten, Regionen und Autonomen Republiken ersetzt. Ebenso mußten fast 50 Prozent aller Sekretäre in den Gebieten, Städten und Rayons gehen. 16 von 20 Kommandeuren der Wehrkreise und Armeegruppen wurden abgesetzt[10]. Bei der neuen Bestellung der Komitees der KPdSU auf unterer und mittlerer Ebene Ende 1988 erfolgte noch einmal ein in der Breshnew-Zeit undenkbarer Personalschub: 60 Prozent der Mitglieder der Rayon- und Stadtkomitees der KPdSU und mehr als 50 Prozent der Mitglieder der Gebiets- und Regionskomitees wurden ausgewechselt[11]. Das umfangreiche Personalkarussell auf allen

[9] E. Schneider, Zwei Jahre Gorbatschow: Die Umgestaltung der Regierung. In: Sowjetunion 1986/87, S. 42.

[10] J. F. Hough, Gorbachev consolidating power. In: Problems of Communism, Juli/August 1987, S. 34.

[11] Literaturnaja gazeta, 11. Jan. 1989, S. 2.

Ebenen der Nomenklatura wurde von der Überzeugung der neuen Führung angetrieben, daß sich eine neue Politik nur mit neuen Leuten machen läßt. Allerdings setzte dies voraus, daß eine neue Politik mit dem Apparat der KPdSU und mit der Nomenklatura überhaupt zu machen war – eine Frage, die sich Gorbatschow nicht stellte, die ihn und seine Politik jedoch spätestens seit 1990 in eine ausweglose Situation brachte.

Bei den massenhaften Umbesetzungen – die in einigen Landesteilen, so in Usbekistan, das Ausmaß von Säuberungen annahmen – wurden die alten Amtsinhaber teilweise in Ehren verabschiedet, häufig aber wegen Amtsmißbrauch, Korruption oder Unfähigkeit abgelöst. Tausende, vor allem in Zentralasien, wurden verhaftet und vor Gericht gestellt. Wie stets in der Geschichte der Sowjetunion blieb für Außenstehende undurchschaubar, in welchen Fällen es sich tatsächlich um Amtsmißbrauch oder Wirtschaftskriminalität handelte und wann dies nur als Vorwand diente, um nicht linientreue Amtsinhaber loszuwerden. So verlor der Moskauer KPdSU-Chef Jelzin sein Amt im Herbst 1987 in traditioneller sowjetischer Manier wegen Amtsanmaßung und Unfähigkeit, tatsächlich jedoch wegen seiner Opposition gegen den zu langsamen Kurs der Perestrojka.

Seit 1987 wuchs die Zahl der zum wiederholten Mal neu besetzten Nomenklatura-Posten und damit die allgemeine Verunsicherung der Kader. Dies bedeutete eine Belastung für die Loyalität gegenüber Gorbatschow. Außerdem gelang es dem Generalsekretär der KPdSU trotz umfangreicher Personalrevirements in den Spitzen und an der Basis der Nomenklatura nicht, sich eine sichere Mehrheit im ZK der KPdSU aufzubauen. Einer der Gründe waren die Bestimmungen des Parteistatuts, die eine Bestellung neuer Mitglieder und Kandidaten des ZK dem Parteitag vorbehielten. So blieb Gorbatschow auf das vom XXVII. Parteitag (Februar/März 1986) gewählte ZK angewiesen, obwohl immer mehr dieser ZK-Mitglieder später jene Posten verloren, die ihnen einmal die Mitgliedschaft im ZK eingebracht hatten. Zwar gelang es Gorbatschow auf dem ZK-Plenum im April 1988, 110 »tote Seelen« im ZK und in der Zentralen Revisionskommission zum Rücktritt zu nötigen, aber er konnte »seine« Klientel nicht an ihrer Stelle in diese Gremien aufnehmen lassen. Einen Versuch zur personellen Umgestaltung des ZK der KPdSU durch die XIX. Parteikonferenz (Juni/Juli 1988) vereitelte das konservative Partei-Establishment. So verharrte der Parteiapparat und als sein Exponent das ZK in gespaltener Loyalität gegenüber der Reformpolitik des Generalsekretärs; seit 1990 wurde es zum Sammelbecken der Reaktion. Der Parteiapparat der KPdSU insgesamt – seit Stalins Tod der eigentliche Träger der Macht in der Sowjetunion – erwies sich als eine unsichere Machtbasis für Gorbatschow. Dies ist einer der Gründe dafür, daß Gorbatschow seit 1988 eine Erweiterung und Verschiebung der Machtbasis betrieb, die schließlich zum Präsidialsystem führte.

Parallel zu dem beschriebenen umfangreichen Personalkarussell der Nomenklatura konnte Gorbatschow seit 1985 in erstaunlich kurzer Zeit seine persönliche Machtstellung auch institutionell ausbauen. Am 1. Oktober 1988 übernahm der Generalsekretär der KPdSU überraschend und ohne vorausgehende öffentliche Diskussion zusätzlich die Funktion des Vorsitzenden des Präsidiums des Obersten Sowjet. Nach der Neuwahl der parlamentarischen Gremien auf Unionsebene im Frühjahr 1989 wurden die Kompetenzen dieses Amtes deutlich erweitert. Der Amtsinhaber übernahm die Funktion eines individuellen Staatsoberhauptes. Im Mai 1989 wählte der Kongreß der Volksdeputierten Gorbatschow in dieses Amt. Damit verfügte er über eine breitere institutionelle Machtbasis als seine Vorgänger Breshnew, Andropow und Tschernenko. Seit Mai 1989 vereinigte Gorbatschow folgende Ämter in seiner Person: Generalsekretär der KPdSU, Vorsitzender des Verteidigungsrates und damit Oberkommandierender der Streitkräfte, Vorsitzender des Obersten Sowjet und damit zugleich Parlamentspräsident des Kongresses der Volksdeputierten und des Obersten Sowjet. Diese Ämterkumulation verband also die entscheidenden Schlüsselstellungen der Exekutive und der Legislative miteinander.

Dem galoppierenden Autoritätsverfall der KPdSU und den offenen Auflösungserscheinungen im Staat Sowjetunion seit Herbst 1989 versuchte Gorbatschow durch den weiteren Ausbau seiner persönlichen Machtstellung entgegenzusteuern. Der Verzicht auf das Machtmonopol der KPdSU und die Einführung des Präsidialsystems im März 1990 standen in unmittelbarem Zusammenhang miteinander; das zweite sollte eine Kompensation für das erste sein. Gorbatschow wurde am 15. März mit der verhältnismäßig knappen Mehrheit von 59 Prozent der Stimmen der Mitglieder des Volkskongresses in das Präsidentenamt gewählt. Dieses Amt wurde durch ein verfassungsänderndes Gesetz mit quasi-autokratischer Machtfülle ausgestattet. Der Präsident erhielt ein Vetorecht gegenüber Gesetzen des Obersten Sowjet und das alleinige Recht zur Verhängung des Kriegszustandes. Die Ausrufung des Ausnahmezustandes war von der Zustimmung des Präsidiums des Obersten Sowjet abhängig. Der Präsident erhielt außerdem das Recht, mit Präsidialdekreten *(ukasy)*, d. h. ohne die parlamentarischen Institutionen, zu regieren. Gorbatschow ließ sich im September 1990 vom Obersten Sowjet noch zusätzliche Sondervollmachten im Bereich der Wirtschafts- und Finanzpolitik übertragen. Im Dezember 1990 erfolgte schließlich eine weitere Verfassungsänderung, durch die der Präsident seine Kompetenzen in bestimmten Bereichen noch einmal erweiterte. Der Ministerrat hieß jetzt Ministerkabinett der UdSSR und unterstand direkt dem Präsidenten[12].

Es war symptomatisch für die weit fortgeschrittene Staatskrise, daß alle diese Vollmachten und Sondervollmachten nichts mehr bewirkten und weitgehend ins Leere gingen. Autorität und wirkliche Macht waren inzwischen an andere Institutionen übergegangen; in vielen Bereichen tat sich ein Machtvakuum auf. Gleichzeitig mit der Erweiterung der institutionellen Machtbasis sank die Autorität Gorbatschows in der Bevölkerung. Im Mai 1989 hatten noch über 80 Prozent der Bevölkerung in verschiedenen Großstädten der Sowjetunion die Wahl Gorbatschows zum Vorsitzenden des Obersten Sowjet begrüßt. Vom Dezember 1989 bis zum Dezember 1990 sank dann die Zustimmungsrate für den Präsidenten innerhalb der Russischen Föderation kontinuierlich von 52 Prozent auf 17 Prozent. Danach fiel sie weiter[13].

Nach dem gescheiterten Putsch der engsten Mitarbeiter des Präsidenten am 19. August 1991 fiel das Gebäude der Macht ziemlich lautlos in sich zusammen. Gorbatschow, der am 22. August nach seiner Rückkehr aus dem Hausarrest auf der Krim in Moskau noch mit großem Nachdruck erklärt hatte, er werde bis ans Ende seiner Tage an der KPdSU festhalten und für ihre Erneuerung kämpfen, trat zwei Tage später vom Amt des Generalsekretärs zurück und empfahl allen Parteiorganisationen die Selbstauflösung. Wenige Tage später beschloß der Oberste Sowjet der UdSSR auf Vorschlag Gorbatschows, die Tätigkeit der KPdSU bis zur Aufklärung ihrer Rolle beim Umsturzversuch zu suspendieren. Anfang September berief der Kongreß der Volksdeputierten der UdSSR das gesamte Ministerkabinett ab und sanktionierte am 5. September durch verfassungsänderndes Gesetz eine neue Staatsordnung »für die Über-

[12] E. Schneider, Die Einführung des Präsidialsystems. In: Sowjetunion 1990/91, S. 56–65; O. Luchterhandt, Die Einführung des Präsidialsystems in der UdSSR und in Rußland. In: Jahrbuch für Politik II, 2, 1992, S. 273–318.

[13] Obščestvennoe mnenie Rossii v cifrach i kommentarijach. Informacionnyj bjulleten'. Special'nyj vypusk. Hrsg. VCIOM, Moskau 1991, S. 16; S. White, Gorbachev in power. Cambridge 1990, S. 213.

gangsperiode«. Das erst eineinhalb Jahre alte Präsidialsystem wurde de facto abgeschafft, Gorbatschow in einen Staatsrat – bestehend aus den Präsidenten der kooperationswilligen Republiken – eingebunden, von dessen Zustimmung alle wesentlichen politischen Entscheidungen abhängig waren. Der Präsident blieb zwar im Amt, bezahlte aber mit dem Preis der weitgehenden Aufgabe seiner eigenen Politik. Er wirkte nicht nur aktiv an der Liquidierung seiner früheren Machtbasis, der KPdSU, mit, sondern er mußte auch hinnehmen, daß die zentrale staatliche Bürokratie sich weitgehend auflöste. Seit dem Putschversuch gab es keine handlungsfähige Zentralregierung mehr; die wesentlichen Attribute von Souveränität und Staatlichkeit gingen an die Republiken über.

»Das meiste, was sich in der Sowjetunion nach 1985 verändert hat, zum Guten wie zum Schlimmen, ist ein Ergebnis der Glasnost.«[1] Glasnost war einerseits das sichtbarste Zeichen des Wandels und andererseits der wirkungsvollste Motor für Veränderungen. Nichts hat im Lande selbst wie auch im Ausland so viel Aufsehen erregt und das Bild von der Sowjetunion so nachdrücklich verändert wie die Glasnost. Das gilt jedenfalls für die Jahre von 1986 bis 1989; für das erste Amtsjahr Gorbatschows kann von Glasnost im späteren Sinne noch nicht die Rede sein, und nach 1989 haben dann die erdrutschartigen politischen Veränderungen im Zentrum des Interesses gestanden. Sie aber waren die ungewollte Folge von Glasnost. Glasnost bedeutet Offenheit, Transparenz, Öffentlichkeit und wahrheitsgemäße Darstellung eines Sachverhaltes. Daß dieser an sich bescheidene russische Terminus, der in der russischen Lexik eher eine Nebenrolle spielte, zum Schlüsselwort für eine ganze Epoche werden konnte und in den Sprachgebrauch vieler nichtrussischer Sprachen eingegangen ist, wird nur verständlich, wenn man sich klarmacht, vor welchem politischen und gesellschaftlichen Hintergrund sich diese Entwicklung vollzog.

Die sowjetische Politsprache war zu einem unentwirrbaren Geflecht von Lüge, Zweckoptimismus und Information geworden. In der Selbstdarstellung überwogen die schreienden Farben von Selbstlob und Selbstbeweihräucherung; der »imperialistische Klassenfeind« erschien dagegen in Agitation und Propaganda fast ausschließlich in häßlichen schwarzen Farben. Die sowjetischen Medien, das Bildungswesen und die Wissenschaft betrieben aber nicht nur Betrug, sondern verstrickten sich immer mehr auch in das Netz des Selbstbetruges. Die Gesellschaft wußte nicht über sich Bescheid; und auch die Führung erhielt überwiegend nur jene Informationen, von denen die Informationsträger – vor allem der KGB – an-

[1] H. Brahm, Tohuwabohu in der Sowjetunion. In: Sowjetunion 1990/91. Krise–Zerfall–Neuorientierung. Hrsg. BIOst, München 1991, S. 23. Allgemein zu Glasnost: A. Nove, Glasnost' in action. Cultural renaissance in Russia. Boston 1989; P. Roth, Glasnost und Medienpolitik unter Gorbatschow, Bonn 1990; H. Brahm, Glasnost – der Geist aus der Flasche. Berichte des BIOst 58, 1990; M. Huterer, Glasnost' in der Sowjetunion. Magisterarbeit, Sozialwiss. Fakultät der Universität München 1989.

nahmen, daß sie erwartet und willkommen waren. Die Gesellschaft und die Führung der KPdSU waren zum Gefangenen bolschewistischer Prinzipien geworden, nach denen die eigene Sache stets nur positiv und »fortschrittlich« sein kann. »Kritik und Selbstkritik« waren als Surrogat an die Stelle von Richtigkeit und Offenheit getreten. Die Kritik blieb nicht nur streng auf den Einzelfall beschränkt, sondern sie hatte stets und ausschließlich immanent zu sein, d.h. sie durfte nicht von außen kommen, nicht Grundsätze, Strukturen oder gar das Politbüro der KPdSU in Frage stellen.

Die Gorbatschow-Führung war sich darüber im klaren, daß sie ein realistisches Bild von den Verhältnissen im Lande brauchte, wenn sie erfolgreich Reformen in Angriff nehmen wollte. Auch die sowjetische Führung war das Opfer gefälschter Statistiken und der Geheimniskrämerei. So hatte sogar Gorbatschow unter Generalsekretär Jurij Andropow noch 1983 keinen Zugang zu den detaillierten Unterlagen des Staatshaushaltes, obwohl er damals bereits Politbüromitglied war und de facto das ZK-Sekretariat leitete[2]. Es gibt keine wahrheitsgemäße und ungeschminkte Information der Führung auf ihren inneren Kanälen in einer Gesellschaft, in der engstirnige Zensur, die Parteilichkeit aller Informationen und Schönfärberei die obersten Prinzipien der Propaganda sind.

Als die neue Führung nach 1985 die Zensur lockerte, zunächst nur einige und dann immer mehr Tabus freigab, da geschah dies nicht nur, um ein realistisches Bild von der eigenen Gesellschaft zu gewinnen, sondern auch um Freiraum für Reformen und Veränderungen zu schaffen. Die Negativbilanz für Wirtschaft und Gesellschaft, die die neue Führung Mitte der achtziger Jahre gezogen hatte, mußte und sollte öffentlich werden, um so Unterstützung für die geplanten Reformvorhaben zu mobilisieren. Außerdem sollte Glasnost helfen, den Widerstand der orthodoxen Dogmatiker in der KPdSU und die bürokratische Trägheit der Apparate zu überwinden.

Die realistische Darstellung der Wirklichkeit eröffnete auch neue Freiräume für Kunst und Wissenschaft. So war die Intelligenz sowohl als Schöpfer wie auch als Konsument von Literatur, Theater, Film und Medien der wichtigste Nutznießer von Glasnost. Gorbatschow und seine Führungsmannschaft haben folgerichtig in den ersten Jahren nach Amtsantritt immer wieder um Unterstützung gerade hier geworben. Während Gorbatschow in der Arbeiterschaft wegen der nicht vorweisbaren wirtschaftlichen Erfolge zu keiner Zeit

[2] Brahm, Tohuwabohu, S. 22 (Pravda, 10. Dez. 1990).

großen Rückhalt hatte, hat die Politik von Glasnost ihm unter der Intelligenz bis 1989 Ansehen verschafft.

Glasnost meinte nicht Presse- und Medienfreiheit; sie sollte vielmehr ein Ventil zum Dampfablassen sein und der neuen Führung zugleich Legitimität und Unterstützung für ihre Reformvorhaben verschaffen. Insofern war Glasnost als ein Instrument im Rahmen des sowjetischen Sozialismus geplant. »Je besser die Menschen informiert sind, um so bewußter sind sie tätig, um so aktiver unterstützen sie die Partei, ihre Pläne und programmatischen Ziele«, erklärte Gorbatschow vor dem ZK im März 1985[3]. Glasnost sollte den Sozialismus stärken; aber diese Instrumentalisierung ließ sich nicht durchhalten. Spätestens seit 1988 begann Glasnost das alte Gehäuse des sowjetischen Sozialismus aufzusprengen. Der Geist aus der Flasche ließ sich nicht zähmen; Glasnost wurde zur wichtigsten Triebkraft bei der Auflösung des Sowjetsystems, das doch nach dem Willen der Väter der Perestrojka gestärkt aus der Glasnost-Kur hätte hervorgehen sollen. Denn »das Hauptergebnis der geschenkten und limitierten Glasnost« war »das Erwachen des Massenbewußtseins«. Dieses Massenbewußtsein, »das vom totalitär geprägten Winterschlaf erwachte«, erlangte »die Konturen und Funktionen einer öffentlichen Meinung«[4].

## Die neue Medien- und Kulturlandschaft

Zu den faszinierenden Vorgängen gehörte das Entstehen einer vielfältigen Presse- und Medienlandschaft in wenigen Jahren seit 1986. Während zuvor die Zeitungen, Zeitschriften und die elektronischen Medien weitgehend gleichgeschaltet waren und durch eine scharfe Zensur kontrolliert wurden, wo nur ein erfahrenes sowjetisches Publikum und professionelle westliche Sowjetunionforscher versuchten, zwischen den Zeilen zu lesen, da kristallisierten sich nun Presseorgane mit ganz unterschiedlichem Profil heraus, die untereinander in einen Wettbewerb um die Gunst des Publikums traten. Zu den Flaggschiffen von Glasnost wurden Organe wie ›Moskowskije No-

[3] M. S. Gorbačev, Izbrannye reči i stat'i. Bd. 2, Moskau 1987, S. 131.

[4] Ju. Levada, Was sagt des Volkes Stimme? In: Perestrojka. Zwischenbilanz. Hrsg. K. Segbers, Frankfurt a. M. 1990, S.124.

wosti‹ (Moskauer Nachrichten, Moscow News), ›Ogonjok‹ (Das Flämmchen) und ›Argumenty i fakty‹ (Argumente und Fakten). Neben diese Wochenzeitungen und -zeitschriften traten dann die sogenannten dicken literarisch-politischen Zeitschriften, die das Tauwetter immer weiter vorantrieben. Zu nennen sind hier vor allem Zeitschriften wie ›Novyj mir‹ (Die Neue Welt), ›Oktjabr‹ (Oktober), ›Snamja‹ (Das Banner), ›Junost‹ (Die Jugend) und ›Newa‹. Auf der anderen Seite des Medienspektrums profilierten sich orthodox-kommunistische Organe – wie die ›Prawda‹, ›Sowetskaja Rossija‹ (Sowjetrußland) und ›Krasnaja Swesda‹ (Roter Stern) – oder russisch-national und zugleich antiwestlich ausgerichtete Zeitschriften wie ›Nasch sowremennik‹ (Unser Zeitgenosse) und ›Molodaja gwardija‹ (Die junge Garde).

Viele Glasnost-Organe konnten ihre Auflagen erheblich steigern, ein Beweis dafür, daß die freiere und offenere Information nicht nur in kleinen Zirkeln der Intelligenz begehrt war, sondern auch breite Leserschichten erreichte. Die Zahl der Abonnenten von ›Ogonjok‹ stieg von 0,56 Millionen im Jahre 1987 auf 4,45 Millionen 1990. Die populäre Wochenzeitung ›Argumenty i fakty‹, die bereits 1989 eine Auflage von 20,5 Millionen Exemplaren hatte, steigerte ihre Auflage noch einmal und erreichte Anfang 1990 die Spitze von 33 Millionen Exemplaren. Aber auch die literarische Monatszeitschrift ›Nowyj mir‹ kam 1988 in einer Auflage heraus, die doppelt so hoch war wie im Jahr zuvor; 1988 erschien hier zum ersten Mal in der Sowjetunion Boris Pasternaks Roman ›Doktor Schiwago‹. Demgegenüber mußten orthodox-kommunistische Zeitungen schwere Einbußen hinnehmen. Die ›Prawda‹ verlor von 1985 bis 1990 vier Millionen Abnehmer und hatte im Januar 1992 nur noch eine Auflage von 1,4 Millionen Exemplaren.

Glasnost war noch nicht Pressefreiheit in unserem Sinne, ebnete aber den Weg dorthin. Mit dem Zusammenbruch der kommunistischen Herrschaft, der sich seit Ende 1990 abzeichnete, traten neben die Organe der Glasnost, die alle eine sowjetische Vergangenheit hatten, ganz und gar neue Zeitungen und Zeitschriften, die nicht mehr Glasnost propagierten, sondern Pressefreiheit einforderten und praktizierten. Dazu gehörten etwa die in Moskau erscheinenden Blätter ›Nesawisimaja gaseta‹ (Unabhängige Zeitung), ›Rossijskaja gaseta‹ (Rußländische Zeitung) und ›Kommersant‹. Auch außerhalb der russischen Hauptstadt und insbesondere in den nichtrussischen Republiken formierte sich eine neue Medienlandschaft, und die neuen Organe traten in Konkurrenz zu den alten Glasnost-Erzeugnissen. Mit den zunehmenden wirtschaftlichen Schwierigkeiten und dem zurückgehenden politischen Interesse in breiten Schichten der Gesellschaft waren allerdings die Auflagen der meisten Zeitungen und Zeitschriften 1991 und 1992 rückläufig.

Einen gesetzlichen Rahmen für die Medien schuf das am 1. August 1990 in Kraft getretene »Gesetz über die Presse und andere Masseninformationsmittel«, das erstmals in der Sowjetunion Privatpersonen, politischen Parteien und Arbeitskollektiven das Recht einräumte, Massenmedien herauszugeben, die bei den Verwaltungsbehörden lediglich registriert, aber nicht zugelassen werden mußten. Die Zensur wurde abgeschafft, ohne daß sie wirklich verschwand. Allerdings entzogen sich immer mehr Medien dem schwächer gewordenen Zugriff der Zensur und der Selbstzensur. Wie labil dennoch die Pressefreiheit zunächst blieb, zeigte sich im Januar 1991, als Präsident Gorbatschow dem Obersten Sowjet vorschlug, das Pressegesetz auszusetzen. Gorbatschow und die orthodoxen Kommunisten waren empört, daß ein Teil der Medien sich scharf gegen das brutale Vorgehen des sowjetischen Militärs am 13. Januar in Wilna wandte und dabei der sowjetischen Führung eine indirekte Beteiligung vorwarf. Zwar kam es nicht zur Aussetzung des Pressegesetzes, aber von Ende 1990 bis zum August 1991 wurden die zentralen Rundfunk- und Fernsehprogramme auf Weisung von Gorbatschow auf orthodox-kommunistische Linie gebracht und von Glasnost gesäubert[5].

Fünf Jahre zuvor hatte alles, wie es schien, harmlos und vergleichsweise unpolitisch begonnen. Auf dem VIII. Kongreß des Schriftstellerverbandes im Juni 1986 wurden Forderungen nach Rehabilitierung von verfolgten und verfemten Schriftstellern aus den zwanziger und dreißiger Jahren laut, die Publikation von Pasternaks ›Doktor Schiwago‹ wurde angekündigt, und einige zuvor in Ungnade gefallene Schriftsteller kamen in den Vorstand des Verbandes.

Romane wie Tschingis Ajtmatows ›Der Richtplatz‹ (1986), Viktor Astafjews ›Der traurige Detektiv‹ (1986) oder Anatolij Rybakows ›Die Kinder vom Arbat‹ (1987) fanden ein Millionenpublikum. Manche dieser literarischen Arbeiten – ebenso wie Spielfilme, die jetzt erstmals gezeigt werden konnten – waren zehn oder zwanzig Jahre früher entstanden, durften aber nicht in der Sowjetunion publiziert werden. Das gilt für Rybakows Roman (entstanden 1966), der im Jahre 1934 spielt und Stalin als Tyrannen darstellt, der

[5] P. Hübner, Die Medien auf dem Weg zur Pressefreiheit? In: Sowjetunion 1990/91, S. 90–100.

den Mord an dem möglichen Rivalen Kirow inspiriert. Zur Sensation wurden diese Werke nicht wegen ihrer literarischen Qualität, sondern weil es hier um Themen ging, die zuvor tabu gewesen waren. So behandelt Ajtmatow die positive Rolle der Religion für die sittliche Bildung, spricht offen von Drogenproblemen, dem Raubbau an der Natur, aber auch von der zersetzenden und zerstörenden Rolle der Parteiführung in einem Kolchos. Astafjew beschreibt die moralische Haltlosigkeit, Banalität und Ausweglosigkeit des Lebens in einer russischen Provinzstadt[6]. Hier wie in vielen anderen literarischen Arbeiten dieser Jahre ging es also um die Aufdeckung der Wirklichkeit von heute und von gestern, die weitgehend durch den sozialistischen Realismus verschüttet worden war.

Glasnost der ersten Jahre war in erheblichem Umfang rückwärts gewandt; die riesigen weißen Flecken, die die totalitäre Zensur hatte entstehen lassen, sollten beseitigt werden. Schriftsteller und Dichter der zwanziger und dreißiger Jahre, die entweder ganz oder teilweise unterdrückt worden waren, konnten jetzt wieder erscheinen; dazu gehörten Michail Bulgakow, Jewgenij Samjatin, Boris Pilnjak, Andrej Platonow, Nikolaj Gumiljow oder Ossip Mandelstam. Die Spaltung der russischen Literatur wurde aufgehoben, und verfemte Emigranten, die bisher niemals oder nur zum Teil in der Sowjetunion hatten gedruckt werden können, erreichten jetzt die Leser, für die sie geschrieben hatten. Sowohl die Alt-Emigranten wie etwa Vladimir Nabokov kehrten in ihren Werken nach Rußland zurück, als auch jene, die in den Jahren Breshnews ausgebürgert worden waren oder wegen unerträglicher Lebensbedingungen das Land verlassen hatten, wie Wasilij Aksjonow, Vladimir Wojnowitsch oder Iosif Brodskij.

Nicht nur die russische Literatur wurde wiederhergestellt; zentrale Werke der modernen Weltliteratur wurden zum ersten Mal allgemein zugänglich gemacht, so zum Beispiel Franz Kafkas ›Schloß‹, George Orwells ›1984‹ oder Franz Werfels Roman ›Die vierzig Tage des Musa Dagh‹, der in Erewan in russischer Sprache erschien.

Natürlich blieb das Ausfüllen der weißen Flecken in der eigenen und in den fremden Kulturen nicht auf die Belletristik beschränkt. In allen Bereichen des Geistes und der Kultur wurde versucht, einen gewaltigen Nachholbedarf zu decken. Eine besondere Rolle spielte hierbei die breite Rezeption der russischen nichtmarxistischen Philosophie vom Ende des 19. und Beginn des 20. Jahrhunderts. Vladi-

[6] J. Wishnevsky, Tauwetter in der sowjetischen Kulturpolitik. In: Sowjetunion 1986/87, S. 99f.

mir Solowjow, Nikolaj Berdjajew, Sergej Bulgakow und die anderen Religionsphilosophen wurden nicht nur in der Fachpresse, sondern auch in populären Zeitungen und Zeitschriften mit großen Auflagen verbreitet, in der Hoffnung, aus diesem jahrzehntelang unterdrückten geistigen Erbe moralische Orientierungen für die Zukunft zu gewinnen.

Glasnost wurde in diesen aufregenden Jahren immer radikaler und sprengte zuletzt alle Fesseln. 1986 fiel das Zensurverbot zum Beispiel für den Dichter Nikolaj Gumiljow, der 1921 unter Lenin angeklagt und erschossen worden war, und für manche Werke des »weißen« Emigranten Nabokov. 1988 publizierte die Zeitschrift ›Snamja‹ Jewgenij Samjatins anti-utopischen Roman ›Wir‹ (geschrieben 1920). Ebenfalls 1988 konnte nach mehr als 30 Jahren Pasternaks ›Doktor Schiwago‹ (geschrieben 1956) in der Zeitschrift ›Nowyj mir‹ erscheinen. Besonders lange dauerte der Kampf um Solshenizyns dokumentarischen Roman ›Archipel GULAG‹, der die politische Repressionsmaschine der Kommunisten von 1918 bis in die Gegenwart darstellt. Der Autor wählte selbst die Kapitel aus, die ›Nowyj mir‹ 1989 in den Heften 8 bis 10 publizierte. Das Jahr 1989 markierte auch sonst einen Dammbruch; die bis dahin noch einigermaßen eingehaltenen letzten Tabugrenzen begannen zu fallen. Seit 1990 konnte dann in der Sowjetunion alles gedruckt werden, was allerdings nicht bedeutete, daß es für alles genügend Papier und Unternehmungsgeist gab. Aber Rußland und die anderen Republiken sind in den Kommunikationskreis der europäischen und der Weltkultur zurückgekehrt[7].

## Demontage der Gegenwart

Für die politische Entwicklung wurde ein anderer Aspekt von Glasnost noch bedeutsamer: Die Publizistik demontierte in den wenigen Jahren zwischen 1986 und 1990 das in Jahrzehnten aufgebaute propagandistische Selbstbildnis des sowjetischen Sozialismus. Aus dem »fortschrittlichsten Land der Geschichte«, das sich selbst der

[7] P. Hübner, Kultur in der Perestrojka. In: Sowjetunion 1988/1989, S. 95–105; A. Ignatow, Das Scheitern der Ideologie und die neuen geistigen Ansätze. In: Sowjetunion 1990 /91, S. 103–107.

Menschheit als Vorbild anbot, wurde ein heruntergewirtschaftetes, moralisch verkommenes Land am Rande Europas, das sich aus der Weltgeschichte ausgeklinkt hatte und in seinem ökonomischen und zivilisatorischen Entwicklungsstand nicht einmal mit vielen Ländern der Dritten Welt konkurrieren konnte. Dieser atemberaubende Bildersturz konnte nur stattfinden, weil die Bilder nur noch eine hohle, äußere Fassade waren, die weitgehend ihre Glaubwürdigkeit verloren hatte. Dennoch blieb die Dramatik dieses Vorganges faszinierend, und die politische Relevanz der Selbstdekuvrierung des Systems kann kaum überschätzt werden. Daß der Kaiser nackt ist, wurde zuerst im wirtschaftlichen und sozialen Bereich offengelegt. »Nach dem Konsum von Waren und Dienstleistungen pro Kopf der Bevölkerung nimmt die Sowjetunion nach unseren Berechnungen den 50. bis 60. Platz unter den Ländern der Erde ein...«[8] Der bisherige Glanz scheinbarer wirtschaftlicher Leistungsfähigkeit wurde jetzt von sowjetischen Ökonomen in erheblichem Umfang auf gefälschte Statistiken zurückgeführt. Die Sowjetunion hat die größte Anbaufläche der Welt und muß dennoch Getreide importieren. Dies – so berechneten jetzt sowjetische Ökonomen – liegt daran, daß nach der Produktivität die sowjetische Landwirtschaft den 90. Platz unter insgesamt 109 Ländern einnimmt[9].

Es ist deshalb nicht verwunderlich, daß der Lebensstandard der Menschen keinen Vergleich mit westlichen Industrieländern aushält; die Schere hat sich vielmehr in den achtziger Jahren noch weiter geöffnet. Dabei zeichneten die Zahlen und Daten, die jetzt von sowjetischer Seite publiziert wurden, oft ein noch tristeres Bild von den eigenen Lebensverhältnissen als westliche Schätzungen und Berechnungen in den Jahrzehnten zuvor. So betrug nach sowjetischen Angaben der Pro-Kopf-Verbrauch zu Beginn der achtziger Jahre etwa ein Drittel des amerikanischen. 1985 mußten Sowjetbürger zehnmal länger als Amerikaner für die gleiche Menge Fleisch arbeiten, 18 bis 25mal länger für Bananen und Orangen, aber auch bis zu achtmal länger für Brot. Der Fleischverbrauch pro Kopf betrug 1985 mit 62 Kilogramm nicht nur 50 Prozent des amerikanischen mit 120 Kilogramm, sondern er war auch niedriger als 1913 in Rußland mit 70 Kilogramm[10].

[8] A. S. Zajčenko, in: Moskovskie novosti, 21. Aug. 1988, S. 12; Vgl. A. Tregub, Soviet economist on US and Soviet living standards. In: Report on the USSR, 10. Febr. 1989, S. 4–7.

[9] A. Illarionov, Gde my nachodimsja? In: EKO 12, 1988, S. 51.

[10] A. S. Zajčenko, SŠA-SSSR: ličnoe potreblenie. In: SŠA 12, 1988, S. 12–22.

Einen Todesstoß für das sozialistische Selbstbewußtsein bedeutete die Zerstörung des Mythos von der Gleichheit und sozialen Gerechtigkeit innerhalb der sowjetischen Gesellschaft. Im Lande selbst, aber auch in nicht unbeträchtlichen Teilen der westlichen Sowjetunion-Forschung war über Jahrzehnte der Mythos gepflegt worden, der Wohlstand in der Sowjetunion sei zwar bescheiden, aber dennoch ziemlich gleichmäßig und »gerecht« verteilt. Jeder habe sein Auskommen, Staat und KPdSU betrieben eine im Vergleich zum »Kapitalismus« fortschrittliche Sozialpolitik, es werde mehr geleistet für das Gesundheitswesen, die sozial Schwachen und andere Randgruppen der Gesellschaft.

Glasnost hat diese aus der sozialistischen Theorie abgeleiteten, nicht aber aus der Praxis gewonnenen Vorurteile zerstört; nicht einmal der Mythos von der Gleichmäßigkeit der Armut blieb bestehen. 1988 ergaben Schätzungen sowjetischer Sozialwissenschaftler, daß etwa 20 Prozent der Bevölkerung Mitte der achtziger Jahre unterhalb der Armutsgrenze lebten, die zu Beginn der achtziger Jahre mit 70 bis 80 Rubel monatlichem Pro-Kopf-Einkommen veranschlagt worden war. Die führende sowjetische Sozialwissenschaftlerin Tatjana Saslawskaja gab 1990 an, etwa ein Drittel der Menschen in der Sowjetunion lebten an oder unter der Armutsgrenze. Eine weitere Korrektur dieser Zahl nach oben, die mit Sicherheit auch Ausdruck der weiteren Verschlechterung der gesamtwirtschaftlichen Lage nach dem Zusammenbruch der zentral gesteuerten Planwirtschaft war, nahm der russische Präsident Jelzin im Oktober 1991 vor, als er in einer Rede vor dem Kongreß der Volksdeputierten der RSFSR sagte: »55 Prozent der Familien [innerhalb der Russischen Föderation] leben unterhalb der Armutsgrenze.«[11] »Einen erheblichen Teil der Armen stellen die Rentner. Der Umfang der Renten in unserem Land beträgt weniger als die Hälfte des Durchschnittseinkommens (genauer 42 Prozent)... In den meisten entwickelten kapitalistischen Ländern beträgt das Renteneinkommen 50 bis 80 Prozent des Arbeitnehmereinkommens vor dem Ruhestand.« Außerdem – so erfuhren jetzt die Menschen – gebe es in allen entwickelten kapitalistischen Ländern eine automatische Rentenanpassung an die Lebenshaltungskosten, was

[11] B. Knabe, Gesellschaft und Gesellschaftspolitik in der Perestrojka. In: Sowjetunion 1988/89, S. 75; T. Saslawskaja, Soziale Aspekte der Perestrojka in der UdSSR. In: Aus Politik und Zeitgeschichte. Beilage zur Wochenzeitung Das Parlament, 4. Mai 1990, S. 19; Polnyj tekst vystuplenija El'cina. Tass, 28. Okt. 1991.

in der Sowjetunion bisher nicht einmal ernsthaft diskutiert worden sei[12].

Besonders vernichtend fiel die Demontage des Gesundheitswesens aus, mit dem man seit Jahrzehnten im In- und Ausland Staat gemacht hatte. Der Anteil des Nationaleinkommens, den die Sowjetunion für das Gesundheitswesen ausgebe, sei einer der niedrigsten in der Welt, erklärte Gesundheitsminister Jewgenij Tschasow vor der XIX. Parteikonferenz der KPdSU 1988. Rund ein Drittel der über drei Millionen Krankenhausbetten des Landes habe weder einen Wasseranschluß noch einen Anschluß an die Kanalisation und müsse eigentlich ausgesondert werden, sagte der gleiche Minister in einem Interview der ›Literaturnaja gaseta‹ am 3. Februar 1988. Die im internationalen Vergleich große Zahl der Ärzte ändert auch nichts Wesentliches am desolaten Zustand des Gesundheitswesens. Denn – so erfuhr jetzt das sowjetische Publikum – die Ärzte verbringen im Durchschnitt 85 Prozent ihrer Arbeitszeit mit Verwaltungstätigkeit. Dagegen gehörte die Sowjetunion, sieht man von Afrika ab, zu den Ländern mit der höchsten Kindersterblichkeit und der niedrigsten Lebenserwartung (1988 für Männer 64,2 Jahre und für Frauen 73,3 Jahre; für die Bundesrepublik Deutschland lauteten die entsprechenden Zahlen 72,1 Jahre für Männer und 78,7 Jahre für Frauen). Die Säuglingssterblichkeit – also die Zahl der im ersten Lebensjahr gestorbenen Kinder auf 1000 geborene – betrug 1989 in der Sowjetunion 22,7 und in der Bundesrepublik Deutschland 7,6. Damit war die Säuglingssterblichkeit in der UdSSR höher als beispielsweise in Portugal oder in der Türkei. Die Leser der Wochenzeitung ›Nedelja‹ (Die Woche) erfuhren 1987, daß die Zahl der Schwangerschaftsabbrüche nirgendwo in der Welt so hoch ist wie in der UdSSR; so war die Abtreibungsrate in der RSFSR 25mal so hoch wie in der Bundesrepublik Deutschland[13].

Auch in vielen anderen Bereichen der Gesellschaft und Arbeitswelt machte der internationale Vergleich erschreckend deutlich, wie zurückgeblieben das »Vaterland des Sozialismus« war. Für das Jahr 1988 wurden erstmals Daten über die Zahl der Todesopfer aufgrund von Arbeitsunfällen publiziert. Danach fanden in diesem Jahr 200000 Menschen bei Arbeitsunfällen den Tod. Für die Bundesrepublik Deutschland lag die Vergleichszahl bei weniger als 2500. Die

[12] A. Zajčenko, in: Moskovskie novosti, 8. Jan. 1989, S. 10.

[13] B. Schönfelder, Zur Lage der Alten, Kranken und Behinderten in der Sowjetunion. In: Osteuropa 40, 1990, S. 232; S. White, Gorbachev in power. Cambridge 1990, S. 67f.; Sowjetunion 1990/91, S. 347; Nedelja 38, 1987, S. 12.

Wahrscheinlichkeit, bei einem Arbeitsunfall ums Leben zu kommen, war damit in der UdSSR 20mal höher als in der Bundesrepublik. Für das gleiche Jahr wurde erstmals auch die Zahl der Verkehrstoten publiziert; sie belief sich auf mehr als 40000[14].

Zu den Triumphgebärden des Sozialismus gehörte seit Jahrzehnten die Behauptung, man habe die Arbeitslosigkeit besiegt, eine Leistung, die zu vollbringen die »kapitalistische Gesellschaft« grundsätzlich nicht in der Lage sei. Glasnost konfrontierte die Öffentlichkeit nicht nur damit, daß dies eine Lüge war, sondern daß nach den Berechnungen innerhalb des Landes die strukturelle Arbeitslosigkeit sogar wesentlich höher lag als frühere westliche Schätzungen angenommen hatten. Die sozialen Folgen dieser Arbeitslosigkeit waren schwerwiegender als in westlichen Gesellschaften, weil weder eine finanzielle Unterstützung noch eine systematische Arbeitsplatzvermittlung bestanden. Nach Angaben der ›Ekonomitscheskaja gaseta‹ (Wirtschafts-Zeitung) vom Juni 1990 betrug der durchschnittliche Umfang der Arbeitslosigkeit in den achtziger Jahren 10,4 Prozent der arbeitsfähigen Bevölkerung. In den islamischen Republiken mit einem sehr hohen Bevölkerungswachstum kletterten diese Zahlen noch erheblich höher und erreichten – wie es in einem Beschluß des ZK der KPdSU vom 31. März 1986 hieß – in Aserbaidshan 27,6 Prozent, in Tadshikistan 25,7 Prozent, in Usbekistan 22,8 Prozent und in Turkmenien 18,8 Prozent der arbeitsfähigen Bevölkerung. Hierbei handelte es sich in hohem Maße um Jugendarbeitslosigkeit[15].

Wo früher die Erfolge des Sozialismus gefeiert wurden, porträtierte ein Teil der Publizistik jetzt das Bild von einer Gesellschaft, die gezeichnet war von moralischem Verfall, Drogenproblemen, Prostitution, Gewaltkriminalität und Korruption auf allen Ebenen. Immer häufiger war von einer Mafia die Rede, die das Leben ganzer Städte und Regionen bestimmte, weil sie an den Hebeln der Versorgung saß, und weil die kriminelle Unterwelt mit der Partokratie zusammenwuchs. Jede Gesellschaft hat ihre düsteren Seiten; und Armut, Rechtlosigkeit und Willkür haben in manchen Ländern der Dritten Welt ein noch brutaleres Gesicht als in der Sowjetunion. Dennoch trug die Offenlegung der Wirklichkeit, die ja

[14] Schönfelder, S. 237; White, S. 71

[15] R. Ahlberg, Armut in der Sowjetunion. In: Osteuropa 40, 1990, S. 1161, 1172; A. Kovalev, Kto i počemu za čertoj bednosti. In: Ěkonomičeskaja gazeta, 25. Juni 1990, S. 11; V. Sirokov, Čelovek bez raboty. In: Pravda, 31. Okt. 1989.

vielfach seit langem so bestand, hier wesentlich zum Zusammenbruch der bisherigen Strukturen von Herrschaft und Gesellschaft bei. Die politische Wirkung, die von dieser Offenlegung ausging, war deshalb umstürzend, weil sie die gesamte bisherige Selbstdarstellung als ein Netz von Lüge, Betrug und Selbstbetrug entlarvte. Die Verantwortung dafür wurde zu Recht jenen angelastet, die seit Jahrzehnten die Hebel der Macht und des Wortes in den Händen gehalten hatten.

## Verlust der Geschichte

Zum Verlust der Gegenwart kam der Verlust der Vergangenheit; damit stand die bisherige Partei- und Staatsführung vor dem Nichts. Im Bereich der Geschichte wiederholte sich das gleiche, was Glasnost bei der Offenlegung der Gegenwart angerichtet hatte: Die von oben erlaubte vorsichtige und begrenzte Hinwendung zur Wirklichkeit löste einen Erdrutsch aus und riß das Gebäude des Sozialismus aus seiner Verankerung. Halbwahrheiten und das Aufrechterhalten der alten Spielregeln wie bei Chruschtschow erwiesen sich als nicht mehr möglich. Die Gorbatschow-Führung war seit 1987 bereit, einen neuen Schub der Entstalinisierung zuzulassen und sich auch von der Breshnew-Ära zu distanzieren, die jetzt das Etikett »Zeit der Stagnation« erhielt. Damit wollte die Führung deutlich machen, daß sie sich zu einer neuen dynamischen Politik verpflichtete und zugleich Terror und Repressionen als Mittel zum Aufbau des Sozialismus ablehnte. Aber diese Bereitschaft zur Distanzierung von einem Teil der eigenen Geschichte verband sich in den Augen der Führung mit der Entschlossenheit, den anderen Teil, nämlich Lenin und die Oktoberrevolution, mit um so größerem Nachdruck als das eigene Erbe hochzuhalten und von hier aus Legitimität zu gewinnen und Zukunftsperspektiven zu entwickeln. Diese doppelte Buchführung scheiterte.

Erhebliche Teile der Intelligenz und ein Teil der Arbeiterschaft waren nicht mehr bereit, das Schema vom bösen Stalin und vom guten Lenin zu akzeptieren. Innerhalb von drei Jahren brach das seit Jahrzehnten auf rüder Geschichtsfälschung aufgebaute Bild der Geschichte der Sowjetunion zusammen. Die Millionen Toten der Repressionen standen auf. Aber die KPdSU, die sich von einem Teil dieser Verbrechen jetzt distanzierte, gewann dadurch keine neue Legitimität, sondern wurde in den politischen Abgrund gerissen. Selten dürfte der Verlust der Geschichte eine so massive politische Wirkung gehabt haben, wie in der Sowjetunion am Ende der achtziger Jahre. Wären die Lügen und Fälschungen nicht so massiv gewesen, dann hätte wohl ihre Aufdeckung nicht eine solche Geschichtsmächtigkeit entfalten können.

Der Zusammenbruch der Geschichte begann mit einer neuen Welle der Entstalinisierung, die wesentlich weiter ging als im Jahrzehnt Chruschtschows. Medwedew, dessen Forschungen über den Stalinismus bisher in der Sowjetunion nicht hatten erscheinen können, wurde jetzt zu einem führenden Publizisten. Roj Medwedew, ein glühender Leninist, machte zugleich eine steile politische Karriere und stieg 1990 sogar in das ZK der KPdSU auf. Er bezifferte die Gesamtzahl der Opfer des Stalinismus auf etwa 40 Millionen Menschen, von denen ein großer Teil den Tod fand. Nach den Berechnungen Medwedews betrug die Zahl der Opfer schon vor Beginn der großen Säuberung 1937 17 bis 18 Millionen Menschen, von denen nicht weniger als zehn Millionen einen gewaltsamen Tod fanden. Allein sechs Millionen Menschen verhungerten 1933 infolge der absichtlich herbeigeführten Hungerkatastrophe in der Ukraine, im Nord-Kaukasus und im Wolgagebiet. Aber auch während des Krieges ließ der Terror im Inneren und gegen die eigene Bevölkerung nicht nach. In den Jahren zwischen 1941 und 1946 wurden mindestens zehn Millionen Menschen noch einmal Opfer des politischen Terrors[16]. Die Sowjetunion hatte 1939 – vor der Okkupation der Westgebiete – 170,5 Millionen Einwohner. Natürlich handelt es sich bei den Zahlen der Opfer um Schätzungen und Berechnungen. Die wirkliche Zahl wird sich wahrscheinlich niemals ermitteln lassen, aber nach der Öffnung der Archive ist damit zu rechnen, daß dies noch auf lange Jahre ein zentrales Thema der Geschichtsforschung bleiben wird.

Wie die Schätzungen auch schwankten, sie desavouierten Gorbatschow, der aus Anlaß des 70. Jahrestages der Oktoberrevolution im November 1987 von Tausenden von Stalinopfern gesprochen hatte. Der Soziologe Bestuschew-Lada nannte wenig später die Zahl von etwa 50 Millionen Opfern, von denen die Hälfte während der Kollektivierung der Landwirtschaft und des nachfolgenden Hungers

[16] R. Medvedev, Naš isk Stalinu. In: Moskovskie novosti 48, 27. Nov. 1988, S. 8–9; ders., in: Argumenty i fakty, 10. Febr. 1989, S. 5; zur Geschichtsdebatte allgemein: R. W. Davies, Perestrojka und Geschichte. München 1991.

zu beklagen gewesen sei. Anläßlich des ersten gesamtsowjetischen Kongresses der Gesellschaft »Memorial«, die ihre Hauptaufgabe in der Aufklärung und im Gedenken an die Opfer des Stalinismus sah, wurde die Zahl von 30 Millionen Todesopfern genannt. Alle diese Zahlen verstehen sich wohlgemerkt ohne die Kriegsopfer während des Zweiten Weltkrieges[17].

Die alle Vorstellungskraft übersteigende Unmenschlichkeit des Stalinismus hat dazu geführt, daß in der Glasnost-Publizistik und danach auch in der wissenschaftlichen Literatur weithin Stalinismus und Nationalsozialismus gleichgesetzt worden sind. Es gibt nicht wenige Stimmen, die das politische Verbrechertum des Stalinismus auf der Stufenleiter des Bösen noch vor dem deutschen Nationalsozialismus eingeordnet haben. Dafür wurden insbesondere zwei Gründe angeführt: Der Stalinsche Terror habe umfassender als der Nationalsozialismus die ganze Gesellschaft betroffen, und er sei außerdem – anders als der Nationalsozialismus – vor allem gegen das eigene Volk gerichtet gewesen. Der Terminus Totalitarismus zur Bezeichnung ideologisch-terroristischer Diktaturen im 20. Jahrhundert, der in der westlichen Diskussion in den vergangenen 25 Jahren weitgehend ins »Aus« verwiesen worden war, hat in der Glasnost-Publizistik und -Wissenschaft ein unerwartetes und umfassendes Comeback erlebt. Sogar in offiziellen Stellungnahmen der KPdSU wurde der Stalinismus mit dem Adjektiv totalitär belegt. Nicht parteigebundene Publizistik und Wissenschaft haben vielfach das Sowjetsystem generell als totalitär bezeichnet[18].

Die Konfrontation mit dem Stalinismus hat auch deshalb so tiefe Spuren hinterlassen, weil sie nicht auf die Hauptstadt und einige Zentren beschränkt blieb. In vielen Provinzen Rußlands entstanden Memorial-Gesellschaften, es öffneten sich teilweise die örtlichen Archive, Massengräber wurden gesucht und gefunden, das Grauen blieb nicht abstrakt. In den nichtrussischen Republiken wurde die Auseinandersetzung mit dem Stalinismus zu einem wichtigen Schwungrad der nationalen und demokratischen Bewegung. In Kuropaty bei Minsk gruben Archäologen einen Erschießungsplatz aus, auf dem von 1937 bis zum Juni 1941 täglich und nächtlich Menschen erschossen wurden. Allein auf diesem einen von sechs Erschießungsplätzen in der Umgebung von Minsk star-

[17] Gorbačev, in: Pravda, 3. Nov. 1987; I. Bestužev-Lada, Vozvraščenie k pravde. In: Nedelja, 15, 1988, S. 10; Neue Zürcher Zeitung, 31. Jan. 1989.

[18] Vgl. z.B. T. Zaslavskaja, Socializm, perestrojka i obščestvennoe mnenie. In: Sociologičeskie issledovanija 8, 1991, S. 4.

ben etwa 250000 Menschen[19]. Von den grausigen Funden in Kuropaty führte eine direkte Linie zur Entstehung der weißrussischen Volksfront und anderer nationaldemokratischer Oppositionsgruppen.

Die Demontage der Geschichte blieb nicht bei der Aufdeckung der Verbrechen des Stalinismus stehen. Auch die maßlos aufgebauschten angeblichen wirtschaftlichen Erfolge gerieten in das Kreuzfeuer der Glasnost. So war nach den Berechnungen von Chanin das Nationaleinkommen von 1928 bis 1941 nicht auf das 5,5fache gewachsen, wie die offizielle Statistik behauptete, sondern nur um 50 Prozent. Die Kapitalproduktivität sei in diesen Jahren der ersten Fünfjahrpläne um ein Viertel gefallen, und der Rohstoffverbrauch pro Endprodukt um 25 bis 30 Prozent gestiegen. Im gesamten Zeitraum von 1929 bis 1987 sei das sowjetische Nationaleinkommen nicht, wie die Statistik bisher angab, auf das 89,5fache, sondern nur auf das 6,9fache gewachsen[20]. Auch wenn Methoden und Ergebnisse solcher Berechnungen im einzelnen strittig sein mögen, wesentlich sind zwei Resultate: Die bisherige sowjetische Selbstdarstellung war falsch, und die aggregierten statistischen Daten sind unbrauchbar. Zweitens: Die Leistungsbilanz des Sowjetsystems war wesentlich bescheidener und die Kosten waren um ein vielfaches höher als bisher angegeben worden war.

Zugleich mit dem Verlust der Geschichte seit dem Oktober 1917 erfolgte in der Publizistik eine Rehabilitierung und Aufwertung der Geschichte vor 1917. Wie überall im kulturellen und politischen Bereich ging es auch hier um die Wiedergewinnung eines verlorenen und durch die Bolschewiki zerstörten Erbes. Es kann nicht verwundern, daß diese spontane und teilweise außerordentlich populäre Wiederentdeckung der zaristischen Epoche auch verklärend-romantische Züge hatte. Historische Uniformen und Symbole tauchten im Straßenbild wieder auf, und der Chef des Hauses Romanow, Großfürst Vladimir Kirillowitsch, erschien zur Feier der Wiederherstellung des Namens Sankt Petersburg in der Stadt an der Newa. Diese Feier wurde bewußt auf den 7. November 1991, also auf den Jahrestag der Oktoberrevolution gelegt. Großes Aufsehen erregte

[19] Moskovskie novosti, 9. Okt. 1988, S. 16; 5. Nov. 1989, S. 2; Ogonek 39, Oktober 1988, S. 28–30.

[20] V. Seljunin, Istoki. In: Novyj mir 5, 1988, S. 177; R. Götz-Coenenberg, Wie hoch war das sowjetische Wirtschaftswachstum wirklich? In: BIOst, Gelesen, kommentiert... Nr. 1, 1989.

das Auffinden der sterblichen Überreste der Zarenfamilie, die im Juli 1918 in Jekaterinburg/Swerdlowsk erschossen worden war. Auch hier also standen die Toten buchstäblich aus der Erde auf und verlangten Rechenschaft von ihren Henkern, bzw. von jenen, die jetzt das Erbe der Henker angetreten hatten. Die große öffentliche Aufmerksamkeit für die Zarenfamilie kann keineswegs nur als monarchistische Nostalgie abgetan werden, auch wenn am Rande solche Stimmungen und Strömungen vorhanden waren. Es ging vielmehr darum, die grotesk einseitige Darstellung der zaristischen Epoche des Russischen Reiches durch die parteiliche Geschichtsschreibung der Kommunisten zu korrigieren. Bei der Rehabilitierung Rußlands vor 1917 stellte jetzt die Publizistik heraus, daß es damals ein beträchtliches Wirtschaftswachstum gegeben hatte, vielversprechende Versuche zur Lösung der Agrarfrage durch die Stolypinsche Reform, politische und kulturelle Meinungsvielfalt nach 1905 und weniger Strafgefangene als nach der Revolution. Bisher verfemte bürgerliche Politiker aus der Revolutionszeit wie Miljukow erschienen jetzt als Vorbild. Ihre Kompromißbereitschaft und Gewaltlosigkeit als Mittel im politischen Kampf wurden der brutalen Kompromißlosigkeit, Gewaltbereitschaft und Ablehnung des Parlamentarismus durch Lenin gegenübergestellt[21].

## Abkehr von den Ursprüngen

Das Sowjetregime erhielt den geistigen Todesstoß, als seit der zweiten Jahreshälfte 1988 die bis dahin einigermaßen funktionstüchtigen Dämme der Glasnost endgültig brachen. Jetzt traten in den Medien Autoren in den Vordergrund, die nicht mehr nur Stalin anklagten, sondern ihn – so wie er sich selbst – als den treuesten Schüler Lenins bezeichneten und Lenin, die Oktoberrevolution und den Marxismus für das Unglück und die Unmenschlichkeit der Geschichte des Landes nach 1917 verantwortlich machten. Zu den ersten Zeugnissen dieser letzten, entscheidenden Welle von Glasnost

[21] Vgl. z. B. Zemlja vydala tajnu. In: Moskovskie novosti, 16. April 1989, S. 16; B. Firsov, Nevostrebovannoe prošloe. Ebd., 25. Febr. 1990, S. 8; R. Petrov, Miljukov ili biografija kompromissa. In: Ogonek 14, März 1990, S. 18–21.

gehörte der Aufsatz ›Die Ursprünge‹ von Wasilij Seljunin, der Mitte 1988 erschien. Der Bolschewismus sei mit der Aufhebung des Marktes, der Warenproduktion und des Privateigentums an Produktionsmitteln ein historischer Rückschritt gewesen, weil er das Prinzip des wirtschaftlichen Egoismus und des Profites im Kapitalismus durch Zwang und Gewalt ersetzt habe. Wenn das materielle Interesse des einzelnen am Wirtschaften und an der Arbeit aufgehoben werde, dann bleibe als Alternative nur der Rückgriff auf Gewalt und Zwangsmittel, um ökonomische Leistung zu erzielen. Trotzkij habe ganz zu Recht behauptet, daß die Zwangsarbeit die Grundlage der sozialistischen Organisation sei[22].

Auch Alexander Zipko stieß in einer vierteiligen Artikelserie vor in »Zonen, die für das Denken geschlossen« waren und fragte in einem weiteren Aufsatz: »Sind unsere Prinzipien gut?«[23] Hier wird argumentiert, Stalin sei ein typischer Marxist seiner Zeit gewesen, und die zentralen politischen Entscheidungen Stalins, insbesondere die Kollektivierung der Landwirtschaft, seien unmittelbar aus der marxistischen Theorie abgeleitet. Die Einteilung der Gesellschaft in progressive und reaktionäre Klassen sei die politische Rechtfertigung für jede Art von Gewaltanwendung. Die zentrale Frage sei: »Ist es möglich, einen nicht-kasernenmäßigen, demokratischen Sozialismus aufzubauen ohne Warenproduktion und ohne Markt?« »Warum hat in allen Fällen ohne Ausnahme in allen Ländern... der Kampf gegen den Markt, gegen Ware-Geld-Beziehungen immer zum Autoritarismus geführt, zur Einschränkung der Rechte und der Würde der Persönlichkeit, zur Allmacht der Administration und des bürokratischen Apparates?«[24]

1989 begann in den Medien die offene Auseinandersetzung mit Lenin, aus der in den nächsten Jahren ein breiter Strom der grundsätzlichen Verwerfung der Oktoberrevolution und der Ablehnung Lenins und seiner Politik wurde. Eine wichtige Rolle spielte dabei die Neubewertung der Konstituante, die von den Bolschewiki im Januar 1918 auseinandergejagt wurde. »Der parlamentarische Weg zur Entwicklung der Demokratie in unserem Lande machte auf lange Jahre den Diktaturen unterschiedlichen Zuschnitts Platz – von der staatlichen Diktatur (Kriegskommunismus) bis zur persönlichen Diktatur (Stalinismus)«, schrieb die ›Iswestija‹. »Es begann die

[22] V. Seljunin, Istoki. In: Novyj mir 5, 1988, S. 162–189, das Zitat S. 169.

[23] A. Cipko, Istoki stalinizma. In: Nauka i žizn' 11 u. 12, 1988; 1 u. 2, 1989; ders., Chороši li naši principy? In: Novyj mir 4, 1990, S. 173–204.

[24] Cipko, in: Nauka i žizn' 11, 1988, S. 49.

sinnlose, haltlose und unmoralische gegenseitige Vernichtung Andersdenkender und die ebenso haltlose, sinnlose und unmoralische Vernichtung unserer Kultur.«[25] Mitte des Jahres 1989 erschien das schon Anfang der sechziger Jahre geschriebene und 1972 im Westen publizierte belletristisch-publizistische Werk von Wasilij Grossman ›Alles fließt...‹. Dort heißt es, Lenin »brachte um der Machtergreifung willen das heiligste, was Rußland besaß, zum Opfer – die Freiheit«[26]. Damit war nichts mehr ungesagt und nichts mehr unsagbar. Glasnost, die den Sozialismus hatte stabilisieren sollen, zerstörte ihn durch das Wort. »Man hat uns überzeugt, daß das Ausgedachte jene Gesellschaft ist, in der wir leben. Unsere Vorstellungen beruhten im Grunde auf einer globalen, systematischen Lüge. Aber jetzt ist offensichtlich geworden, daß das siebzigjährige Experiment mit einem Bankrott geendet hat.«[27]

Halbgötter, Heroen und totalitäre Ideologien lassen sich nicht auf ein menschliches Maß reduzieren. Dies ist eine der zentralen Erfahrungen der Perestrojka. Es erwies sich als unmöglich, Lenin sozusagen auf die Hälfte zu verkleinern. Es gab nur zwei Möglichkeiten, entweder konnte man Lenin auf seinem Sockel lassen – dies war der Plan der Gorbatschow-Mannschaft gewesen –, oder man stürzte ihn. Denkmäler lassen sich nicht zur Hälfte demontieren. Was in der Geschichtswissenschaft vielleicht möglich ist, ist in der Politik ausgeschlossen. Die Absage an Lenin und damit die ganze Geschichte des Landes seit dem Oktober 1917 war auch aus anderen Gründen entweder nur ganz oder gar nicht möglich. Die Leninsche Tradition trat in Theorie und Praxis stets mit dem Absolutheitsanspruch auf. Es war ein Zeichen von Dekadenz, daß Gorbatschow seine Absage an den Absolutheitsanspruch der KPdSU mit dem Rückgriff auf Lenin zu rechtfertigen versuchte[28]. Zweifel an der eigenen Sache, Resignation und auch die unverhüllte Ablehnung des Leninismus drangen bis in die Spitzen der Sowjetführung vor. Dies erklärt die erstaunliche Wehrlosigkeit des Sowjetsystems sowie die Schnelligkeit und Vollständigkeit seines Zusammenbruchs. Man gewinnt den Eindruck, das System habe

[25] B. Vasil'ev, Ljubi Rossiju v nepogodinu. In: Izvestija, 16., 17. und 18. Jan. 1989; die Zitate 17. Jan. 1989.

[26] V. Grossman, Vse tečet... In: Oktjabr' 6, 1989, das Zitat S. 94.

[27] V. A. Tichonov, Žit' bez illjuzij. In: Ogonek 36, 2.-9. September 1989, S. 1.

[28] S. Saizew, Die Auseinandersetzung um Lenin in der Sowjetunion. Berichte des BIOst, Nr. 15, 1991; ders., Gorbačevs Leninismus. Aus der Ideologie der »Perestrojka«. Frankfurt a. M. 1992.

selbst sein Ende für unausweichlich gehalten. Der jahrzehntelang überragende Wille zur Macht versagte[29]. Alexander Jakowlew, einer der engsten Weggefährten Gorbatschows in den ersten Jahren des neuen Kurses, seit 1986 Sekretär des ZK und seit 1987 Mitglied des Politbüros der KPdSU erklärte im Oktober 1991: »Der Marxismus hat uns am Ende in den Abgrund geführt, in die Rückständigkeit und in die Auslöschung des Gewissens.« Die marxistische Lehre und der bolschewistische Kommunismus seien an ihren »Erbsünden« zugrunde gegangen. Die erste sei die Opferung des lebendigen Menschen zugunsten eines abstrakten, die Opferung der Persönlichkeit zugunsten der Gesellschaft. Die zweite Sünde sei die Opferung der Moral gewesen[30].

## Widerstand

Die bisherige Darstellung könnte den – unzutreffenden – Eindruck vermitteln, Glasnost sei auf keinerlei Widerstand gestoßen. Ihre immer weiter ausgreifende Eigendynamik habe das gesamte Feld der Medien erfaßt und beherrscht. Dies war nicht der Fall. Glasnost hatte von Anfang an erhebliche Kräfte gegen sich; die Orthodoxen in der KPdSU, im KGB und in anderen Apparaten setzten sich zur Wehr, zeit- und teilweise wurden sie von Gorbatschow unterstützt. Bis zum August 1991 befanden sich die gedruckten Medien, Radio und Fernsehen ganz überwiegend unter der Kontrolle der alten Kräfte in der KPdSU. Sie lenkten durch direkte und indirekte Zensur, aber auch durch ihre wirtschaftliche Macht, die Zuteilung oder Nichtzuteilung von Papier und Lizenzen einen großen Teil der Medien.

Die Stimme der orthodoxen Bremser und Warner vor zuviel Glasnost begleitete die Politik der neuen Offenheit von Anfang an. Dabei verband sich die Kritik an einem zu schnellen und zu weitgehenden Abbau der Zensur mit einer erstaunlichen Klarsichtigkeit hinsichtlich der Folgen von Glasnost. Jegor Ligatschow, Exponent des orthodox-kommunistischen Flügels in der Partei-

[29] A. Ignatow, Von der Philosophie des Toten zum Tod des Systems. In: Mut, Oktober 1991, S. 36–41.

[30] Tass, 3. Okt. 1991.

führung und bis zum Juli 1990 Mitglied des Politbüros und ZK-Sekretär, argumentierte in einer Rede im Juni 1987, daß der »Klassenfeind« darauf hoffe, die Perestrojka werde den Einfluß des Marxismus-Leninismus in der Sowjetunion untergraben. Die Perestrojka werde vom »Klassenfeind « genutzt, um »unverantwortliche Demagogie« zu verbreiten, die den »Interessen der Werktätigen« Schaden zufüge. In einer anderen Rede im August 1987 verurteilte Ligatschow die Tendenz, den sozialistischen Aufbau in den dreißiger Jahren nur als eine Serie von Fehlern zu betrachten. Vielmehr sei durch die Stalinsche Politik die Grundlage für die Weltmachtstellung der Sowjetunion gelegt worden. Im August 1988 bekräftigte Ligatschow die unwiderrufliche Stellung der KPdSU als »regierende Partei«. Es könne deshalb keinen Raum geben für ein Mehrparteiensystem oder eine politische Opposition, ebenso verurteilte er Streiks und andere »antisozialistische« Erscheinungen[31].

In ähnlicher Weise verband KGB-Chef Tschebrikow (bis September 1988) in seinen öffentlichen Auftritten die Wiederholung der alten Worthülsen mit der richtigen Diagnose über die Folgen, die das Überbordwerfen dieser Leerformeln haben würde. Im September 1987 beschuldigte er westliche Sicherheitsdienste, die sowjetische Jugend zu verderben und den Samen des nationalistischen Zwistes zu säen, um auf diese Weise den Sozialismus moralisch und politisch zu unterminieren. Im Februar 1989 attackierte er in einer Rede in Kischinew die »sogenannten informellen Gruppen« und warf ihnen vor, »Anarchie« und »Destabilisierung« zu fördern sowie den Versuch zu machen, »politische Strukturen in Opposition zur KPdSU zu schaffen«[32].

Weite Publizität und nachhaltige Wirkung gingen von einem Artikel der bis dahin unbekannten Leningrader Dozentin Nina Andrejewa aus, der im März 1988 in der Tageszeitung ›Sowjetskaja Rossija‹ erschien. Dem Vernehmen nach war dieser Beitrag im Büro von Politbüromitglied Ligatschow aufgefüllt worden. Den Medien und der Kultur wird hier vorgeworfen, sie entstellten »die Geschichte des Sozialismus in unserem Land«. Besonders unter der Jugend seien dadurch dem »Wesen des Sozialismus« fremde Vorstellungen populär geworden, wie »ein Mehrparteiensystem, die Freiheit der religiösen Propaganda, dauernde Übersiedlung ins Ausland«. »Klassen-

[31] S. White, Gorbachev in power. Cambridge 1990, S. 194f.; Pravda, 4. Juni 1987; 6. August 1988; E. K. Ligačev, Izbrannye reci i stat'i. Moskau 1989, S. 207–210.

[32] White, Gorbachev, S. 195f.; Pravda, 11. Sept. 1987; 11. Febr. 1989.

kampf« und »die führende Rolle des Proletariats« würden dem gegenüber als »veraltete Begriffe« angesehen. In Wirklichkeit jedoch verbinde sich mit dem Namen Stalin eine »beispiellose Großtat einer ganzen Generation von Sowjetmenschen«. Die ›Prawda‹ nannte in einer großaufgemachten Konterattacke diesen Artikel »ein Manifest der Gegner der Perestrojka«[33].

Dennoch nahmen danach die Warnungen vor zuviel Glasnost, Angriffe und Verunglimpfungen zu. »Ein Teil unserer Presse faßte die Perestrojka auf, oder benutzte sie vielmehr zur Destabilisierung alles Bestehenden, zur Revision des Glaubens und der Moral«, erklärte einer der offensten Gegner von Glasnost, der stellvertretende Vorsitzende des Schriftstellerverbandes der RSFSR, Jurij Bondarew, auf der XIX. Parteikonferenz (Juni/Juli 1988)[34]. Sieben prominente Kulturfunktionäre und Schriftsteller – darunter die Chefredakteure der national-bolschewistischen Organe ›Moskau‹ und ›Unser Zeitgenosse‹ – warfen in einem offenen Brief an die ›Prawda‹ im Januar 1989 der Zeitschrift ›Ogonjok‹ und anderen Glasnost-Organen vor, sie betrieben eine »beispiellose Verzerrung der Geschichte«, würden »die sozialen Errungenschaften des Volkes in Frage stellen und die kulturellen Werte banalisieren«[35]. Hier formierte sich eine Koalition der Anti-Liberalen. Sie bestand einerseits aus Neostalinisten vom Typ Bondarew, der in diesem offenen Brief verteidigt wurde, andererseits gehörten ihr russisch-nationale Publizisten und Schriftsteller an; unter den sieben waren die Dorfschriftsteller Viktor Astafjew und Valentin Rasputin.

Diese Koalition aus orthodoxen Kommunisten und reaktionären russischen Nationalisten konnte in den folgenden Jahren ihre Basis in der alten Nomenklatura beträchtlich ausbauen; zu ihr stießen insbesondere hohe Offiziere und Vertreter des militär-industriellen Komplexes. Allerdings kam es zu keiner dauerhaften organisatorischen Konsolidierung der »patriotischen Kräfte«; eine Massenbasis fehlte. Die wichtigste Klammer dieser Koalition war die Entschlossenheit, um jeden Preis »die eine und ungeteilte Heimat« – die Sowjetunion – als Großmacht zu erhalten. Die Reaktionäre wandten sich im Vorfeld des Putsches vom 19. August 1991 mit einem Aufruf »An unser Volk«, in dem sie ihre Gegner – von Gorbatschow bis Jelzin – als »arglistige und redselige Herren, kluge und hinterlistige Verräter« bezeichneten. Die Macht sei jetzt auf »leichtsinnige und

[33] Sovetskaja Rossija, 13. März 1988; Pravda, 5. April 1988.
[34] Literaturnaja gazeta, 6. Juli 1988.
[35] Pravda, 18. Jan. 1989.

unfähige Parlamentarier« übergegangen, deren »totgeborene Gesetze« »das Volk in die Knechtschaft führen«[36].

Die orthodoxen Kommunisten erkannten früher und scharfsichtiger als andere, daß Glasnost früher oder später zur Frage nach der Macht führen würde. Auf dem ZK-Plenum der KPdSU im April 1989 kam es zu einer offenen verbalen Rebellion der orthodoxen ZK-Mitglieder. »Man will tatsächlich das Immunsystem des Volkes gegen ideologische Diversionen schwächen. Man will unsere Leute quasi mit ideologischem Aids infizieren«, klagte der aserbaidshanische Parteichef Wesirow. Der Moskauer Gebietsparteichef Mesjaz zeigte sich alarmiert, daß in Moskau »politische Losungen zum Sturz der Sowjetmacht, zum Sturz der Partei« in aller Öffentlichkeit verbreitet würden. Der Gebietsparteichef von Kemerowo, Alexander Melnikow, sah »die Einheit unserer Sowjetunion gefährdet«[37].

Auch Gorbatschow hat seit 1989 wiederholt die Glasnost kritisiert, die ihm jetzt viel zu weit ging, aber es fehlten ihm wohl Entschlossenheit und Macht, sie anzuhalten. Im Oktober 1989 rügte er die Glasnost-Presse und warf ihr politische Brandstiftung vor. Er versuchte vergeblich, den Chefredakteur des Massenblattes ›Argumenty i fakty‹, W. A. Starkow, abzusetzen[38].

[36] Sovetskaja Rossija, 23. Juli 1991. Zu den Unterzeichnern gehörten die Schriftsteller Ju. Bondarew und V. Rasputin sowie die Generale W. Warennikow und B. Gromow. Zwei der Unterzeichner (W. Starodubzew und A. Tisjakow) waren Mitglieder der achtköpfigen Junta vom 19. Aug. 1991; Jurij Blochin war Ko-Vorsitzender des Verbandes »Sojus« (Union), einer reaktionären Gruppierung von Abgeordneten, die im April 1991 zur Bildung einer »patriotischen Massenbewegung« aufrief und ein Programm formulierte, das die Putschisten im August 1991 aufnahmen.

[37] Huterer, Glasnost', S. 103f.; Pravda, 27. April 1989.

[38] Brahm, Glasnost, S. 18f.

Glasnost hat wesentlich dazu beigetragen, das Bewußtsein der Menschen zu verändern, und diese Veränderung hat dann ihrerseits auf Glasnost zurückgewirkt und sie weiter vorangetrieben. Die allgemeine Angst vor Repressalien und die Einhaltung vielfältiger Tabus hatten schon in der Breshnew-Zeit nicht mehr durchgängig funktioniert, aber Ende der achtziger Jahre war das System der allgemeinen Einschüchterung vollständig zusammengebrochen. Die tiefen Einbrüche im Bewußtsein der Menschen spiegelten sich auch in soziologischen Umfragen wider, die Ende der achtziger Jahre erstmals unbehindert durchgeführt und publiziert werden konnten. Sie zeigten eine tiefe Gespaltenheit der Gesellschaft. Ein Teil der Menschen lehnte die alte Ordnung, die alten Werte und Institutionen ab, andere dagegen hielten an ihnen fest oder glaubten jedenfalls an die Möglichkeit eines erneuerten Sozialismus. Durchgängig und für die ganze Gesellschaft typisch waren Orientierungslosigkeit, Frustration und ein tiefer Pessimismus.

Die Unsicherheit bei der Beurteilung der Situation spiegelte sich zum Beispiel darin wider, daß bei einer Repräsentativbefragung im August 1989 57 Prozent der Respondenten meinten, die »ökonomischen Schwierigkeiten sind durch die Fehler der Vergangenheit entstanden«, andererseits aber nur 18 Prozent glaubten, daß »die ökonomischen Schwierigkeiten die unausweichliche Folge des ökonomischen Systems des Sozialismus sind«. Das soziale Barometer zeigte einen deutlichen Vertrauensverlust für die traditionellen sowjetischen Institutionen an. Nur zehn Prozent vertrauten voll den Rechtsschutzorganen, elf Prozent dem Komsomol und 22 Prozent der KPdSU. Die höchsten Vertrauensraten genossen die Obersten Sowjets mit 32 Prozent, die Medien mit 30 Prozent und die informellen Vereinigungen mit 27 Prozent. Die Einstellung zum politischen Systemwechsel zeigte große Unsicherheit. Lediglich 27 Prozent der Befragten bejahten die Aussage: »Ein Mehrparteiensystem ist unumgänglich notwendig als natürliche Entwicklung der Demokratie«, andererseits bekannten sich nur elf Prozent zu der Aussage: »Bei uns ist historisch das Einparteisystem entstanden, und ein Mehrparteiensystem würde einen künstlichen Charakter haben.«[39]

Auch hinsichtlich der Oktoberrevolution war die Gesellschaft tief gespalten. Ein Teil der Respondenten glaubte, daß die Bolsche-

[39] N. Popov, Krizis doverija – krizis vlasti. In: Ogonek, 7. Febr. 1990, S. 2–4.

wiki im Oktober 1917 die Macht übernehmen mußten (52 Prozent), daß die Oktoberrevolution den realen Willen der Völker zum Ausdruck brachte (39 Prozent). Auf der anderen Seite glaubten 28 Prozent, daß die Machtergreifung der Bolschewiki historisch nicht notwendig war, daß die Gesellschaft die von den Bolschewiki aufgestellten Ziele ohne Revolution hätte erreichen können (32 Prozent) und daß die Revolution die Entwicklung der Völker gebremst habe und für sie eine Katastrophe gewesen sei (37 Prozent). Auf die Frage: »War die sozialistische Wahl richtig, und gibt es für den Sozialismus eine Zukunft?« antworteten bei einer weiteren Repräsentativbefragung im August 1990 36 Prozent: »Der Sozialismus ist das richtige System, und er hat eine Zukunft«, 19 Prozent: »Der Sozialismus hatte bestimmte Möglichkeiten, aber sie sind erschöpft« und 21 Prozent: »Der Sozialismus in unserem Land ist ein Fehler, er wird niemals die Bedürfnisse der Menschen befriedigen können«. Nimmt man noch jene Menschen hinzu, die bei dieser Frage keine eindeutige Stellung beziehen konnten oder wollten, so ergibt sich, daß zu diesem Zeitpunkt von drei Bewohnern der Sowjetunion nur einer fest an den Sozialismus glaubte. Insgesamt ergibt sich aus Umfragen des Allunionszentrums zur Erforschung der öffentlichen Meinung (VCIOM) im Jahre 1990, daß 16 bis 18 Prozent der Befragten jenen ideologischen Wertvorstellungen folgten, in denen sie erzogen worden waren und für den realen Sozialismus eintraten. 19 bis 27 Prozent der Befragten glaubten an das Ideal eines erneuerten Sozialismus. 23 bis 30 Prozent sprachen sich für den Kapitalismus mit sozialer Absicherung aus, und acht bis neun Prozent stimmten uneingeschränkt für den Kapitalismus mit allen positiven und negativen Folgen. Die Abkehr vom Sozialismus nahm bei den verschiedenen Befragungen im Laufe des Jahres 1990 zu[40].

Auch in bezug auf Lenin vergrößerte sich die Distanz. Ende 1989 räumten noch 68 Prozent der Befragten Lenin auf einer Liste der zehn hervorragendsten Persönlichkeiten aller Zeiten und Völker den ersten Platz ein. Ende 1990 rangierte Lenin auf Platz drei nach Jesus Christus und Sacharow bei der Fragestellung, wer nach Meinung der Respondenten im Jahre 2000 eine große Bedeutung für die Völker der Sowjetunion haben werde. Schon Ende 1989 hatten nur neun Prozent bei einer anderen Umfrage die Meinung vertreten, öf-

[40] T. I. Zaslavskaja, Socializm, perestrojka i obščestvennoe mnenie. In: Sociologičeskie issledovanija 8, 1991, S. 8–10; Revoljucija: sud potomkov. In: Moskovskie novosti, 4. Nov. 1990.

fentliche kritische Äußerungen über Lenin seien unzulässig. Eine Autorität aber, an der Zweifel erlaubt sind, hört auf, absolut zu sein[41].

Trotz fortbestehender egalitärer Tendenzen und dem Hang zum Sozialneid im allgemeinen Bewußtsein zeigten Umfragen des VCIOM im Herbst 1989 und im Laufe des Jahres 1990, daß die weitverbreitete Vorstellung, die Bevölkerung lehne Privateigentum, Unternehmertum und Markt ab, unzutreffend ist. Etwa die Hälfte der Befragten hatte eine positive Einstellung zum Privateigentum an Produktionsmitteln und etwa ein Viertel eine negative. Mehr als drei Viertel der Befragten unterstützte das Entstehen von Privatbetrieben zur Verarbeitung landwirtschaftlicher Produkte, 73 Prozent im Handel und im Dienstleistungsbereich, 60 Prozent in der Leichtindustrie und 48 Prozent im Bereich von Medizin und Bildung. Eine Übergabe des Landes an die Bauern wurde von fast vier Fünfteln der Bevölkerung unterstützt; 29 bis 34 Prozent der Befragten traten auch dafür ein, den Bauern das Recht zum Kauf und Verkauf des Landes einzuräumen.

Die weitverbreitete Vorstellung von der mangelnden Bereitschaft der Menschen, sich wirtschaftlich selbständig zu machen, wurde ebenso von den soziologischen Umfragen widerlegt. Fast ein Drittel der Stadtbewohner zeigte Bereitschaft, sich wirtschaftlich auf eigene Füße zu stellen, und 38 Prozent der Landbewohner wollten eine eigene Bauernwirtschaft führen. Der Übergang zur Marktwirtschaft wurde von 62 Prozent der Befragten befürwortet, nur 21 Prozent waren dagegen. Dabei wurden keine Wunder erwartet; es herrschten im Gegenteil Skepsis und Zurückhaltung bei der Beurteilung der Erfolgschancen. 44 Prozent erwarteten eine Gesundung der Wirtschaft durch den Übergang zum Markt, aber 63 Prozent erwarteten eine weitere Verschlechterung der Situation[42].

Trotz der fortschreitenden Ablehnung des Ancien régime und der Bereitschaft, wesentliche Elemente des politischen und ökonomischen Systemwechsels zu akzeptieren, herrschte in der Bevölkerung keineswegs eine freudige Aufbruchstimmung, sondern im Gegenteil ein fast allgemein verbreiteter Pessimismus, verstärkt durch den Mangel an Vertrauen in die eigenen Kräfte und in die Weisheit der Regierenden. Die Menschen erwarteten am Ende der achtziger

[41] Sobesednik 10, 1990, S. 3; Moskovskie novosti 49, Dezember 1990; Levada, Was sagt des Volkes Stimme, S. 138.

[42] Zaslavskaja, Socializm, S. 18–20; »Nerynočnye« amerikancy. In: Moskovskie novosti 45, 11. Nov. 1990.

Jahre – enttäuscht von dem langsamen Gang der Perestrojka in Ökonomie und Politik und der raschen Talfahrt der Wirtschaft – für die Zukunft eine weitere Verschlechterung ihrer wirtschaftlichen und sozialen Lage. Nach dem Bankrott der kommunistischen Ideologie tat sich ein großes geistig-moralisches Vakuum auf. Die alten politischen Institutionen und Autoritäten hatten das Vertrauen der Menschen verloren. Es bestand die Gefahr, daß bei fortschreitender politischer Apathie und Frustration auch die neuen politischen Kräfte in den Abgrund von Resignation und Hoffnungslosigkeit hineingerissen wurden[43].

[43] Ju. Levada, Krizis doverija. In: Moskovskie novosti, 21. und 27. Mai 1990.

Der entscheidende Vorgang der Jahre 1989 bis 1991 war der Untergang des sowjetischen Herrschaftssystems, in dessen Zentrum die KPdSU gestanden hatte. Damit endete die historische Epoche, die im Oktober 1917 begonnen hatte. Die alten Strukturen der Macht zerbrachen, Elemente einer neuen Ordnung wurden sichtbar. Die kommunistische Partei büßte nicht nur die »führende Rolle« ein, die sie sich über siebzig Jahre lang zugesprochen und exekutiert hatte, sondern sie verlor jede Rolle als Inhaber der Macht. Der Zerfall der regierenden kommunistischen Parteien wurde zuerst in Polen 1989 offensichtlich; von dort breitete er sich auf alle Länder Ostmitteleuropas aus und griff danach auf die baltischen und transkaukasischen Republiken der Sowjetunion über. Der Film lief sozusagen rückwärts. Wie sich einmal die Revolution vom russischen Machtzentrum aus auf das ganze Russische Reich und nach 1945 auf Ostmitteleuropa ausgebreitet hatte, so brach das revolutionäre Regime zuerst an den Rändern zusammen, und der Zusammenbruch zog immer engere Kreise um das Zentrum. Die Ursache für den Zusammenbruch der Herrschaft war nicht eine Wirtschaftskrise, obwohl der Leistungsverfall der Wirtschaft natürlich den Niedergang beschleunigt hat. Der ökonomische Verfall war vielmehr die Konsequenz dessen, daß die kommunistische Partei aufgrund ihrer Prinzipien und ihres Selbstverständnisses nicht in der Lage war und auch nicht in der Lage sein konnte, die zentrale Planwirtschaft zu demontieren und eine Marktwirtschaft einzuführen.

## Legitimationskrise der KPdSU

Wie konnte es dahin kommen, daß die KPdSU, deren Monopolanspruch auf die Macht in der sowjetischen Verfassung festgeschrieben war, in so kurzer Zeit, ohne die Anwendung von Gewalt im Inneren oder von außen – sieht man von der begrenzten Gewaltanwendung zwischen dem 18. und 22. August 1991 ab – von der geschichtlichen Bühne abtreten mußte? Dieser Vorgang bleibt unverständlich, wenn man nicht die schon seit den sechziger Jahren latente Legitimationskrise der kommunistischen Partei berücksichtigt, die am Ende der Perestrojka-Periode in ihr akutes Stadium eintrat. Chruschtschow hatte nach der Diktatur Stalins den Parteiapparat der KPdSU wieder in die Herrschaft eingesetzt. Aber bereits er rang um die angemessene Rolle für die kommunistische Partei im Gefüge der Herrschaft. Wie sollte das bereits seit Lenins Zeiten vorhandene strukturelle Dilemma des sowjetischen Systems, nämlich die Parallelität des Partei- und Sowjetapparates, die in der Praxis auf eine Verdoppelung des Leitungsapparates hinauslief, gelöst werden? Wie konnte die kommunistische Partei auf Dauer »führen«, ohne andererseits die praktische Verantwortung zu tragen, die dem Sowjetapparat und allenfalls unteren Parteiorganen zugeschoben wurde? War überhaupt ein Parteiapparat nötig, wenn es doch mehr oder weniger funktionierende Bürokratien gab, also keine revolutionäre Situation bestand? Um dieses Dilemma zu lösen, plante Chruschtschow wahrscheinlich auf längere Sicht eine Verschmelzung von Staats- und Parteiapparat, um so der durch die Diktatur Stalins kompromittierten kommunistischen Partei neue Legitimität zu verschaffen. Jedenfalls wiesen zahlreiche Maßnahmen im Jahrzehnt Chruschtschows in diese Richtung; seit 1962 wurden sogar die unteren Leitungsorgane für die Landwirtschaft mit dem kommunistischen Parteiapparat auf dieser Ebene verschmolzen[1].

Die Nachfolger Chruschtschows machten alle diese Schritte rückgängig. Die kommunistische Partei – vom Politbüro bis auf die Ebene der Dörfer und Betriebe hinunter – hatte umfassende Entscheidungskompetenzen, die Exekution der Anordnungen aber wurde den anderen Apparaten auferlegt. Anatolij Sobtschak, seit 1990 Oberbürgermeister von Sankt Petersburg/Leningrad hat deshalb von der »Lebensfremdheit des gesamten politischen Systems« gesprochen, in dessen Strukturen die »allgemeine Verantwortungslosigkeit« programmiert sei. »Die staatlichen Organe, die, juristisch gesehen, das Recht und auch die Pflicht haben, Beschlüsse zu fassen, sich aber auch für die Nichterfüllung solcher Beschlüsse vor dem Gesetz verantworten müßten, können praktisch nicht zur Verantwortung gezogen werden, weil die Beschlüsse faktisch von ihnen gar nicht gefaßt werden. Die Parteiorgane hingegen, die praktisch alles entscheiden, tragen keinerlei juristi-

[1] G. Simon, Chruščevismus. Wie wandlungsfähig ist das Sowjetsystem? In: Weltmacht Sowjetunion. Hrsg. G. Simon, Köln 1987, S. 53ff.

sche Verantwortung, da sie eigentlich nicht berechtigt sind, derartige Beschlüsse zu fassen.«[2]

Legitimiert wurde diese Konstruktion mit der »Avantgarderolle der kommunistischen Partei«, die allein in der Lage und berechtigt sei, dem ganzen Volk den Weg in die lichte Zukunft zu weisen. Mit dem Zusammenbruch der politischen Weltanschauung des Marxismus-Leninismus verlor diese Legitimation ihre Basis. Dabei beschleunigte die Ineffizienz der Einparteiherrschaft den Zusammenbruch der politischen Weltanschauung. Die kommunistische Partei hatte auch in früheren Jahrzehnten ihre Versprechungen nicht eingehalten, aber sie hatte die Verantwortung dafür stets auf die inneren und äußeren Feinde abwälzen können, die zuerst hatten bekämpft und besiegt werden müssen und so alle Kräfte beansprucht hatten. Als die Höhenflüge aus der Zeit Chruschtschows, bis 1980 werde man die westlichen Industrieländer im Lebensstandard »ein- und überholen«, sich als eine groteske Fehlprognose erwiesen, konnte die kommunistische Partei dafür weder dem inneren noch dem äußeren Feind die Schuld zuschieben.

Die Legitimationskrise der KPdSU war – so paradox das klingen mag – Folge einer extremen und lange Zeit funktionierenden Machtsicherung. Die kommunistische Partei hatte dazu einzigartige Instrumente entwickelt, die in dieser Form eine Erfindung der Partei Leninschen Typs waren. Sie war in alle Organisationen des Staates, der Wirtschaft, der Armee und der Bildung eingedrungen, bildete dort mit ihren Parteikomitees den »führenden Kern« und hatte das öffentliche Leben und die Wirtschaft zu »Transmissionsriemen« des Parteiwillens degradiert. Ein zentrales Lenkungsinstrument war die Personalpolitik in der Form der Nomenklatura. Hunderttausende von Schlüsselstellungen in allen Bereichen konnten nur mit der Zustimmung der zuständigen Parteikomitees und in aller Regel nur mit Mitgliedern der kommunistischen Partei besetzt werden. Funktionsstellungen wurden also überall nicht aufgrund von Kompetenz und in offenem Wettbewerb vergeben. So war die KPdSU mit ihren 1988 noch 19,5 Millionen Mitgliedern, entspechend ungefähr sieben Prozent der Bevölkerung, in erheblichem Umfang eine Organisation von Karrieristen, die weltanschauliche und politische Konformität simulierten, soweit und solange das dem Fortkommen nützte. Über 90 Prozent der Bevölke-

[2] A. Sobčak, Die Herausbildung eines neuen politischen Systems. Macht, Partei und Recht. In: Perestrojka. Zwischenbilanz. Hrsg. K.Segbers, Frankfurt a.M. 1990, S. 40.

rung waren vom Aufstieg in Führungspositionen weitgehend ausgeschlossen. Keine moderne Gesellschaft kann sich einen solchen Aderlaß bei der Rekrutierung ihrer Eliten ungestraft leisten, durch den Fähigkeiten, Talente und Ambitionen in großem Stil mißachtet werden und ungenutzt bleiben, während Opportunismus und Konformismus belohnt werden.

Ohne daß sich nach 1985 am Nomenklatura-System im Prinzip etwas änderte, wurde in den Jahren danach von seiten der Parteiführung in einzelnen Fällen die Übertragung von Führungspositionen an Nichtparteimitglieder gefördert und propagandistisch herausgestellt. So gab es seit 1989 zum ersten Mal im Ministerrat der UdSSR ein Mitglied ohne Parteibuch: den Vorsitzenden des Staatskomitees für Naturschutz, N.N.Woronzow. Auf der anderen Seite war der Parteiapparat ängstlich bemüht, in Schlüsselstellungen nach wie vor möglichst viele Parteimitglieder hineinzubringen in der Hoffnung, so am besten Machtpositionen bewahren zu können. 88 Prozent der im März 1989 gewählten Abgeordneten des Kongresses der Volksdeputierten waren Mitglieder der KPdSU; im Obersten Sowjet von 1984 hatten »nur« 71 Prozent Parteimitglieder gesessen[3].

Der Einsatz der traditionellen Instrumente zur Machtsicherung des Parteiapparates stand im scharfen Gegensatz zu dem immer offensichtlicher werdenden Autoritätsverlust der kommunistischen Partei in der Gesellschaft. Alle Anstrengungen des Parteiapparats, seine Unersetzlichkeit zu demonstrieren, konnten nicht darüber hinwegtäuschen, daß sich am Ende der achtziger Jahre zum ersten Mal seit 1917 wieder die Frage der Macht stellte. In immer größeren Gruppen der Gesellschaft und in immer mehr Regionen des Landes wurde die Einparteiherrschaft nicht mehr akzeptiert. Man identifizierte sie nicht nur mit der blutigen Vergangenheit und der miserablen Gegenwart, sondern man traute ihr auch nicht mehr zu, Wege in eine bessere Zukunft zu weisen.

[3] E. Schneider, Auf dem Weg zum Parlamentarismus. Berichte des BIOst 64, 1989, S. 40.

Die Gorbatschow-Führung zog aus dieser kritischen Situation Konsequenzen: Durch die seit der XIX. Parteikonferenz (Juni/Juli 1988) eingeleiteten Reformen am politischen System wurden die Kompetenzen der Sowjets, also der staatlichen Machtorgane, erweitert, und die Machtbefugnisse des Parteiapparats eingeschränkt. Diese teilweise Verlagerung der Macht auf die gewählten Sowjets und ihre Exekutivorgane stand im Dienst der Machterhaltung der kommunistischen Partei. Die Macht sollte auf ein breiteres Fundament gestellt werden. Die Partei sollte sich sozusagen mit und in den Sowjets bewähren. Deshalb beschloß die XIX. Parteikonferenz unter anderem, daß die Ersten Parteisekretäre von der lokalen Ebene bis zum Zentralkomitee »in der Regel« zugleich Vorsitzende des Sowjets auf der entsprechenden Ebene sein sollten. Zwar verwirklichte Gorbatschow im Oktober 1988 für seine Person diese Ämterkombination, indem er die Funktion des Vorsitzenden des Präsidiums des Obersten Sowjet übernahm, eine »Regel« ist daraus jedoch nicht geworden, und nach den Wahlen im März 1989 wurde dieser Beschluß der XIX. Parteikonferenz fallengelassen[4]. Zu viele Parteisekretäre waren bei den Wahlen durchgefallen oder mußten das für die Zukunft befürchten.

Die XIX. Parteikonferenz beschloß erste Schritte zur Einführung des Parlamentarismus, die mit der Verfassungsreform und dem Wahlgesetz vom 1. Dezember 1988 in Kraft traten. Dahinter stand das Kalkül, es könne und müsse gelingen, mit der teilweisen Übernahme parlamentarischer Institutionen eine neue Vertrauensbasis für die Einparteiherrschaft in der Gesellschaft zu schaffen und sie auf diese Weise für die Zukunft zu sichern. Die Gorbatschow-Führung war sich offenbar über das Risiko und die Gefährlichkeit dieses Schrittes nicht im klaren: Ein wenig Parlamentarismus oder Schein-Parlamentarismus löst die Forderung nach umfassendem Parlamentarismus aus, d.h. nach einem Mehrparteiensystem, und dies verschlingt die KPdSU.

Die Verfassungsreform vom 1. Dezember 1988 schuf ein merkwürdiges doppelstöckiges parlamentarisches Gremium auf der Ebene des Gesamtstaates, eine Konstruktion ohne Vorbild in der Geschichte des Parlamentarismus. Der Kongreß der Volksdeputierten

[4] Ebd., S. 9; I. Kljamkin, Trudnyj spusk s zijajuščich vysot. In: Ogonek 5, Januar 1990, S. 6.

mit 2250 Abgeordneten bildete das oberste Stockwerk. Dieser Kongreß wählte einen, wie bisher aus zwei Kammern (dem Unionssowjet und dem Nationalitätensowjet) bestehenden Obersten Sowjet, in dem 542 Berufsparlamentarier saßen. Dieser Oberste Sowjet – das eigentliche gesetzgebende Organ – trat zweimal jährlich für mehrere Monate zusammen. 20 Prozent seiner Mitglieder sollten jährlich aus dem Bestand der Abgeordneten des Volkskongresses neu gewählt werden. Die Legislaturperiode betrug fünf Jahre, die Wiederwahl der Abgeordneten und auch des Vorsitzenden des Obersten Sowjet war nur einmal möglich. Zu den Kompetenzen des Volkskongresses gehörten die Wahl des Vorsitzenden des Obersten Sowjet, Verfassungsänderungen und die nicht näher präzisierte Festlegung von Grundrichtlinien der Politik. Ein Drittel der Abgeordneten des Volkskongresses wurde nicht in allgemeinen Wahlen bestimmt, sondern von der KPdSU, den Gewerkschaften und anderen Organisationen entsandt.

Der so schon erheblich eingeschränkte Parlamentarismus wurde dadurch weiter reduziert, daß es zum Zeitpunkt der ersten Wahlen im März 1989 nicht nur kein Mehrparteiensystem gab, sondern daß formell noch immer das Monopol der KPdSU, wie es in der Verfassung fixiert war, galt. Gerade weil sich im März 1989 nicht verschiedene Parteien zur Wahl stellen konnten, kam der Wahlmöglichkeit unter mehreren Kandidaten erhöhte Bedeutung zu. Aber auch hier wurden durch das Wahlgesetz Bremsen eingebaut. Die Aufstellung mehrerer Kandidaten für ein Mandat war nicht zwingend vorgeschrieben; in einem Viertel der Wahlkreise kandidierte im März 1989 nur eine Person. Weitere Manipulationsmöglichkeiten hatte sich der Parteiapparat durch die Institution der Wahlkreisversammlungen geschaffen. Diese Wahlkreisversammlungen, in die die kommunistische Partei in großem Stil ihre Leute schickte, hatten nach dem Wahlgesetz die Funktion, bereits nominierte Kandidaten zu registrieren oder eben nicht. Nur 38 Prozent der nominierten Kandidaten (etwa 2900 für die 1500 territorialen und national-territorialen Wahlkreise) passierten das Registrierungsverfahren.

Die KPdSU ging bei diesen Schritten in Richtung auf den Parlamentarismus mit schlechtem Beispiel voran und nominierte für die ihr zustehenden – nicht von der Bevölkerung zu wählenden – 100 Abgeordneten 100 Kandidaten, darunter auch Gorbatschow. So kam es zu der paradoxen Situation, daß der Mann an der Spitze des neuen Parlamentarismus, der bis März 1990 Vorsitzender des Obersten Sowjet und danach Präsident der UdSSR war, nicht aus allgemeinen Wahlen hervorging, sondern von der KPdSU in den Volkskongreß entsandt und dann von diesem in seine Funktionen gewählt wurde.

Trotz der vielfältigen Kautelen gegen Machtverlust fielen bei den ersten Wahlen am 26. März 1989 Parteifunktionäre reihenweise durch. Über fünfzig Erste Sekretäre von Gebiets-, Regions- und Stadtparteikomitees wurden nicht gewählt. In manchen Städten wie in Leningrad und in Kemerowo im Kusnezkbecken kam es geradezu zu einem Kahlschlag unter den Führungskadern[5]. Dagegen wurde der anderthalb Jahre zuvor gestürzte Chef der KPdSU in Moskau Boris Jelzin mit 89 Prozent der Stimmen in seinem Moskauer Wahlkreis gewählt.

Dennoch behielt die »aggressiv gehorsame Mehrheit« (Jurij Afanasjew), d. h. die große Zahl der von den Apparaten eingeschleusten und gesteuerten Abgeordneten, sowohl im Volkskongreß als auch im Obersten Sowjet klar die Oberhand. Gorbatschow konnte sie weitgehend in seinem Sinn manipulieren. Im Juli 1989 schlossen sich demokratisch gesinnte Abgeordnete des Volkskongresses, denen die politischen Schritte Gorbatschows zu halbherzig und unentschlossen erschienen, zur »Interregionalen Abgeordnetengruppe« zusammen. Zu ihr gehörten Ende 1989 360 Abgeordnete unter Führung von Andrej Sacharow (gestorben am 14. Dezember 1989), Boris Jelzin, Gawriil Popow, Jurij Afanasjew und Viktor Palm[6]. Wie steinig der Boden für die Entwicklung des Parlamentarismus war, wurde auch daraus deutlich, daß diese Gruppe zwar zunehmend antileninistische Programmpunkte formulierte, sich aber nicht dazu entschließen konnte, sich »Opposition« zu nennen[7]. Dies, obwohl Gorbatschows populärster Widersacher, der Moskauer Abgeordnete Boris Jelzin, die Grundlage des sowjetischen Systems in Frage stellte: »Es gab in unserem Land vielerlei Unglück, aber das Hauptunglück war dennoch das Machtmonopol der Partei.«[8]

Die »Interregionale Abgeordnetengruppe« war zwar vielfach untereinander gespalten und nur bedingt zu gemeinsamem politischem Handeln in der Lage, sie war dennoch der erste Versuch, auf parlamentarischer Ebene organisiert Politik gegen die KPdSU zu

[5] Schneider, Auf dem Weg zum Parlamentarismus, S. 38, 40.

[6] Proekt platformy Mežregional'noj gruppy narodnych deputatov SSSR, Moskau November-Dezember 1989. Archiv Samizdata, Nr. 6440 (5. Febr. 1990); Spisok narodnych deputatov SSSR, podtverdivšich svoe učastie v Mežregional'noj deputatskoj gruppe, Moskau 16. Okt. 1989. Archiv Samizdata, Nr. 6441 (12. Febr. 1990).

[7] Začem deputatam razdeljat'sja. In: Moskovskie novosti, 6. Aug. 1989, S. 9f.

[8] V poiskach soglasija. In: Moskovskie novosti, 14. Jan. 1990, S. 4.

formulieren. Von dieser ersten informellen Parlamentariervereinigung außerhalb der KPdSU gingen weitreichende Impulse für die Formierung der demokratischen Kräfte außerhalb und innerhalb der parlamentarischen Gremien aus.

Die erste Sitzungsperiode des Kongresses der Volksdeputierten (25. Mai bis 9. Juni 1989) wurde von der »redenden Minderheit« bestimmt, die in zuvor unvorstellbarer Offenheit ein weitgehend schonungsloses Bild von der sowjetischen Realität vor der erregten sowjetischen Gesellschaft ausbreitete, die die Debatten – von wenigen Ausnahmen abgesehen – live am Fernsehschirm verfolgen konnte[9]. Die Offenlegung der Armut, der Versorgungsmängel, der Verfilzung von Kriminalität und Parteiapparat oder die Verurteilung des Krieges in Afghanistan haben zur Politisierung der Öffentlichkeit beigetragen, andererseits aber auch hochgespannte Erwartungen auf eine schnelle Verbesserung aller Verhältnisse geweckt, die sehr bald enttäuscht wurden. Das Millionenpublikum an den Fernsehschirmen erfuhr aus erster Hand von den miserablen Arbeits- und Lebensbedingungen der Bergarbeiter, der katastrophalen medizinischen Versorgung oder dem ökologischen Desaster nach der Katastrophe von Tschernobyl. Überschattet wurde der Kongreß von dem Massaker in Tiflis. Hier hatten kurz zuvor am 9. April 1989 Soldaten bei einem Einsatz gegen friedliche und unbewaffnete Demonstranten 20 Menschen – zumeist Frauen – brutal erschlagen. Niemand wollte den Einsatzbefehl gegeben haben, niemand nahm die politische Verantwortung auf sich.

Die wesentlichen politischen Entwicklungen der kommenden Jahre wurden auf dieser ersten Sitzungsperiode des Volkskongresses bereits in Ansätzen sichtbar: der Machtverlust der KPdSU, Auflehnung und Protest der Reaktionäre dagegen, der Ruin der administrativen Kommandowirtschaft und die unabweisliche Notwendigkeit für die Rückkehr zur Marktwirtschaft; auch der Fortbestand der staatlichen Einheit stand bereits – wenn auch in indirekter Form – auf der Tagesordnung. Sacharow brachte am letzten Sitzungstag ein »Dekret über die Macht« ein, das die Abschaffung der »führenden Rolle« der KPdSU (Artikel 6 der Verfassung von 1977), politischen Pluralismus und die Einschränkung und Kontrolle der

[9] Die Sitzungsprotokolle wurden auch in der Izvestija vom 26. Mai bis 11. Juni 1989 publiziert. Sie erschienen später – zusammen mit den schriftlich eingereichten Beiträgen der Abgeordneten – in Buchform: Pervyj s-ezd Narodnych deputatov SSSR 25 maja – 9 ijunja 1989 g. Stenografičeskij otčet. 6 Bde, Moskau 1989.

nahezu unbegrenzten Macht Gorbatschows forderte. Dieser ließ jedoch eine Debatte darüber ebensowenig zu wie über den Vorschlag des Abgeordneten Jurij Karjakin, Lenin aus dem Mausoleum zu entfernen und in Petersburg zu beerdigen[10].

Verglichen mit dem Volkskongreß und seinen über 2000 Abgeordneten erwies sich der Oberste Sowjet mit 542 Abgeordneten und zahlreichen ständig arbeitenden Kommissionen als schwieriger lenkbar. Die erstmals in der Sowjetunion vorgeschriebene Bestätigung aller Regierungsmitglieder durch den Obersten Sowjet führte während der ersten Sitzungsperiode (7. Juni bis 4. August 1989) gegen den Willen Gorbatschows zu langwierigen Personaldebatten und zur Ablehnung einiger von Ministerpräsident Ryschkow vorgeschlagener Kandidaten. In der Herbstsitzungsperiode (25. September bis 28. November 1989) erlitt Gorbatschow erstmals Abstimmungsniederlagen. So votierte der Oberste Sowjet gegen Gorbatschow dafür, in Zukunft nicht mehr ein Drittel der Abgeordneten des Volkskongresses durch die KPdSU und andere »gesellschaftliche« Organisationen bestimmen zu lassen. Gorbatschow hatte diese Drittelvertretung für die KPdSU und von ihr abhängige Organisationen sogar auf die Sowjets aller Ebenen bis hinunter zu den lokalen Sowjets ausweiten wollen. Ebenso verweigerte der Oberste Sowjet seine Zustimmung zu einem von seinem Vorsitzenden beantragten allgemeinen Streikverbot, das daraufhin eingeschränkt wurde[11].

Im Kongreß der Volksdeputierten und im Obersten Sowjet bildeten sich drei politische Gruppierungen heraus, die allerdings weder personell noch in der politischen Programmatik strikt voneinander abzugrenzen waren. Sie spiegelten aber politische Strömungen in der Gesellschaft wider, die auch in der Publizistik deutlichen Ausdruck fanden. Insgesamt war das Gewicht der kommunistisch-orthodoxen politischen Kräfte im Volkskongreß erheblich größer als innerhalb der Gesellschaft, in der sich seit 1989 mehr und mehr antikommunistische, demokratische Positionen durchsetzten, so daß mit fortschreitender Entwicklung der Volkskongreß der UdSSR immer weniger die Gesellschaft repräsentierte. Eine große Gruppe von Abgeordneten – wahrscheinlich die größte – bildeten die Vertreter der Apparate, vorab des Parteiapparats. Viele von ihnen waren in den ersten Jahren nach 1985 für die Perestrojka eingetreten, weil sie

[10] Izvestija, 4. und 11. Juni 1989.

[11] Neue Zürcher Zeitung, 5., 12. und 27. Okt. 1989; Frankfurter Allgemeine Zeitung, 26. Okt. 1989.

gewisse Reformen zur Sicherung der Funktionsfähigkeit des politischen Systems für unausweichlich hielten. Als sich jedoch herausstellte, daß es mit kosmetischen Reparaturen am Gebäude des »entwickelten Sozialismus« nicht getan sein würde, daß vorsichtige Reformschritte einen immer größeren Bedarf nach immer weitergehenden Veränderungen auslösten, und daß vor allem die Perestrojka von oben eine bedrohliche Dynamik von unten in Gang brachte, da wurden die Apparatschiki zu entschiedenen Bremsern. Sie sahen jetzt den Sozialismus an sich bedroht, diagnostizierten den beginnenden Zerfall der kommunistischen Partei und des Imperiums und warnten vor dem heraufziehenden Kapitalismus und der Anarchie. Zur Leitfigur der konservativen Bremser wurde Jegor Ligatschow, bis zum XXVIII. Parteitag im Juli 1990 Mitglied des Politbüros der KPdSU und ZK-Sekretär.

Auf der anderen Seite des politischen Spektrums standen die Demokraten, die »Linken«, organisatorisch vor allem von der »Interregionalen Abgeordnetengruppe« repräsentiert. Sie stimmten mit den konservativen Vertretern des Apparats in der Diagnose der gegenwärtigen Situation vielfach überein, bewerteten sie jedoch radikal anders. Die Demokraten hielten das Machtmonopol der Partei, die Herrschaft der Apparate und die zentrale Planwirtschaft für verhängnisvoll und überholt. Sie forderten ein Mehrparteiensystem, die Abschaffung der Nomenklatura, den Übergang zur Marktwirtschaft und die Auflösung des Imperiums – jedenfalls in seiner bisherigen Gestalt. Die radikalen Reformer haben sich im Laufe des Jahres 1989 schrittweise, aber grundsätzlich von der leninistischen Tradition losgesagt. Sie verlangten nicht nur die Demokratisierung innerhalb der Partei, d. h. die Abschaffung des demokratischen Zentralismus, sondern die Demokratie. Damit traten sie nicht mehr für den »Umbau« (Perestrojka) des alten Systems ein, sondern für seine Abschaffung. Dabei beurteilten die Demokraten bis zum August 1991 ihre eigenen Kräfte innerhalb der bestehenden politischen Institutionen und Strukturen – allerdings nicht in der Gesellschaft – als schwach und ungefestigt. Sie fürchteten, die bisher erreichten Fortschritte der Demokratisierung könnten durch eine politische Reaktion relativ leicht wieder rückgängig gemacht werden. Die antikommunistischen Kräfte gingen bis zum August 1991 davon aus, daß die reale Macht nach wie vor in den Händen des Apparates der KPdSU lag.

Gorbatschow und seine Führungsmannschaft versuchten, eine zentristische Position zwischen den beiden Flügeln aufzubauen und zu behaupten. Je weiter die politischen Ziele jedoch auseinandertraten, um so schwieriger wurde dieser Balance-Akt. Zur »Leninschen Konzeption des Sozialismus zurückzukehren«, nachdem der »reale Sozialismus stalinistischen und neostalinistischen Typs [d.h. die Breshnew-Periode] restlos diskreditiert« war[12], erwies sich immer mehr als eine Fata Morgana. Deshalb suchte die Gorbatschow-Fraktion seit Herbst 1989 zunehmend Anlehnung an die konservative Apparate-Fraktion , mit der zusammen sie im ZK, im Kongreß der Volksdeputierten und im Obersten Sowjet der UdSSR über eine klare Mehrheit verfügte.

Ein Ausdruck dieses Zusammengehens war zum Beispiel die Verabschiedung der von Ministerpräsident Ryschkow vorgelegten Richtlinien für ein Wirtschaftsprogramm bis zur Mitte der neunziger Jahre durch den Kongreß der Volksdeputierten im Dezember 1989. Tatsächlich handelte es sich um ein Programm zur Verhinderung radikaler Eingriffe in die Eigentumsordnung und die Planwirtschaft.

Auf dem Februar-Plenum des ZK der KPdSU 1990 vollzog die Gorbatschow-Führung dann eine taktische Wende, indem sie die seit 1988 von den Demokraten geäußerte Forderung nach Aufgabe des Machtmonopols der KPdSU – entgegen vielfachen früheren Positionsbestimmungen – nun selbst zum Programmpunkt erhob[13]. Damit rückte auch Gorbatschow in einem wesentlichen Punkt vom Leninschen Erbe ab. Allerdings schloß er sich mit diesem Schritt nicht den Radikalreformern an, wie viele von ihnen seit Jahren gehofft hatten. Viele demokratisch gesinnte Publizisten und Politiker hatten Gorbatschow immer wieder auch öffentlich dazu aufgefordert, sich von der KPdSU oder zumindest von deren orthodoxem Flügel loszusagen. Damit verband sich die Hoffnung und Erwartung auf die Bildung eines in der Öffentlichkeit viel diskutierten sogenannten »links-zentristischen Blocks«, also eine Verbindung der zentristischen Kräfte um Gorbatschow mit jenen, die entschlossen waren, weit über das hinauszugehen, was er zögerlich begonnen hatte. Eine solche »Koalition« kam nicht zustande, weil Gorbatschow sich nicht von der »sozialistischen Orientierung« und der »kommunistischen Perspektive« trennte.

Mit der Streichung des Machtmonopols aus der Verfassung gab die KPdSU nicht etwas auf, was sie noch besessen hätte. Das Fest-

[12] O. Bogomolov, Menjajuščijsja oblik socializma. In: Moskovskie novosti, 9. Juli 1989.

[13] B. Knabe, Zum Verlauf und zu den Beschlüssen des Februarplenums 1990 des ZK der KPdSU. Aktuelle Analysen des BIOst 17, 1990, 20. Febr. 1990.

halten am Macht- und Organisationsmonopol der kommunistischen Partei, das in der politischen Realität des Landes spätestens seit Frühjahr 1989 nicht mehr bestand, war zu einem Hemmschuh geworden und bot den Gegnern eine willkommene Angriffsfläche, weil außer für das Apparate-Establishment und eine stets kleiner werdende Heerschar von Altstalinisten Artikel 6 der Verfassung von 1977 für niemanden mehr akzeptabel war. Bei einer repräsentativen Befragung in der UdSSR im Juli 1989 sprachen sich nur vier bis sechs Prozent der Befragten für die Beibehaltung der bisherigen Machtordnung aus, d.h. die Ausübung der tatsächlichen Macht durch die Parteiorgane. Im Dezember 1989 hatten noch 19 Prozent der Bevölkerung volles Vertrauen zur KPdSU, 34 Prozent zu Gorbatschow und 57 Prozent zu Sacharow. Bei einer weiteren Repräsentativbefragung in der gesamten Sowjetunion im Juli 1990 antworteten auf die Frage: »Sind Sie damit einverstanden, daß die KPdSU die einzige Kraft ist, die in der Lage ist, unsere Gesellschaft aus der Krise zu führen?« 18 Prozent mit Ja und 64 Prozent mit Nein. 74 Prozent der Befragten waren der Meinung, daß die KPdSU die Verantwortung für ihre Fehler in mehr als 70 Jahren Geschichte der Sowjetmacht übernehmen müsse, nur 15 Prozent verneinten diese Frage. Bei der gleichen Gelegenheit meinten 31 Prozent der Befragten, die KPdSU müsse möglichst schnell aufgelöst werden; 41 Prozent waren dagegen[14]. Seit Anfang 1990 häuften sich in den Glasnost-Medien die Aufforderungen an die KPdSU zur Selbstauflösung[15].

Die Gorbatschow-Führung wies natürlich solche Ansinnen weit von sich, aber sie hat doch mit einer Reihe von Maßnahmen Macht und Selbstherrlichkeit des Apparates der KPdSU eingeschränkt. Sie erkannte damit bis zu einem gewissen Grad die weitverbreitete Ablehnung des alten Machtapparates in der Gesellschaft an, und versuchte zugleich, dieser Antipathie den Wind aus den Segeln zu nehmen. Eine Kompetenzerweiterung der Sowjetorgane war im übrigen auch gar nicht denkbar, ohne daß die Herrschaft der KPdSU beschränkt wurde.

[14] T. Saslawskaja, Soziale Aspekte der Perestrojka in der UdSSR. In: Aus Politik und Zeitgeschichte. Beilage zur Wochenzeitung Das Parlament, 4. Mai 1990, S. 18; Ju. Levada, Was sagt des Volkes Stimme? In: Perestrojka. Zwischenbilanz, S. 141; KPSS: vzgljad so storony. In: Moskovskie novosti 30, 29. Juli 1990.

[15] z.B.: M. Čulaki, Bespartijnye mysli o partii. In: Moskovskie novosti 7, 18. Febr. 1990, S. 6f.; Kljamkin, Trudnyj spusk, S.7.

Das ZK-Plenum beschloß im September 1988 eine weitreichende Umorganisation des ZK-Sekretariats, die eine teilweise Entmachtung dieser organisatorischen Spitze des Parteiapparates bedeutete. Den bisherigen Abteilungen wurden fünf ZK-Kommissionen übergeordnet. Ligatschow, Leitfigur der politischen Bremser, der bisher als Zweiter Sekretär an der Spitze des ZK-Sekretariats gestanden hatte, verlor diese herausragende Position. Er behauptete später, seit Oktober 1988 sei das ZK-Sekretariat nicht mehr zusammengetreten. Die ZK-Kommissionen unterstanden dem Politbüro der KPdSU.

1989 folgte eine drastische Kürzung der Zahl der Mitarbeiter des ZK-Apparates um 40 Prozent; auf der darunter liegenden mittleren Ebene der Hierarchie mußten 30 Prozent der Parteimitarbeiter ihre Sessel räumen. Das Nomenklatura-System, also das Recht des Parteiapparates zur Besetzung aller wichtigen Funktionen in allen Bereichen von Staat und Gesellschaft, wurde massiv eingeschränkt und seit 1990 de facto abgeschafft. Die KPdSU verlor damit eines ihrer wichtigsten Herrschaftsinstrumente.

Auf dem XXVIII. und – wie sich später zeigte – letzten Kongreß der KPdSU im Juli 1990 büßte das Politbüro seine Stellung als zentrales politisches Entscheidungsgremium im sowjetischen Herrschaftssystem, die es seit den fünfziger Jahren besessen hatte, ein. Insbesondere seit der Ära Breshnew war das Politbüro der KPdSU die eigentliche Regierung der UdSSR, hier waren die wichtigsten Machtapparate durch ihre Spitzen vertreten, hier baute der jeweilige Generalsekretär seine Einmannherrschaft im Rahmen der Einparteiherrschaft auf. Jetzt verblieben im neuen Politbüro von den alten Mitgliedern nur Gorbatschow und sein neuer Stellvertreter als Generalsekretär W. Iwaschko. Im übrigen nahmen im Politbüro hauptsächlich die Ersten Sekretäre der Parteiorganisationen aus den Unionsrepubliken Platz. Manche verloren im Laufe des nächsten Jahres die politische Führungsposition in ihrer Republik, andere sagten sich während oder nach dem Putsch vom August 1991 von der KPdSU los. Die Rolle des Politbüros war ausgespielt.

Gorbatschow verband die Aufgabe des verfassungsmäßig festgelegten Machtmonopols der KPdSU mit der Einrichtung eines Präsidialsystems, das der Volkskongreß der UdSSR am 14. März 1990 auf einer außerordentlichen Sitzung förmlich durch entsprechende Verfassungsänderungen installierte. Damit erreichten die von oben initiierten Reformen am politischen System in gewisser Hinsicht ihren Abschluß. Danach begann die Phase der offenen Agonie, die von der Gorbatschow-Führung weder gewollt noch vorhergesehen worden war. Das Ziel dieser Reformen bestand darin, die Machtbasis für den Parteiapparat durch die Übertragung von Kompetenzen auf die Sowjetorgane zu verbreitern, um ihm so in und mit diesen Sowjetorganen ein Weiterregieren zu ermöglichen. Diese Taktik ist nicht aufgegangen. Der reaktionäre Teil des Parteiapparates wandte sich aus Enttäuschung über den Machtverlust von Gorbatschow ab, und der Präsident war nicht in der Lage, diesen Verlust durch politische Gewinne an anderen Fronten auszugleichen. Im deutlichen Gegensatz zu seiner verfassungsrechtlichen Machtfülle wurde die tatsächliche Machtbasis des neuen Präsidenten seit dem Frühjahr 1990 immer schmaler.

Die frühere, relative politische Stabilität hatte darauf beruht, daß die Generalsekretäre der KPdSU sich auf die wesentlichen Machtapparate des Sowjetsystems stützten. Dies waren neben dem Apparat der KPdSU vor allem KGB, Armee und militär-industrieller Komplex. Alle diese Apparate wurden seit 1989 in den Verfall des politischen Systems hineingezogen. Die Sowjetarmee war durch die Rückzüge aus Ostmitteleuropa und durch die weitgehenden Abrüstungsinitiativen bzw. die drohende Demobilisierung von Zehntausenden länger dienender Soldaten verunsichert. Der KGB war in den ersten Jahren des neuen Kurses wohl die wichtigste und uneingeschränkte Stütze Gorbatschows gewesen. Jetzt zeigten sich auch hier Risse im Apparat und Spaltungstendenzen, so daß von einer geschlossenen Unterstützung des KGB für Gorbatschow seit dem Ende der achtziger Jahre nicht mehr die Rede sein konnte. Die Identitätskrise des Systems griff nun auch auf den KGB über[16]. Vor allem erwies sich die Erwartung der Gorbatschow-Führung als Illusion, die KPdSU werde in wirklichen Wahlen, d.h. in der Konkurrenz zu anderen politischen Kräften bestehen, und so dem Sowjetsystem eine neue Zukunft sichern.

[16] A. v. Borcke, Unsichtbare Weltmacht KGB. Neuhausen-Stuttgart 1989, S. 195ff.; dies., Der KGB und die Krise der Perestrojka. In: Sowjetunion 1990/91, S. 65–74. Vgl. J. Albaz, Geheimimperium KGB. München 1992.

Im Laufe des Jahres 1990 fanden nacheinander in allen Unionsrepubliken Wahlen zu den Obersten Sowjets und den lokalen parlamentarischen Vertretungen statt. Dabei zeigte sich, daß die KPdSU überall dort nicht mehrheitsfähig war, wo auch nur die ersten Grundlagen zu einem Mehrparteiensystem gelegt waren und wo relative Chancengleichheit bestand. Im einzelnen waren die Wahlergebnisse und die Verluste für die KPdSU in den Unionsrepubliken außerordentlich unterschiedlich; sie spiegelten die Demokratisierungsfortschritte wider. Das galt auch für die sehr unterschiedlichen Wahlgesetze, nach denen in den einzelnen Unionsrepubliken gewählt wurde. Zum Zeitpunkt der Wahl in einigen Unionsrepubliken und der Kandidatenaufstellung in den drei slawischen Unionsrepubliken (Russische Föderation, Ukraine und Weißrußland) bestand formal noch das Machtmonopol der KPdSU. In keiner der slawischen und islamischen Unionsrepubliken konnten nichtkommunistische Parteien oder Bewegungen mit Listen oder eigenen Kandidaten an den Wahlen teilnehmen. Nur in den baltischen Republiken, in Georgien und Armenien waren schon vor der Durchführung von Wahlen die ersten Schritte auf dem Wege zur Einrichtung eines Mehrparteiensystems getan worden, so daß hier auch nichtkommunistische Kandidaten und Gruppierungen auf den Wahlscheinen den Bürgern echte Alternativen anboten.

Insgesamt waren Fortschritte in der Demokratisierung gegenüber den Wahlen für den Volkskongreß der UdSSR im Jahr zuvor unverkennbar. Entgegen manchen Entwürfen für die Wahlgesetze in den einzelnen Unionsrepubliken setzten die demokratischen Kräfte innerhalb und außerhalb der KPdSU fast überall die Streichung von nichtgewählten Vertretern der KPdSU und anderer Organisationen in den Obersten Sowjets durch. Nur in Weißrußland und in Kasachstan blieben Reste dieser »ständischen« Vertretungen erhalten. Die Doppelstöckigkeit und damit Schwächung des Parlamentes – Kongreß der Volksdeputierten und Oberster Sowjet – schrieb lediglich das Wahlgesetz der RSFSR vor. Unter dem Druck der Öffentlichkeit wurden die »Wahlkreisversammlungen« aus den Wahlgesetzen der Ukraine und Weißrußlands gestrichen. Diese »Wahlkreisversammlungen« waren bei den Wahlen im März 1989 ein wichtiges Instrument in den Händen des Apparates der KPdSU gewesen, um die »Registrierung« unerwünschter Kandidaten zu verhindern[17].

Bei den Wahlergebnissen im Jahre 1990 setzte sich der Trend der Wahlen vom März 1989 beschleunigt fort: Der Wähler entschied dort, wo ihm die Möglichkeit dazu gegeben wurde, gegen die Vertreter der Apparate und damit gegen die Grundlagen der Einparteiherrschaft. In den Obersten Sowjets der baltischen Staaten, Georgiens, Armeniens und der Moldau errangen die demokratischen, nichtkommunistischen Kräfte Mehrheiten. Auch in den regionalen und lokalen Sowjets in der westlichen Ukraine wurden die Kommunisten zur Minderheit ebenso wie in einigen Großstädten Rußlands und der Ukraine, insbesondere in Moskau, Leningrad/Sankt Petersburg und Kiew. Sieger waren in den nichtrussischen Republiken die Volksfronten bzw. deren Parallelorganisationen »Ruch« (Bewegung) in der Ukraine und die »Armenische Allnationale Bewegung«. In den slawischen Republiken gelangten nichtkommunistische Kandidaten nur über Wählervereinigungen oder Arbeitskollektive, die sie aufstellten, auf die Stimmzettel; denn alternative Parteien oder Bewegungen waren zum Zeitpunkt der Kandidatenaufstellung noch nicht registriert und durften deshalb keine eigenen Kandidaten präsentieren. Dennoch gewann der Block »Demokratisches Rußland« etwa 30 Prozent der Sitze im Kongreß der Volksdeputierten der RSFSR. Ungefähr 25 Prozent der Abgeordneten im Obersten Sowjet in Kiew und etwa 20 Prozent im Weißrussischen Obersten Sowjet in Minsk bekannten sich zur Wählervereinigung »Demokratischer Block«. Nach dem Zusammentritt der parlamentarischen Institutionen in den drei slawischen Republiken im Frühjahr 1990 bröckelte der Zusammenhalt in der KPdSU weiter ab, und die nichtkommunistischen Gruppierungen in den Parlamenten erhielten weiteren Zulauf, d. h. allerdings nicht, daß sie zu einer geschlossenen politischen Willensbildung in der Lage waren. Am geringsten blieben die Fortschritte in Richtung auf eine parlamentarische Demokratie in den sechs islamischen Unionsrepubliken. Hier behaupteten bei den Wahlen überall die alten Funktionäre unangefochten das Feld. Oppositionelle, nichtkommunistische Abgeordnete blieben die seltene Ausnahme und vermochten zunächst – jedenfalls in den Obersten Sowjets – keinen politischen Einfluß auszuüben.

Insgesamt brachten die regionalen Wahlen in der Sowjetunion das gleiche Ergebnis wie die ersten freien Wahlen in den Ländern Ostmit-

[17] K. Mihalisko, Reaching for parliamentary democracy in Belorussia and Ukraine. In: Report on the USSR, 15. Dez. 1989, S. 17–21.

teleuropas im Jahre 1990. Mit der Ausnahme von Rumänien und Bulgarien waren die regierenden kommunistischen Parteien bei alternativen Wahlen nicht mehrheitsfähig. Während dies in den meisten Ländern Ostmitteleuropas sofort offenkundig wurde, erreichte die Gorbatschow-Führung durch taktische Manöver eine Verzögerung. In den Ländern Ostmitteleuropas wurde das Machtmonopol der kommunistischen Parteien vor den Wahlen aufgehoben, in der Sowjetunion aber fanden sie – mit Ausnahme des Baltikums, Georgiens und Armeniens – weitgehend noch unter den Bedingungen der Einparteiherrschaft statt. Dennoch konnte auch dieser taktische Erfolg nicht über den fortschreitenden ideologischen und mehr und mehr auch organisatorischen Zerfall der KPdSU hinwegtäuschen.

## Der Zerfall der KPdSU

1989 entstanden an vielen Orten sogenannte Klubs innerhalb der kommunistischen Partei, in denen sich jene Kräfte zu organisieren begannen, die zu einer mehr oder weniger radikalen Trennung vom Leninschen Erbe bereit waren. Am 20./21. Januar 1990 kamen Vertreter von Parteiklubs aus über 100 Städten in Moskau zusammen und verabschiedeten eine »Demokratische Plattform«, die eine Absage an bestimmte Grundprinzipien der Partei Lenins enthält. Der »undemokratische Charakter« der kommunistischen Partei gehe auf den »Beginn des Jahrhunderts« –also die Zeit vor 1917 – zurück. Jetzt gelte es, die KPdSU in mehrere politische Parteien oder zumindest Fraktionen aufzulösen, die sich im demokratischen und parlamentarischen Wettbewerb bewähren müßten. Die Unterwerfung und Okkupation des Staates durch die KPdSU wird scharf verurteilt und der eigene Weg in die Zukunft als »demokratischer Sozialismus« bezeichnet[18].

Dies war die erste einer Reihe von organisatorischen Initiativen, die KPdSU in eine parlamentarische Partei umzuwandeln. Alle diese Ansätze sind gescheitert; Generalsekretär Gorbatschow verweigerte sich ihnen. Die radikalen reformerischen Kräfte innerhalb der KPdSU wurden durch die Entwicklung vielmehr zum Austritt aus der Partei gedrängt. Die KPdSU wurde seit 1990 im-

[18] Pravda, 3. März 1990.

mer deutlicher zu einem Sammelbecken der Reaktionäre. Die meisten Aktivisten der »Demokratischen Plattform« traten nach dem XXVIII. Parteikongreß im Juli 1990 enttäuscht aus der KPdSU aus und gründeten am 17./18. November 1990 in Moskau die »Republikanische Partei der Russischen Föderation«. Zu gleichberechtigten Vorsitzenden wurden W. Lysenko, S. Sulakschin und W. Schostakowskij gewählt. Die »Republikanische Partei der Russischen Föderation« war auf Anhieb mit etwa 20000 Mitgliedern eine der großen neuen, nichtkommunistischen Parteien in der Russischen Föderation[19].

Zu einem Sammelbecken der Reaktionäre innerhalb der KPdSU wurde insbesondere die »Kommunistische Partei der RSFSR«, die im Juni und September 1990 in zwei Sitzungsperioden ihren Gründungsparteitag in Moskau abhielt. Die RSFSR hatte seit Gründung der UdSSR keine eigenständige Parteiorganisation gehabt, die Parteihierarchie der Union war mit jener der RSFSR identisch gewesen – eine Konstruktion, die durchaus die imperialen Realitäten widerspiegelte. Jetzt forderten die russischen Kommunisten auch unter dem Vorwand, zur »Neugeburt« Rußlands beitragen zu wollen, eine eigene Organisation innerhalb der KPdSU. Tatsächlich trat die KPR für die Einheit der Sowjetunion und die sozialistischen Ideale ein, wendete sich gegen Marktwirtschaft und die Umwandlung der kommunistischen Partei in eine parlamentarisch-demokratische Organisation. »Die Perestrojka, das ist die Konterrevolution«, äußerte ein Delegierter auf dem Gründungsparteitag der KPR[20]. Es gab auch einen Antrag auf Absetzung Gorbatschows, der sich heftigen Vorwürfen gegen seine Innen- und Außenpolitik ausgesetzt sah. Zum Ersten Sekretär der KPR wurde I. Poloskow gewählt, der bisherige Erste Gebietssekretär von Krasnodar, der sich schon früher als Reaktionär profiliert hatte. Er wurde nach dem Sturz Ligatschows auf dem XXVIII. Parteitag der KPdSU zur Leitfigur der Bremser.

[19] Zu den neuen politischen Parteien und Bewegungen allgemein: G. Vochmenceva u. O. Luchterhandt, Die Genesis der politischen Vereinigungen, Bewegungen und Parteien in der RSFSR unter Berücksichtigung der übrigen UdSSR. Forschungsinstitut der Konrad-Adenauer-Stiftung, Sankt Augustin, August 1991; E. Schneider u. H. Timmermann, Das Ende der KPdSU und neue politische Kräfte in Rußland, der Ukraine und Weißrußland. Berichte des BIOst 52 u. 53, 1991; V. Tolz, The USSR's emerging multiparty system. New York 1990.

[20] Zitiert nach G. Józsa, Das Rückgrat des politbürokratischen Systems. Der Parteiapparat – funktionsgestört, aber nicht gebrochen. In: Sowjetunion 1990/91, S. 52.

Auf diesen – wie sich später erwies – letzten unionsweiten Parteitag der KPdSU im Juli 1990 hatten die demokratischen Kräfte innerhalb der kommunistischen Partei ihre Hoffnungen gesetzt – sie wurden enttäuscht. Am Ende des Parteitages trat Boris Jelzin, der Vorsitzende des Obersten Sowjet der RSFSR, demonstrativ aus der KPdSU aus; zahlreiche prominente Reformkommunisten folgten ihm. Danach nahm die Welle der Parteiaustritte Massencharakter an, wobei insbesondere Arbeiter in großer Zahl und früher als andere der KPdSU den Rücken kehrten. Niemals zuvor in der Geschichte hatte es eine Welle von Austritten aus der kommunistischen Partei gegeben; früher waren Millionen von Mitgliedern ausgeschlossen, »gesäubert« worden. In den Statuten der Partei hatte es nicht einmal Bestimmungen über den Austritt gegeben. Bis zum Jahresende 1990 verließen etwa zwei Millionen Mitglieder die Partei (Anfang 1990 hatte die KPdSU 19,2 Millionen Mitglieder). Danach beschleunigte sich die Austrittswelle weiter. Allein zwischen Oktober 1990 und März 1991 schrumpfte die Partei um 20 Prozent. Ganze Parteiorganisationen lösten sich förmlich oder de facto auf; Millionen von Mitgliedern stellten die Zahlung ihrer Mitgliedsbeiträge ein. Während die Funktionäre und der Generalsekretär noch darüber stritten, ob und in welcher Weise die Partei einer noch weiter gehenden Perestrojka unterzogen werden sollte, löste sich der Gegenstand des Streites von unten her zunehmend auf. Wie brüchig die Basis geworden war, wurde auch daran deutlich, daß der Komsomol, der Jugendverband der kommunistischen Partei, noch vor der Partei selber kollabierte. Bereits zwischen Oktober 1988 und Oktober 1989 verließen vier Millionen Mitglieder den Komsomol, das waren etwa elf Prozent aller Mitglieder[21].

Zerfall und Kollaps drangen 1990 und 1991 weit in die Provinz vor. Allein von Anfang Januar bis Mitte Februar 1990 mußten 13 Erste Sekretäre von Gebietsparteikomitees auf Druck der neuen demokratischen Initiativen von unten und der Bevölkerung ihre Posten räumen. Meist wurden zahlreiche weitere Mitglieder der örtlichen Parteiführung oder sogar das gesamte Büro des Gebietskomitees wie in Wolgograd in den Strudel der Rücktritte hineingerissen. Die Vorwürfe, die teilweise auch bei Straßendemonstrationen artikuliert wurden, lauteten Amtsmißbrauch, Korruption und Inanspruchnahme von Privilegien. In einer Zeit ständig sich verschlechternder Versorgung mit den Gütern des täglichen Bedarfs wurden die Privilegien der Funktionäre zu einem immer größeren Stein des

[21] Sowjetunion 1990/91, S. 14, 27, 51; V. Tolz, Informal groups and Soviet politics in 1989. In: Report on the USSR, 24. Nov. 1989, S. 4.

Anstoßes[22]. In vielen Großbetrieben zwangen die Belegschaften die kommunistische Partei zum Rückzug aus dem Betrieb, wo das Parteikomitee seit Jahrzehnten eine Art Über-Direktion gewesen war, in der die eigentlichen Fäden der Betriebsleitung zusammenliefen. So stimmten Ende März 1991 über 90 Prozent der Beschäftigten in der Swerdlowsker Rüstungsschmiede Uralmasch für die Auflösung der kommunistischen Parteiorganisation im Betrieb. In der Minsker Traktorenfabrik sprachen sich im Februar 1991 11000 von 13000 Beschäftigten für die Eliminierung von KP und Komsomol aus dem Betrieb aus. In vielen Großbetrieben in allen Landesteilen wurden die Parteikomitees buchstäblich vor die Tür gesetzt. Damit verlor die KPdSU ihr organisatorisches Rückgrat, denn die Partei Lenins war stets eine Partei gewesen, die die Menschen am Arbeitsplatz und nicht im Wohnbezirk erfaßte[23].

## Ansätze für eine »bürgerliche Gesellschaft«

Die Reformkräfte haben ihre Aufgabe und ihre Hoffnung immer wieder als Rückkehr zur »Normalität« beschrieben, es käme darauf an, eine »bürgerliche Gesellschaft« *(graždanskoe obščestvo)* aufzubauen und damit Rußland und den anderen Republiken den Anschluß an die Geschichte der europäischen Neuzeit zu ermöglichen. Die Gesellschaft sollte aus der Kontrolle und Umklammerung der kommunistischen Diktatur gelöst werden; Selbsttätigkeit und Selbständigkeit gegenüber der politischen Macht sollten gesichert werden. Die Sowjetgesellschaft war eine von der kommunistischen Partei organisierte Gesellschaft, die allerdings zu keiner Zeit einer totalen Zersplitterung und Kontrolle hatte unterworfen werden können. Insbesondere in den Jahrzehnten nach der Diktatur Stalins hatte sich die Gesellschaft langsam aus der Erstarrung des Terrors

[22] Der Kollaps der Parteiführung in Wolgograd wurde durch einen Artikel in Ogonek ausgelöst: I. Gamajunow, Pretendent. In: Ogonek, 1. Jan. 1990, S. 6–8; D. Mann, Authority of regional party leaders crumbling. In: Report on the USSR, 23. Febr. 1990, S. 1–6; Ch. Schmidt-Häuer, Revolution in Wolgograd. In: Die Zeit, 9. März 1990.

[23] H. Timmermann u. E. Schneider, Voraussetzungen und Perspektiven für die neuen Parteien in der Sowjetunion. BIOst, Sonderveröffentlichung, August 1991, S. 14.

und der Angst gelöst. Dennoch hatten die Macht- und Repressionsorgane die Gesellschaft bis Mitte der achtziger Jahre jedenfalls oberflächlich unter Kontrolle gehalten. Seitdem aber differenzierte sich die Gesellschaft in Rußland und in den anderen Republiken in vielfältiger Weise. In vielen Bereichen – von der öffentlichen Meinung, den Kirchen und Nationalbewegungen bis zu politischen Gruppierungen – sind Ansätze für eine bürgerliche Gesellschaft sichtbar geworden, die nicht mehr reversibel sein dürften, nicht zuletzt weil die Teilmodernisierung sowjetischen Typs – von der in Kapitel I die Rede war – die Voraussetzungen für eine bürgerliche Gesellschaft geschaffen hat. Die Gesellschaft dürfte sich kaum noch einmal von einer Weltanschauungspartei oder einem Weltanschauungsstaat abhängig machen lassen, wie es 1917 geschehen war.

Die Gorbatschow-Führung setzte ein Zeichen, als 1987 und 1988 die meisten politischen Gefangenen (über 400) aus den Lagern und aus der Verbannung entlassen wurden; im Dezember 1986 kehrte Akademiemitglied Andrej Dmitrijewitsch Sacharow nach einer langjährigen Verbannung aus Gorkij/Nishnij Nowgorod nach Moskau zurück[24]. Seit Ende 1987 wurden keine Evangeliumschristen-Baptisten mehr verhaftet. Diese Gruppe hatte seit den sechziger Jahren mit Abstand die schlimmsten Verfolgungen zu erdulden gehabt. Die Anfänge einer bürgerlichen Gesellschaft reichen zu den christlichen Dissidenten, den nationalen Oppositionsgruppen und den Bürgerrechtsgruppen seit den sechziger Jahren zurück. Es ist von symbolischer Bedeutung, daß der Regimekritiker Sacharow, als er im Dezember 1989 starb, der angesehenste Politiker im Lande war, obwohl oder weil er außer seiner Stellung als Abgeordneter des Volkskongresses der UdSSR keine Position in der Hierarchie der Macht besaß[25].

Die Dissidenten der Breshnew-Periode waren die Vorboten einer neuen Zeit, obwohl sie weder das Sowjetsystem noch gar den sowjetischen Staat in Frage stellten. Sie forderten und praktizierten freie Information sowie das Recht, sich organisatorisch zusammenzuschließen; oder sie traten für Glaubens- und Gewissensfreiheit ein. Sie beriefen sich dabei vielfach auf die sowjetische Verfassung und sowjetische Gesetze, deren Nichteinhaltung sie anprangerten. Die Dissidenten lehnten konspirative Arbeit ab und suchten die Öffent-

[24] S. Kovalev, KPSS v pravovom gosudarstve nemyslima. In: Moskovskie novosti, 9. Aug. 1992, S. 21.

[25] Zur Oppositions- und Dissidentenbewegung: L. Alekseeva, Istorija inakomyslija v SSSR. Benson, Vermont 1984.

lichkeit; sie wurden allerdings oft vom KGB zum Rückzug in den Untergrund gezwungen. Indirekt wirkten sie systemsprengend, weil sie das Informations- und Organisationsmonopol der KPdSU nicht akzeptierten, eine unabhängige Justiz forderten und Bürger- und Menschenrechte dem Anspruch der kommunistischen Partei auf vollständige Erfassung und Regulierung des Individuums und der Gesellschaft überordneten. Sie haben wichtige Vorarbeit für die Wiederherstellung einer bürgerlichen Gesellschaft geleistet. Manche ihrer konkreten Forderungen, wie Abbau der Zensur, das Recht zur Gründung von Bürgerrechts- oder anderen gesellschaftlich-politischen Gruppen außerhalb oder neben der kommunistischen Partei und ihren Ablegern sind im Laufe der Jahre in das Programm der Perestrojka aufgenommen worden[26]. Auch insofern hat Perestrojka dazu beigetragen, die leninistische Gesellschaftsordnung zu zerstören, die darauf beruhte, daß die KPdSU die Gesellschaft ebenso wie den Staat organisiert.

Als die bei weitem stärksten gesellschaftlichen Kräfte, die sich in der zweiten Hälfte der achtziger Jahre erstaunlich schnell aus der Umklammerung durch die KPdSU befreiten, erwiesen sich die Nationalbewegungen. Sie weiteten Krise und Untergang des politischen Systems zur Krise und zum Untergang des Staates Sowjetunion aus[27]. Neben sie traten zahlreiche andere Gruppen, Kräfte und Organisationen, die Bausteine zu einer bürgerlichen Gesellschaft wurden.

Die christlichen Kirchen und die anderen Religionsgemeinschaften gehören zu jenen Gruppen, die sich auch früher nicht in das Bild einer von der KPdSU organisierten sozialistischen Gesellschaft fügten, obwohl sie als Institutionen in erheblichem Umfang vom KGB unterwandert und von staatlichen Aufsichtsbehörden offen kontrolliert und gesteuert wurden. Die Perestrojka erreichte die Religionspolitik erst 1988. Auslöser war die Tausendjahrfeier der Taufe der Rus. Sie wurde der Anlaß für eine Wende in der Religionspolitik der sowjetischen Führung gegenüber der Russischen Orthodoxen Kirche. In den Jahren danach wurden viele Beschränkungen für das Wirken in der Gesellschaft auch gegenüber den anderen Religionsgemeinschaften aufgehoben. 1988 wurden 1610 religiöse Gemeinden in der Sowjetunion von den staatlichen Behör-

[26] O. Luchterhandt, Die Bürgerrechtsbewegung als Vorläufer und Ferment der Reformen. In: Umbau des Sowjetsystems. Hrsg. A. Kappeler, Stuttgart 1989, S. 111–145.

[27] Siehe dazu Kapitel VI.

den neu registriert, d.h. sie durften jetzt legal tätig sein. 1244 von ihnen waren Gemeinden der Russischen Orthodoxen Kirche[28]. Derartiges hatte es seit den vierziger Jahren nicht gegeben. Auch in den nächsten Jahren wurden Hunderte von Gemeinden neu registriert. Die Russische Orthodoxe Kirche und andere Glaubensgemeinschaften erhielten zahlreiche Klöster und theologische Lehranstalten zurück oder konnten neue einrichten. Erstmals seit den zwanziger Jahren war es möglich, Schritte zum Aufbau einer kirchlichen Sozialarbeit und eines Religionsunterrichts für Kinder zu machen. Allerdings hatte auch 1992 die Zahl der kirchlichen Gemeinden noch nicht wieder den Stand von Ende der fünfziger Jahre vor Beginn der Verfolgungswelle unter Chruschtschow erreicht. Damals hatte es etwa 20000 Gemeinden der Russischen Orthodoxen Kirche gegeben, von ihnen waren Mitte der sechziger Jahre nur etwa 7000 übriggeblieben. Seit 1989 verschwand die atheistische Propaganda aus den zentral gesteuerten offiziellen Medien, wo sie stets einen festen Platz gehabt hatte. Die Medien schlugen einen vollständig neuen Ton gegenüber den Glaubensgemeinschaften an. Besonders die religiöse Ethik wurde gewürdigt; die Religionsgemeinschaften wurden aufgefordert, an der Heilung der schwer erkrankten Gesellschaft mitzuwirken im Kampf gegen Trunksucht, Korruption und Kriminalität.

Allerdings wurden erst im Oktober 1990 in der UdSSR und in der RSFSR die gesetzlichen Grundlagen für das Wirken der Religionsgemeinschaften in der Gesellschaft geschaffen. Bis dahin galten die extrem repressiven gesetzlichen Bestimmungen aus der Zeit Stalins und Chruschtschows. Obwohl beide Gesetze eine Abkehr von 70 Jahren Unterdrückung und Verfolgung darstellten, brachte nur das Gesetz der RSFSR vom 25. Oktober 1990 den Durchbruch zu einem liberalen Verhältnis von Staat und Religionsgemeinschaften. Die Russische Föderation verbürgte nicht nur Religionsunterricht, karitative und kulturelle Arbeit sowie uneingeschränkte Rechtsfähigkeit der Religionsgemeinschaften, sondern auch das Recht auf Kriegsdienstverweigerung aus religiösen Gründen. Staatliche Sonderbehörden zur Aufsicht und Kontrolle der Religionsgemeinschaften wurden verboten, die bestehenden aufgelöst[29].

[28] Moskovskie novosti 15, 1989; P. Roth, Religions- und Kirchenpolitik unter Gorbatschow. Berichte des BIOst 46, 1989.

[29] O. Luchterhandt, Neue Religionsgesetze Rußlands und der Sowjetunion. In: Glaube in der 2. Welt (G2W) 2, 1991, S. 23–32.

Eine andere Form der Emanzipation von der KPdSU entstand mit einer neuen, unabhängigen Arbeiterbewegung neben und gegen die offiziellen Gewerkschaften, die jede Autorität als Interessenvertretung der Arbeiter verloren hatten. Im Juli 1989 kam es zu ersten großen Streikaktionen, die weit über die begrenzten, kurzfristigen und spontanen Ausstände hinausgingen, die es auch früher in der Sowjetunion gelegentlich gegeben hatte. Etwa eine Million (von drei Millionen) Bergarbeiter in den Schwerindustrierevieren des Kusbass, Donbass und von Workuta traten in den Ausstand, begleitet von Solidaritätsstreiks in anderen Branchen. Im Mittelpunkt standen Forderungen nach Verbesserung der katastrophalen Lebens- und Arbeitsbedingungen. Zur Organisation der Streiks, die überall gewaltfrei und erstaunlich diszipliniert verliefen, entstanden Streikkomitees, die zeitweise sogar die Funktionen einer allgemeinen Ordnungsmacht wahrnahmen, weil nur sie während der Streiks über genügend Autorität verfügten. Die betrieblichen Streikkomitees schlossen sich auf der Ebene der Städte, Gebiete und der Industrieregionen zusammen und blieben auch nach Ende der Streiks bestehen, um die – häufig nicht erfüllten – Versprechungen der Regierung zu überwachen[30].

Die Streikkomitees bildeten den organisatorischen Kern der neuen, demokratischen Arbeiterbewegung, die seit Herbst 1989 zunehmend auch politische Forderungen erhob, wie Beschleunigung der Wirtschaftsreformen, Ende des Machtmonopols der KPdSU und Entfernung der Parteikomitees aus den Betrieben. Vom 30. April bis 2. Mai 1990 fand in Nowo-Kusnetzk im Kusbass der erste Kongreß der unabhängigen Arbeiterbewegungen statt; die »Konföderation der Arbeit« wurde gegründet. Allerdings kam – nicht zuletzt wegen der Obstruktion eingeschleuster KGB-Agenten[31] – keine landesweite zentrale Gewerkschaftsführung zustande. Die Bergleute gründeten im Juni 1990 ihren eigenen Gewerkschaftsverband; in vielen Großstädten entstanden kleinere gewerkschaftliche Zusammenschlüsse.

Die russische, ukrainische und weißrussische Arbeiterbewegung hatten in Programmatik und Organisationsform manche Ähnlichkeit mit der polnischen »Solidarität«. Allerdings müssen zwei wesentliche Unterschiede genannt werden: Weder gelang es, eine landeswei-

[30] B. Knabe, Die Streiks der sowjetischen Bergleute und Gorbatschows Perestrojka. Aktuelle Analysen des BIOst 37 u. 38, 1989.

[31] KGB kak zerkalo rabočego dviženija. In: Literaturnaja gazeta, 17. April 1991.

te Organisation aufzubauen, noch konnte ein Zusammenschluß mit den anderen demokratischen Kräften und politischen Parteien in Moskau und in anderen Zentren erreicht werden. Die Zusammenarbeit mit der demokratischen Intelligenz blieb sporadisch.

Bei einem Warnstreik von etwa zwei Millionen Bergarbeitern im Juli 1990 und noch deutlicher während der Streikwelle in vielen Industriezentren vom Kusbass bis nach Minsk zwischen März und Mai 1991 nahmen die politischen Forderungen immer mehr Raum ein: Selbständigkeit für die Betriebe und ihre Unterstellung unter die Republikführung, d.h. die Entmachtung des Zentrums, Rücktritt von Gorbatschow und seiner Regierung, Neuwahlen, Mehrparteiensystem und Auflösung der Parteikomitees in Betrieben, staatlichen Einrichtungen und in den Streitkräften. Nur der Vorsitzende des Obersten Sowjet der RSFSR Jelzin konnte durch Verhandlungen mit den Streikkomitees im Kusbass und nach Unterstellung der Kohlezechen unter die Verwaltung Rußlands ein Ende der Streiks erreichen.

Eine besonders unerwartete Form der Emanzipation von der kommunistischen Partei war das Entstehen einer Art Bürgerrechtsbewegung innerhalb der Sowjetarmee, die eine gewerkschaftsähnliche Interessenvertretung der Soldaten aufzubauen versuchte. Im März 1990 trat der Gründungskongreß des »Bundes zum sozialen Schutz der Wehrbediensteten und ihrer Familienangehörigen ›Schild‹« *(Schtschit)* zusammen. Das Ziel von »Schild« bestand darin, demokratisch gesinnte Soldaten zusammenzuführen, ihre sozialen und persönlichen Rechte und Interessen zu verteidigen. Zu den Forderungen von »Schild« gehörte auch die Entfernung der KPdSU aus der Armee, d.h. die Beseitigung der Politorgane, und der Aufbau einer Berufsarmee. »Schild« hat innerhalb und außerhalb der Sowjetarmee eine beträchtliche Öffentlichkeitsarbeit entfaltet und die katastrophalen Lebensverhältnisse von Wehrpflichtigen, aber auch längerdienenden Soldaten erstmals einer größeren Öffentlichkeit bekanntgemacht. Fälle von Kameradenschinderei, die vielfach mit dem Tode von Soldaten endeten, und fahrlässiger Umgang mit Sicherheitsvorschriften, den ebenfalls eine große Zahl von Soldaten mit dem Leben bezahlen mußte, wurden von »Schild« aufgedeckt. Ende der achtziger Jahre kamen jährlich etwa 8000 Soldaten – außerhalb von Kampfhandlungen – in der Sowjetarmee ums Leben. Gegen den Widerstand der Generalität gelang es »Schild«, bei den Regional- und Kommunalwahlen im Frühjahr 1990 zahlreiche Soldaten als Abgeordnete in die örtlichen Sowjetorgane zu bringen, weil nach den Wahlgesetzen der Unionsrepubliken Truppenteile das Recht hatten, Kandidaten für die unteren und mittleren Sowjetorgane zu nominieren. Im Herbst 1990 waren auch zehn Abgeordnete des Volkskongresses der UdSSR Mitglieder des Verbandes[32].

Die unmittelbaren Erben und Fortsetzer der Dissidenten waren die sogenannten informellen Gruppen, die seit 1986 in großer Zahl nicht nur in Moskau und Leningrad, sondern auch in zahlreichen Städten der russischen Provinz und vor allem auch in den nichtrussischen Republiken entstanden. Aus diesen Diskussionszirkeln, politischen Klubs und Initiativgruppen entwickelten sich dann seit 1988 die ersten Ansätze politischer Parteien. Dies alles waren Emanzipationsbewegungen von unten, und zumindest die Gründung politischer Parteien stand im Widerspruch zur sowjetischen Verfassung. Erst am 9. Oktober 1990 verabschiedete der Oberste Sowjet der Union ein Gesetz »Über die gesellschaftlichen Vereinigungen«, das zum ersten Mal seit 1917 einen gesetzlichen Rahmen für die Gründung von nichtkommunistischen Vereinigungen, darunter auch politischen Parteien, durch die Bürger des Landes schuf.

Zu Jahresbeginn 1988 bestanden etwa 30000 informelle Vereinigungen: ein breites Spektrum größerer und kleinerer Gruppen, deren Aktivitäten von jugendlicher Subkultur bis zu rudimentären Formen politischer Opposition reichten. Der zahlenmäßig weitaus größte Anteil entfiel auf jugendliche Rock- und Fan-Gruppen. Mehr als die Hälfte aller Jugendlichen sollen Mitglieder irgendwelcher »Interessen-Gruppen« gewesen sein. Auch wenn die meisten Jugendgruppen als apolitisch einzustufen waren, so zeigte sich doch hier, in welch hohem Maß sich die Jugendlichen schon in der ersten Phase der Perestrojka dem kommunistischen Jugendverband Komsomol entzogen. Etwa ein Zehntel aller 1988 tätigen informellen Vereinigungen war sozial oder politisch tätig. Dazu gehörten Öko-Gruppen, Vereinigungen zum Schutz historischer Denkmäler oder der vaterländischen Kultur, politische Klubs und religiöse Seminare[33]. Manche Gruppen bestanden nur an einzelnen Orten, andere hatten regionale Zusammenschlüsse aufgebaut, einige existierten unionsweit. So die Vereinigung »Memorial«, die im Januar 1989 gegründete Gesellschaft zum Gedenken an die Opfer des Stalinismus, und »Miloserdie« (Barmherzigkeit), eine karitativ tätige Organisa-

[32] Schule des Hasses und der Gewalt. Internationale Gesellschaft für Menschenrechte (IGFM), Frankfurt a. M., März 1991.

[33] O. Alexandrova, Informelle Gruppen und Perestrojka in der Sowjetunion. Berichte des BIOst 18, 1988.

tion. Die politisch und gesellschaftlich aktiven informellen Gruppen gaben zu Beginn des Jahres 1990 mehr als 700 periodische Blätter allein in russischer Sprache heraus, die außerhalb der Zensur im Samisdat erschienen. Damit hatte die politisch-gesellschaftliche Aktivität jedenfalls in manchen russischen Großstädten ein Niveau erreicht, das sich vielleicht mit den Verhältnissen in Litauen in den siebziger Jahren vergleichen läßt.

Die Wahlen 1989 und 1990 wurden zum Katalysator für die Aktivierung und Konsolidierung der politisch aktiven informellen Gruppen und Klubs. Sie veranstalteten Wählerversammlungen und Straßendemonstrationen. Vor allem aber versuchten sie, Kandidaten ihres Vertrauens in Betrieben und in Wohnbezirken aufzustellen und bei den Wahlen durchzubringen. So wurde in begrenztem Umfang das noch bestehende politische Monopol der KPdSU unterlaufen. Demokratisch gesinnte Aktivisten von den Reformkommunisten bis zu Antikommunisten arbeiteten zusammen und gründeten 1989 Wählerblocks. So in Leningrad »Wahlen 89«, in Swerdlowsk »Bewegung für eine demokratische Wahl« und in Moskau die »Moskauer Wählervereinigung«.

Im Zuge der Wahlkampagne im folgenden Jahr entstand im Januar 1990 in Moskau das Wahlbündnis »Demokratisches Rußland«, der vergleichsweise erfolgreichste Versuch, ein breites Bündnis verschiedener politischer Kräfte gegen die Partokratie zustandezubringen. Ähnliche Zusammenschlüsse bildeten sich in der Ukraine und in Weißrußland unter dem Namen »Demokratischer Block«. Dem »Demokratischen Rußland« traten unter anderem »Memorial«, »Schild«, der Klub demokratisch gesinnter Intellektueller »Moskauer Tribüne« und die »Volksfront der RSFSR« bei. Auch politische Parteien, die sich noch im Aufbaustadium befanden, arbeiteten im »Demokratischen Rußland« mit, so die »Sozial-Demokraten«, die »Konstitutionellen Demokraten« und Vertreter der »Demokratischen Plattform in der KPdSU«. »Demokratisches Rußland« führte am 4. und 25. Februar 1990 die bis dahin größten Wahlkampfkundgebungen in Rußland durch; allein in Moskau nahmen an den Veranstaltungen jeweils mehr als 200000 Menschen teil[34].

Aber auch die reaktionär-kommunistischen und nationalistischen Kräfte formierten sich im Vorfeld der Wahlen des Jahres 1990. Die reaktionär-nationalen russischen Gruppen schlossen sich im Dezember 1989 zu einem Wahlbündnis »Block der gesellschaftlich-

[34] Vochmenceva u. Luchterhandt, Genesis der politischen Vereinigungen, S. 96.

patriotischen Bewegungen Rußlands« zusammen. Ihre Wahlplattform war ein Manifest für die Weltmacht Sowjetunion, eine Kampfschrift gegen jede Art von Separatismus und ein Aufruf, sich mit den Konservativen in der KPdSU zusammenzuschließen, um den Sozialismus zu retten[35]. Eine wichtige Rolle in dieser national-sozialistischen Allianz spielte die im September 1989 gegründete »Vereinigte Front der Werktätigen der UdSSR« (OFT), die einen gewissen Rückhalt in der Arbeiterschaft hatte, deren Ängste vor Privateigentum, Spekulanten und Manchester-Kapitalismus systematisch geschürt wurden. Bereits im Mai 1989 entstand die Vereinigung »Edinstvo« (Einheit), die für den »Schutz Lenins vor Verleumdung und Angriffen« und für »die Wiederherstellung der historischen Wahrheit über Stalin« eintrat; die Leningrader Dozentin Nina Andrejewa spielte eine Schlüsselrolle in dieser Organisation[36].

Noch weiter rechts und außerhalb des Wählerblocks der patriotisch-sozialistischen Kräfte stand die Gesellschaft »Pamjat« (Erinnerung), die einen offenen Antisemitismus und Rassismus vertrat. Hinsichtlich ihres Rückhaltes in der Gesellschaft stellte »Pamjat« jedoch ein Randphänomen dar; allein in Moskau bestanden im Sommer 1990 acht verschiedene Gruppierungen dieser russisch-chauvinistischen Vereinigung, die untereinander heftig zerstritten waren. Die reaktionär-kommunistischen und die chauvinistischen Gruppen erlitten bei den Wahlen 1990 eine Niederlage; sie konnten häufig nicht einmal ihre Führungspersönlichkeiten als Abgeordnete durchbringen.

Als der Volkskongreß der RSFSR im April 1990 zu seiner konstituierenden Sitzung zusammentrat, verfügten die Vertreter der kommunistischen Apparate über eine Mehrheit. Nur nach zahlreichen vergeblichen Anläufen konnten die Abgeordneten des »Demokratischen Rußland« am 29. Mai die Wahl Jelzins, der Intergrationsfigur der demokratischen Kräfte, zum Vorsitzenden des Obersten Sowjet der RSFSR durchsetzen.

1990 und 1991 entstanden zahlreiche neue politische Parteien, die allerdings zunächst relativ klein und instabil blieben, von ständigen Spaltungen bedroht waren und deren Programme mehr deklarativ als konkret waren. Einzelne Führungsfiguren hatten größeres Gewicht und bestimmten vorläufig die politischen Auseinandersetzungen, Wahlen und Abstimmungen in den parlamentarischen Institu-

[35] Za politiku narodnogo soglasija i rossijskogo vozroždenija. In: Literaturnaja Rossija, 29. Dez. 1989.
[36] Zitiert nach Vochmenceva u. Luchterhandt, Genesis, S. 91.

tionen mehr als politische Parteien. Ein Paradox lag darin, daß die Parteien sich in ihren politischen Zielen ziemlich nahestanden – sie traten für politischen Pluralismus, Marktwirtschaft, Rechtsstaat und Antikommunismus ein -, aber dennoch von inneren Auseinandersetzungen zerrissen wurden und nicht in der Lage waren, eine große demokratische Oppositionspartei in Konkurrenz zur KPdSU zu formieren.

Ende Mai 1990 fand die Gründungskonferenz der »Demokratischen Partei Rußlands« statt, an deren Spitze Nikolaj Trawkin trat, ein machtbewußter und auf straffe Führung bedachter Politiker. Die nach westlichen Begriffen als liberal-konservativ einzustufende Partei verstand sich als antikommunistisch und bezeichnete es als ihr Ziel, die kommunistische Nomenklatura von der Macht abzulösen. Die »Demokratische Partei Rußlands« war mit rund 35 000 Mitgliedern im Sommer 1991 und einer vergleichsweise gut ausgebauten Organisation die mit Abstand größte nichtkommunistische Partei. Die Zahl der Mitglieder stieg im Sommer 1992 auf etwa 50 000. Nach verschiedenen Wahlumfragen konnte sie bis zum Spätsommer 1991 mit etwa 30 Prozent der Wählerstimmen rechnen. Auch nicht annähernd so viel Rückhalt in der Wählerschaft fand die ebenfalls im Mai 1990 gegründete »Sozial-Demokratische Partei der Russischen Föderation« (SDPR). Auch die Sozial-Demokraten traten für den Übergang zur Marktwirtschaft und das Ende der kommunistischen Herrschaft ein, verlangten aber soziale Absicherungen zur Milderung des Schocks. Die russischen Sozial-Demokraten lehnten die Selbstbezeichnung Sozialisten ab und waren nach westlicher Terminologie als sozial-liberal zu bezeichnen[37].

Es bildeten sich auch mehrere christliche, der Russischen Orthodoxen Kirche nahestehende politische Gruppierungen, denen jedoch ebensowenig wie den anderen politischen Parteien eine organisatorische und programmatische Konsolidierung gelang. Die relativ größte Bedeutung erlangte die »Russische Christlich-Demokratische Bewegung«, zu deren Gründungsmitgliedern der Priester Gleb Jakunin gehörte, der prominenteste Dissident aus der Russischen Orthodoxen Kirche.

Den radikalen Flügel der demokratischen Kräfte bildete die älteste Oppositionspartei: der schon im Mai 1988 gegründete »Demokratische Bund«. Der »Demokratische Bund« verstand sich von Anfang an als antikommunistisch und antitotalitär; er lehnte eine Zusammen-

[37] B. S. Orlow, Die Sozialdemokratie in der Sowjetunion. In: Osteuropa, 1991, S. 876–886.

arbeit mit dem Sowjetsystem ab und beteiligte sich deshalb auch nicht an den Wahlen 1989 und 1990. Der »Demokratische Bund« wurde in den ersten Jahren seines Bestehens massiv verfolgt, Demonstrationen wurden gewaltsam aufgelöst, einige Führer verhaftet und verurteilt. Manche der kompromißlosen Positionen des »Demokratischen Bundes«, so die Ablehnung Gorbatschows, wurden seit 1990 auch von anderen Parteien des demokratischen Lagers übernommen.

## Die Polarisierung der politischen Kräfte und der gescheiterte Putsch vom August 1991

Unter dem Eindruck des drohenden Machtverlustes der KPdSU und des beginnenden Auseinanderbrechens der Sowjetunion formierten sich seit dem Herbst 1990 noch einmal die Kräfte der Reaktion, nunmehr nicht nur zum Widerstand, sondern zum Gegenangriff entschlossen. Zwar konnte die Reaktion keine Massenbasis in der Gesellschaft mobilisieren, aber ihr Rückhalt in den gewählten Sowjets, zumal auf der Allunionsebene, in der Armee, im KGB und in der Rüstungsindustrie war nach wie vor stark. Die Mobilisierung der Reaktion endete nach einem Jahr mit dem gescheiterten Putsch im August 1991.

Eine zentrale Rolle bei der aggressiven Gegenwehr der Reaktion spielte die Abgeordnetenvereinigung »Sojus« (Union), zu der sich im Februar 1990 Abgeordnete des Volkskongresses der UdSSR zusammenschlossen, und deren Zahl bis zum Frühjahr 1991 auf beinahe ein Drittel der Abgeordneten des Volkskongresses anwuchs. Zu ihren radikalen Sprechern gehörten neben dem Ko-Vorsitzenden Jurij Blochin vor allem die »Schwarzen Obristen« Viktor Alksnis und Nikolaj Petruschenko. Ein zentrales Anliegen von »Sojus« war von Anfang an der Erhalt der Sowjetunion, wenn nötig auch unter Einsatz von Gewalt, und die Ablehnung eines neuen Unionsvertrages, weil er das Zentrum schwächen würde. Auf ihrem zweiten Kongreß am 20./21. April 1991 formulierte die Abgeordnetenvereinigung ihre programmatischen Forderungen: Ausrufung eines sechsmonatigen Ausnahmezustandes, Verbot aller politischen Parteien einschließlich der KPdSU, zentrale Kontrolle der Massenmedien und militärische Aufsicht über die Schlüsselindustrien. Die Macht im Lande sollte an sogenannte Nationale Rettungskomitees übergehen. Der radikale Flügel von »Sojus« verlangte den Rücktritt Gorbatschows. Alksnis hatte dem Präsidenten schon am 17. November 1990 mit einem Mißtrauensantrag im Kongreß der Volksdeputierten gedroht, wenn er nicht innerhalb von 30 Tagen in der Lage wäre, Recht und Ordnung im Lande wiederherzustellen. »Sojus« verstand sich als eine dritte Kraft, weder kommunistisch noch demokratisch, und behauptete von sich, die »gesunden« und »patriotischen« Kräfte in der Gesellschaft zu repräsentieren[38]. Die von »Sojus« im April formulierten Programmpunkte waren weitgehend deckungsgleich mit dem Programm der Putschisten im August 1991.

Die Abgeordnetenvereinigung »Sojus« schloß sich dem schon im Mai 1990 gegründeten »Zentristischen Block« an, einer Gruppierung verschiedener politischer Parteien und Bewegungen, mit dessen Hilfe die Reaktionäre Basis und Unterstützung durch gesellschaftliche Kräfte zu simulieren versuchten. Der »Zentristische Block« war in Wirklichkeit in erheblichem Umfang vom KGB inspiriert und gelenkt und wurde von der Führung der KPdSU sowie von der Regierung demonstrativ als Gesprächspartner aufgewertet. Die Partokratie schuf sich sozusagen ihre eigene Opposition, um mit ihr vor den Augen der Gesellschaft Demokratie zu spielen. Eine wichtige Rolle innerhalb des »Zentristischen Blocks« kam der im März 1989 gegründeten »Liberal-Demokratischen Partei der Sowjetunion« unter ihrem Vorsitzenden W. Schirinowskij zu. Zum Block gehörten auch die »Russische Volksfront« und eine Gruppierung, die sich »Union demokratischer Kräfte ›Sacharow‹« nannte und damit den Namen des großen Bürgerrechtlers mißbrauchte. Schirinowskij und seine »Liberal-Demokratische Partei« steuerten einen Kurs, der Polit-Clownerie und nationalen Sozialismus miteinander verband. Schirinowskij trat bei den ersten freien russischen Präsidentschaftswahlen am 12. Juni 1991 gegen Jelzin und den vom Apparat der KPdSU unterstützten ehemaligen Ministerpräsidenten Nikolaj Ryschkow an und erhielt als dritter im Rennen immerhin 7,8 Prozent der Stimmen.

Präsident Gorbatschow lehnte sich an die politische Reaktion an, die sich seit dem Herbst 1990 zum Gegenangriff formierte. Im Dezember 1990 erklärte Außenminister Schewardnadse in einem dramatischen Auftritt vor dem Volkskongreß der UdSSR seinen Rücktritt und warnte vor einer Diktatur. Auch andere Reformer verließen den Präsidenten oder wurden aus den Beraterstäben entfernt. Stattdessen umgab sich Gorbatschow mit weiteren Vertretern der

[38] E. Teague, The »Sojuz« Group. In: Report on the USSR, 17. Mai 1991, S. 16–21; Frankfurter Allgemeine Zeitung, 22. April 1991.

Reaktion, so Innenminister B. Pugo (seit dem 2. Dezember 1990), Vizepräsident G. Janajew (seit dem 27. Dezember 1990) und Ministerpräsident V. Pawlow (seit dem 15. Januar 1991); alle drei gehörten später zum achtköpfigen Komitee der Putschisten. Ministerpräsident Pawlow profilierte sich im Februar 1991 mit der absurden Behauptung, westliche Banken hätten die Sowjetunion mit Milliarden von Rubeln überfluten wollen, um eine Finanzkatastrophe herbeizuführen und Gorbatschow zu stürzen. KGB-Chef Krjutschkow wartete mit Glanzstücken aus der stalinistischen Rumpelkammer auf und behauptete, der Westen importiere chemisch und radioaktiv verseuchte Lebensmittel in die Sowjetunion. Auch die »Kapitulation« in Ostmitteleuropa ließ die Reaktionäre nicht ruhen, sie habe dazu geführt, »daß die Sowjetarmee kampflos aus Ländern vertrieben wurde, die unsere Väter vom Faschismus befreit haben«, wie General Makaschow formulierte[39].

Nicht zuletzt unter dem Eindruck der offenbar zum Handeln entschlossenen Reaktion bemühten sich auch die demokratischen Kräfte um Konsolidierung und Zusammenschluß. Obwohl sie in den Machtapparaten noch kaum vertreten waren, verfügten sie gegenüber der Reaktion über zwei Vorteile: einen ständig wachsenden Rückhalt in der Gesellschaft und eine Integrationsfigur in der Person Jelzins. Alle großen demokratischen Parteien und zahlreiche gesellschaftliche Bewegungen schlossen sich auf einem Kongreß in Moskau am 20./21. Oktober 1990 zur Allianz »Demokratisches Rußland« zusammen und erneuerten damit das frühere Wahlbündnis gleichen Namens. Beteiligt waren die drei größten Parteien »Demokratische Partei Rußlands«, »Republikanische Partei der Russischen Föderation« und die »Sozial-Demokratische Partei der Russischen Föderation« ebenso wie die Abgeordnetenvereinigung »Interregionale Abgeordnetengruppe«, »Memorial«, »Schild« und zahlreiche kleinere Parteien und Vereinigungen. Die Allianz einigte sich auf politische Grundprinzipien wie das Selbstbestimmungsrecht der Völker, die Schaffung einer Marktwirtschaft durch Privatisierung und die Bekämpfung totalitärer Parteien und Strukturen. Eine geschlossene politische Organisation oder gar Partei ist indessen aus der Allianz nicht geworden. »Demokratisches Rußland« unterstützte im Frühjar 1991 die Kandidatur Jelzins bei den Präsidentschaftswahlen in der Russischen Föderation und hatte wesentlichen Anteil an seinem Wahlsieg.

[39] D. Heinzig, Auf dem Rückzug zum »alten Denken«? In: Sowjetunion 1990/91, S. 251f.

Dies zu verhindern, war ein zentrales Ziel der kommunistischen Reaktion. Sie setzte deshalb die Einberufung einer Sondersitzung des Volkskongresses der RSFSR durch, auf der Jelzin durch ein Mißtrauensvotum als Vorsitzender des Obersten Sowjet der RSFSR gestürzt werden sollte. Die Chancen dafür schienen nicht schlecht, denn die Jelzin stützende Parlamentsfraktion »Demokratisches Rußland« befand sich in der Minderheit. Es gelang Jelzin jedoch, seine fast sichere Niederlage in der Sondersitzung des Volkskongresses der RSFSR Anfang April 1991 in einen politischen Sieg zu verwandeln. Nicht nur scheiterte das gegen ihn eingebrachte Mißtrauensvotum, sondern er forderte und erhielt sogar vom Volkskongreß administrative Sondervollmachten bis zur Wahl eines Präsidenten der RSFSR. Der Volkskongreß beschloß gegen den Willen der kommunistischen Reaktion und des Präsidenten Gorbatschow, in allgemeiner Volkswahl am 12. Juni einen Präsidenten der Russischen Föderation zu wählen.

Wie erreichte Jelzin diese erdrutschartige Machtverschiebung zu seinen Gunsten? Ein Teil der kommunistischen Abgeordneten verweigerte sich der Reaktion, schloß sich unter Führung eines ehemaligen Afghanistan-Kämpfers, Oberst Aleksander Ruzkoj, zur Abgeordnetengruppe »Kommunisten für Demokratie« zusammen und wechselte in das Lager Jelzins über. Dies zeigte, wie weit der organisatorische Verfall der KPdSU fortgeschritten war. Die Spaltung war um so ernster, als Ruzkoj und seine Anhänger sich weigerten, die KPdSU zu verlassen und stattdessen alle Mitglieder aufriefen, innerhalb der Partei Zellen »Kommunisten für Demokratie« zu bilden. Anfang August konstituierten sie sich sogar als eigenständige »Demokratische Partei der Kommunisten Rußlands« und zwar noch immer innerhalb der KPdSU. Im Oktober, nach dem gescheiterten Coup, nahm die neue Partei dann den Namen »Volkspartei Freies Rußland« an. Jelzin – auf Unterstützung der Reformkommunisten angewiesen – nominierte Ruzkoj zu seinem Kandidaten als Vizepräsidenten für die Wahl am 12. Juni 1991[40].

Jelzin gewann die Präsidentschaftswahlen mit 57,3 Prozent der Stimmen, der von der KPdSU gestützte Kandidat Nikolaj Ryschkow erhielt 16,8 Prozent der Stimmen. Bei den gleichzeitigen Bürgermeisterwahlen in Moskau und Leningrad/Sankt Petersburg

[40] Zur politischen Biographie Jelzins allgemein: J. Morrison, Boris Jelzin. Retter der Freiheit. Berlin 1991; W. Solowjow u. E. Klepikova, Der Präsident. Boris Jelzin. Eine politische Biographie. Berlin 1992.

siegten Gawriil Popow und Anatolij Sobtschak, führende Politiker in der Allianz »Demokratisches Rußland«. Nach der Übernahme der politischen Macht in Rußland setzte Jelzin auf der einen Seite die begrenzte Zusammenarbeit mit Gorbatschow fort (Verhandlungen von neun kooperationswilligen Republik-Präsidenten mit Gorbatschow in Nowo-Ogarjowo zum Abschluß eines neuen Unionsvertrages), andererseits nahm er mit Entschlossenheit den Kampf zur Entmachtung der kommunistischen Partei in Rußland auf. Am 20. Juli verbot er durch Präsidialukas die Tätigkeit aller politischen Parteien in staatlichen Einrichtungen, Organisationen und Betrieben auf dem Territorium der Russischen Föderation. Damit wurde die Axt an die Wurzel der Parteiherrschaft gelegt. Eine repräsentative Umfrage ergab, daß 73 Prozent der Bewohner der Russischen Föderation die Entfernung der kommunistischen Partei vom Arbeitsplatz unterstützten, nur 13 Prozent waren dagegen[41]. Die Entschlossenheit der Jelzin-Führung, die Machtbasis der Kommunisten in Staat und Gesellschaft zu zerschlagen, und der bevorstehende Abschluß eines neuen Unionsvertrages, der das Ende des sowjetischen Zentralstaates in seiner bisherigen Form bedeutet hätte, dürften die letzten Anstöße für die kommunistische Reaktion gewesen sein, am 18./19. August einen Putschversuch zu unternehmen, um das Rad der Geschichte anzuhalten.

Aus der engsten Umgebung Gorbatschows konstituierte sich ein achtköpfiges »Staatskomitee für den Ausnahmezustand in der UdSSR«, es setzte den Präsidenten in seinem Urlaubsort auf der Krim fest und erklärte sich selbst zur obersten Staatsmacht im Lande. Über Teile der UdSSR, so die Städte Moskau und Leningrad/Sankt Petersburg, wurde ein sechsmonatiger Ausnahmezustand verhängt, die Pressefreiheit aufgehoben, Panzer rollten in die Moskauer Innenstadt. Die treibende Kraft beim Staatsstreich war wahrscheinlich die KGB-Führung unter dem Vorsitzenden Krjutschkow; gestützt wurde der Putsch von einem Teil der Armeeführung, der Rüstungsindustrie und von weiten Teilen des Apparates der KPdSU, der allerdings im Schatten blieb. Kein Mitglied des Notstandskomitees gehörte dem Politbüro oder dem Sekretariat des ZK der KPdSU an. In ihren öffentlichen Verlautbarungen und Dekreten vermied die Junta jeden Bezug auf den Sozialismus, die KPdSU oder den Klassenkampf. Stattdessen versprach sie die Wiederherstellung von Ruhe und Ordnung, Kampf gegen die Kriminalität und »schädliche Erscheinungen«.

[41] Moskovskie novosti, 4. August 1991.

Der Staatsstreich war schlecht vorbereitet und unentschlossen. Offenbar glaubten die Putschisten, daß KGB und Armee ohne weiteres die Befehle des Notstandskomitees ausführen würden und daß überhaupt die sowjetischen hierarchischen Vertikalen noch funktionsfähig seien. Möglicherweise waren sie auf organisierten und öffentlichen Widerstand nicht vorbereitet. Der Widerstand ging von Jelzin aus, der noch am 19. August das Notstandskomitee und dessen sämtliche Anordnungen für illegal erklärte und dazu aufrief, ihnen nicht Folge zu leisten. Einige Truppenteile gingen auf die Seite des russischen Präsidenten über oder verhielten sich abwartend. Die Putschisten waren nicht bereit oder nicht in der Lage, Schießbefehle zu erteilen. Zehntausende gingen in Moskau, Leningrad/Sankt Petersburg und anderen Städten auf die Straße, um für Demokratie und Freiheit und gegen Diktatur zu demonstrieren. Die von den Putschisten geplante Erstürmung des »Weißen Hauses« – Sitz des russischen Präsidenten und der russischen Regierung – wurde abgesagt. Am 21. August brach der Putsch zusammen; die Mitglieder des Notstandskomitees wurden verhaftet. Präsident Gorbatschow – von seinem politischen Widersacher Jelzin gerettet – kehrte nach Moskau in sein Amt, jedoch nicht an die Macht zurück. Die Regierung der UdSSR wurde vom Volkskongreß der UdSSR abberufen, eine neue nicht gebildet. Der Volkskongreß löste sich danach de facto selbst auf.

Der Putsch bedeutete das Ende der KPdSU als politische Kraft und als Institution. Das Sekretariat des ZK und damit die Führung der KPdSU hatte sich – wenn auch hinter den Kulissen – mit dem Staatsstreich solidarisiert und alle Kommunisten aufgefordert, das »Staatskomitee für den Ausnahmezustand in der UdSSR« zu unterstützen. Etwa 70 Prozent der regionalen Parteiführer solidarisierten sich mehr oder weniger offen mit dem Putsch; gleiches galt für die Republikführungen in Zentralasien außer in Kirgisien. Angesichts der erdrückenden Beweislage legte Gorbatschow am 24. August seine Funktion als Generalsekretär der KPdSU nieder, verfügte die Einziehung des Eigentums der KPdSU zugunsten des Staates und rief das ZK der KPdSU zur Selbstauflösung auf. Der Oberste Sowjet der UdSSR suspendierte am 29. August die Tätigkeit der KPdSU auf dem gesamten Territorium des Landes bis zur Klärung ihrer Verwicklung in den gescheiterten Staatsstreich. Jelzin setzte für die Russische Föderation am 6. November einen juristischen Schlußstrich und verbot die KPdSU und die KP Rußlands auf dem Territorium der Russischen Föderation. Beide seien keine politischen Parteien, sondern

Organisationen, die sich auf verfassungswidrige Weise die Gesellschaft und den Staat unterworfen hätten[42].

Das alte politische System war zerschlagen, aber noch gab es weder ein Spektrum konsolidierter politischer Parteien, noch eine funktionsfähige parlamentarische Demokratie. Die Durchführung von Wahlen erschien angesichts der wirtschaftlichen Katastrophe des Winters 1991/92 ausgeschlossen und wurde vom Obersten Sowjet der Russischen Föderation auf Ende 1992 verschoben. Die Allianz »Demokratisches Rußland« brach nach dem Sieg über den gemeinsamen Gegner KPdSU auseinander. Auf dem II. Kongreß am 10. November 1991 trennte sich die Gruppierung »Volkseintracht« von der Allianz. Zu diesem Block hatten sich zuvor die »Demokratische Partei Rußlands« (Vorsitzender Trawkin), die »Partei der Volksfreiheit« (Konstitutionelle Demokraten) und die »Christlich-Demokratische Bewegung« zusammengeschlossen. Diese Gruppierung trat angesichts des zerfallenden Imperiums für eine »einige und unteilbare« Russische Föderation ein und wollte das Recht zur politischen Selbstbestimmung allenfalls für die nichtrussischen Völker außerhalb der Russischen Föderation gelten lassen.

Angesichts des Machtvakuums nach dem gescheiterten Putsch versuchte Jelzin die Lage dadurch zu stabilisieren, daß er Bevollmächtigte und »Leiter der Administration« in den Gebieten und großen Städte ernannte, um dort eine handlungsfähige Exekutive aufzubauen. So hing die Stabilisierung der politischen Lage in der Russischen Föderation und in den anderen Nachfolgestaaten der UdSSR nach dem gescheiterten Putsch wesentlich davon ab, ob es den jeweiligen Präsidenten gelang, eine durchsetzungsfähige Präsidialmacht und Exekutive zu schaffen und die ersten Schritte in Richtung auf Marktwirtschaft durchzusetzen. Die gewählte Präsidialmacht konnte sich nicht auf klare parlamentarische Mehrheiten oder eigene politische Parteien stützen. Ebensowenig gab es allerdings auch eine institutionell und programmatisch konsolidierte Opposition. In der Russischen Föderation und in den meisten anderen Nachfolgestaaten hatte die kommunistische Partei zwar die Macht verloren, an ihre Stelle war aber noch nicht eine parlamentarische Demokratie getreten, sondern ein starker – demokratisch legitimierter – Präsident, der von einer wenig organisierten Wählerbewegung gestützt wurde.

[42] E. Teague u. V. Tolz, CPSU R.I.P. In: Report on the USSR, 22. Nov. 1991, S. 1–8; B. Jelzin, Reden gegen den Putsch. Vorwort A. Gurkow, Bergisch-Gladbach 1991; Černaja noč' nad Belym Domom. Hrsg. Gazeta ›Rossija‹, Moskau 1991; G. Ruge, Der Putsch. Frankfurt a.M. 1991.

# V. Die Wirtschaft: Von der Krise an den Rand des Abgrunds

## Die Altlasten der »administrativen Kommandowirtschaft«

Als die Perestrojka begann, ging es zunächst fast ausschließlich um die Wirtschaft. Sie stand bei der Negativbilanz, die 1985 von der neuen Führung gezogen wurde, im Vordergrund. Die nicht mehr zu übersehenden Krisensymptome der sowjetischen Wirtschaft dürften der wichtigste Motor gewesen sein, der die Gorbatschow-Führung zum Handeln zwang. Auch in der offiziellen Publizistik wurde der Leistungsabfall der Wirtschaft schon vor Beginn der Glasnost vergleichsweise schonungslos – wenn auch nach wie vor mit unzureichenden oder falschen statistischen Daten – dargestellt. Obwohl der kritische Zustand der Ökonomie sowohl in der subjektiven Wahrnehmung durch die Führung als auch in der publizistischen Darstellung – jedenfalls anfangs – die Hauptantriebskraft bei allen Reformansätzen war, ist gerade auf diesem Feld keinerlei Besserung der Lage erreicht worden, die Wirtschaft des Landes trieb vielmehr von der Krise in die Katastrophe.

Wie ist dies zu erklären, wenn sich doch die Gorbatschow-Führung über die wirkliche Lage im klaren und auch entschlossen war, zu handeln und Abhilfe zu schaffen? Trotz der Bereitschaft, viele Mängel beim Namen zu nennen und sich der ökonomischen Negativbilanz zu stellen, blieb die Gorbatschow-Mannschaft doch davon überzeugt, daß der Wachstumsrückgang, der sich vergrößernde technische Rückstand gegenüber den westlichen Industrieländern und der fallende Lebensstandard der Bevölkerung durch »radikale Reformen« im Rahmen der sozialistischen Planwirtschaft überwunden werden könnten. Der Terminus Reform war zusammen mit der Sache seit Beginn der siebziger Jahre aus der sowjetischen Sprachregelung verschwunden, jetzt kehrte er zusammen mit der Sache und befrachtet mit großen Hoffnungen und Erwartungen in die Diskussion der Perestrojka zurück. Ähnlich wie im Bereich des politischen Systems war Gorbatschow auch in der Wirtschaft zunächst nicht bereit, an den Fundamenten der sozialistischen Planwirtschaft – vor allem am staatlichen Eigentum der Wirtschaft und ihrer Planung und Lenkung durch die KPdSU – zu rütteln. Abhilfe sollten vielmehr Reformen innerhalb des Systems schaffen, die in großer Bandbreite und in immer neuen Ansätzen seit 1986 ins Werk gesetzt wurden. Von begrenzten und kurzfristigen Entlastungen abgesehen, blieben jedoch alle Reformansätze erfolglos, die wirtschaftlichen Krisensymptome verschärften sich weiter und forderten immer radikalere Reformschritte.

Die Wirtschaftspolitik der Perestrojka wurde zu einem vollständigen Mißerfolg, weil sie von der Illusion ausging, man könne einerseits an allen wesentlichen Elementen der sozialistischen Planung und Leitung der Wirtschaft festhalten und andererseits die Marktwirtschaft einführen. Die »sozialistische Marktwirtschaft« erwies sich als ein Konstrukt, das es in der Wirklichkeit nicht gibt. So endete die Wirtschaftspolitik der Perestrojka 1991 mit einem Fiasko: Die alten Strukturen von Planung und Lenkung befanden sich in Auflösung, das administrative Befehlssystem funktionierte nicht mehr, aber marktwirtschaftliche Strukturen oder auch nur die gesetzlichen Voraussetzungen für ihre Etablierung waren nicht geschaffen worden. Ohne es zu wollen, hatte Perestrojka das alte Lenkungssystem der Wirtschaft zerstört, war aber nicht bereit und in der Lage gewesen, Grundlagen für eine Marktwirtschaft zu legen.

Sieht man auf die Voraussetzungen, so konnte das Ergebnis wohl nicht wesentlich anders ausfallen. Denn Marktwirtschaft bedeutete das Ende der Verfügungsgewalt der KPdSU über die Ökonomie. Man konnte von einer regierenden kommunistischen Partei nicht erwarten, daß sie ein wesentliches Instrument der Herrschaft selbst und freiwillig aus der Hand gab. Erst der Wechsel des politischen Systems, d.h. die Ablösung der KPdSU von der Macht, schuf die Voraussetzungen und die Chancen für die Etablierung einer Marktwirtschaft. Die Chancen waren allerdings erheblich dadurch belastet, daß der Übergang zum Markt seit 1991 am Rande der wirtschaftlichen Katastrophe und nach dem Zusammenbruch weiter Teile der Produktion und der Verteilung versucht werden mußte.

Als die Gorbatschow-Führung Mitte der achtziger Jahre eine Bilanz der gesamtwirtschaftlichen Lage zog, war das sichtbarste Krisensymptom, das jedenfalls teilweise auch von der sowjetischen Statistik ausgewiesen wurde, der seit langem anhaltende Rückgang der Wachstumsraten. Während die jährliche Wachstumsrate des produzierten Nationaleinkommens 1956 bis 1960 9,2 Prozent betragen hatte, fiel sie in einem ziemlich kontinuierlichen stufenförmigen Abstieg in den Jahren 1981 bis 1985 auf 3,4 Prozent. Umgerechnet auf den im Westen üblichen Indikator Bruttosozialprodukt bedeutet dies einen Wachstumsrückgang von ungefähr sieben Prozent jährlich in der zweiten Hälfte der fünfziger Jahre auf anderthalb bis zwei Prozent in der ersten Hälfte der achtziger Jahre[1]. Nach den Berechnungen des russischen Ökonomen Wasilij Seljunin, der die veröffentlichte Statistik auf ihren Realitätsgehalt zurückzuführen versuchte, ergab sich eine noch negativere Bilanz. Danach trat die Wirtschaft der Sowjetunion seit Mitte der siebziger Jahre auf der Stelle, schon 1979 sei es zu einem absoluten Rückgang der Produktion gekommen, und 1980/81 verzeichnete er ein Null-Wachstum. Danach habe es insbesondere 1983 unter Andropow eine kurzzeitige Verbesserung der gesamtwirtschaftlichen Lage und ein leichtes Wirtschaftswachstum gegeben, aber seit Mitte der achtziger Jahre sei das Bruttoinlandprodukt rückläufig. Nach diesen Berechnungen ging die Produktion in den achtziger Jahren insgesamt um ungefähr 10 Prozent zurück[2].

Niemals zuvor in Friedenszeiten hatte die sowjetische Wirtschaft derartige Krisensymptome gezeigt. Seit Ende der siebziger Jahre tendierte der Lebensstandard zum Null- und Minuswachstum, wobei regional und produktmäßig erhebliche Unterschiede bestanden. Wie seit Mitte der fünfziger Jahre die zwar langsame, aber doch kontinuierliche Verbesserung des Lebensniveaus für breite Schichten in der Bevölkerung ein wichtiger politischer Stabilitätsfaktor gewesen war, so bedeutete jetzt der Rückgang des Lebensstandards einen erheblichen politischen Risikofaktor. Solange sich die Lebensverhältnisse verbesserten oder jedenfalls nicht verschlechterten, hielt sich die Loyalitätskrise der Einparteiherrschaft in Grenzen. Der Rückgang des Lebensstandards aber bedrohte zusätzlich die Legitimität der KPdSU, zumal jetzt die subjektiven Ansprüche der Menschen gegenüber den fünfziger Jahren erheblich zugenommen hatten, und sich die Schere zwischen den Erwartungen und den Möglichkeiten, sie zu befriedigen, weit auftat.

Der Rückgang des Wirtschaftswachstums erschien – auch der neuen Führung – deshalb so dramatisch, weil er strukturell bedingt war und ohne ordnungspolitische Eingriffe keine Trendwende zu erkennen war. Denn die extensiven Wachstumsfaktoren, die früher die sowjetische Wirtschaft angekurbelt hatten, standen nicht mehr zur Verfügung oder waren jetzt wesentlich teurer: zusätzliche Arbeitskräfte infolge des Bevölkerungswachstums, umfangreiche Kapitalinvestitionen und billige natürliche Rohstoffe und Energieträger. Es

[1] H.-H. Höhmann, Sowjetische Wirtschaft unter Gorbatschow. Auf der Suche nach einem Profil. In: Sowjetunion 1986/87, S. 114ff.

[2] V. Seljunin, Pravitel'stvo kommunistov budet smeteno narodom... In: Svobodnoe slovo, 28. August 1990.

war der sowjetischen Wirtschaft nicht gelungen, sich von extensiven auf intensive Wachstumsfaktoren umzustellen; vielmehr stagnierten Arbeits- und Kapitalproduktivität, das planwirtschaftliche System behinderte die Einführung neuer Techniken, selbst wenn sie von der Forschung und Entwicklung zur Verfügung gestellt wurden. Die Planerfüllungslogik führte zum Raubbau an der Umwelt und zu einer rücksichtslosen Überbeanspruchung der Infrastruktur. Insbesondere im Transportwesen – bei der Eisenbahn, beim Straßennetz und den Pipelines – zeigten sich in den achtziger Jahren alarmierende Abnutzungserscheinungen, die an den Rand des Zusammenbruchs führten. So vergrößerten sich in den Bereichen Effizienz und Qualität die Abstände zu den westlichen Industrienationen. Aber auch im quantitativen Bereich vergrößerte sich in den achtziger Jahren die Distanz wieder. Nach offiziellen sowjetischen Angaben wurden in der Sowjetunion 1980 67 Prozent des amerikanischen Nationaleinkommens erwirtschaftet und 1985 66 Prozent. Nach nichtoffiziellen russischen Berechnungen betrug allerdings das sowjetische Nationaleinkommen Ende der achtziger Jahre nur 14 bis 15 Prozent des amerikanischen[3].

Die Wirtschaft befand sich zu Beginn der Perestrojka in einer kritischen Situation, weil die stets vorhandenen strukturellen Schwächen der administrativen Planwirtschaft unter den Bedingungen einer neuen wissenschaftlich-technischen Revolution zu einem massiven Leistungsverfall führten. Das planwirtschaftliche System manövrierte sich durch die zunehmende Differenzierung selbst immer weiter ins Aus. Die Wirklichkeit des technischen und ökonomischen Fortschritts entzog sich immer mehr der zentralen Steuerbarkeit. Das Wirtschaftssystem versagte desto mehr, »je weiter der sowjetische Industrialisierungsprozeß fortschritt, je komplexer folglich die Wirtschaftsstruktur wurde, je komplizierter sich hierdurch wiederum die Planungsaufgaben gestalteten, je mehr die Knappheit der ökonomischen Ressourcen... zunahm und je stärker sich das politische System im Sinne eines Verfalls von Autorität und Kompetenz veränderte«[4].

Von besonderer Bedeutung war die zu einem erheblichen Teil systembedingte mangelhafte Arbeitsmotivation. Sie hatte unter den

[3] Höhmann, Sowjetische Wirtschaft unter Gorbatschow, S. 119f.; Seljunin, Pravitel'stvo.

[4] H.-H.Höhmann, Chaos oder neue Ordnung? Wirtschaftskrise und wirtschaftspolitische Neuordnung in der ehemaligen UdSSR. Berichte des BIOst 59, 1991, S. 16.

Bedingungen der zweiten industriellen Revolution, die ohne Eigeninitiative, Eigeninteresse und Selbsttätigkeit nicht funktioniert, besonders gravierende Folgen. Der »Sozialvertrag« zwischen der Partokratie und den Arbeitnehmern hatte darin bestanden, daß den Arbeitnehmern ein Arbeitsplatz und ein gewisses Minimaleinkommen zugesichert wurden, sie darüber hinaus aber keine Ansprüche stellten. »Die Arbeiter tun so, als ob sie arbeiten, und die Partei tut so, als ob sie die Arbeiter bezahlt«, so drückte es die Sprache der Anekdote aus. Eine moderne Wirtschaft, in der Leistung nicht honoriert und Leistungsverweigerung nicht bestraft werden, nimmt erheblichen Schaden. Eine in den USA durchgeführte Befragung von Übersiedlern aus der Sowjetunion kam zu dem Ergebnis, daß – nach Meinung der Betroffenen – fehlende materielle Anreize und nichtleistungsgerechte Bezahlung die am schwersten ins Gewicht fallenden Fehler der sowjetischen Wirtschaftsordnung waren. »Vorwärtskommen hängt ab von der Mitgliedschaft in der Partei, von Verbindungen und der Fähigkeit, mit Vorgesetzten zurechtzukommen, und je höher die Position ist, um so wichtiger sind nichtleistungsgebundene Faktoren.«[5] Leistung lohnte sich nicht, weil die Wirtschaft nicht über leistungsmäßig-ökonomische, sondern administrativ-parteiliche Hebel gesteuert wurde.

Zu Beginn der Perestrojka war im wesentlichen noch jene Wirtschaftsordnung in Kraft, die von Stalin in den dreißiger Jahren geschaffen worden war. Ihr Ziel hatte darin bestanden, die Sowjetunion um jeden Preis als Militärmacht konkurrenzfähig zu machen. Der Vorrang der Rüstungs- und Schwerindustrie und zugleich damit die Zurückstellung der Konsumbedürfnisse der Menschen waren prinzipiell niemals in Frage gestellt worden. Die zentrale Planung setzte die Priorität der rüstungsorientierten Produktion durch, die einen wesentlich höheren Anteil des Bruttosozialproduktes verschlang als in westlichen Industrieländern. Die ohnehin schon gewaltigen Belastungen durch die Militärausgaben wurden um so untragbarer, als die Leistungsfähigkeit der Wirtschaft seit den siebziger Jahren insgesamt zurückging.

Die sowjetische Führung hat niemals realistische Zahlen zum Militärhaushalt veröffentlicht. Nach den Schätzungen amerikanischer Nachrichtendienste wurden in der Sowjetunion zu Beginn der siebziger Jahre 12 bis 14 Prozent und Mitte der achtziger Jahre 15 bis

[5] Paul R. Gregory, Productivity, slack and time theft in the Soviet economy. In: Politics, work, and daily life in the USSR. A survey of former Soviet citizens. Hrsg. J. R. Millar, Cambridge 1987, S. 273f.

17 Prozent des Bruttosozialproduktes für militärische Zwecke aufgewendet; in den USA betrugen die analogen Aufwendungen in den achtziger Jahren sechs Prozent des amerikanischen Bruttosozialproduktes. Diese Zahlen sind von unabhängigen russischen Ökonomen 1990 massiv nach oben korrigiert worden. Nach Berechnungen sowohl von Akademiemitglied Oleg Bogomolow in Moskau als auch des in Amerika lebenden russischen Emigranten Igor Birman beliefen sich die Rüstungsaufwendungen der Sowjetunion Ende der achtziger Jahre auf 20 bis 25 Prozent des Bruttosozialproduktes, bzw. auf etwa 200 Milliarden Rubel. Die relative Belastung der Wirtschaft durch Militärausgaben ist auch in der Zeit der Perestrojka weiter gewachsen, weil die Demilitarisierung nur sehr zögerlich betrieben wurde, der Leistungsverfall der Wirtschaft aber galoppierende Formen annahm. So verschlangen 1991 die Militär- und Rüstungsausgaben die Hälfte der staatlichen Ausgaben insgesamt. »Eine solche Größenordnung gilt sogar für Länder, die sich im Kriegszustand befinden, als unzulässig.«[6] Am Ende hat die Kriegswirtschaft, zu deren Nutzen die zentrale Planwirtschaft eingerichtet worden war, wesentlich dazu beigetragen, diese Wirtschaftsordnung endgültig zu zerrütten.

Die zentrale Planwirtschaft war auch als ein Instrument konzipiert, um den Vielvölkerstaat zusammenzuhalten. Seit den dreißiger Jahren wurde die extreme wirtschaftliche Spezialisierung der einzelnen Republiken und Regionen systematisch forciert, um alle durch wirtschaftliche Ketten fest aneinander zu binden und jeden Traum von Loslösung von vornherein aus ökonomischen Erwägungen als Phantasterei erscheinen zu lassen. So wurde Usbekistan von Getreide aus Kasachstan abhängig, die russische Textilindustrie von der usbekischen Baumwolle, die Ukraine von importiertem Erdöl und Erdgas, und die Industrie in Lettland vom Import aller Rohstoffe. Diese wirtschaftliche Bindung erfolgte in aller Regel nicht aufgrund ökonomischer Rationalitätskriterien, sondern durch eine administrative Planung, die überall Monopolbetriebe und Monopolstrukturen entstehen ließ. Tausende von Einzelteilen für die industrielle Fertigung wurden in der Regel nur in wenigen, häufig weit vom Abnehmer entfernt liegenden Betrieben des riesigen Landes produziert. Dies führte nicht nur zu hohen Transportkosten, sondern

[6] W. Seljunin, Rußlands Platz in Europa. In: Kontinent 4, 1991, S. 91 (das Zitat); Die Sowjetwirtschaft am Rande des Abgrunds. In: Neue Zürcher Zeitung, 26. April 1990; Kakogo my rosta. In: Moskovskie novosti, 20. Mai 1990, S. 6.

auch zu der gewollten Abhängigkeit aller von allen. Extreme Arbeitsteilung und Monopolstruktur bedeuteten keine ökonomische Integration der Republiken und Regionen, sondern vielmehr ihre Fesselung aneinander durch Plan und Verteilung. Zusätzlich belastet durch eine undurchsichtige, nicht auf Marktkriterien beruhende Preisbildung hat diese ökonomische Fesselung nicht zu einer organischen wirtschaftlichen Verflechtung geführt, vielmehr ist seit Jahrzehnten zunächst latent und seit Mitte der achtziger Jahre auch offen das Mißtrauen aller gegen alle gewachsen. Alle fühlten sich in zunehmendem Maße von allen anderen wirtschaftlich ausgebeutet. Die Ukrainer behaupteten seit der Chruschtschow-Zeit, ihnen werde durch die Umverteilung des zentralen Planes mehr genommen als gegeben, die zentralasiatischen Republiken klagten über zu wenig Kapitalinvestitionen, die Balten sahen ihren relativen Wohlstand durch immer mehr Immigranten bedroht und die Russen schließlich verwiesen darauf, daß die ländlichen Bezirke Zentralrußlands zum Armenhaus des Landes geworden waren. So hat die irrationale Wirtschaftsverfassung nicht nur technischen Fortschritt behindert und den Lebensstandard niedrig gehalten, sie hat auch den Wunsch wachsen lassen, die Fesseln abzuschütteln, nicht zuletzt deshalb, weil sie im Widerspruch zur ökonomischen Rationalität standen.

## Die verfehlte Wirtschaftspolitik der Perestrojka

Der Zusammenbruch der Wirtschaft 1990 war nicht nur die Folge chronischer Mängel des planwirtschaftlichen Systems, sondern auch der Perestrojka. Halbherzige und inkonsequente Reformschritte, mit großen Erwartungen belastet und im alten Kampagnen-Stil realisiert, haben zur weiteren Talfahrt der Wirtschaft wesentlich beigetragen. Am Anfang der Wirtschaftspolitik stand die »Beschleunigung der sozial-ökonomischen Entwicklung«, der Versuch im wesentlichen mit traditionellen Instrumenten die Wachstumsschwäche der Wirtschaft zu überwinden und ihr zugleich zum Durchbruch in ein neues technisches Zeitalter zu verhelfen. Deshalb sah der zwölfte Fünfjahresplan (1986 bis 1990) eine drastische Wende in der Investitionspolitik zugunsten des Maschinenbaus und der chemischen Industrie vor. Der militär-industrielle Komplex erhielt also eine an Stalins Zeiten erinnernde Priorität. Diese massive Bevorzugung war auch ein Versuch, den durch das amerikanische SDI-Programm verlorengegangenen militärisch-technischen Gleichstand mit den USA wiederherzustellen. Dagegen wurden die auf Komsumgüter orientierten Industriezweige zurückgestuft. Zwar scheiterte dieses Programm und wurde seit 1988 stillschweigend fallengelassen; die Folgen waren jedoch doppelt negativ. Eine Ankurbelung des Wachstums und eine Modernisierung des Maschinenbaus gelangen nicht, der militärisch-technische Gleichstand mit den USA konnte nicht erreicht werden, aber die ohnehin schon latente Versorgungskrise mit langlebigen Konsumgütern und Lebensmitteln verschärfte sich weiter.

Ein anderer Fehlschlag war die 1985 mit großem propagandistischen Aufwand in Szene gesetzte Anti-Alkohol-Kampagne, deren Folgen gesamtwirtschaftlich drastisch zu Buche schlugen. Die bis Ende 1986 auf etwa die Hälfte reduzierte Alkoholproduktion fegte nicht nur den Zucker vom Markt und führte die Schwarzbrennerei auf einen neuen Höhepunkt mit allen schädlichen Folgen für die Volksgesundheit, sondern diese Kampagne riß auch ein tiefes Loch in die Staatseinnahmen. Weil den Verbrauchern anstelle der »gesparten« Rubel für Wodka keine anderen Angebote gemacht wurden, wuchsen der Geldüberhang bei der Bevölkerung und die Unzufriedenheit weiter an. Die direkten und indirekten Kosten der Anti-Alkohol-Kampagne – Propaganda und Steuerausfälle – erwiesen sich als untragbar hoch, und auch diese Kampagne verlief Ende der achtziger Jahre stillschweigend im Sande.

Zu den traditionellen Elementen sozialistischer Reformpolitik gehörte die Reorganisation der Leitungsapparate. Die Gorbatschow-Führung wollte wirtschaftliche Leistung durch Verbesserung von Leitung und Aufsicht erreichen. Die zentralen ökonomischen Führungsinstitutionen sollten mehr Kompetenzen erhalten und ihre Entscheidungen wirkungsvoller und direkter in den Betrieben umsetzen. Dazu wurden an der Spitze neue »Superministerien« geschaffen und auf der Betriebsebene der schon länger andauernde Konzentrationsprozeß vorangetrieben, durch den Betriebe zu Unternehmensvereinigungen zusammengefaßt wurden. Hier wurde also mit organisatorischen »Reformen« experimentiert, die einer marktwirtschaftlichen Orientierung der Wirtschaft direkt entgegenliefen. Besonders viel Kritik zog das Ende 1985 geschaffene Staatskomitee für die Agrarindustrie der UdSSR (»Gosagroprom«) auf sich, dem alle für die Landwirtschaft zuständigen Ministerien und obersten Behörden einverleibt wurden. Statt Dezentralisierung,

Kompetenzverlagerung nach unten und Motivation für Selbsttätigkeit und Selbstverantwortung suchte man den Ausweg aus der Krise in einer sogar für die sowjetische Wirtschaft ungewöhnlichen Machtzusammenballung an der Spitze.

Neben der Kompetenzerweiterung von Zentralbehörden wurden neue Kontrollinstrumente geschaffen, insbesondere die »Gosprijomka«, eine seit 1987 eingeführte staatliche Qualitätskontrolle für Industrieprodukte. Die Qualitätskontrolle wies Produkte, die nicht den Anforderungen entsprachen, zurück und verhinderte ihre Auslieferung. Diese betriebs- und branchenunabhängige Qualitätskontrolle griff teilweise rigoros in das Wirtschaftsgeschehen ein, so daß Betriebe ihre Pläne nicht erfüllten. Auch hier wie bei anderen Kampagnen standen negative Sanktionen im Vordergrund. Das sowjetische System griff auf seine alten Mechanismen zurück: Kontrolle, Bestrafung und Konzentration von Leitungsbefugnissen an der Spitze, obwohl jahrzehntelange Erfahrungen gezeigt hatten, daß die Findigkeit der Menschen, Vorschriften zu umgehen und Bestrafungen auszuweichen, jeder administrativen Perfektion überlegen ist. Die sozialistische Planwirtschaft ist nicht zuletzt daran gescheitert, daß sie die egoistischen Interessen der Wirtschaftssubjekte mißachtete und glaubte, sie durch administrative Regelungen und Kontrollen ersetzen zu können.

Gegen Ende des Jahres 1986 wurde klar, daß die Krise des Landes tiefgreifender war als die Gorbatschow-Führung vermutet hatte und daß weitgehend traditionelle wirtschaftspolitische Maßnahmen kombiniert mit radikaler Rhetorik nicht ausreichten. Weder die Disziplinierungsmaßnahmen noch die Umsteuerung der Investitionen in die Schwerindustrie führten zu der erhofften Dynamisierung des Wirtschaftsprozesses. Seit 1987 griff deshalb die Perestrojka weiter in die Politik und in die Gesellschaft aus; in der Wirtschaftspolitik lautete der Kurs jetzt: mehr Marktelemente, »sozialistische Marktwirtschaft«, Kampf gegen die Bürokratie und Verkleinerung der bürokratischen Leitungsapparate.

Beispielhaft für diesen Schritt nach vorn, der aber dennoch innerhalb der Systemgrenzen blieb, war das Unternehmensgesetz vom 30. Juni 1987, das für zahlreiche Staatsbetriebe im Januar 1988 in Kraft trat. Das Gesetz räumte den staatlichen Betrieben mehr Selbständigkeit und Eigenverantwortung ein. Die zentrale Planung sollte nur noch Orientierungsdaten liefern, der sozialistische Wirtschaftsbetrieb aber grundsätzlich »Selbstplanung« und »Selbstversorgung« betreiben. Das Unternehmensgesetz für Staatsbetriebe rüttelte selbstverständlich nicht an der sozialistischen Eigentumsordnung. Die verkündeten Prinzipien Rentabilität und Gewinn als Wirtschaftsmaximen blieben weitgehend auf dem Papier. Die Ministerien als vorgesetzte Behörde der Wirtschaftsbetriebe behielten die Möglichkeit, nach eigenem Ermessen bestimmte Teile des Betriebsgewinns für sich einzuziehen, nicht zuletzt um damit unrentable Betriebe zu subventionieren. Das Unternehmensgesetz wurde nicht von einer Preisreform flankiert, so daß die Unternehmen nach wie vor mit behördlich festgesetzten Preisen und nicht mit Marktpreisen zu rechnen hatten. Ebensowenig gab es einen Großhandel mit Produktionsmitteln, so daß die Betriebe wie eh und je auf staatliche Zuteilungen bei Material und Vorprodukten angewiesen waren. So blieb das eigenverantwortlich handelnde Unternehmen in einer nach wie vor weitgehend administrativ geregelten ordnungspolitischen Umgebung weitgehend eine Fiktion, zumal in zentralen Wirtschaftsbranchen die frühere Direktplanung nun durch sogenannte Staatsaufträge ersetzt wurde, die zuerst von den Betrieben erfüllt werden mußten, ehe sie »selbständig« zu agieren begannen. Viele Betriebe nutzten ihre Halbfreiheit zu jetzt erlaubten Lohnerhöhungen, die aber nicht durch Produktivitätswachstum gedeckt waren, und heizten so die Inflation an. Das Unternehmensgesetz begünstigte außerdem die maximale Ausnutzung der betrieblichen Ausrüstung und »bestrafte« Reinvestitionen und langfristige betriebswirtschaftliche Planung. Viele Betriebe zehrten ihre eigene Substanz auf.

Ein ähnlicher Halbschritt wie das Unternehmensgesetz war die Zulassung von Genossenschaften als selbständige Wirtschaftssubjekte außerhalb der staatlichen Planung, die durch das Gesetz über die Genossenschaften geregelt wurde, das am 1. Juli 1988 in Kraft trat. Schon im Jahr zuvor war die sogenannte individuelle Arbeitstätigkeit genehmigt worden, die es Menschen in ihrer Freizeit (!) erlaubte, selbständig z. B. als Taxifahrer, Musiklehrer oder Zauberkünstler tätig zu werden. Das Gesetz über die Genossenschaften in allen Wirtschaftsbereichen ging über diesen unseriösen Ansatz hinaus. Es stand nun jedermann frei, eine Genossenschaft zu gründen oder auch Angestellter in einer Genossenschaft zu werden. Die Mitglieder verfügten nach Steuerabzug über den Gewinn. Die Genossenschaften entschieden selbst über ihre Produktion, besorgten sich ihre Lieferanten und bestimmten die Preise ihrer Produktion oder Dienstleistung. Für Vorprodukte blieben sie allerdings auf das staatliche Großhandelsmonopol angewiesen. Die Genossenschaften waren ein erster Schritt in Richtung auf Eigentumsbildung außerhalb des Staates, auch wenn es sich hier um ein eingeschränktes Privateigentum handelte. Die Genossenschaften entwickelten sich – jedenfalls in bestimmten Wirtschaftszweigen – außerordentlich erfolgreich, obwohl eine normale Entfaltung durch mafiose Praktiken, Neid und Mißgunst gegenüber den Neureichen in der Gesellschaft sowie die bald einsetzende restriktive Novellierung des Genossenschaftsgesetzes behindert wurde. Die Tätigkeit in bestimmten Bereichen – so im Verlagswesen oder bei der Herstellung von Photokopiergeräten – wurde den Genossenschaften nachträglich wieder untersagt; auch wurden ihnen staatliche Preisregulierungen auferlegt. Dennoch nahmen die Kooperativen einen beachtlichen Aufschwung; während das Produktionsvolumen aller Gewerbe- und Dienstleistungskooperativen 1988 bei 4 bis 5 Milliarden Rubel lag und etwa ein Prozent des produzierten Nationaleinkommens ausmachte, kletterte es 1990 auf fünf bis sechs Prozent des produzierten Nationaleinkommens. Zu Beginn des Jahres 1990 waren etwa vier Millionen Menschen in Kooperativen tätig, Ende 1990 dagegen bereits 6,2 Millionen oder etwa vier Prozent aller Erwerbstätigen. Das Durchschnittseinkommen in den Kooperativen betrug 1990 ungefähr 500 Rubel pro Monat und lag damit doppelt so hoch wie der Durchschnittsverdienst in staatlichen Betrieben.

Die Inkonsequenz bei den Maßnahmen zur Durchbrechung der eisernen Schranken der Kommandowirtschaft trug dazu bei, daß die ökonomische Gesamtsituation seit 1988 immer mehr aus der Krise in den Verfall hineinglitt. Die Disziplin der Planerfüllung funktionierte immer weniger, die bürokratischen Leitungsapparate wurden personell drastisch verkleinert, die Betriebe in eine Scheinselbständigkeit entlassen, in der sie nicht rentabel produzierten, sondern durch Lohnerhöhungen die Inflation anheizten. Die alte Wirtschaftsordnung wurde zumindest in Frage gestellt, ohne daß entschlossen der Aufbau einer marktwirtschaftlichen Ordnung in Angriff genommen wurde. In dieser Situation der sich beschleunigenden Talfahrt setzte die Gorbatschow-Führung hochrangige Reformkommissionen aus Politikern und gelehrten Ökonomen ein, die seit Sommer 1989 eine Palette umfassender Programme zur Reform und Stabilisierung der Wirtschaft vorlegten. Die von Leonid Abalkin geleitete Reformkommission des Ministerrates präsentierte im Oktober 1989 ein Programm, das sich eindeutig zum Markt bekannte, für den es keine vernünftige Alternative gebe. Die Kommission akzeptierte auch freie Preise und Konkurrenz als Prinzipien der Marktwirtschaft; schob eine Preisreform jedoch auf Jahre hinaus. Allerdings konnte sich Abalkin nicht zum Privateigentum als Basis des Marktes durchringen. Das Abalkin-Programm wurde in der Folge durch Ministerpräsident Ryschkow weiter verwässert; die entscheidenden Schritte in Richtung auf Einführung des Marktes wurden für mehrere Jahre zurückgestellt, und in den Vordergrund traten sogenannte Stabilisierungsmaßnahmen, d.h. wirtschaftspolitische Feuerwehraktionen.

Bei sich weiter verschlechternder Gesamtlage schien es im Sommer 1990 möglich, daß Gorbatschow sich mit Jelzin, der radikale Schritte in Richtung Markt forderte, auf ein gemeinsames Programm verständigte, das eine Abkehr von der sozialistischen Planwirtschaft zum Inhalt hatte. Im Auftrag beider Präsidenten erarbeiteten radikale Reformökonomen unter der Leitung von Stanislaw Schatalin das sogenannte 500-Tage-Programm: »Übergang zum Markt: Konzeption und Programm«. Das Schatalin-Programm war zum ersten Mal eine klare Absage an den Sozialismus, forderte eine Schocktherapie beim Übergang zum Markt und verband eine Privatisierung der Wirtschaft in großem Stil mit einer umfassenden Delegierung ökonomischer Kompetenzen vom Zentrum weg an die Republiken. Damit näherte sich dieses Programm den inzwischen entstandenen politischen Realitäten, die eine Wirtschaftsreform allein vom Zentrum aus nicht mehr möglich erscheinen ließen. »Die UdSSR hatte niemals zuvor ein solch konkretes, umfassendes und radikales ... Reformprogramm gesehen.«[7] Gorbatschow lehnte nach längerem Finassieren im Oktober den Schatalin-Plan ab; er hatte inzwischen Anlehnung an die kommunistische Reaktion gefunden. Damit war die Chance verpaßt, daß die Sowjetunion mit Gorbatschow an der Spitze den Übergang zum Markt vollzog. Der Oberste Sowjet der Russischen Föderation nahm zwar das 500-Tage-Programm an, ernsthaft war jedoch an eine Umsetzung nicht zu denken, weil die Geld- und Finanzpolitik in der ausschließlichen Kompetenz der Zentralregierung lagen. Für Ministerpräsident Pawlow, der im Januar 1991 dieses Amt übernahm, war der Übergang zur Marktwirtschaft ein reines Lippenbekenntnis, er setzte auf »Stabilisierung« und »strukturelle Erneuerung der Wirtschaft«, mit anderen Worten auf eine vom Zentrum aus gesteuerte und kontrollierte Staatswirtschaft.

Der fortschreitende Verfall der Wirtschaft verschärfte die Versorgungskrise; seit 1989 war die Versorgung mit Grundnahrungsmitteln und alltäglichen industriellen Konsumgütern in immer

[7] A. Åslund, Gorbachev, perestroyka, and economic crisis. In: Problems of Communism, Januar-April 1991, S. 33.

mehr Städten und Regionen der Sowjetunion nicht mehr gesichert. Von der Versorgungskrise waren insbesondere die russischen Großstädte betroffen, die zuvor jahrzehntelang von der sozialistischen Verteilungswirtschaft relativ bevorzugt behandelt worden waren. Jetzt verschwanden immer mehr Waren aus den Regalen der Geschäfte, sie waren allenfalls noch unter dem Ladentisch zu erhalten, die Menschen neigten noch mehr als früher zu Hamsterkäufen und Tauschgeschäften mit Waren untereinander. Besonders hart betroffen von der Versorgungskrise waren Rentner, Studenten und kinderreiche Familien; vergleichsweise erträglich blieb die Situation für Erwerbstätige in Betrieben, die im Tauschgeschäft gegen ihre Erzeugnisse Lebensmittel und Verbrauchsgüter für die Mitarbeiter beschaffen konnten. Während nach einer Untersuchung in der Sowjetunion 1983 90 Prozent der Grundnahrungsmittel im allgemeinen erhältlich waren, fiel dieser Anteil 1989 auf 22 Prozent und Mitte 1990 auf nur noch 11 Prozent[8]. Die Folge der sich ständig verschärfenden Versorgungskrise waren protektionistische Maßnahmen der Republiken, Regionen und einzelner Städte. Immer mehr örtliche Behörden schränkten den Warenverkehr ein und versuchten, auf diese Weise zumindest eine minimale Versorgung der eigenen Bevölkerung zu sichern. Seit 1990 bestand eine beinahe flächendeckende und generelle Rationierung fast aller Konsumgüter. Aber selbst die Zuteilung der rationierten und nur auf Berechtigungsscheine erhältlichen Waren war keineswegs immer und überall gesichert. Von einem einheitlichen Wirtschaftsraum auf dem Territorium der Sowjetunion konnte nicht mehr die Rede sein.

Die Preiserhöhungen für Grundnahrungsmittel Anfang April 1991 und noch einmal Anfang Januar 1992, durch die Lebensmittel jeweils um mehrere Hundert Prozentpunkte teurer wurden, bedeutete für breite Schichten der Bevölkerung in Rußland, aber auch in den baltischen Staaten, das Abgleiten in die Massenarmut. Zwar kam es vorerst nicht zu einer Hungersnot, aber eine quantitativ und qualitativ angemessene Ernährung war für große Teile der Bevölkerung nicht mehr möglich.

Die Versorgungskrise war begleitet und zum Teil bedingt durch den Rückgang der gesamtwirtschaftlichen Leistung. Bei voller Berücksichtigung der Inflation fiel das Bruttosozialprodukt im Jahre 1989 um drei bis vier Prozent, 1990 um weitere fünf bis sieben Prozent und im Jahre 1991 um mindestens fünfzehn Prozent. Die

[8] Ebd., S. 19.

offizielle sowjetische Statistik verschwieg und vertuschte nach wie vor einen Teil dieser brutalen Realität, die als ein Zusammenbruch großer Teile der Wirtschaft bezeichnet werden muß. Es sei daran erinnert, daß 1929, im schlimmsten Jahr der Weltwirtschaftskrise, das Bruttosozialprodukt in den USA um acht Prozent fiel.

Parallel zum Verfall der wirtschaftlichen Leistungskraft nahm die Zerrüttung der Geldwirtschaft immer dramatischere Formen an. Die Regierung nahm Zuflucht zur Notenpresse; seit 1988 stieg der Bargeldumlauf stark an. Ende 1987 befanden sich etwa 80 Milliarden Rubel im Umlauf, diese Summe wuchs auf 104 Milliarden Rubel Anfang 1990 und 132 Milliarden Anfang 1991. Bei rückläufiger Produktion und fallendem Warenangebot vergrößerte sich also der Geldmengenüberhang bei der Bevölkerung und erreichte Ende 1990 etwa 250 Milliarden Rubel, die nicht durch Warenangebote gedeckt waren. Damit wurde eine galoppierende Inflation so gut wie unvermeidlich, die ihrerseits wieder die Notenpresse in Gang setzte. Eine exakte Berechnung der Inflationsrate war wegen der fehlenden Datengrundlage nicht möglich. Russische Reform-Ökonomen schätzten die Inflationsrate für 1989 auf acht bis zehn Prozent und für 1990 auf etwa zwanzig Prozent. Das Jahr 1991 mit seinen revolutionären Umbrüchen brachte eine weitere Verschlechterung der Lage und führte an den Rand der Hyperinflation, so daß Ende 1991 die Inflationsrate auf 300 bis 500 Prozent geschätzt wurde[9].

In engem Zusammenhang mit der Inflation stand das wachsende Defizit im sowjetischen Staatshaushalt. Wie viele andere Tatsachen hatte es ein Budgetdefizit in der Sowjetunion offiziell bis 1988 nicht gegeben. In diesem Jahr erfuhr die Öffentlichkeit zum ersten Mal von einem Loch im sowjetischen Staatshaushalt, und Gorbatschow nannte dieses Defizit sogar »das schlimmste Erbe der Vergangenheit«[10]. 1988 und 1989 betrugen die ungedeckten Ausgaben des Staatshaushaltes etwa 80 Milliarden Rubel oder 20 Prozent der Haushaltsausgaben bzw. etwa 10 Prozent des Bruttosozialprodukts. 1990 kletterte das Defizit auf etwa 100 Milliarden Rubel und vergrößerte sich 1991 sprunghaft auf ca. 300 Milliarden Rubel oder 20 Prozent des Bruttosozialproduktes. In dieser Situation hörte die UdSSR auf zu bestehen; die Verantwortung für die Geldemission

[9] Ebd., S. 20; H.-H. Höhmann, Sowjetische Wirtschaft 1990/91: Krise und Notstandsregiment statt Systemwechsel. In: Sowjetunion 1990/91, S. 141; C. Hutter, in: Berner Zeitung, 27. Dez. 1991.

[10] H.-H. Höhmann, Zwischen Krise und Reform. In: Sowjetunion 1988/89, S. 130.

und die Geldpolitik ging auf die russische Regierung über, die unter den denkbar schwierigsten Voraussetzungen den Systemwechsel in der Wirtschaftspolitik in Angriff nahm[11].

## Der Übergang zum Markt am Rande des Abgrunds

Die Erfahrungen in Ostmitteleuropa und in der DDR zeigten, daß die Umstellung auf die Marktwirtschaft nicht ohne erhebliche Kosten insbesondere im sozialen Bereich möglich ist. Der Systemwechsel in der Wirtschaftsordnung führte überall zum Rückgang der Industrieproduktion, zu Arbeitslosigkeit und einem Absinken des Lebensstandards jedenfalls für bestimmte Gruppen in der Gesellschaft. In Rußland und den anderen Nachfolgestaaten der UdSSR mußte der schockartige Übergang zum Markt begonnen werden, als die gesamtwirtschaftliche Lage sich auf eine Katastrophe zu bewegte und erhebliche Teile der Wirtschaft zu funktionieren aufgehört hatten. Die ohnehin zu erwartenden Einbrüche waren bei dieser Ausgangslage besonders hart und schwer erträglich. Wäre die Gorbatschow-Führung bereit gewesen, zwei oder drei Jahre früher die Grundlagen für eine Marktwirtschaft zu legen, wie es von der demokratischen Opposition gefordert wurde, wären die sozialen Kosten geringer gewesen. Dies scheiterte jedoch nicht nur an der Angst der Gorbatschow-Mannschaft vor unpopulären Maßnahmen, sondern auch an der prinzipiellen Ablehnung der Grundlagen von Marktwirtschaft. Gorbatschow war weder bereit, Privateigentum noch privates Unternehmertum als die Fundamente einer zukünftigen Wirtschaftsordnung in der Sowjetunion zuzulassen. »Ich zum Beispiel akzeptiere das Privateigentum an Grund und Boden nicht, was immer sie mit mir tun«, erklärte Gorbatschow Ende November 1990[12]. Auch der damalige Ministerpräsident Ryschkow blieb ein strikter Gegner der Privatisierung der Landwirtschaft: »Wir können den Vorschlag nicht billigen, der das Hauptgewicht auf private Bauernwirtschaften legt und auf die Einführung des Privateigen-

[11] Das Material zu diesem Abschnitt wurde im wesentlichen dem Wirtschaftsteil im Jahrbuch des BIOst entnommen: Sowjetunion 1986/87, S. 112ff.; Sowjetunion 1988/89, S. 123ff.; Sowjetunion 1990/91, S. 135ff.

[12] Pravda, 1. Dez. 1990.

tums am Boden...« Insbesondere wandte sich Ryschkow auch gegen die Auflösung unrentabler Kolchosen und Sowchosen[13]. Privates Unternehmertum sollte nach Gorbatschows Vorstellung allenfalls eine Nischenfunktion in der Wirtschaft wahrnehmen, dort wo Staatsbetriebe und Genossenschaften versagten[14].

Mit dieser Position blieb die Führung hinter der Dynamik in der Gesellschaft weit zurück. Bei einer soziologischen Untersuchung im Sommer 1991 unter Arbeitnehmern in der Industrie sprachen sich 72,8 Prozent der Befragten für Privateigentum am Boden aus. Nur 16,3 Prozent waren dagegen. 72 Prozent hielten kleine Privatbetriebe für notwendig, und immerhin 50,5 Prozent sprachen sich für Großbetriebe in privater Hand aus. Nur noch 14,3 Prozent der Befragten meinten, man sollte nicht zur Marktwirtschaft übergehen, sondern vielmehr die zentrale Leitung der Wirtschaft verstärken. Auf die Frage: Wo würden Sie gegebenenfalls einen neuen Arbeitsplatz übernehmen wollen? gab nur ein Viertel der Befragten den staatlichen Sektor an; alle anderen würden es vorziehen, in der einen oder anderen Weise im nichtstaatlichen Sektor tätig zu sein. Dabei hatten die meisten Beschäftigten in der Industrie keineswegs übertriebene Vorstellungen von den Segnungen des Marktes; sehr viele gingen im Gegenteil davon aus, daß sich ihre Lebenslage beim Übergang zum Markt zunächst verschlechtern würde[15].

Nach dem gescheiterten Putsch im August 1991 gab es keine handlungsfähige Zentralregierung mehr, auch wenn die meisten Ministerien und Staatskomitees zunächst noch bestehenblieben. Die tatsächliche Macht war auf die Republiken übergegangen. Präsident Jelzin entwarf in einer Rede vor dem Kongreß der Volksdeputierten der Russischen Föderation am 28. Oktober 1991 die Grundzüge eines neuen Wirtschaftssystems für Rußland. Die anderen Staaten auf dem Territorium der ehemaligen Sowjetunion wurden mehr oder weniger genötigt, die russische Wirtschaftsreform jedenfalls in den Grundzügen mitzuvollziehen, wollten sie nicht einen totalen ökonomischen Kollaps auf ihrem Territorium riskieren. Jelzin kündigte die Freigabe aller Preise auf einen Schlag an; dieser revolutionäre Eingriff in die Wirtschaftsordnung trat am 2. Januar 1992 in Kraft. Ausgenommen von der Preisfreigabe waren zunächst Energieträger, Mieten, Medikamente und einige Grundnahrungsmittel wie Brot, Milch, Salz und Babynahrung.

[13] Pravda, 12. Sept. 1990.
[14] Åslund, Gorbachev, perestroyka, and economic crisis, S. 40.
[15] Privatizacija: narod ne protiv. In: Moskovskie novosti, 4. Aug. 1991.

Die Preise für Grundnahrungsmittel blieben zwar zunächst einer staatlichen Kontrolle unterworfen, aber auch sie wurden am 2. Januar 1992 drastisch erhöht.

Jelzin kündigte an, daß die Freigabe der Preise zum weiteren Absinken des Lebenstandards führen werde, daß aber ohne diese unpopuläre Maßnahme der Übergang zur Marktwirtschaft nicht möglich sei. Er versprach der Bevölkerung für Herbst 1992 zunächst eine Stabilisierung der wirtschaftlichen Situation und später einen allmählichen Aufstieg aus der Talsohle. Für Gruppen, die besonders hart vom Preisschock betroffen waren, kündigte der russische Präsident Ausgleichszahlungen an, die aber keine vollständige Kompensation bedeuteten. Neben den Preisen wurden auch die Löhne freigegeben, um Leistungsanreize zu schaffen.

Jelzin versprach in seinem Programm Ende Oktober 1991 auch, unverzüglich mit der Privatisierung der Wirtschaft zu beginnen. Am Anfang sollte die sogenannte kleine Privatisierung stehen, d. h. die Übergabe von Klein- und Mittelbetrieben in Privathand. »Wir haben eine reale Möglichkeit, in drei Monaten bis zu 50 Prozent der kleinen und mittleren Betriebe Rußlands – das sind etwa 10 000 – zu privatisieren, und ebenso nicht zu Ende geführte Bauobjekte, was zusammen etwa 100 Milliarden Rubel an staatlichen Einnahmen ergibt.«[16]

Auch in der Landwirtschaftspolitik kündigte Jelzin einen grundsätzlichen Kurswechsel an. Unrentable Kolchosen und Sowchosen sollten aufgelöst, das Land den Bauern in Privatbesitz übereignet werden. Den Halbschritten der vergangenen Jahre erteilte Jelzin eine Absage. Sie hatten es möglich gemacht, daß Bauern Land von den Kolchosen pachteten; tatsächlich waren diese Bauern damit zu abhängigen Hintersassen der Kolchosen geworden. Ein Ukas Jelzins vom 28. Dezember 1991 konkretisierte den neuen Kurs und machte in Rußland den Weg frei für individuelle bäuerliche Betriebe, allerdings blieben für den Kauf und Verkauf des Bodens zahlreiche Beschränkungen erhalten.

Eines der schwierigsten und zugleich dringendsten Probleme war die Neuordnung der Geldwirtschaft. Zur Stabilisierung des Haushaltes der Russischen Föderation kündigte Jelzin umfangreiche Sparmaßnahmen an, insbesondere die Kürzung von Subventionen und drastische Einschränkungen im Verteidigungshaushalt. »Zum 1. November beendet Rußland die Finanzierung von etwa 70 Allunionsministerien und anderen Einrichtungen des Zentrums...«

[16] Sovetskaja Rossija, 29. Okt. 1991.

Damit war das Schicksal der bisher noch verbliebenen administrativen Strukturen der Unionsregierung besiegelt. Die Auflösung der letzten Unionsministerien für Äußeres, Inneres und Kultur bzw. deren Übernahme in die Hoheit der Russischen Föderation erfolgten im Dezember 1991 nach dem förmlichen völkerrechtlichen Ende der UdSSR.

Insgesamt war das von Jelzin vorgelegte Programm der bis dahin umfassendste Entwurf für einen Wechsel des Wirtschaftssystems, auch wenn manche Fragen offenblieben und die Umsetzung des Programms in die Wirklichkeit mit erheblichen Risiken belastet war. Jedenfalls billigte der Kongreß der Volksdeputierten Jelzins Plan mit überwältigender Mehrheit und räumte ihm die beantragten Sondervollmachten zur Implementierung der neuen Wirtschaftsordnung ein. Der russische Präsident erhielt das Recht, ein Jahr lang mit Präsidialdekreten das Land zu regieren, allerdings konnte der Oberste Sowjet die Ukasse des Präsidenten suspendieren. Dem Präsidenten wurde auch das Recht eingeräumt, die leitenden Verwaltungsbeamten in den Gebieten, Rayons und Städten zu ernennen. Die ursprünglich für Ende 1991 geplante Wahl der Chefs dieser Verwaltungen wurde um ein Jahr verschoben. Damit wurde die Einführung der Marktwirtschaft in Rußland im wesentlichen der Exekutive übertragen, die politische Verantwortung lag beim russischen Präsidenten, der am 15. November 1991 zusätzlich die Funktion eines Premierministers übernahm.

Von den geplanten Maßnahmen zur Umstellung der Wirtschaft wurde im Januar 1992 vor allem die umfassende und plötzliche Freigabe fast aller Preise wirksam. Ausgenommen von der Freigabe der Preise blieben zunächst einige Grundnahrungsmittel und Energieträger. Schon nach wenigen Wochen wuchs der Druck, die Preise auch für die restlichen Produkte, so etwa Brot, freizugeben. Im ersten Monat nach diesem revolutionären Eingriff in die Wirtschaftsordnung verteuerten sich die Lebenshaltungskosten in Rußland auf etwa das Dreifache[17]. Diese von der russischen Regierung beschlossene und vor allem von Wirtschafts- und Finanzminister Jegor Gajdar, der zugleich Stellvertretender Ministerpräsident war, exekutierte Umstellung der Wirtschaft nötigte die anderen Staaten auf dem Territorium der ehemaligen Sowjetunion, dem russischen Schritt im wesentlichen zu folgen, da zunächst der Rubel noch überall die einzige Währung war.

[17] R. Götz, Zur Diskussion um die russische Wirtschaftsreform und Preisfreigabe. Aktuelle Analysen des BIOst 8, 1992, 3. Februar 1992.

Die Kompensationszahlungen und Einkommenssteigerungen blieben für die meisten Arbeitnehmer weit hinter den steigenden Lebenshaltungskosten zurück, so daß die Lebensverhältnisse sich weiter verschlechterten. Nach russischen Berechnungen war der Lebensstandard der Arbeiter und Angestellten schon in der zweiten Jahreshälfte 1991 deutlich unter das Niveau von 1913 gesunken[18]. Im März 1992 lag das Durchschnittseinkommen in der Russischen Föderation 8,2mal höher als ein Jahr zuvor. Die Preise für Verbrauchsgüter und Dienstleistungen waren aber im gleichen Zeitraum um das 13,6fache gestiegen[19].

Die deshalb von vielen in- und ausländischen Politikern und Beobachtern erwarteten sozialen Unruhen blieben jedoch aus. Gesellschaftliche Gruppen und politische Bewegungen waren sogar in der Lage, am 9. Februar 1992 in Moskau eine Pro-Jelzin-Demonstration zu organisieren, die mehrere Zehntausend Menschen auf die Beine brachte. Gleichzeitig forderten etwa gleichviel altkommunistische und nationalistische Demonstranten die Ablösung der russischen Regierung und ein Halt auf dem Weg zur Marktwirtschaft. Mehrere Faktoren wirkten zusammen, so daß die Preisfreigabe nicht zu einer weiteren Destabilisierung der sozialen und politischen Situation führte: die Belastbarkeit und Geduld der Menschen als ein Grundfaktor der politischen Kultur, das noch nicht aufgebrauchte Vertrauen in die Regierung Jelzin, die argumentierte, es gebe derzeit keine andere Alternative als den Einstieg in den Markt über die Freigabe der Preise, und schließlich die westlichen Hilfsleistungen, die im Winter 1991/1992 die angespannte Versorgungssituation vor allem in Moskau, Sankt Petersburg und anderen Großstädten jedenfalls soweit entlasteten, daß es nicht zu einer Hungersnot kam.

Dennoch gerieten die russische Regierung und der Stellvertretende Ministerpräsident Gajdar, der seit Juni 1992 auch amtierender Premierminister war, unter zunehmenden Druck der politischen Bewegungen und der öffentlichen Meinung. Auch radikale Reform-Ökonomen, die die Notwendigkeit eines Übergangs zum Markt nicht leugneten, warfen der Regierung vor, mit der Preisfreigabe den wirtschaftlichen Systemwechsel von der verkehrten Seite her begonnen zu haben und die anderen Elemente der neuen Ordnung nicht rasch genug zu realisieren. Der Regierung wurde vorgehalten,

[18] Nezavisimaja gazeta, 16. Jan. 1992.

[19] B. El'cin, Ja ne skryvaju trudnostej i choču, čtoby narod ėto ponimal. In: Komsomol'skaja pravda, 27. Mai 1992.

die Chance für eine Währungsreform verpaßt zu haben, die am Anfang hätte stehen müssen. Die russische Regierung war offenbar aus politischen Gründen nicht bereit, als erste eine neue Währung einzuführen; sie überließ – auch aus Rücksicht auf national-russische Kräfte – den Vortritt bei der weiteren Desintegration anderen Republiken. Vor allem die zu langsame, zu bürokratische und zu unentschlossene Privatisierung der Wirtschaft hielten die Kritiker der Jelzin-Regierung vor[20]. Eine rasche Privatisierung sei notwendig, um Konkurrenz und Wettbewerb in Gang zu bringen, sie müsse auch deshalb schnell auf gesetzlicher Grundlage vorangetrieben werden, weil die spontane, halblegale Privatisierung zugunsten der alten Eliten längst begonnen habe. Zahlreiche Funktionäre aus Partei und Wirtschaft privatisierten seit 1990 in erheblichem Umfang, indem sie zum Beispiel Immobilien privatwirtschaftlich nutzten oder Genossenschaftsbanken gründeten. Nach Ansicht von Frau Pijaschewa bedeutete ein auf Jahre gestrecktes Privatisierungsprogramm mit zahlreichen bürokratischen Barrieren eine weitere Zunahme der Korruption. Insbesondere die staatlichen Handelsorganisationen und nicht nur der Einzelhandel müßten umgehend in Privathand überführt werden. Auch ein anderes Grundübel der Planwirtschaft – die Monopolisierung – war durch die Preisliberalisierung nicht beseitigt.

Während die einen der Regierung eine zu langsame Gangart vorwarfen, formierte sich auf der anderen Seite eine konservative Opposition, die eine Schocktherapie ablehnte, weiter staatliche Garantien und Subventionen für die Industrie verlangte und Privatisierung zugunsten des Managements forderte, das die wirtschaftliche Macht in den Händen behalten sollte. Die Industrie-Lobby, die zugleich großrussische Machtinteressen vertrat, schuf sich im Frühjahr und Sommer 1992 eine starke institutionelle Basis und übte von hier aus Druck auf die Jelzin-Führung aus. Drei Industrielle traten im Mai in die Regierung ein, darunter Wladimir Schumejko als Erster Stellvertretender Premierminister. Die auf einen langsameren Übergang zum Markt und zugleich auf eine russisch-national ausgerichtete Politik festgelegten Kräfte bildeten im Juni 1992 die politische Vereinigung »Bürger-Union«, die im wesentlichen von drei politischen Gruppen bzw. Parteien getragen wurde. Die im Mai 1992 gegründete »Russische Union Erneuerung« war der politische Arm der roten Direktoren, die sich mit der »Russischen Union der Industriellen

[20] Zum Beispiel: L. Pijaševa, Priznanie komissara ėkonomiki prezidentu respubliki. In: Moskovskie novosti, 2. Febr. 1992.

und Unternehmer« (Vorsitzender: Arkadij Wolskij) schon zuvor eine wirksame Interessenvertretung geschaffen hatten. »Erneuerung« verband sich mit den beiden im Sommer 1992 am besten organisierten und mitgliederstärksten politischen Parteien in Rußland: der »Volkspartei Freies Rußland« (Vorsitzender: Vizepräsident Ruzkoj) und der »Demokratischen Partei Rußlands« (Vorsitzender: Nikolaj Trawkin). In ihrem wirtschaftspolitischen Programm räumte die »Bürger-Union« der Öffnung Rußlands zum Weltmarkt wesentlich geringere Priorität ein als Gajdar und rückte Schutz und Sicherung der russischen Staatswirtschaft an die erste Stelle[21].

Im Unterschied zur Ära Gorbatschow steuerte die russische Regierung nach ihrer Machtübernahme im Herbst 1991 einen klaren Kurs in Richtung auf die Ablösung der sozialistischen Wirtschaftsordnung durch eine Marktwirtschaft, die nicht ausschließlich, aber wesentlich privatwirtschaftlich organisiert sein sollte. Mit der Preisliberalisierung im Januar 1992 wurde ein erster entscheidender Schritt in diese Richtung getan. Die Rückkehr zur alten Wirtschaftsordnung war spätestens seit diesem Zeitpunkt kaum noch möglich, auch wenn die alten Strukturen, insbesondere die organisierte Zuteilung von Material und Vorprodukten in der Industrie zunächst noch fortbestanden, und der von Jelzin Ende Oktober 1991 vorgelegte Zeitplan vielfach nicht eingehalten werden konnte. Mit der klaren Entscheidung der Regierung Jelzin zur Neuordnung der Wirtschaft und nicht mehr zur Reform des Sozialismus begann eine neue Epoche der Wirtschaftspolitik, die Hoffnungen für die Zukunft erweckte, auch wenn sie breiten Schichten der Bevölkerung zunächst weitere Entbehrungen zumutete.

[21] E. Teague u. V. Tolz, The Civic Union. The birth of a new opposition in Russia? In: Research Report RFE/RL, 24. Juli 1992, S. 1–11.

# VI. Die Nationalbewegungen und die Auflösung der Sowjetunion

## Die gescheiterte Nationalitätenpolitik der KPdSU

Am Ende der Perestrojka-Periode brach nicht nur das sowjetische politische System zusammen, sondern der Staat Sowjetunion hörte im Dezember 1991 in aller Form auf zu bestehen. Warum zog der Fall der KPdSU Krise und Ende des Staates nach sich? Viele Staaten haben in der Geschichte Umbrüche und Revolutionen erlebt, ohne daß deshalb der Staat als solcher in Frage gestellt worden wäre oder gar aufgehört hätte zu existieren.

Aus der Sicht der nichtrussischen Völker waren die Herrschaft der KPdSU und der russisch bestimmte Sowjetstaat identisch. In der Tat hatte sich ja die kommunistische Partei diesen Staat geschaffen. Die Sowjetunion war als Nachfolgestaat des Russischen Reiches das Werk der Bolschewiki. Denn 1917 und in den Jahren danach war das Russische Reich in zahlreiche nationale und regionale Teile auseinandergebrochen; die Bolschewiki hatten im Bürgerkrieg diesen Zerfall zunächst angehalten und dann rückgängig gemacht. Auch Stalins Politik in Osteuropa vor und während des Zweiten Weltkrieges stand wesentlich im Zeichen der Wiederherstellung der alten Grenzen des Russischen Reiches. Die KPdSU hatte die Sowjetunion geschaffen und war zugleich die wichtigste Klammer dieses Vielvölkerimperiums. Ohne die kommunistische Partei gab es keine Notwendigkeit für das Fortbestehen dieses letzten europäischen Kolonialreiches in sozialistischer Form. Die kommunistische Partei hatte es versäumt, andere Integrationsformen als sich selbst zu entwickeln; sie hätte sich sonst überflüssig gemacht.

Die Konstruktion des sowjetischen Zentralstaats war bis zum Schluß im wesentlichen die gleiche, wie sie in den dreißiger Jahren unter Stalin geschaffen worden war. Zwar besaßen die Völker und Regionen eine gewisse Sprach- und Kulturautonomie, und die nationalen Eliten wurden von der Zentralmacht in erheblichem Umfang in die Führungsschichten kooptiert, aber alle wesentlichen und Tausende von unwesentlichen Entscheidungen fielen ausschließlich im Zentrum in Moskau. Entgegen allen ideologischen Erwartungen wurden die kooptierten Eliten Träger des nationalen Eigenbewußtseins und Kämpfer gegen jenes zentralistische System, aus dem sie selbst kamen. So führte der Zusammenbruch der KPdSU mit einer gewissen Zwangsläufigkeit zum Zusammenbruch der Sowjetunion.

Nach dem Ende des sowjetischen Zentralstaates waren Nation, Nationalbewegung und nationaler Staat zunächst die einzigen erreichbaren politischen Alternativen. Mit ihnen verbanden sich die Bestrebungen, die Einparteidiktatur zu überwinden, Demokratie, Rechtsstaatlichkeit und damit den Anschluß an die europäische Neuzeit zu gewinnen. Die Antithese zum kommunistischen Pseudointernationalismus war die nationale Demokratie. Nach dem gescheiterten kommunistischen Experiment wendeten sich die Völker zu ihrer eigenen Tradition und Geschichte zurück in der Hoffnung, aus dieser Rückwendung Orientierung für die Zukunft zu gewinnen. Dabei zeigte sich sehr rasch das grundsätzliche Dilemma: Nation und Demokratie stehen in einem unaufhebbaren Spannungsverhältnis zueinander, sobald in einem demokratisch organisierten Staat die Angehörigen mehrerer Nationen zusammenleben. Fast alle Nationen auf dem Territorium der ehemaligen Sowjetunion sind dazu verurteilt, die Tradition des zerschlagenen Vielvölkerimperiums weiter zu ertragen: In manchen der neu entstehenden Staaten gehören 40 Prozent der Bevölkerung oder mehr nicht der »Staatsnation« an. Der Konflikt zwischen dem nationalen und demokratischen Prinzip wird voraussichtlich auf absehbare Zeit die inneren Verhältnisse in den neu entstehenden Staaten prägen und die Staatsbildung erschweren. Andererseits bestätigte sich die Erfahrung des 19. Jahrhunderts, daß nationale und demokratische Bestrebungen sich parallel zueinander entwickeln, einander bestärken und als Emanzipationsbewegungen große Wirksamkeit entfalten. Es zeigte sich nämlich, daß in den westlichen, europäischen Republiken nicht nur die nationale Renaissance, sondern auch die Demokratie die größten Fortschritte verzeichnete, während die östlichen, islamischen Republiken in beidem zurücklagen.

Die Hinwendung zur Nation als zunächst einziger erkennbarer Alternative zum sowjetischen Zentralstaat bedeutet nicht, daß alle Nationen auf dem Territorium der Sowjetunion seit langem und eindeutig einen Kampf um die Einrichtung oder Wiederherstellung von nationalen Staaten geführt hätten. Das Eintreten für die Nation als Subjekt der Geschichte hatte im einzelnen ganz unterschiedliche Ausdrucksformen. Sie reichten von der Forderung nach einer wenigstens minimalen Bewahrung der Muttersprache im allgemeinen Bildungswesen zum Beispiel bei den Völkern des mittleren Wolgaraumes bis zum Verlangen nach Wiederherstellung der völkerrechtswidrig zerstörten Eigenstaatlichkeit bei den drei baltischen Völkern. In Litauen, Estland und Lettland sind seit den siebziger Jahren – zunächst allerdings nur in Dissidentenzirkeln – klare Forderungen nach Loslösung von der UdSSR und der Wiederherstellung der Unabhängigkeit ausgesprochen worden. In manchen anderen Fällen, so vor allem in der Ukraine, ist das Ziel nationaler Unabhängigkeit und staatlicher Selbständigkeit erst während des Zerfallsprozesses der UdSSR zum beherrschenden Thema der Politik geworden, auch wenn einige Dissidentengruppen insbesondere in Galizien davon bereits seit den sechziger Jahren träumten. Den islamischen Republiken Zentralasiens schließlich wurde die staatliche Unabhängigkeit durch die historische Entwicklung aufgedrängt; die Eliten waren darauf nicht vorbereitet.

Dennoch ist die Auflösung der Sowjetunion kein historischer Unfall, der durch eine umsichtigere Politik, sei es Breshnews oder Gorbatschows, leicht hätte verhindert werden können. Das Ende des Moskauer Zentralstaates, wie er sich zunächst in der russischen Geschichte und dann nach 1917 in der Form des sowjetischen Zentralstaates herausbildete, hat langfristige Ursachen, zahlreiche Parallelen und damit eine historische Logik. Der Zeitpunkt der Auflösung und die konkreten Umstände wurden selbstverständlich in erheblichem Umfang von den politischen Akteuren an der Spitze mitbestimmt. Die Beherrschung eines Vielvölkerimperiums von einem starken, in Jahrhunderten gewachsenen traditionellen Zentrum aus hat sich in der neueren europäischen Geschichte nirgendwo durchhalten lassen. Volkssouveränität und nationale Selbstbestimmung waren die stärkeren Kräfte. Erst nachdem diese Kräfte zufriedengestellt waren, begann in Westeuropa eine Bewegung in Richtung auf supranationale Integration, deren Erfolgsgeheimnis nicht zuletzt darauf beruht, daß es eben in Westeuropa kein historisch gewachsenes Zentrum gibt, von dem sich die Völker abhängig oder gar beherrscht fühlen.

Die Auflösung der Sowjetunion wird nur verständlich vor dem Hintergrund langfristiger historischer Vorgänge. Von zentraler Bedeutung ist hierbei das Heranwachsen eigener Bildungsschichten der Völker auf dem Territorium der Sowjetunion. Bei manchen Völkern – insbesondere islamischer Tradition – wuchsen nach dem Zweiten Weltkrieg zum ersten Mal quantitativ umfangreiche Schichten heran, die eine qualifizierte säkulare, allgemeine oder berufsbezogene Ausbildung erhalten hatten. Bei vielen europäischen Völkern formierten sich in der Nach-Stalinzeit ebenfalls neue Bildungsschichten, nachdem die alten Eliten durch Terror, Deportationen und Krieg weitgehend vernichtet worden waren. Diese zahlenmäßig außerordentlich umfangreichen Bildungsschichten wurden zum sozialen Träger eines neuen nationalen Bewußtseins. Sie verdanken ihre Entstehung einer gezielten sowjetischen Bildungspolitik, die durch den raschen Aufbau eines allgemeinbildenden Schulwesens und eines berufsbezogenen Ausbildungswesens bei allen Völkern innerhalb von wenigen Jahrzehnten eine viele Millionen zählende »Mittelschicht« hat entstehen lassen. Entgegen den aus der Ideologie abgeleiteten Erwartungen ließen sich diese Bildungsschichten nicht in eine homogene, strukturlose Sowjetgesellschaft einschmelzen. Sie identifizierten sich je länger um so mehr mit den nationalen Traditionen und Kulturen ihrer jeweiligen Völker und wurden zum Sprecher der politischen Hoffnungen und Forderungen. Die Loyalität eines estnischen Arztes, eines russischen Facharbeiters oder eines aserbaidshanischen Dichters galt nicht einer von der Ideologie mythologisierten Klasse, sondern der eigenen Nation. Diese »Mittelschichten« waren in den achtziger Jahren in der Lage, ganze Nationen oder doch wesentliche Teile von ihnen politisch zu mobilisieren[1].

Die neuen Bildungsschichten drängten überall in die Führungspositionen ihrer Republiken. Es gibt heute in der Regel genügend usbekische Ärzte, turkmenische Lehrer und ukrainische Ingenieure. Auch wenn die nationalen Intelligenzschichten nicht überall vollständig sind, und zum Beispiel in Zentralasien die Funktionsstellen in der Industrie noch weitgehend von Russen eingenommen werden, so gilt doch generell die Regel, daß jedenfalls in der Zukunft russische Kader ersetzbar geworden sind. So vollzog sich in der Sowjetunion schon seit Jahrzehnten ein anfangs eher schleichender Prozeß der Entkolonialisierung, der erst in den achtziger Jahren in eine militante und politische Phase eingetreten ist. Der beschriebene sozialgeschichtliche Wandlungsprozeß hat dazu geführt, daß die meisten Nationen am Ende der Geschichte der Sowjetunion kulturell, bewußtseinsmäßig und im Blick auf ihre Sozialstruktur fester gefügt waren als zu Beginn der Sowjetmacht. Eine Partei also und eine Ideologie, die mit dem Anspruch angetreten waren, das Nationalbewußtsein zugunsten des Klassenbewußtseins endgültig auf den Kehrichthaufen der Geschichte zu befördern, haben entgegen den eigenen Intentionen wesentlich zur Nationsbildung beigetragen.

[1] G. Simon, Nationalismus und Nationalitätenpolitik in der Sowjetunion. Baden-Baden 1986, S. 299ff.

Ein Scheitern der Politik der KPdSU ist aber auch in einer anderen, mehr direkten Hinsicht zu konstatieren. Jene Instrumente, die von der kommunistischen Partei im Laufe von Jahrzehnten entwikkelt worden waren, um den Vielvölkerstaat zusammenzuhalten, waren nicht mehr anwendbar, bzw. ihre Weiterverwendung bewirkte Desintegration statt Integration. Das galt zuerst für die Sowjetideologie, die jahrzehntelang ziemlich erfolgreich die Konflikte im Vielvölkerstaat unter den Teppich gekehrt hatte, dann aber zunehmend die Glaubwürdigkeit des Staates unterhöhlte. Die Ideologie hatte verkündet, die »sozialistischen Nationen« würden immer homogener, rückten einander immer näher und würden schließlich – wie schon Lenin gesagt hatte – in der kommunistischen Zukunft miteinander »verschmelzen«. Bereits seit Ende der dreißiger Jahre hatte die Sowjetideologie die nationale Frage in der UdSSR für »gelöst« erklärt. Sogar die Neufassung des Programms der KPdSU wiederholte 1986: »Die nationale Frage, wie sie uns die Vergangenheit hinterlassen hatte, wurde in der Sowjetunion erfolgreich gelöst.«[2] Mit diesen selbstverschuldeten Scheuklappen versperrte sich die kommunistische Partei den Blick auf die Wirklichkeit; sie wurde Opfer eines Selbstbetruges.

Das zentrale politische Instrument, das die Bolschewiki zur Regelung des Vielvölkerproblems entwickelten, hieß Sowjetföderalismus. Diese Kombination von scheinbarer Souveränität bei den Republiken und der Konzentration der realen Macht beim Zentrum hat sich jahrzehntelang bewährt, sich dann aber an ihren schlauen Erfindern gerächt. Der Sowjetföderalismus, der von Lenin als eine Übergangsperiode auf dem Wege zu einem sozialistischen zentralistischen Staat geplant war, erwies sich nicht nur als nicht mehr abschaffbar, sondern er sprengte schließlich den Sowjetstaat auseinander. Der Schein wurde zur Realität. Jene zum Teil willkürlichen innersowjetischen Scheingrenzen, die föderale Gebietseinheiten voneinander trennten, wurden seit Ende der achtziger Jahre zu Außengrenzen von Staaten, die kaum noch verrückbar waren. Der Sowjetföderalismus hatte die nationalen Ambitionen auf einer niedrigen Ebene zufriedenstellen sollen, stattdessen wurde er zu einer wichtigen Voraussetzung der Staatsbildung gegen die Sowjetunion.

Auch in anderen Bereichen zeigte sich, daß sich die Nationalitätenpolitik der KPdSU erschöpft hatte, bzw. das Gegenteil von dem bewirkte, was ihre Architekten geplant hatten. Die Migrationspolitik hatte seit Ende der zwanziger Jahre zwei Ziele ver-

[2] Programm der KPdSU. Neufassung. Moskau 1986, S. 52.

folgt: die Ausbreitung russischer Kader in der ganzen Union und darüber hinaus eine möglichst hochgradige Vermischung der Völker überhaupt. In fast allen Teilen der Sowjetunion stieg der Bevölkerungsanteil der Russen erheblich an. Während 1926 8,6 Prozent aller Russen außerhalb der heutigen Grenzen der Russischen Föderation lebten, stieg dieser Anteil bis 1959 auf 17,8 Prozent. Als die Sowjetunion aufhörte zu bestehen, wohnten etwa 25 Millionen Russen außerhalb der Grenzen der Russischen Föderation. Sie wurden aus Angehörigen der imperialen Nation zu Vertretern einer nationalen Minderheit.

Die tatsächliche Bedeutung dieser großen Wanderungswelle der Russen in fast alle Teile des Landes war noch bedeutsamer als die Zahlen allein erkennen lassen, denn es handelte sich zum überwiegenden Teil um Fachkräfte aus allen Bereichen, die von Rußland aus an die Peripherie gingen. Die russischen Kader sollten die natürliche Klammer des Imperiums und die Agenten der Zentralmacht in den nichtrussischen Republiken sein. Sie haben über Jahrzehnte diese Funktion erfüllt[3]. Sie haben aber zugleich antizentralistischen und antirussischen Widerstand provoziert. Die russische Einwanderung wurde in vielen Republiken zu einem der Hauptanstöße für die nationale Bewegung. Schon seit Ende der sechziger Jahre setzte eine Abwanderung von Russen aus bestimmten Unionsrepubliken ein, die sich in den achtziger Jahren weiter beschleunigte und ausbreitete. Einheimische Kader traten an die Stelle der Russen. Die Staatsbildung in den ehemaligen Republiken der Sowjetunion wird voraussichtlich in den nächsten Jahren den Strom der russischen Rückwanderung beträchtlich anschwellen lassen, so daß mit Hunderttausenden, vielleicht mit Millionen russischer Remigranten insbesondere aus den islamischen Staaten zu rechnen ist.

Aber auch das andere Ziel der Migrationspolitik, möglichst überall einen bunten Flickenteppich der Völker zu schaffen, hat nicht Entlastung, sondern Verschärfung der Konflikte gebracht. Es war ein sozialpsychologischer Irrtum zu glauben, durch möglichst enge Berührung würden die Völker einander näherkommen, und die Völkerfreundschaft sei sozusagen die mechanische und zwangsläufige Folge von intensiven Kontakten miteinander.

Die Sprachenpolitik war seit Mitte der dreißiger Jahre darauf ausgerichtet, dem Russischen in möglichst vielen Bereichen des öffentlichen Lebens zum Durchbruch zu verhelfen und die anderen Sprachen auch mit Hilfe administrativer Eingriffe in der Tendenz auf die

[3] Simon, Nationalismus und Nationalitätenpolitik, S. 135ff.

Funktion von Privat- und Familiensprachen zu begrenzen. Noch in der zweiten Hälfte der siebziger Jahre wurden neue aggressive Maßnahmen in der Sprachenpolitik ergriffen. Damals wurde das Ziel formuliert, nach und nach das Russische zur einzigen Unterrichtssprache an den Hochschulen zu machen. Ebenso wurde seit dieser Zeit mit dem Russischunterricht bereits in den nationalen Kindergärten begonnen, d.h. in einem Lebensalter, in dem die Kinder noch nicht sicher in ihrer Muttersprache sind[4]. Gerade diese aggressive Sprachenpolitik in der Spätzeit Breshnews bewirkte das Gegenteil von dem, was erreicht werden sollte. Viele Völker hielten ihre nationalen Sprachen für bedroht und reagierten mit Widerstand. Sobald Glasnost die Zensur auch nur ein wenig gelockert hatte, wurden allenthalben der gesetzliche Schutz für die Nationalsprachen und eine Beschränkung des Russischen im öffentlichen Leben gefordert. Überall setzten die Nationalbewegungen noch vor dem Ende der Sowjetunion Gesetze und Verfassungsänderungen in den Republiken durch, in denen die jeweilige Nationalsprache zur Staatssprache auf dem eigenen Territorium erklärt wurde. Das Gegenteil von dem, was ein halbes Jahrhundert sowjetische Sprachenpolitik angestrebt hatte, war eingetreten.

Der neue Ethno-Nationalismus, der in erheblichem Umfang die Folge der gescheiterten sowjetischen Nationalitätenpolitik war, wurde zusätzlich durch eine Reihe von Faktoren verstärkt. Einerseits traten traditionelle Partner des Nationalbewußtseins auf den Plan, die auch unter anderen räumlichen und zeitlichen Bedingungen stets als zusätzliche Katalysatoren des Nationalismus gewirkt haben. Nationalbewegungen haben stets auch eine wirtschaftliche und soziale Komponente. Die krisenhafte wirtschaftliche Entwicklung seit Mitte der siebziger Jahre verstärkte den Ethno-Nationalismus. Das zunächst gegen Null tendierende Wirtschaftswachstum und danach der Rückgang des Lebensstandards in den achtziger Jahren haben das soziale Klima im Lande erheblich verschärft. Arbeitslosigkeit, miserable Wohnverhältnisse und die allgegenwärtigen Versorgungsmängel schlugen in nationale Ressentiments und Feindseligkeit um. Sie wendeten sich – wie stets – vor allem gegen nationale Gruppen, die angeblich oder tatsächlich besser gestellt waren, wie zum Beispiel die armenische Minderheit in aserbaidshanischen Städten, die Mescheten im Fergana-Tal, die Juden in russischen Großstädten oder russische Zuwanderer in Estland, Lettland und in den islamischen Republiken.

[4] Ebd., S. 369ff.

In den achtziger Jahren trat aber auch ein neuer Bündnispartner des Nationalismus auf, den es in der Vergangenheit nicht gegeben hatte: das ökologische Bewußtsein und die Ökologie-Bewegung. Sie ist in vielen Regionen des Landes zu einem zusätzlichen, mächtigen Schwungrad der Nationalbewegung geworden. Die Katastrophe von Tschernobyl, die Austrocknung des Aralsees oder die Verschmutzung des Baikalsees wurden der unfähigen zentralen Planung und der kommunistischen Zentralmacht überhaupt angelastet, die ohne Rücksicht auf lokale Bedürfnisse die Natur verbrauchte und die Nationen mißachtete. Eine Besserung der Lage konnte nach Einschätzung der Ökologie-Bewegung nur aus der Eigeninitiative vor Ort kommen. Nur eine Rückbesinnung auf die Nation als handelndes Subjekt in Geschichte und Politik vermochte Schutz zu bieten vor der allmächtigen, zerstörerischen Bürokratie des Zentrums.

Der Kampf gegen den Bau weiterer Kernkraftwerke in der Ukraine und in Litauen, gegen den erweiterten Abbau von Phosphoritvorkommen in Nordost-Estland oder gegen die bedrohlichen Schadstoffemissionen in Jerewan verschmolz mit der jeweiligen Nationalbewegung. Das Zentrum trug nicht nur die Verantwortung für die ökologischen Schäden der Vergangenheit, sondern die Menschen trauten der kommunistischen Zentralmacht auch nicht zu, Wege in eine bessere Zukunft zu weisen.

Ohne Frage hat auch Glasnost zur Verschärfung der nationalen Frage beigetragen. Die Aufforderung zum aufrechten Gang und zur Enttarnung von Propagandalügen mußte die Nationen dazu ermuntern, lange aufgestauten Groll und Frustration offen auszusprechen. Glasnost hat die Konflikte nicht geschaffen, sie aber sichtbar gemacht und damit ihre politische Wirksamkeit wesentlich vergrößert. Besonders die offene Konfrontation mit der Geschichte der Sowjetunion hat der Nationalbewegung bei vielen Völkern zusätzliche Schubkraft verliehen. Zum ersten Mal konnte jetzt öffentlich ausgesprochen werden, daß Stalin durch Bruch des Völkerrechts 1940 die baltischen Staaten okkupiert hatte, und daß Lenin durch rücksichtslosen und hinterhältigen Einsatz der Roten Armee im Bürgerkrieg den Selbständigkeitsbestrebungen der Ukraine und der drei transkaukasischen Republiken ein Ende gemacht hatte. In all diesen Fällen sahen sich die Nationalbewegungen als die Erben und Fortsetzer einer historischen Tradition, die von den Bolschewiki gewaltsam abgebrochen worden war.

Das nationale Selbstbewußtsein der Völker erreichte Ende der achtziger Jahre eine Intensität und entwickelte wirksame Ausdrucksformen wie nie zuvor seit dem Zusammenbruch des Russischen Reiches 1917[5]. Im Jahre 1988 begann die *Massenmobilisierung* zunächst bei einigen kleineren Völkern – den Armeniern, den baltischen Völkern, den Georgiern und Aserbaidshanern – ehe der Funke 1989 auch auf die Ukraine und die Republik Moldau übersprang. Hunderttausende gingen zu friedlichen Manifestationen auf die Straßen. Anlässe waren in den meisten Fällen Gedenktage der nationalen Unabhängigkeit nach 1917 oder deren Liquidierung durch die Sowjetmacht 1939/40 sowie die Jahrestage der Massendeportationen 1940/41 und 1944 bis 1949. Bei den Armeniern und Aserbaidshanern war ihr Konflikt untereinander um Berg-Karabach Haupttriebfeder der Massenmobilisierung. Seit 1989 versammelten sich auch in manchen russischen Großstädten – vor allem in Moskau und Leningrad/Sankt Petersburg – Hunderttausende zu politischen Willenskundgebungen gegen das alte sowjetische System, so aus Anlaß des Todes von Sacharow im Dezember 1989 und im Februar 1990 im Vorfeld der Wahlen zum Obersten Sowjet der RSFSR. Eine halbe Million Menschen demonstrierten am 20. Januar 1991 in Moskau gegen die Gewaltanwendung in Litauen. Das Nationale spielte bei der Politisierung in Rußland allerdings eine sehr viel geringere Rolle als bei den nichtrussischen Völkern. Erst seit dem Sommer 1990 nahmen auch die russischen Demokraten in gemäßigter Form das nationale Thema auf, das bis dahin rechtsextremen und chauvinistischen Kräften überlassen worden war.

In vielen Republiken erlebte die *nationale Symbolik* eine umfassende Renaissance. Die nationalen Flaggen, Hymnen und Feiertage wurden durch die Obersten Sowjets seit 1988 wieder eingesetzt; auch hier spielten die baltischen Republiken und Armenien eine Vorreiterrolle. In manchen Republiken – so in Georgien und der westlichen Ukraine – verschwand parallel dazu die kommunistische Symbolik – rote Fahnen, Sowjetstern, Hammer und Sichel, Lenin-Denkmäler – schon 1990 fast vollständig aus dem öffentlichen Leben. In Litauen mußten Lenin-Denkmäler durch Panzer ge-

[5] Umfangreiche Dokumentation in englischer Übersetzung: Perestroika in the Soviet Republics. Documents on the national question. Hrsg. Ch. F. Furtado u. A. Chandler, Boulder, Colo. 1992.

schützt werden. Die baltischen Republiken, Georgien und Armenien waren auch die ersten, deren Oberste Sowjets die Adjektive »Sowjetisch« und »Sozialistisch« aus ihrer Selbstbezeichnung strichen; alle andere folgten. Auch bei der Einführung der nationalen Symbole und parallel dazu bei der Abschaffung kommunistischer Symbole bildete Rußland das Schlußlicht – jedenfalls unter den europäischen Republiken. Erst während des August-Putsches 1991 wurde die russische Trikolore zur offiziellen Staatsfahne erhoben, und erst am 26. Dezember 1991 – nach dem offiziellen Ende der UdSSR – strich der Oberste Sowjet die Adjektive »Sowjetisch« und »Sozialistisch« aus dem Staatsnamen.

Zu den stärksten Ausdrucksformen des nationalen Selbstbewußtseins gehörte stets das Eintreten für die Muttersprache. Die Forderungen nach Rückkehr der *nichtrussischen Muttersprachen* in das öffentliche Leben nahmen einen zentralen Platz ein. Hier bestand ein breiter Konsens von den Reformkommunisten bis hin zu den ehemaligen Dissidenten. Er konnte um so leichter erreicht werden, als in den zwanziger Jahren sowjetische Nationalitätenpolitik die nichtrussischen Sprachen ausdrücklich gefördert hatte und Derussifizierung der nationalen Republiken damals offizielle Parteilinie gewesen war. Forderungen nach stärkerer Berücksichtigung der nichtrussischen Sprachen im Bildungswesen, in der Kultur und im öffentlichen Leben wurden seit Beginn der Glasnost Mitte der achtziger Jahre in vielen Republiken mit Nachdruck erhoben. Sie fanden ihren gesetzgeberischen Ausdruck in Sprachengesetzen, die in fast allen Unionsrepubliken verabschiedet wurden und die jeweilige Titularsprache zur Staatssprache erklärten. Lediglich die transkaukasischen Unionsrepubliken, die seit langem die Nationalsprachen als Staatssprachen in ihren Verfassungen verankert hatten, erließen keine Sprachengesetze. Als erste Unionsrepublik setzte Estland im Januar 1989 ein Sprachengesetz in Kraft, als letzte folgte Turkmenistan im Mai 1990. Im einzelnen unterschieden sich die Bestimmungen dieser Gesetze beträchtlich voneinander und reichten von der weitgehenden Verdrängung des Russischen aus dem öffentlichen Leben in Litauen (Anteil der russischen Bevölkerung 1989: 9,4 Prozent) bis zur faktischen Gleichberechtigung der russischen Sprache in Lettland und Kasachstan (Anteil der russischen Bevölkerung 1989: 40 Prozent bzw. 37,8 Prozent)[6]. Dennoch stimmen die Gesetze in einem Punkt überein: In Zukunft wird die Ausübung

[6] H.-J. Uibopuu, Zakony o jazyke v pribaltijskich sojuznych respublikach: pravovoj analiz. In: Sovetskoe pravo 6, 1989.

von Führungsfunktionen in allen Bereichen ohne die Kenntnis der Landessprache nicht mehr möglich sein. Dies trifft vor allem Millionen von Russen, die bisher in aller Regel keine Veranlassung sahen, die jeweilige Landessprache zu erlernen und – gestützt auf die jahrzehntelange Linie in der Sprachenpolitik der KPdSU – die Forderung nach Zweisprachigkeit ausschließlich auf die Angehörigen nichtrussischer Völker, aber nicht auf sich selbst bezogen.

Deutliche Auflösungserscheinungen des Staates manifestierten sich in den *Souveränitätserklärungen der Republiken*. Auch hier machte Estland mit seiner Souveränitätserklärung im November 1988 den Anfang; als letzte Unionsrepublik folgte Kyrgystan. Im einzelnen variierte der Wortlaut der Souveränitätserklärungen beträchtlich. Zu den schärfsten Herausforderungen für den Sowjetstaat gehörten die Souveränitätsbeschlüsse in den slawischen Republiken Ukraine und Weißrußland. »Die Ukrainische SSR hat das Recht auf eigene Streitkräfte ... Die Ukrainische SSR erklärt feierlich ihre Absicht, in Zukunft ständig ein neutraler Staat zu werden, der sich keinem militärischen Bündnis anschließt ...« Außerdem sah die ukrainische Souveränitätserklärung ein eigenständiges Banken- und Steuerwesen und »notwendigenfalls« »eine eigene Währung« vor[7].

Die beiden Grundelemente fast aller Souveränitätserklärungen sind: 1. die Inanspruchnahme des Alleineigentums an Grund und Boden, Bodenschätzen und allen staatlichen Produktionsmitteln auf dem Territorium der Republik sowie 2. die Feststellung des Vorrangs von Republiksgesetzen gegenüber Unionsgesetzen bzw. die Beanspruchung eines Vetorechts gegenüber den Normativakten von Unionsorganen. Diese beiden Grundelemente standen ebenso wie viele weitere Artikel der Souveränitätserklärungen im Gegensatz zur Unionsverfassung von 1977, die damit faktisch aus den Angeln gehoben wurde. Das hier formulierte politische Programm bedeutete das Ende des Zentralstaates und in der Konsequenz eine Bedrohung für den Fortbestand des Staates überhaupt.

Das Präsidium des Obersten Sowjet der UdSSR erklärte am 26. November 1988 die estnische Souveränitätserklärung und die sie begleitenden Änderungen der Verfassung Estlands für ungültig, mußte sich jedoch von seiten des Obersten Sowjet der Estnischen SSR vorhalten lassen, daß das Präsidium des Obersten Sowjet der UdSSR keine Kompetenz habe, Gesetze von Unionsrepubliken außer Kraft zu

[7] Pravda Ukrainy, 17. Juli 1990; allgemein zu den Souveränitätserklärungen: G. Brunner, Minderheiten in der Sowjetunion. In: German Yearbook of International Law 34, 1991, S. 364ff.; zu den Sprachengesetzen, S. 392ff.

setzen[8]. Seit diesem Patt entbrannte ein sich ständig verschärfender Krieg der Gesetze in der Sowjetunion. Manche Unionsrepubliken – insbesondere die baltischen, die Republik Moldau, Georgien und Armenien – entfalteten in Ausfüllung ihrer Souveränitätsansprüche eine umfangreiche Gesetzgebungsaktivität. Teilweise erklärten Unionsorgane, insbesondere der Präsident, diese Normativakte für ungültig, oder der Oberste Sowjet bzw. der Volkskongreß der UdSSR verabschiedete Gesetze und Beschlüsse, die im Widerspruch zu Gesetzen der Unionsrepubliken standen. Diese gegenseitige Blokkade führte seit 1990 zu einer teilweisen Lähmung der Staatsgewalt, die sich bei den unteren territorialen Verwaltungseinheiten fortsetzte. Niemand konnte sich eindeutig durchsetzen; die zentralen Organe vermochten dies nicht mehr, und die »souveränen« nationalen und unteren territorialen gesetzgebenden und ausführenden Organe waren dazu noch nicht in der Lage. So änderte zum Beispiel am gleichen Tag (24. Oktober 1990) der Oberste Sowjet in Kiew die ukrainische Verfassung und legte den Vorrang republikanischer Gesetze gegenüber Unionsgesetzen fest, während der Oberste Sowjet der UdSSR in einem Beschluß ausdrücklich die Suprematie von Bundesrecht gegenüber Rechtsakten der Unionsrepubliken bestätigte[9].

Die Souveränitätserklärungen wurden – mit Ausnahme der Moldau – von Obersten Sowjets verabschiedet, in denen die lokalen Kommunisten über eindeutige Mehrheiten verfügten. Dies zeigte, wie weit der Zerfallsprozeß innerhalb der KPdSU fortgeschritten war. Unionsrepublikanische Parlamente, in denen nichtkommunistische Gruppierungen nach den Wahlen im Jahre 1990 die Mehrheit besaßen, gingen noch einen Schritt weiter und proklamierten die *Unabhängigkeit* (Litauen, 11. März 1990) oder den Beginn einer Übergangsphase, an deren Ende die volle staatliche Unabhängigkeit stehen sollte (Estland, 30. März 1990; Lettland, 4. Mai 1990; Armenien, 23. August 1990; Georgien, 14. November 1990; Georgien erklärte dann am 9. April 1991 förmlich die Unabhängigkeit). Während die Souveränität der Unionsrepubliken – jedenfalls in der Terminologie des sowjetischen Staatsrechts – auch innerhalb des Staatsverbandes denkbar war, bedeutete die Erklärung der Unabhängigkeit den Austritt aus der UdSSR. Diesen Schritt vollzogen weitere 12 Unionsrepubliken in der kurzen Zeit zwischen dem

[8] H.-J. Uibopuu, Die Verfassungs- und Rechtsentwicklung der baltischen Staaten 1988–1990. Berichte des BIOst 61, 1990, S. 7–9.

[9] A. Sheehy, Fact sheet on declarations of sovereignty. In: Report on the USSR, 9. Nov. 1990, S. 23.

Putsch im August 1991 und Mitte Dezember des gleichen Jahres; Kasachstan war die letzte der ehemaligen Unionsrepubliken, die förmlich die Zugehörigkeit zur UdSSR aufkündigte. Lediglich Rußland deklarierte nicht seine Unabhängigkeit, es beanspruchte vielmehr die Rechtsnachfolge der Sowjetunion, deren Ende spätestens seit dem August-Putsch erkennbar war.

Der Kongreß der Volksdeputierten der RSFSR hatte allerdings im Jahr zuvor und zwar früher als zahlreiche andere Unionsrepubliken am 12. Juni 1990 eine Souveränitätserklärung verabschiedet, in der sich auch die Russische Föderation »das Recht zum freien Austritt aus der UdSSR« vorbehielt[10]. Dies Verhalten der RSFSR machte schon im Sommer 1990 deutlich, daß eine Wiederherstellung des imperialen Vielvölkerstaats unwahrscheinlich war. In Rußland wuchsen jene politischen Kräfte, die das Imperium abstoßen wollten, und stattdessen die Zukunft in einer losen Verbindung selbständiger Republiken sahen.

Die Desintegration der Union setzte sich innerhalb mancher Republiken – so in Georgien und der Moldau – vor allem aber innerhalb der Russischen Föderation fort, ohne allerdings hier die gleiche Intensität und Konsequenz zu erreichen. Immerhin hatten innerhalb der RSFSR bis Oktober 1990 zehn von sechzehn Autonomen Republiken, zwei von fünf Autonomen Gebieten und vier von zehn Autonomen Kreisen ihre Souveränität erklärt. Dabei beschlossen die autonomen Territorien in der Regel, auch in Zukunft Teil der Russischen Föderation zu bleiben. Das galt allerdings nicht für die Tatarische Republik, wo sich separatistische nationale Kräfte formierten. Auch in Tschetschenien im Nord-Kaukasus entstand 1991 eine starke politische Bewegung, die eine Loslösung von Rußland auf ihre Fahnen schrieb.

Zu den stärksten Klammern des Imperiums gehörte die *Sowjetarmee*, in der nach dem Ende des Zweiten Weltkriegs alle nationalen Truppenteile aufgelöst worden waren und die eine Schule des »Internationalismus« sein sollte. Auch hier zeigten sich besonders seit 1989 Auflösungserscheinungen, die bald Massencharakter annahmen. Sie waren besonders sichtbar in der zunehmenden Weigerung Wehrpflichtiger, in die Kasernen einzurücken. Die örtlichen Behörden in den baltischen Staaten, in der Moldau, der Ukraine, in Armenien und Georgien führten de facto die Bestimmungen über die allgemeine Wehrpflicht nicht mehr durch und beriefen sich dabei auf entsprechende Beschlüsse ihrer Obersten Sowjets,

[10] Sovetskaja Rossija, 14. Juni 1990.

die die Wehrpflicht in der Sowjetarmee in der bisherigen Form suspendierten. Teilweise wurde ein ziviler Ersatzdienst eingeführt, aber es wurde auch mit der Aufstellung eigener, aus Freiwilligen gebildeter Bürgerwehren begonnen. Der Oberste Sowjet der Ukraine legte in der Souveränitätserklärung fest, daß Wehrpflichtige aus der Ukraine in der Regel nur dort Dienst tun. Das georgische Parlament schuf im Dezember 1990 und Januar 1991 die gesetzlichen Grundlagen für die Aufstellung einer Nationalgarde, für die Wehrpflicht bestand.

Bei den Einberufungen zur Sowjetarmee im Herbst 1990 stellten sich in Armenien nur 28,1 Prozent der Wehrpflichtigen, in Georgien 10 Prozent, in der Moldau 58,9 Prozent, in Lettland 25,3 Prozent, in Litauen 12,5 Prozent und in Estland 24,5 Prozent. Aber auch in Rußland entzogen sich viele Tausende von jungen Männern der Wehrpflicht[11]. Vor diesem Hintergrund grenzten die Versuche mancher Militärs und russischer Politiker, sogar nach dem Ende der Sowjetunion noch an einer gemeinsamen Armee festzuhalten, an Donquichotterie.

Die Nationalbewegungen waren in der Lage, in erstaunlich kurzer Zeit die Grundlagen für *neue politische Strukturen* zu schaffen. Auch hier wiesen die baltischen Republiken den Weg und waren in zeitlicher Hinsicht den anderen voraus. Die wichtigste Institution waren die Volksfronten, die 1988 zunächst im Baltikum entstanden und dann in vielen Republiken Nachahmung fanden. Im Oktober 1988 traten die Gründungskongresse der Volksfronten in Wilna, Riga und Tallinn zusammen. Im Juni 1989 folgte der Gründungskongreß der weißrussischen Volksfront, und im September 1989 wurde in Kiew »Ruch« (Bewegung) geschaffen. In Armenien hieß die entsprechende Institution »Armenische Allnationale Bewegung«, in Usbekistan »Birlik« (Einheit). In den islamischen Republiken blieben die volksfrontähnlichen Organisationen allerdings schwach; sie gerieten hier zwischen die Fronten der vergleichsweise widerstandsfähigen kommunistischen Nomenklatura auf der einen und entstehender fundamentalistischer Gruppierungen auf der anderen Seite. Die Volksfronten waren Sammlungsbewegungen, die einem weiten Spektrum politischer Gruppen von Reformkommunisten über liberale Demokraten bis hin zu extremen Nationalisten ein Dach für politische Arbeit boten. Die Volksfronten wurden durch den gemeinsamen Bezug auf die Nation und die Entschlossenheit, das bisherige politische und wirtschaftliche System abzulösen,

[11] Neue Zürcher Zeitung, 10. Jan. 1991.

zusammengehalten. Zum Teil innerhalb der Volksfronten, zum Teil neben ihnen entstanden seit 1989 neue politische Parteien. Die Differenzierung des politischen Spektrums in Parteien und die abnehmende Bedeutung der Volksfronten als einheitlicher oppositioneller Bewegung waren nicht zuletzt die Folge davon, daß der gemeinsame Gegner – die KPdSU und das Zentrum – besiegt worden war. Nur in Rußland gelang es trotz zahlreicher Versuche nicht, eine Volksfront-Bewegung aufzubauen. Stattdessen entstanden hier zahlreiche lokale, miteinander rivalisierende Volksfronten und vergleichbare Organisationen. Dies ist kein Zufall und kann nicht etwa der Unfähigkeit einzelner Aktivisten angelastet werden. In Rußland fehlte die nationale Idee als das entscheidende, einigende Band. Denn während überall sonst die politischen Kräfte durch die nationale Idee zusammengeführt wurden, trennte diese nationale Idee die politischen Kräfte in Rußland. Die einen verstanden unter nationaler Idee das Festhalten am Imperium, die anderen aber im Gegenteil das Abstoßen des Imperiums, das als eine Belastung für die russische Nation gesehen wurde.

Außerhalb und von Anfang an gegen die Volksfronten organisierten sich in den baltischen Republiken und in der Moldau »Interfronten« oder »Interbewegungen«. Hier schloß sich ein Teil der russischsprachigen Bevölkerung mit den reaktionären Vertretern der sowjetischen Apparate zu einem Abwehrbündnis zur Erhaltung der UdSSR, der Einparteiherrschaft und vor allem der sprachlich-kulturellen Privilegien für die russischsprachigen Minderheiten in den Unionsrepubliken zusammen.

Erstaunlich war die *mangelnde Widerstandsfähigkeit der KPdSU* und der Sowjetorgane gegenüber den nationalen Bewegungen. In Armenien gingen sie de facto schon im Februar 1988 auf die Seite der armenischen Nationalbewegung über. Ähnliches wiederholte sich, wenn auch in einem langsameren Prozeß, 1988 und 1989 in den drei baltischen Republiken. Nicht nur viele Mitglieder der kommunistischen Partei, sondern auch zahlreiche Funktionäre arbeiteten aktiv in den Volksfronten mit. Es bedurfte offenbar nur geringer Anstöße, um die bisher zur Schau getragene Loyalität gegenüber dem sowjetischen Zentralstaat in Gegnerschaft umschlagen zu lassen. Im Dezember 1989 spaltete sich die KP in Litauen in einen großen, national und reformerisch orientierten Flügel unter dem populären Führer Brazauskas – dieser Flügel trat aus der KPdSU aus – und eine kleine moskautreue KP »auf der Plattform der KPdSU«. Im März 1990 kam es zu einer ähnlichen Spaltung der KP in Estland und im April in Lettland.

Anfang 1990 war die Volksfront Aserbaidshans nahe daran, in Baku die Macht zu übernehmen. Dies wurde durch den Einmarsch sowjetischer Streitkräfte am 20. Januar 1990 in Baku verhindert; sie setzten den Parteiapparat der KP wieder in die Macht ein. Die offizielle Rechtfertigung für den Einmarsch, weitere Armenierpogrome in Aserbaidshan zu verhindern, war nur vorgeschoben[12].

In anderen Unionsrepubliken leisteten die kommunistischen Parteiorgane dagegen anfangs hinhaltenden Widerstand gegen die nationale Bewegung, ehe sie auch hier auf den fahrenden Zug aufsprangen, in der Hoffnung, so von der Geschichte nicht überrollt zu werden. Die weißrussische Volksfront mußte ihren Gründungskongreß im Juni 1989 in der litauischen Hauptstadt Wilna abhalten, weil die weißrussischen Behörden die Organisation der Veranstaltung in Minsk unmöglich gemacht hatten. Der nachmalige erste Präsident der unabhängigen Ukraine (seit dem 1. Dezember 1991) Leonid Krawtschuk war noch 1989 als Parteisekretär für Ideologie in der Parteiführung in Kiew einer der eifrigsten Gegner der entstehenden Nationalbewegung, bevor er 1990 weithin auf die Linie von »Ruch« einschwenkte.

Die kommunistischen Parteiführungen in den zentralasiatischen Republiken gaben erst nach dem gescheiterten Putsch im August 1991 auf. Allerdings wurde nur in Kyrgystan die kommunistische Partei aufgelöst; in Kasachstan, Usbekistan, Turkmenistan und Tadshikistan wechselte sie ihren Namen, behielt aber die Macht fest in der Hand. Auch hier profilierten sich nun die Parteifunktionäre als Verfechter der Selbständigkeit ihrer Republiken, die ihnen die historische Entwicklung unerwartet angetragen hatte.

Während die Sowjetunion noch fortbestand, begann 1990 die Herausbildung *neuer horizontaler Strukturen* anstelle der vertikalen zwischen dem Zentrum und den Republiken, d. h. die Republiken suchten direkte Kontakte zueinander. Die allgegenwärtige Regelungskompetenz des Zentrums wurde damit unterlaufen, und die Zentralbehörden in Moskau in der Tendenz überflüssig gemacht. Die Unionsrepubliken anerkannten in quasi-völkerrechtlichen Verträgen gegenseitig ihre Souveränität und behandelten einander als Völkerrechtssubjekte. So schlossen beispielsweise die RSFSR und die Ukraine am 19. November 1990 als souveräne Staaten einen umfassenden Vertrag über politische, wirtschaftliche und kulturelle Zusammenarbeit einschließlich des Schutzes der russischen und ukrai-

[12] Baku: čto dal'še? In: Moskovskie novosti, 28. Jan. 1990; Neue Zürcher Zeitung, 25. Jan. 1990.

nischen Volkszugehörigen in der jeweils anderen Republik. Nach dem blutigen Sonntag von Riga am 20. Januar 1991 vereinbarten die RSFSR und Lettland die Aufnahme formeller diplomatischer Beziehungen. Die meisten zwei- und mehrseitigen Verträge der Republiken und unteren territorialen Einheiten miteinander waren auf die Fortsetzung und Sicherung der engen wirtschaftlichen Verflechtung gerichtet. Auch wenn manches an diesen Verträgen wegen der kollabierenden wirtschaftlichen Situation Absichtserklärung blieb, so zeigte sich doch auch hier der Wille und die Fähigkeit, Selbstbestimmung zu praktizieren.

Darüber hinaus kam es zu Ansätzen regionaler Zusammenarbeit über mehrere Republiken hinweg. Im Mai 1990 lebte der Baltische Rat wieder auf, eine Institution zur Koordinierung der Politik der baltischen Staaten, die von 1934 bis 1940 bestanden hatte. Regelmäßige Treffen der Spitzenpolitiker der drei Staaten sollten vor allem die Außen- und Wirtschaftpolitik miteinander abstimmen. Nach dem Ende des gemeinsamen Gegners UdSSR und wegen der sich weiter verschlechternden wirtschaftlichen Gesamtlage erwies sich allerdings die Koordinierung der Wirtschaftspolitik als außerordentlich schwierig, und die nationalen Egoismen und Ängste drängten sich in den Vordergrund.

Auch unter den asiatischen Republiken gab es Ansätze für eine Zusammenarbeit. So trafen sich im Juni 1990 erstmals in Alma-Ata die Spitzenpolitiker der fünf zentralasiatischen Republiken, um über die Schaffung einer gemeinsamen Wirtschaftregion zu beraten.

Neben die große Zahl der zwei- und mehrseitigen Verträge der Unionsrepubliken untereinander traten seit 1990 erste Schritte der Unionsrepubliken in Richtung auf eine *eigenständige auswärtige Politik* gegenüber Staaten außerhalb der Sowjetunion. Die baltischen Staaten eröffneten im Dezember 1990 Informationsbüros in Kopenhagen. Dagegen wurden ihre Außenminister noch in brüskierender Weise von der Teilnahme an der Gipfelkonferenz der KSZE in Paris im November 1990 ausgeschlossen. Die europäischen Unionsrepubliken knüpften erste selbständige Kontakte zu Polen, der ČSFR und Ungarn mit dem Ziel der Aufnahme förmlicher diplomatischer Beziehungen. So unterzeichnete der polnische Außenminister Skubiszewski bei seinem Besuch in Kiew und Moskau im Oktober 1990 Verträge mit der Ukraine und der RSFSR, in denen die gegenseitige Anerkennung der Souveränität und der bestehenden Grenzen, Minderheitenschutz, wirtschaftliche Zusammenarbeit und die Aufnahme diplomatischer Beziehungen vorgesehen waren.

Die Auflösungserscheinungen der alten Sowjetordnung und die Entstehung neuer nationaler und demokratischer Strukturen entwickelten sich nach Tempo und Intensität bei den Völkern sehr unterschiedlich. In den baltischen Staaten, in Georgien und Armenien schritten die Nationalbewegungen und damit die Auflösung der alten Ordnung am raschesten voran, in den islamischen Republiken Zentralasiens gab es zunächst kaum Bestrebungen zum Austritt aus der UdSSR. Das zeigten auch Umfrageergebnisse. Bei einer Repräsentativbefragung im August 1990 erklärten 91 Prozent der Balten und 92 Prozent der Georgier, sie seien für den Austritt ihrer Republik aus der Sowjetunion. Eine solche Position vertraten auch 55 Prozent der Ukrainer und 42 Prozent der Weißrussen. Dagegen sprachen sich nur 24 Prozent der Angehörigen zentralasiatischer Völker für die Separation aus[13].

Es gab kein koordiniertes Vorgehen gegenüber dem Zentrum zwischen dem Baltikum und Georgien, zwischen der Ukraine und der Republik Moldau. Die Erfolge der Nationalbewegungen und die Gleichartigkeit ihrer Ausdrucksformen waren vielmehr Folge ähnlicher Ausgangsbedingungen, Vergangenheitserfahrungen und Zukunftshoffnungen. Vor allem waren sie die gemeinsame Reaktion auf 70 Jahre sowjetische Nationalitätenpolitik, die zwar nicht die behauptete Homogenität der Sowjetgesellschaft hervorgebracht hat, wohl aber die gemeinsame Ablehnung des Status quo und die Überzeugung, daß die Völker selbst die Gestaltung ihrer Zukunft in die Hand nehmen müssen.

Am raschesten durchliefen die Nationalbewegungen in den baltischen Staaten die Stufen vom Kulturnationalismus zur Wiederherstellung der staatlichen Unabhängigkeit[14]. Die Zeit der staatlichen Selbständigkeit zwischen 1918 und 1940 war hier noch lebendige Erinnerung. Außerdem verstanden sich die baltischen Republiken als der europäische Westen und damit als ein Fremdkörper in der russisch bestimmten Sowjetunion. Die Zugehörigkeit zum lateinischen Westen im Gegensatz zum griechischen Osten Europas war einerseits historisch begründet und verwurzelt, fand aber auch in der Gegenwart Ausdruck in intensivem Bemühen um die kulturelle

[13] Moskovskie novosti, 14. Okt. 1990, S. 7.

[14] Die baltischen Nationen. Estland, Lettland, Litauen. Hrsg. B. Meissner, 2. Auflage, Köln 1991.

Öffnung zum Westen, und den Anschluß an den zivilisatorischen Standard und die Lebensweise der anderen westlichen und nördlichen Anrainerstaaten der Ostsee.

Nirgendwo auf dem Territorium der Sowjetunion hatte es bereits seit den sechziger Jahren eine so intensive und von breiten Schichten der gesamten Gesellschaft getragene Oppositions- und Dissidentenbewegung gegeben wie in Litauen. Hier verbanden sich nationale und religiöse Forderungen miteinander; die litauische Massenbewegung richtete sich ebenso gegen die Unterdrückung der katholischen Kirche wie gegen den russisch bestimmten sowjetischen Zentralstaat. Es war deshalb konsequent, daß Litauen als erste Republik am 11. März 1990 seine Unabhängigkeit von der UdSSR erklärte, obwohl auch hier die Nationalbewegung insgesamt sich erst kurz zuvor auf dieses radikale Ziel festgelegt hatte. Als die baltischen Volksfronten im Oktober 1988 auf ihren Gründungskongressen Programmdokumente verabschiedeten, fehlten überall zwei Programmpunkte, die wenig später zu den zentralen Anliegen werden sollten: die Einführung eines Mehrparteiensystems, d.h. die Ablösung der KPdSU von der Macht, und die Wiederherstellung der staatlichen Unabhängigkeit. Allerdings ist dies auch als Anpassung an die sowjetische Wirklichkeit zu erklären, schließlich waren damals die Repressionsorgane noch voll funktionsfähig und bereits die verbale Infragestellung des Sowjetsystems galt als ein Straftatbestand.

Der Unabhängigkeitswille in den baltischen Staaten erhielt seit 1988 zusätzliche Schubkraft durch eine breite öffentliche Diskussion über die völkerrechtswidrige Annexion im Jahre 1940 aufgrund des Hitler-Stalin-Paktes vom 23. August 1939 und der geheimen Zusatzprotokolle[15]. Weit mehr als eine Million Menschen bildeten am 23. August 1989 zur Dokumentation ihres Willens für politische Unabhängigkeit eine Menschenkette von Tallinn über Riga nach Wilna. Die Sowjetmacht, die bisher die Existenz der geheimen Zusatzprotokolle stets bestritten hatte, kam der Wahrheit insoweit entgegen, als der Kongreß der Volksdeputierten in einem Be-

[15] Hitler-Stalin-Pakt 1939. Das Ende Ostmitteleuropas? Hrsg. E. Oberländer, Frankfurt a.M. 1989; Aufstand der Opfer. Verratene Völker zwischen Hitler und Stalin. Hrsg. J. Vollmer u. T. Zülch, Göttingen 1989; Ot pakta Molotova-Ribbentropa do dogovora o bazach. Dokumenty i materialy. Tallinn 1990; Schauplatz Baltikum. Szenarium einer Okkupation und Angliederung. Dokumente 1939/40. Hrsg. M. Rosenbusch, H.Schützler u. S. Striegnitz, Berlin 1991.

schluß vom 24. Dezember 1989 die Existenz des geheimen Zusatzprotokolls über die Abgrenzung »der Interessensphären« bestätigte und dieses Protokoll für »null und nichtig von Anfang an«[16] erklärte. Jedoch weigerte sich die Gorbatschow-Führung, auch den zweiten Schritt zu tun und die auf das geheime Zusatzprotokoll gestützte Annexion vom Juni 1940 als rechtswidrig und ungültig einzustufen. Diesen Schritt vollzogen dann die litauische Unabhängigkeitserklärung und die Deklarationen des estnischen und lettischen Parlaments im Frühjahr 1990 über den Beginn einer Übergangsperiode, an deren Ende auch hier die tatsächliche staatliche Unabhängigkeit stehen sollte.

Der Volkskongreß der UdSSR (im Falle Litauens) bzw. Präsident Gorbatschow (im Falle Estlands und Lettlands) erklärten die Proklamationen der baltischen Parlamente für ungültig. Als Repressalie verhängte die Zentralregierung über Litauen von April bis Ende Juni/Anfang Juli 1990 einen Wirtschaftsboykott und stoppte vor allem die Erdöl- und Erdgaslieferungen. Mitte Mai organisierte die »Interfront« in Estland und Lettland politische Streiks gegen die Unabhängigkeit. Gleichzeitig kam es in Tallinn und Riga zu Versuchen, die Parlamentsgebäude zu stürmen.

Die Repressalien des Zentrums und die von dort unterstützten Terrorakte und Umsturzversuche stärkten den Willen zur Unabhängigkeit in den baltischen Staaten. Die Unabhängigkeitsbestrebungen wurden nicht nur von mehr als 90 Prozent der Balten getragen, sondern auch 30 bis 40 Prozent der russischsprachigen Bevölkerung in den baltischen Republiken standen hinter ihnen, wobei Umfragen eine stete Zunahme dieser Anteile in den Jahren 1989 und 1990 zeigten. Die moskautreuen Kommunisten wurden in den Parlamenten in Wilna und Tallinn zu Splittergruppen und stellten dort etwa fünf Prozent der Abgeordneten. Nur im lettischen Obersten Rat bildeten sie zusammen mit den Abgeordneten der Streitkräfte und reaktionären russischen Organisationen die Fraktion »Gleichberechtigung«, der 1990 59 von insgesamt 201 Abgeordneten angehörten[17].

Die baltischen Staaten hatten sich zu diesem Zeitpunkt dem Zugriff der sozialistischen Zentralmacht am weitesten entzogen. Die sowjetische Führung war deshalb entschlossen, auch unter Einbeziehung militärischer Mittel ein Exempel zu statuieren, und die balti-

[16] Pravda, 28. Dez. 1989.

[17] D. Bungs, High hopes and harsh realities. In: Report on the USSR, 4. Januar 1991, S. 49.

schen Staaten in das Imperium zurückzuholen. Das Sekretariat des ZK der KPdSU faßte am 29. August 1990 den Beschluß, das demokratisch gewählte litauische Parlament und die Regierung zu beseitigen und den moskautreuen Kommunisten mit Waffengewalt wieder zur Macht zu verhelfen. Regierung und Parlament Litauens hätten »die Grundlagen der sowjetischen sozialistischen Staatlichkeit Litauens zerstört« durch »allgemeine Entnationalisierung (d. h. Privatisierung) der Produktionsmittel, durch gewaltsame Entkollektivierung der Landwirtschaft, durch die völlige Demontage der Sowjetmacht und die Restauration der totalitären bourgeoisen Diktatur in Litauen«, wie es in den geheimen Unterlagen hieß[18]. Auch Gorbatschow warf der litauischen Führung in einem öffentlichen Appell am 10. Januar 1991 vor, wieder eine »bürgerliche Ordnung« einführen zu wollen[19]. Die Putschversuche im Baltikum wurden auch außenpolitisch abgesichert. Der litauische Präsident Landsbergis warnte schon am 24. November 1990 in einer Fernsehansprache vor einem bevorstehenden gewaltsamen Eingreifen gegen die baltischen Staaten unter dem Schutz der sich zuspitzenden Krise am Persischen Golf[20]. Wegen des bis zum 15. Januar 1991 befristeten UNO-Ultimatums gegen den Irak und des erst danach erwarteten Kriegsbeginns am Golf wurde die Aktion gegen die baltischen Staaten dann offenbar auf Mitte Januar verschoben.

Als politische Instrumente des Umsturzes wurden sogenannte »Nationale Rettungskomitees« gebildet. Am 11. Januar 1991 erklärte das Rettungskomitee in Wilna und am 15. jenes in Riga die Machtübernahme in Litauen bzw. Lettland. Die Parlamente und Regierungen seien aufgelöst und abgesetzt. Die Rettungskomitees forderten die Ausrufung der direkten Herrschaft des Präsidenten der UdSSR. Zur Durchsetzung ihres Staatsstreichs wandten sich die Rettungskomitees an die Streitkräfte, die am 13. Januar das Fernseh-Zentrum in Wilna stürmten und am 20. Januar für kurze Zeit das Innenministerium in Riga besetzten. Insgesamt 20 Menschen starben im Kugelhagel und unter Panzerketten, Hunderte wurden verletzt. Die militärischen Befehlshaber vor Ort handelten auf Weisung der militärischen und politischen Führung in Moskau, die ihnen aufgetragen hatte, die Machtübernahme der »Nationalen Rettungskomitees«

[18] Zitat aus dem Šenin-Bericht für das ZK-Sekretariat, der dem Beschluß vom 29. August 1990 zugrunde lag; Die Welt, 14. Febr. 1991, S. 6; vgl. Die Zeit, 1. Febr. 1991, S. 1.

[19] Neue Zürcher Zeitung, 12. Jan. 1991, S. 1.

[20] Elta, Information Bulletin, Dez. 1990, S. 3–5.

durchzusetzen. Die Komitees ihrerseits waren der lange Arm des ZK der KPdSU. Mit ihrer Hilfe sollten die moskautreuen Kommunisten im Baltikum an die Macht zurückkehren[21].

Weil der Staatsstreich in Litauen und Lettland nicht zum Ziel führte, und die Rettungskomitees trotz des gezielten, wenn auch begrenzten Einsatzes militärischer Gewalt Regierung und Parlament nicht stürzen konnten, wurde offenbar von einer parallelen Aktion in Estland abgesehen. Der Staatsstreich scheiterte hauptsächlich aus drei Gründen:

1. Am Widerstandswillen und der Opferbereitschaft im Baltikum, die militärisch hätten gebrochen werden müssen, was voraussichtlich weitere Hunderte von Opfern gefordert hätte. Insbesondere in Wilna schützten Zehntausende von Litauern über Wochen hin das Parlamentsgebäude mit ihren Leibern. Das Militär hätte sie unter den Fernsehaugen der Weltöffentlichkeit gewaltsam vertreiben oder erschießen müssen.
2. Eine breite Protestwelle in der Sowjetunion verurteilte das gewalttätige Vorgehen. Die Solidarität reichte vom »Demokratischen Rußland« bis in die konservative Nomenklatura hinein.
3. Trotz des Krieges am Golf blieb der Westen nicht stumm und forderte Gorbatschow auf, die Konflikte mit friedlichen Mitteln zu lösen. Ein Teil der wirtschaftlichen Stützungsmaßnahmen wurde auf Eis gelegt.

Gorbatschow persönlich distanzierte sich spät und halbherzig vom militärischen Teil des Putschversuchs im Baltikum; niemand wurde vor Gericht gestellt. Unter dem Eindruck des versuchten Staatsstreiches durch reaktionäre politische und militärische Kräfte Moskaus fanden in den baltischen Republiken Referenden über die staatliche Unabhängigkeit statt. Am 9. Februar votierten 90,5 Prozent der abgegebenen Stimmen in Litauen für eine »unabhängige demokratische Republik«. 77,8 Prozent der abgegebenen Stimmen in Estland und 73,7 Prozent in Lettland waren am 3. März 1991 für die staatliche Selbständigkeit, d. h. ein erheblicher Teil der Nicht-Esten und Nicht-Letten trug die Politik der Unabhängigkeit der Republiken mit.

Der gescheiterte Putsch im August 1991 in Moskau brachte die baltischen Staaten ein erhebliches Stück voran auf dem Wege zur tatsächlichen Unabhängigkeit. Noch während des Putsches, als mit der Möglichkeit gerechnet werden mußte, daß eine reaktionäre Diktatur im

[21] Dieser Sachverhalt geht aus Interviews mit mehreren Befehlshabern in Wilna hervor: Moskovskie novosti, 27. Jan. 1991, S. 14.

Zentrum die Macht übernahm, erklärten Estland am 20. August und Lettland am 21. August ihre förmliche Unabhängigkeit. Sie wurde umgehend von der Jelzin-Führung anerkannt. In radikaler Abkehr von seiner bisherigen Position war nun auch der Westen bereit, die Unabhängigkeit der baltischen Staaten anzuerkennen. Die Bundesrepublik Deutschland war einer der ersten Staaten, die diesen Schritt vollzog und Botschafter in die drei baltischen Staaten entsandte. Innerhalb von vier Wochen erkannten mehr als 50 Staaten förmlich die Selbständigkeit Litauens, Lettlands und Estlands an. Sie wurden am 10. September vollberechtigte Mitglieder der KSZE und am 17. Dezember in die Vereinten Nationen aufgenommen. Die glücklosen Putschisten in Moskau hatten dazu beigetragen, daß die baltischen Staaten innerhalb kürzester Zeit auf die internationale Bühne zurückkehrten, wozu unter anderen Umständen wahrscheinlich ein jahrelanges Tauziehen erforderlich gewesen wäre.

Allerdings konnte die internationale Erfolgsstory nicht darüber hinwegtäuschen, daß die Fülle der innenpolitischen und ökonomischen Probleme die Regierungen der jungen Staaten einer Zerreißprobe aussetzte. Die baltischen Staaten wurden in den ökonomischen Niedergang Rußlands und der anderen Nachfolgestaaten der UdSSR hineingezogen. Die Einführung eigener Währungen erwies sich zunächst als nicht praktikabel, und die Staaten verblieben in der Rubel-Zone, ohne allerdings der im Dezember 1991 gegründeten Gemeinschaft Unabhängiger Staaten (GUS) beizutreten. Als erster Staat auf dem Territorium der früheren UdSSR führte Estland im Juni 1992 eine eigene Währung, die Krone, ein. Die baltischen Regierungen gaben die meisten Preise frei, bevor die russische Regierung im Januar 1992 diesen Schritt vollzog. Auch wurden zahlreiche rechtliche Voraussetzungen zur Privatisierung der Wirtschaft und insbesondere der Landwirtschaft im Laufe des Jahres 1991 geschaffen, wobei Estland in der Regel die Vorreiterrolle spielte. Wie hoch die psychologischen Barrieren für Privatisierung selbst im Baltikum waren, zeigte sich etwa daran, daß das litauische Parlament ausländischen Investoren zunächst nicht das Recht zugestand, in Litauen Grundstücke zu erwerben. Erst eine Nachbesserung des Privatisierungsrechtes 1992 beseitigte dieses Hindernis für ausländische Kapitalinvestitionen.

Nach der gemeinsam erkämpften staatlichen Unabhängigkeit rückten die politischen Partner von gestern in der innenpolitischen Konfrontation auseinander; die Volksfronten verloren an politischer Bedeutung, ohne daß es zunächst zur Ausbildung eines neuen vollständigen Parteienspektrums kam. Die politische Willensbildung vollzog sich hauptsächlich über Fraktionen in den Parlamenten, die jedoch instabil blieben. Es kam – insbesondere in Litauen – zu Kompetenzrivalitäten zwischen dem Parlamentspräsidenten einerseits und der Regierung andererseits. Litauen, Lettland und Estland waren – neben Weißrußland – die einzigen Nachfolgestaaten, die kein Präsidialregime, d. h. die Konzentration der wesentlichen exekutiven Kompetenzen in der Hand eines starken Präsidenten, einführten.

Ein heiß umstrittenes Thema blieb in Estland und Lettland die Frage der Staatsbürgerschaft. Sollten nur jene die Staatsbürgerschaft erhalten, die sie 1940 gehabt hatten und deren Nachkommen, wie es nationalkonservative Kräfte forderten, oder sollten im Gegenteil all jene Staatsbürger werden, die zum Zeitpunkt der Unabhängigkeit in der Republik ihren Wohnsitz hatten, wie manche russische Gruppen verlangten? Das estnische Parlament verabschiedete am 26. Februar 1992 ein Staatsbürgerschaftsgesetz, das einen Mindestaufenthalt von zwei Jahren im unabhängigen Staat Estland sowie ein weiteres Jahr Wartezeit als Voraussetzung für die Einbürgerung vorschreibt; die Frist läuft ab März 1990, d.h. eine Einbürgerung ist frühestens ab März 1993 möglich. Außerdem wurden estnische Sprachkenntnisse in einem bestimmten Umfang sowie eine Loyalitätserklärung von den Einzubürgernden verlangt. Dagegen wurde in Litauen – ähnlich wie in der Ukraine und in der Russischen Föderation – ein Staatsbürgerschaftsgesetz wirksam, das von der sogenannten Null-Lösung ausging, d.h. jedermann mit festem Wohnsitz zum Zeitpunkt der Unabhängigkeit auf dem Territorium der Republik wurde das Recht eingeräumt, die Staatsbürgerschaft anzunehmen. Eine solche Lösung erschien aus demographischen und politischen Gründen in Estland und Lettland nicht durchsetzbar, weil sich hier die kleinen Völker durch eine massive Einwanderungspolitik nach dem Zweiten Weltkrieg in ihrem Bestand bedroht fühlten und befürchteten, daß jedenfalls ein Teil der Zuwanderer zu einer fünften Kolonne in den kleinen, jungen Staaten werden könnte. Zuvor verabschiedeten alle drei baltischen Staaten Gesetze zum Schutz der nationalen Minderheiten, die internationalem Standard entsprachen, aber das eigentliche Problem – das der russischen Minderheiten in Lettland und Estland – war damit nicht gelöst.

Besonders unbefriedigend entwickelte sich 1992 die Lage in Lettland. Ein im Oktober 1991 in erster Lesung im Parlament behandeltes Staatsbürgerschaftsgesetz trat nicht in Kraft, so daß eine Einbürgerung zunächst überhaupt nicht möglich war. 37 Prozent der Wohnbevölkerung Lettlands blieben damit von der Staatsbürgerschaft ausgeschlossen, besaßen kein Wahlrecht und waren bei der anlaufenden Privatisierung erheblich benachteiligt. Der Rechtsruck zugunsten des radikal-nationalen Lagers kam auch darin zum Ausdruck, daß im Juli 1992 fünfzehn russische Abgeordnete der Fraktion »Gleichberechtigung« aus dem Parlament in Riga ausgeschlossen wurden mit der Begründung, sie verträten eine Bevölkerungsgruppe, deren Mitglieder gar nicht Staatsbürger seien.

Als einer der ersten Nachfolgestaaten verabschiedete Estland Ende Juni 1992 durch Referendum eine neue Verfassung. Aber bei diesem Referendum ebenso wie bei den Parlaments- und Präsidentschaftswahlen im September 1992 waren nur Bürger von 1940 und deren Nachkommen wahlberechtigt, d.h. zwei Drittel der Wohnbevölkerung. Die ersten Einbürgerungen werden erst im Frühjahr 1993 rechtswirksam.

Im Baltikum – ganz zu schweigen von den anderen Nachfolgestaaten – sind die Prozesse der Staatsbildung keineswegs abgeschlossen; auch Fragen der äußeren Sicherheit blieben vorerst offen. Hier bemühen sich die Staaten um einen möglichst raschen Abzug der Truppen der ehemaligen Sowjetarmee und die Einbeziehung in das Sicherheitsnetz der NATO.

## Georgien, Armenien, Aserbaidshan

Neben dem Baltikum haben sich die Nationalbewegungen am frühesten und intensivsten in Transkaukasien entfaltet, auch diese Region ist bereits seit 1988 in zunehmendem Maße nicht mehr von Moskau aus regierbar gewesen. Zwei Dinge unterscheiden die Verhältnisse in Transkaukasien wesentlich von denen im Baltikum: 1. Hier wandten sich die nationalen Bewegungen nicht nur gegen das Zentrum, sondern in militanter Weise auch gegeneinander; der Krieg der Armenier und Aserbaidshaner ist dabei der größte Konflikt. 2. Während im Baltikum die Nationalbewegungen auf jede Anwendung von Gewalt verzichteten, wurden im Kaukasus die Gegensätze auch mit Gewalt ausgetragen. Generell ist festzustellen, je weiter man auf dem Territorium der Sowjetunion nach Süden und nach Südosten kommt, um so größer war und ist die Gewaltbereitschaft bei der Austragung interethnischer, aber auch innernationaler Konflikte.

Der Konflikt um Berg-Karabach wurde zum Kristallisationspunkt der Nationalbewegungen bei den Armeniern und Aserbaidshanern[22]. Die Forderung, diese zu drei Vierteln von Armeniern bewohnte Enklave auf dem Territorium Aserbaidshans mit der Republik Armenien zu vereinigen, führte die gesamte armenische Nation in einer großen Bewegung zusammen. Aber die Aserbaidshaner waren nicht bereit zu verzichten. Statt in Verhandlungen wurde der Konflikt mit historischen Argumenten ausgetragen – jede Seite wußte eine Fülle solcher Argumente für ihre Sache einzusetzen – und sehr bald auch mit Gewalt. Zum ersten Mal kam es am 28. Februar 1988 in der nördlich von Baku gelegenen Industriestadt Sumgait zu Pogromen an der armenischen Minderheit, die sich später in anderen aserbaidshanischen Städten wiederholten.

Die Zentralmacht war nicht in der Lage, den Konflikt beizulegen. Auch eine 1989 für zehn Monate bestehende Sonderverwaltung des Zentrums für Berg-Karabach unter der Leitung von Arkadij Wolskij brachte keine Lösung. In der politischen Tendenz und 1991 auch militärisch stellte sich das Zentrum auf die Seite Aserbaidshans, wo mit Hilfe der Zentralmacht im Januar 1990 der drohende Sturz der Kommunisten von der Macht verhindert wurde. Die aserbaidshanische Seite vertrat in dem Konflikt den Status quo, während die Armenier eine Veränderung zu ihren Gunsten verlangten. Seit Herbst 1989 begannen sich auch die Armenier in und um Berg-Karabach zu bewaffnen, es kam zu einem Kleinkrieg, der immer wieder aufflammte und zahlreiche Opfer forderte. Seit 1989 blockierte Aserbaidshan wiederholt und für viele Monate die Eisenbahn- und Straßenverbindungen zwischen Rußland und Armenien, die zum größten Teil über aserbaidshanisches Territorium führen, und fügte der Wirtschaft Armeniens schweren Schaden zu. Auch ein Großteil der Hilfsgüter nach dem Erdbeben in Armenien im Dezember 1988 erreichte deshalb nicht sein Ziel. Noch bevor der Krieg Ende Januar 1992 durch den Einsatz schwerer konventioneller Waffen auf beiden Seiten eine neue Eskalationsstufe erreichte, waren mehr als 1000 Todesopfer auf beiden Seiten zu beklagen, eine weit größere Anzahl von Menschen wurde verletzt, viele wurden verschleppt

[22] G. Simon, Die Unruhen in Armenien und Aserbaidshan. In: Beiträge zur Konfliktforschung 2, 1989, S. 37–46; U.Halbach, Die Armenier in der Sowjetunion. Berg-Karabach als Beispiel des Nationalitätenproblems. In: Europa-Archiv, 25. Sept. 1988, S. 513–524; O. Luchterhandt, Das Recht Berg-Karabachs auf staatliche Unabhängigkeit aus völkerrechtlicher Sicht. Stiftung für armenische Studien, Juli 1992.

oder als Geiseln mißbraucht, zahlreiche Zivilisten verschwanden spurlos in aserbaidshanischen Gefängnissen. Auf beiden Seiten wurden die Kämpfe mit großer Brutalität ausgetragen. Die Zahl der Toten stieg bis zum Sommer 1992 auf etwa 2000. Die armenische Minderheit floh aus Aserbaidshan und ebenso die aserbaidshanische Minderheit aus Armenien. 300000 Armenier und 200000 Aseris wurden heimatlos.

Im November 1991 hob der Oberste Sowjet in Baku den noch aus sowjetischer Zeit bestehenden Autonomiestatus von Berg-Karabach auf. In einer weiteren politischen Eskalation führte die Bevölkerung von Berg-Karabach im Dezember 1991 eine Volksbefragung über die Selbständigkeit durch, zu der sich die überwiegende Mehrheit bekannte. Die daraufhin erklärte Unabhängigkeit der Republik Berg-Karabach wurde von Baku nicht anerkannt, das im Gegenzug den Ausnahmezustand über die Region verhängte und sie der unmittelbaren Herrschaft des aserbaidshanischen Präsidenten unterstellte, ohne dies allerdings militärisch durchsetzen zu können.

Nichts hatte die Armenier zu Beginn der jüngsten Nationalbewegung Ende 1987/Anfang 1988 so geeint, wie die Forderung nach Anschluß von Berg-Karabach an das Mutterland. Nach vier Jahren Kampf ist dieses Ziel in weite Ferne gerückt. In mancher anderen Hinsicht ist die armenische Nationalbewegung jedoch erfolgreich gewesen. Die Kommunisten wurden von der Macht abgelöst, an ihre Stelle traten die Führer jenes Karabach-Komitees, das seit 1988 die Bewegung organisiert hatte. Am 16. Oktober 1991 wurde Levon Ter-Petrosjan, seit 1990 Parlamentspräsident, in einer Volkswahl zum Präsidenten der Republik Armenien gewählt. Er hatte als einer der Leiter des Karabach-Komitees vom Dezember 1988 bis Mai 1989 mit der gesamten Führung des Komitees in Moskau in Untersuchungshaft gesessen. Mit überwältigender Mehrheit entschieden sich die armenischen Wähler in einem Referendum am 21. September 1991 für die staatliche Selbständigkeit.

Auch hinsichtlich der Neuordnung der Wirtschaft war Armenien weiter als andere Nachfolgestaaten. Bereits im Frühjahr 1991 wurden die Kolchosen privatisiert; Tausende von bäuerlichen Familienbetrieben sorgten dafür, daß die Bevölkerung den kommenden Winter trotz der Blockaden seitens Aserbaidshans ohne Hunger überstand. Allerdings fehlte es den Einzelbauern hier – wie überall sonst – an Maschinen, so daß die neuen Möglichkeiten nur unvollkommen genutzt werden konnten. Ein Ärgernis und zugleich ein politisches Risiko bei der Privatisierung der Wirtschaft war in Armenien – auch das ein gemeinsames sowjetisches Erbe – die sich ausbreitende Korruption.

Ihr ursprüngliches Ziel erreichte die armenische Nationalbewegung nicht; Präsident Ter-Petrosjan rückte auch offiziell von ihm ab und unterstützte die Versuche Berg-Karabachs, als selbständige Republik in die GUS einzutreten. Dabei erkannte die armenische Regierung Berg-Karabach nicht als uneingeschränktes Subjekt des Völkerrechts an. Dieser Rückzug der »Armenischen Allnationalen Bewegung« von dem früher alles andere überragenden Ziel führte zu erheblichen innenpolitischen Spannungen. Sowohl die ehemaligen Kommunisten als auch weit auf der rechten Seite stehende armenische Nationalisten traten in Opposition zu Ter-Petrosjan, dem auch der Versuch eines Ausgleichs mit der Türkei und die Anbahnung wirtschaftlicher Beziehungen zur Türkei zur Last gelegt wurden.

Anders als in Armenien blieb in Aserbaidshan die Macht bis zum März 1992 fest in der Hand der Kommunisten. Ajas Mutalibow verdankte seinen Aufstieg der Intervention sowjetischer Truppen in Baku im Januar 1990. Damals wurde er Parteichef in Aserbaidshan. Nach der offiziellen Auflösung der KP infolge des Moskauer August-Putsches ließ sich Mutalibow im September 1991 ohne Gegenkandidaten zum Präsidenten wählen. Die aserbaidshanische Volksfront, die von Anfang an gegen ihn opponierte, aber teilweise in den Untergrund gedrängt worden war, erzwang im März 1992 den Rücktritt Mutalibows. Anfang Juni 1992 errang bei den ersten freien Präsidentschaftswahlen in Aserbaidshan Ebulfez Elcibey, der Kandidat der Volksfront, den Sieg. Elcibey kam nicht aus dem kommunistischen Establishment. Allerdings war auch die Volksfront in der Karabach-Frage keineswegs kompromißbereit, sie warf im Gegenteil der Mutalibow-Führung mangelnde Entschlossenheit und Konsequenz bei der Verteidigung aserbaidshanischer Interessen gegenüber Armenien vor. Während Armenien Anlehnung an die traditionelle Schutzmacht Rußland suchte, trat die aserbaidshanische Volksfront für eine weitgehende Distanz gegenüber der GUS ein und setzte ihre Hoffnungen auf politische und militärische Unterstützung von seiten der Türkei.

Eine politische Lösung des Karabach-Problems erschien auch deshalb schwierig, weil sich das Prinzip der territorialen Integrität, das Aserbaidshan vertritt, und das der nationalen Selbstbestimmung, auf das sich die Armenier berufen, unversöhnlich gegenüberstehen. Ob die neuen, jetzt auf beiden Seiten demokratisch legitimierten Führungen hier in der Lage sind, Brücken zu bauen, bleibt abzuwarten. Eine militärische Lösung, mit der Niederlage einer Seite ist wegen der erheblichen und vergleichbar starken Potentiale auf beiden Seiten wenig wahrscheinlich.

In Georgien hatte es ähnlich wie in Armenien stets ein ausgeprägtes nationales Eigen- und Selbstbewußtsein gegeben; es bezog seine Unerschütterlichkeit auch daraus, daß die nationale Geschichte um viele Jahrhunderte älter ist als die Geschichte Rußlands. Bei beiden alten, christlichen Kulturvölkern des Kaukasus ruhte die Los-von-Moskau-Bewegung Ende der achtziger Jahre auf einer soliden Grundlage. Obwohl unter den politischen Gruppierungen in Georgien weitgehende Übereinstimmung dahin herrschte, daß die Selbständigkeit gestärkt und die ständige Bevormundung durch die Moskauer Zentralmacht beendet werden mußte, gelang es dennoch über Jahre zunächst keiner Gruppe, eine einheitliche politische Bewegung aufzubauen, die diese Ziele hätte durchsetzen können. Für Georgien wurde der 9. April 1989 zu einem Wendepunkt der neuesten Geschichte, als sowjetische Truppen eine friedliche Demonstration für die Unabhängigkeit in Tiflis gewaltsam auflösten und 20 Menschen – zumeist junge Frauen – mit Spaten erschlugen. Seitdem hatte in Georgien keine politische Gruppierung mehr eine Chance, die nicht für einen radikalen Bruch mit der kommunistischen Zentralmacht eintrat[23].

Überraschend gelang es einem aus vielen Parteien und Gruppen bestehenden Wahlbündnis »Runder Tisch/Freies Georgien«, an dessen Spitze der populäre ehemalige Dissident und Professor für Anglistik Swiad Gamsachurdija trat, die Parlamentswahlen im November 1990 zu gewinnen. Gamsachurdijas Wahlbündnis errang 155 der 246 Parlamentssitze, die KP wurde mit 64 Abgeordneten Oppositionspartei. Im Dezember 1990 erklärten sich die georgischen Kommunisten für unabhängig von der KPdSU. Trotz freier Wahlen und – wie es schien – stabiler parlamentarischer Verhältnisse gelang es jedoch nicht, Georgien auf den Weg der Demokratie zu führen. Zwar setzte Gamsachurdija die staatliche Unabhängigkeit Georgiens durch, trieb das Land aber zugleich in den Bürgerkrieg. Am 31. März 1991 entschieden sich die Wähler in einem Referendum mit überwiegender Mehrheit für die Wiederherstellung der staatlichen Selbständigkeit; daraufhin erklärte das Parlament am 9. April 1991, am Jahrestag des Massakers von Tiflis, Georgien zu einem unabhängigen Staat. Ende Mai 1991 ließ sich Gamsachurdija in einer direkten Volkswahl – ebenfalls mit großer Mehrheit – zum Staatspräsidenten wählen.

[23] J. Gerber, Nationale Opposition in Georgien 1956–1990. Magisterarbeit, Phil. Fakultät, Universität Freiburg, Juli 1991.

Die Georgier waren jedoch nicht bereit, jene nationalen Rechte, die sie für sich selbst gewonnen hatten, auch den vergleichsweise kleinen nationalen Minderheiten innerhalb Georgiens zuzugestehen. In Süd-Ossetien, wo die Osseten etwa zwei Drittel der Bevölkerung bilden (Gesamteinwohnerzahl 1989: 98500), formierte sich deshalb seit 1990 eine Bewegung zur Vereinigung mit dem nördlich des Kaukasuskammes gelegenen und zur RSFSR gehörenden Nord-Ossetien. Entgegen früheren Wahlversprechungen hob das Parlament in Tiflis im Dezember 1990 den Autonomiestatus für Süd-Ossetien auf. Die Süd-Osseten versuchten, sich auch militärisch zur Wehr zu setzen; immer wieder kam es zu Gefechten zwischen georgischen und ossetischen Milizen. Allein 1991 starben mehr als 100 Menschen in diesem Kleinkrieg; Zehntausende von Osseten verließen ihre Heimat und flüchteten nach Nord-Ossetien. Während diese gegen die Minderheiten gerichtete nationalistische georgische Politik breite Unterstützung in der georgischen Gesellschaft fand, regte sich gegen das diktatorische Vorgehen Gamsachurdijas in Georgien selbst sehr bald Widerstand, der gegen Ende des Jahres 1991 das Land an den Rand des Bürgerkrieges führte. Damit war Georgien der erste Fall im postkommunistischen Osteuropa, wo politische Auseinandersetzungen militärisch zu einem Bürgerkrieg eskalierten. Überall sonst handelte es sich um gewaltsam ausgetragene nationale Konflikte und Völkerkriege. Der Präsident hatte Dutzende seiner politischen Gegner einsperren lassen, die Medien einer scharfen Zensur unterworfen und jede politische Opposition als kriminellen Banditenakt diffamiert. Im wirtschaftlichen Bereich war es nicht einmal zu Ansätzen einer Privatisierung gekommen; außenpolitisch war Georgien Ende 1991 vollständig isoliert. Als einzigem Nachfolgestaat der UdSSR war Georgien die internationale Anerkennung verweigert worden.

Nach dem August-Putsch in Moskau formierte sich in Tiflis die Opposition gegen Gamsachurdija, die zunächst mit politischen, sehr bald aber auch mit militärischen Mitteln seinen Rücktritt forderte und schließlich Anfang Januar 1992 seine Flucht aus dem Parlamentsgebäude in Tiflis bewirkte, in dem sich der Präsident zwei Wochen lang verschanzt und militärisch gegen seine Feinde verteidigt hatte. Er wurde vertrieben von einer Koalition seiner alten politischen Gegner, wie Gia Tschanturia, Vorsitzender der National-Demokratischen Partei, und seiner Mitstreiter wie Tengis Sigua, bis August 1991 Ministerpräsident unter Gamsachurdija. Auch der größere Teil der eben erst aufgestellten georgischen Nationalgarde unter dem Kommandanten Tengis Kitowani kämpfte gegen den Präsidenten. Mitte März 1992 übernahm Schewardnadse, der ehemalige Erste Parteisekretär in Tiflis und nach 1985 Außenminister der UdSSR, den Vorsitz in einem interimistischen Staatsrat. Mit Schewardnadse verband sich die Hoffnung auf innergeorgische Aussöhnung und die Einbeziehung Georgiens in die internationale Politik. Er wurde am 11. Oktober 1992 mit überwältigender Mehrheit – er war einziger Kandidat – zum Parlamentspräsidenten gewählt. Das ebenfalls neu gewählte Parlament übertrug Schewardnadse umfassende Regierungsvollmachten als Staatspräsident.

Der Kleinkrieg in Süd-Ossetien zwischen angreifenden georgischen und sich verteidigenden ossetischen Milizen eskalierte seit dem Frühjahr 1992 weiter und forderte Hunderte von Todesopfern. Unter russischer Vermittlung gelang es Mitte Juli 1992 erstmals, eine gemischte Friedenstruppe einzusetzen und die kämpfenden Gruppen in Süd-Ossetien zu trennen. Zur Friedenstruppe gehörten russische, georgische und ossetische Soldaten.

Auch im zweiten innergeorgischen nationalen Konflikt – in Abchasien – wurde von georgischer Seite – diesmal unter der eindeutigen politischen Verantwortung Schewardnadses – militärische Gewalt angewendet, als die georgische Nationalgarde separatistische Beschlüsse des abchasischen Obersten Sowjet im August 1992 mit dem Einmarsch in Suchumi beantwortete.

## Die Republik Moldova

Die nationale und demokratische Bewegung in der Republik Moldova reichte, anders als im Baltikum und in Transkaukasien, kaum in die Zeit vor 1985 zurück. Dennoch solidarisierte sich auch hier in kurzer Zeit die rumänisch sprechende moldauische Bevölkerung (1989: 64,4 Prozent der Gesamtbevölkerung von 4,3 Millionen) mit den Forderungen nach nationaler Unabhängigkeit und Abschaffung des Sowjetsystems. Das im Februar/März 1990 gewählte Parlament in Chişinău, in dem die moldauische Volksfront eine relative Mehrheit hatte, begann dafür den Rahmen zu schaffen. Der Oberste Sowjet verabschiedete ein Gesetz über die »Entpolitisierung« staatlicher und öffentlicher Institutionen, das politische Parteien in allen staatlichen Einrichtungen verbot. Amtsträger und Manager von einer bestimmten Ebene an durften keiner politischen Partei angehören. Dies Gesetz war ebenso gegen die KP gerichtet wie ein anderes, das der KP die Verfügung über die Massenmedien entzog und sie verstaatlichte. Die moldauische Volksfront verabschiedete auf ihrem II. Kongreß im Juni 1990 ein radikalisiertes Programm und definierte sich als »antikommunistische und antiimperiale demokratische Bewegung«[24]. Eine »Große Nationale Assemblee«, zu der sich am 16. Dezember 1990 nahezu 800 000 Menschen in Chişinău versammelten, lehnte einen neuen Unionsvertrag ab.

Der scharfe Kurs der Moldauisierung bzw. Rumänisierung des öffentlichen Lebens, des Bildungswesens und der Medien mit der Wiedereinführung der lateinischen Schrift für das Rumänische an Stelle der kyrillischen Schrift hat große Teile der russischen und gagausischen Minderheit in Opposition zur moldauischen Nationalbewegung getrieben. Dies haben sich kommunistische Funktionäre zu Nutzen gemacht, die sich als Anwälte der nationalen Minderheiten und zugleich als Kämpfer für den Fortbestand des sowjetischen Imperiums profilierten. Am 19. August 1990 riefen gagausische Führer im Süden der Republik Moldau eine »Gagausische SSR« aus, und am 2. September proklamierten russische Gruppen im etwa zur Hälfte von Russen und Ukrainern bewohnten Gebiet östlich des Dnestr eine »Dnestr SSR«. Damit wurde die territoriale Integrität der Republik Moldau in Frage gestellt. Die Konflikte wurden ähnlich wie in Transkaukasien auch mit Gewalt und unter Einsatz bewaffneter Milizen auf beiden Seiten ausgetragen. Zeitweise waren Wirtschaft und Transportwege lahmgelegt.

Die moldauische Nationalbewegung war in der Frage eines Anschlusses an Rumänien gespalten. Die Volksfront trat für eine rasche Vereinigung mit Rumänien ein, dadurch verschärfte sich der Gegensatz zu den nichtrumänischen nationalen Minderheiten, vor allem zu den Russen und Ukrainern, die eine Einverleibung in einen rumänischen Nationalstaat strikt ablehnten. Dagegen verfocht Präsident Mirzea Snegur eine gemäßigte und abwartende Linie in dieser Frage. Snegur war nach den Wahlen 1990 zunächst Parlamentspräsident geworden und hatte sich im Dezember 1991 ohne Gegenkandidaten in einer Volkswahl zum Staatspräsidenten wählen lassen. Er trat gegen eine rasche Vereinigung mit Rumänien ein und konnte damit seine Popularität zum Nachteil der Volksfront ausbauen. Zahlreiche Parlamentarier und große Wählergruppen schwenkten zu ihm über. Snegur verfocht das Prinzip »ein Volk, zwei Staa-

[24] V. Socor, Political power passes to democratic forces. In: Report on the USSR, 4. Jan. 1991, S. 24.

ten«, schloß aber andererseits langfristig eine Annäherung an Rumänien nicht aus. Mit dieser Position kam er den nationalen Minderheiten innerhalb Bessarabiens ein Stück entgegen, vor allem aber artikulierte er die Interessen derjenigen, die eine gerade erst erworbene Selbständigkeit und Eigenstaatlichkeit nicht sogleich wieder zugunsten Bukarests aufgeben wollten, zumal die inneren und ökonomischen Verhältnisse Rumäniens zu dieser Zeit wenig attraktiv erschienen. Es bestätigte sich auch in diesem Fall die überall im nachkommunistischen Osteuropa beobachtete Erfahrung, daß Grenzen nicht verschiebbar waren, selbst wenn diese Grenzziehung als historisches Unrecht beklagt wurde.

Die Republik Moldau traf ähnlich wie die Ukraine, Aserbaidshan und Georgien nach dem August-Putsch in Moskau 1991 die politische Entscheidung, eine eigene Armee aufzustellen. Deshalb unterstellte Präsident Snegur zwischen September und November 1991 durch eine Reihe von Dekreten alle bewaffneten Einheiten auf dem Territorium der Republik Moldau dem eigenen Oberbefehl und beanspruchte alle Waffen und Immobilien der Truppen für die Republik. Zugleich wurden alle Soldaten aus der Moldau, die außerhalb der Republik Dienst bei den Streitkräften der UdSSR taten, aufgefordert, in die Heimat zurückzukehren und dort in die moldauischen Streitkräfte einzutreten. Der KGB wurde aufgelöst und die Gründung eines neuen nationalen Sicherheitsdienstes in Angriff genommen[25].

Zu einer schweren Belastung entwickelten sich 1992 die separatistischen Bestrebungen der Dnestr-Republik links des Dnestr, die sich auch auf russisch-ukrainische Brückenköpfe rechts des Dnestr, vor allem auf Bendery, auszudehnen versuchte. Die Angst vor der angeblich bevorstehenden Vereinigung Moldovas mit Rumänien brachte der Dnestr-Republik eine gewisse Unterstützung bei der nicht-moldauischen Bevölkerung der Region. Von den 600000 Menschen östlich des Dnestr waren (1989) 40 Prozent Moldauer, 28 Prozent Ukrainer und lediglich 25 Prozent Russen. Das Industrierevier in und um Tiraspol war dennoch sprachlich und kulturell russisch geprägt. Die Führung der Dnestr-Republik stützte sich auf antidemokratische russische zivile und militärische Kräfte, die für die Erhaltung bzw. später die Wiederherstellung der UdSSR und die Bewahrung des Sozialismus eintraten. Teile der dort stationierten 14. Sowjetarmee bildeten nur schwach verhüllt den militärischen Schutzschild. Sie wurden

[25] V. Socor, Moldavia builts in new state. In: RFE/RL Research Report, 3. Jan. 1992, S. 42–45.

durch Kosaken-Freiwillige verstärkt, die aus vielen Teilen Rußlands herbeieilten, um die »Heimat« zu verteidigen. Der Konflikt erhielt dadurch zusätzlich internationales Gewicht, daß sich die Radikal-Nationalen in Rußland bis hin zu Vizepräsident Ruzkoj und Verteidigungsminister Gratschow mit den Sezessionisten und »unterdrückten Landsleuten« am Dnestr solidarisierten.

Seit März 1992 eskalierten die zuvor eher sporadischen bewaffneten Zusammenstöße zu umfangreichen militärischen Aktionen, bei denen bis zum Juli mehrere hundert Tote, vielfach unter der Zivilbevölkerung, zu beklagen waren. Ende Juli rückte eine auf Anregung der russischen Regierung zustandegekommene Friedenstruppe aus Angehörigen der russischen und moldauischen Armee sowie der Dnestr-Gardisten in die Kampfzone am Dnestr ein und setzte einen Waffenstillstand durch. Die russische und ukrainische Regierung forderten zur politischen Lösung des Konflikts einen Autonomiestatus für das Gebiet östlich des Dnestr innerhalb der Republik Moldau sowie im Falle einer Vereinigung mit Rumänien ein Referendum, bei dem die Bewohner über Anschluß oder Selbständigkeit entscheiden sollten.

## Die Ukraine und Weißrußland

Die Ukraine hat bei der Auflösung der Sowjetunion eine besondere und zentrale Rolle gespielt, die in mancher Hinsicht überraschend war und eine entscheidend veränderte Kräftekonstellation in Osteuropa geschaffen hat[26]. Der Grund liegt nicht nur darin, daß die Ukraine mit 51,4 Millionen Einwohnern (1989), von denen 72,6 Prozent Ukrainer sind, nach Rußland mit Abstand der größte Staat Osteuropas ist. Von der Ukraine ist vielmehr in der Schlußphase der Auflösung der Sowjetunion im Jahre 1991 die wesentliche Initiative ausgegangen. Dies war aus zwei Gründen überraschend: Die Ukraine und die Ukrainer sind durch Sprache, Kultur und historische Tra-

[26] Zur Nationalbewegung in der Ukraine allgemein: Ukraine: From Chernobyl to sovereignty. A collection of interviews. Hrsg. R. Solchanyk, Houndsmill 1992; E. Lüdemann, Bewegung in der Ukraine – von der »Ukrainisierung« zur Unabhängigkeit. In: Osteuropa 9, 1990, S. 833–848; R. Göbner, Die demokratische Opposition in der Ukraine. In: Osteuropa 9, 1991, S. 864–875.

ditionen eng mit Rußland verbunden; deshalb hatte sich insbesondere in Rußland die Vorstellung entwickelt, selbst bei einem Auseinanderbrechen der Sowjetunion würden doch die drei ostslawischen Nationen und Republiken eng beieinander bleiben. Zum anderen hatte sich die ukrainische Nationalbewegung erst 1989 organisatorisch konsolidieren können und war anfangs keineswegs einhellig und eindeutig auf die Schaffung eines unabhängigen ukrainischen Nationalstaates fixiert. Erst seit Jahresbeginn 1991 und noch deutlicher seit Sommer 1991 – vor dem August-Putsch – stand dieses Ziel im Zentrum. Ein breites Spektrum der politischen Kräfte in der Ukraine von den Reformkommunisten bis zur »Ukrainischen Republikanischen Partei« in der West-Ukraine konnte sich auf dieses gemeinsame Ziel einigen. Der Reformkommunist Leonid Krawtschuk wurde zum Exponenten und Motor dieser Politik.

Zunächst hatte sich die kommunistische Partei erbittert gegen die nationale Bewegung und die Demokratisierung zur Wehr gesetzt. Bis Ende 1989 war auch Glasnost in der Ukraine gegenüber Rußland deutlich zurückgeblieben. Erst im September 1989 gab mit W.W. Schtscherbitzkij der letzte Parteichef aus der Ära Breshnew seinen Posten auf. Im Jahr darauf – besonders nach den Einbrüchen bei den Wahlen im März 1990 – versuchte die KP, auf den fahrenden Zug der Nationalbewegung aufzuspringen und übernahm auf ihrem Parteitag im Juni wesentliche Programmpunkte des früher als »extremistisch« und »nationalistisch« diffamierten »Ruch« (Bewegung). »Ruch«, in dem zahlreiche, auch miteinander konkurrierende politische Gruppierungen und Parteien zusammenarbeiteten, konnte als nationale und demokratische Dachorganisation erst nach Überwindung zahlreicher Schwierigkeiten im September 1989 seinen Gründungskongreß in Kiew abhalten. Im Herbst 1990 gab »Ruch« die Zahl seiner Mitglieder und Sympathisanten mit fünf Millionen an. Während »Ruch« anfangs für eine weitgehende Autonomie der Ukraine in einer erneuerten UdSSR eintrat, votierte der II. Kongreß im Oktober 1990 für ein weit radikaleres Programm und forderte jetzt die »volle Selbständigkeit« der Ukraine. Damit wurde die Anpassung der KP – wie in vielen anderen Republiken – überholt. »Ruch« strich außerdem aus seiner Selbstbezeichnung »Demokratische Bewegung der Ukraine für die Perestrojka« die »Perestrojka« und brachte damit zum Ausdruck, daß die Bewegung keine Hoffnungen und Erwartungen mehr auf die Gorbatschow-Führung setzte[27].

[27] R. Solchanyk, The uncertain road to independence. In: Report on the USSR, 4. Jan. 1991, S. 23; Neue Zürcher Zeitung, 17. Nov. 1990.

Auf dem III. Allukrainischen Kongreß von »Ruch« im Februar 1992 war Krawtschuk, inzwischen Präsident der Ukraine, nicht nur einer der Hauptredner, sondern er warb mit Nachdruck um die Unterstützung von »Ruch« für seine Politik. Dies zeigte symptomatisch die erdrutschartigen Verschiebungen der politischen Landschaft in der Ukraine. Krawtschuk hatte noch drei Jahre zuvor als Zweiter Parteisekretär der KP in Kiew zu jenen gehört, die die Gründung von »Ruch« verhindern wollten. Jetzt kam »Ruch« dem Präsidenten ein Stück entgegen, ohne sich doch ganz von ihm vereinnahmen zu lassen. Der Kongreß wählte drei Präsidenten an die Spitze der Bewegung, von denen der Gründungspräsident Iwan Dratsch und Michailo Horyn für eine Unterstützung des ukrainischen Präsidenten eintraten, während Wjatscheslaw Tschornowil, der wichtigste Gegenkandidat Krawtschuks bei den Präsidentschaftswahlen vom 1. Dezember 1991, dem ehemaligen kommunistischen Funktionär mit Distanz gegenüberstand und in »Ruch« eine oppositionelle Gegenkraft zum Präsidenten sah. Dratsch und Horyn schieden allerdings im Sommer 1992 aus der Führung von »Ruch« aus.

Krawtschuk brauchte die Unterstützung von »Ruch«, weil die ukrainische Volksfront jedenfalls in der Zentralukraine nach dem Ende der KP die stärkste organisierte politische Kraft war. Trotz schwerer Konflikte innerhalb der Organisation konnte eine Spaltung oder gar Auflösung der Volksfront vermieden werden. Der gemeinsame Bezug auf die Nation und vor allem die große Aufgabe der Staatsbildung in der Ukraine waren vorerst stärker als partikulare politische Interessen. Zudem bemühten sich sowohl »Ruch« als auch Präsident Krawtschuk um politischen Kompromiß und Konsens und leisteten damit einen wichtigen Beitrag zu der insgesamt erstaunlichen inneren Stabilität in der Ukraine.

Die Vielzahl der politischen Parteien, die sich hier seit 1989 ähnlich wie in Rußland bildeten, stand in umgekehrtem Verhältnis zu ihrer Bedeutung. Allerdings profilierten sich einige Parteien durch ein klares politisches Programm und eine relativ große Zahl von Mitgliedern (mehr als 3000) und könnten bei der Herausbildung eines Parteienspektrums in Zukunft ein gewisses Gewicht erlangen. Eher auf der – nach westlicher Terminologie – rechten Seite des politischen Spektrums waren die »Ukrainische Demokratische Bauernpartei« und die »Ukrainische Republikanische Partei« angesiedelt. Die Geschichte der »Ukrainischen Republikanischen Partei« ging auf das ukrainische Helsinki-Komitee zurück, eine Bürgerrechtsgruppe, die 1976 gegründet worden war. Die Partei errang bei den Wahlen 1990 in der Westukraine weitreichende Erfolge, verdrängte die Kommunisten in die Opposition und wurde in vielen kommunalen und regionalen Sowjets Mehrheitsfraktion. In der Mitte des politischen Spektrums befand sich die »Demokratische Partei der Ukraine«, die aus dem »Ruch« hervorging. Die Demokratische Partei hatte eine vergleichsweise starke Stellung im Obersten Sowjet in Kiew; ihr Vorsitzender war der ehemalige politische Häftling Jurij Badzjo. Die Reformkommunisten organisierten sich nach der Übergangsphase der »Demokratischen Plattform« in der »Partei der Demokratischen Wiedergeburt der Ukraine«. Die Kerngruppe dieser Partei löste sich 1990 von der KP und hielt Anfang Dezember 1990 in Kiew ihren Gründungskongreß ab[28].

In der zentralen Frage der Politik – Schaffung eines unabhängigen ukrainischen Staates oder nicht – näherten sich 1990 die Positionen fast aller politischen Gruppierungen einander an. Zwar beteiligte sich die ukrainische Führung anfangs an den Bemühungen zur Ausarbeitung eines neuen Unionsvertrages, die seit April 1991 von Gorbatschow mit den neun kooperationswilligen Republikführungen in Nowo-Ogarjowo bei Moskau (sogenannter Prozeß von Nowo-Ogarjowo) unternommen wurden, aber der Oberste Sowjet in Kiew lehnte am 27. Juni 1991 die parlamentarische Behandlung des Projektes für einen neuen Unionsvertrag ab und verschob die Debatte auf den Herbst. Das war eine verschleierte Ablehnung. Nach dem August-Putsch zog sich die ukrainische Führung noch weiter aus dem Nowo-Ogarjowo-Prozeß zurück, ohne jedoch die Tür ganz zuzuschlagen.

Der Oberste Sowjet in Kiew erklärte am 24. August 1991 die staatliche Unabhängigkeit der Ukraine und damit die Absicht, aus dem Staat Sowjetunion, wie er bisher bestand, auszuscheiden. Die Unabhängigkeitserklärung wurde den Wählern in einem Referendum am 1. Dezember zur Zustimmung vorgelegt; zugleich fanden Präsidentschaftswahlen statt. Das Referendum brachte ein von kaum jemandem erwartetes eindeutiges Ergebnis: 84,2 Prozent der Stimmberechtigten nahmen teil, von ihnen votierten 90,3 Prozent für die Unabhängigkeit und 7,6 Prozent dagegen[29].

Noch wichtiger mag das Ergebnis sein, daß in keinem einzigen Gebiet weniger als 50 Prozent Ja-Stimmen zu verzeichnen waren.

[28] P. Potichnyj, The multi-party system in Ukraine. Berichte des BIOst 3, 1992; Ukraïna bohatopartijna. Prohramni dokumenty novych partij. Hrsg. O. V. Haran', Kiew 1991.

[29] P. Potichnyj, Referendum and presidential elections in Ukraine. Aktuelle Analysen des BIOst, 3. Febr. 1992.

Selbst in Gebieten mit einem starken Anteil russischer Bevölkerung votierten die Wähler mit großer Mehrheit für eine unabhängige Ukraine, so zum Beispiel im Gebiet Donezk (43,6 Prozent Russen) mit 83,9 Prozent und im Gebiet Odessa (27,4 Prozent Russen) mit 85,4 Prozent. Sogar auf der Krim mit 67 Prozent russischem Bevölkerungsanteil votierten 54,2 Prozent der Wähler für die Unabhängigkeit; dies taten auch 75 Prozent der abstimmenden Soldaten der Schwarzmeerflotte. Hier wiederholte sich ähnliches wie früher in Estland und Lettland, d.h. ein beträchtlicher Anteil der russischen Bevölkerung solidarisierte sich mit den Unabhängigkeitsbestrebungen. Die Präsidentschaftswahlen konnte Krawtschuk klar für sich entscheiden; er erhielt 61,6 Prozent der Stimmen. Als einziger ernsthafter Mitbewerber gewann der aus der Westukraine kommende Tschornowil 23,3 Prozent der Stimmen, wobei er in seiner Heimat Lemberg über 70 Prozent der Stimmen erhielt.

Mit den eindeutigen Voten vom 1. Dezember 1991 war der Prozeß der Staats- und Nationsbildung in der Ukraine natürlich keineswegs abgeschlossen. Schwierige Aufgaben stehen in der Zukunft bevor; auf dem Wege zur Marktwirtschaft lag die Ukraine 1992 hinter Rußland zurück. Die Staatsbildung wird dadurch erschwert, daß die einzelnen Regionen der Ukraine sich nach demographischer Zusammensetzung, historischem Herkommen, kultureller Tradition und ökonomischer Struktur scharf voneinander abheben. Kaum eine Nation auf dem Territorium der ehemaligen Sowjetunion ist in so vieler Hinsicht gespalten wie die Ukrainer. Erst der Imperialismus Stalins hatte nach dem Zweiten Weltkrieg erstmals alle Teile der Ukraine unter dem sowjetischen Dach vereinigt; Chruschtschow fügte dann 1954 noch die Krim hinzu, die zuvor niemals zur Ukraine gehört hatte. Für die Staatsbildung kommt erschwerend hinzu, daß – zusätzlich zu den 11,3 Millionen Russen in der Ukraine – etwa zehn Prozent der Ukrainer im Lande Russisch als ihre Muttersprache angeben. Das zeigt einen Grad an Akkulturation und Assimilation, wie er sonst auf dem Territorium der früheren Sowjetunion nur noch bei den Weißrussen und bei einigen finnischen Völkern des Wolgaraumes und des Hohen Nordens vorkommt. Die Frage lautet, ob und in welcher Weise in den östlichen und südlichen Teilen der Ukraine, in denen insbesondere die Städte sprachlich und kulturell russisch geprägt sind, ein regionales Zugehörigkeitsbewußtsein zu Kiew besteht oder entstehen wird, das stark und deutlich genug artikuliert ist, um einem denkbaren russischen Irredentismus zu widerstehen.

Wie stark die Nationalbewegung nach wie vor ihre Basis in Galizien hat, bewies auch das Wiedererstehen der beiden ukrainischen Nationalkirchen, die von der Sowjetmacht verboten und verfolgt worden waren. Seit Ende 1989 konnte die »Ukrainische Griechisch-Katholische Kirche« die Katakomben verlassen. Im Juni 1990 bestanden in Galizien bereits 1592 griechisch-katholische Gemeinden. Mehr als 800 Priester verließen das Moskauer Patriarchat und schlossen sich der mit Rom unierten Kirche an. Im März 1991 kehrte das Oberhaupt der ukrainischen Katholiken, Kardinal Lubatschiwskyj, aus dem Exil nach Lemberg zurück.

Die »Ukrainische Autokephale Orthodoxe Kirche«, die schon 1930 verboten worden war, hielt im Juni 1990 in Kiew erstmals wieder ein Konzil ab, und im November wurde der im Exil in den USA lebende Patriarch Mystyslaw feierlich in der Sophien-Kathedrale in Kiew inthronisiert. Zu diesem Zeitpunkt hatte die Autokephale Orthodoxe Kirche bereits 1043 Gemeinden, die sich allerdings bis auf zehn alle in Galizien befanden. Bis Anfang 1992 wuchs die Zahl der Gemeinden auf etwa 1450. Das Ukrainische Exarchat des Moskauer Patriarchats folgte notgedrungen dem Zug zur Ukrainisierung und hieß seit Februar 1990 »Ukrainische Orthodoxe Kirche«[30].

Die Kirchenspaltung vertiefte sich nach der Unabhängigkeit. Das Oberhaupt der »Ukrainischen Orthodoxen Kirche« (Moskauer Patriarchat), Metropolit Filaret (Denisenko), wurde im Sommer 1992 wegen Nichteinhaltung des Zölibats und Amtsanmaßung abgesetzt, eine Synode in Charkow wählte im Mai 1992 Metropolit Wolodimir (Sabodan) zu seinem Nachfolger. Um seine Haut zu retten, trat Metropolit Filaret, bis 1991 scharfer Gegner jeder ukrainischen Unabhängigkeit, im Juni 1992 zur »Ukrainischen Autokephalen Orthodoxen Kirche« über. Er war durch eine lange Zusammenarbeit mit dem KGB und damit als Werkzeug der kommunistischen Führung in der Kirche stark belastet. Eine Annäherung der beiden orthodoxen Kirchen wurde weiter erschwert.

Ein erster Konflikt um die territoriale Integrität der Ukraine spitzte sich nach der Unabhängigkeit weiter zu. Auf der Krim formierte sich 1991 die »Republikanische Bewegung der Krim«, die für eine Loslösung der Krim vom ukrainischen Staat eintrat. Die Reichsbewahrer in Rußland gossen zusätzlich Öl ins Feuer, und der Ober-

[30] B. Bociurkiw, The Ukrainian Catholic Church in the USSR under Gorbachev. In: Problems of Communism, Nov./Dez. 1990, S. 1–19; S. Mardak, Kirchenstreit in der Westukraine. Aktuelle Analysen des BIOst, 12. März 1990.

ste Sowjet in Rußland hob im Mai 1992 den Beschluß von 1954 auf, durch den die Krim von der RSFSR an die Ukrainische SSR übergeben worden war. Dennoch konnte die ukrainische Regierung durch eine Mischung aus Festigkeit im Prinzip – Unantastbarkeit der territorialen Integrität – und Eingehen auf die Autonomieforderungen der Krim eine Eskalation verhindern. Die »Republik der Krim« erhielt im Juni 1992 einen gegenüber früher deutlich verbesserten Autonomiestatus mit erheblichen Selbstverwaltungsbefugnissen vor allem im wirtschaftlichen Bereich. Der Oberste Sowjet in Simferopol hatte schon Ende Mai 1992 die zunächst proklamierte »Selbständigkeit« wieder aufgehoben. Auch das vorgesehene Referendum über die Unabhängigkeit der Krim wurde abgesagt. Die in ihre Heimat zurückkehrenden Krimtataren (Mitte 1992 etwa 200000) unterstützten die Position der ukrainischen Regierung[31].

Insgesamt gehen die größeren Gefahren für die Staatsbildung von den inneren Verhältnissen aus, obwohl die ukrainische Nationalbewegung bisher durch ihren gemäßigten Kurs eine erstaunliche Stabilität hat bewahren können. Äußere Gefährdungen sind insbesondere von Rußland aus denkbar. Es gibt zahlreiche Konflikte zwischen Rußland und der Ukraine, Divergenzen bei der Wirtschaftsreform, Probleme im Zusammenhang mit der Aufteilung der Sowjetarmee und der Schwarzmeerflotte bis hin zu russischen Forderungen nach Grenzrevisionen. Allerdings könnte jeder Versuch von russischer Seite, die ukrainische Staatsbildung zu behindern, durchaus gegenteilige Wirkung haben und die Ukrainer enger aneinanderrücken lassen.

Die weißrussische Nation hat in deutlich geringerer Weise nationale Eigenständigkeit entwickelt als die ukrainische. Im vergangenen halben Jahrhundert waren Kultur, Bildungswesen, die Städte und das öffentliche Leben in hohem Maße russisch bestimmt. Dennoch hat es auch hier eine nationale und demokratische Bewegung gegeben, die ebenso wie in anderen Republiken von der kulturellen Intelligenz getragen wurde, aber – im Unterschied zu den anderen europäischen Republiken – den Widerstand der sowjetischen Apparate zunächst nicht überwinden konnte. Erst im Frühjahr 1991 formierte sich eine unabhängige Arbeiterbewegung, die mit politischen Streiks demokratische und antikommunistische Forderungen durchzusetzen versuchte.

[31] Russen und Ukrainer im Streit um die Krim. In: Neue Zürcher Zeitung, 4. Juni 1992; R. Solchanyk, The Crimean imbroglio. Kiev and Simferopol. In: RFE/RL Research Report, 21. August 1992, S. 13–16.

Die Unabhängigkeitserklärung Weißrußlands unmittelbar nach dem gescheiterten Putsch am 25. August 1991 war im Grunde eine Überlebensstrategie der weißrussischen kommunistischen Partei, die allerdings am Ende fehlschlug. Die weißrussischen Kommunisten hatten gehofft, durch diesen Schritt das in der UdSSR verhängte Tätigkeitsverbot für die KP in Weißrußland umgehen und aussetzen zu können.

Im September 1991 änderte der Oberste Sowjet den Staatsnamen in »Republik von Belarus« und wählte den gemäßigten Demokraten Stanislaus Schuschkewitsch zum Vorsitzenden des Obersten Sowjet. Im übrigen blieben die kommunistische Regierung und der kommunistisch beherrschte Oberste Sowjet weitgehend unverändert im Amt. Die Zukunft wird zeigen, wie weit es in Weißrußland zu einer selbständigen Staatsbildung kommen wird, oder inwieweit das Land Anlehnung an die Russische Föderation und/oder die Ukraine suchen wird. Die ökonomischen Voraussetzungen für eine selbständige Entwicklung sind nicht ungünstiger als anderswo, und die bisher relative politische Stabilität im Inneren ohne massive nationale Auseinandersetzungen bietet Voraussetzungen für eine politische Konsolidierung[32].

## Die Russische Föderation

Die Auflösung der Sowjetunion bedeutete sowohl Ende als auch Neubeginn. In beiderlei Hinsicht befanden sich Rußland und die Russen in einer besonderen und ungewöhnlichen Situation, die so für keine andere Nation auf dem Territorium der Sowjetunion gegeben war. Die Besonderheiten, denen sich Rußland und die Russen ausgesetzt sahen, waren vor allem negativer Art. Denn sie befanden sich auf der Verliererseite der Geschichte. Überall im zerfallenden Imperium wurden das Russische und die Russen mit »sowjetisch« gleichgesetzt. Die Russen waren von den anderen vielfach als die Träger und die Agenten des nun abgelehnten und vielfach verhaßten Zentralstaates und der kommunistischen Herrschaft erfahren worden. Selbstverständlich war eine solche globale Gleichsetzung in hohem Maße historisch falsch und ungerecht. Sie war dennoch eine

[32] K. Mihalisko, Belorussia: Setting sail without a compass. In: RFE/RL Research Report, 3. Jan. 1992, S. 39–41.

Realität. Das gescheiterte bolschewistische Experiment hat den Russen, ihrer Kultur, ihrer Sprache und ihrer Tradition großen Schaden zugefügt, der noch lange nachwirken wird. Die jahrhundertealte Kraft und Fähigkeit des russischen Volkstums zu Akkulturation und Assimilation sind nachhaltig beeinträchtigt worden. Gleiches gilt für die Fähigkeit der russischen Politik zu Staats- und Reichsbildung. Wahrscheinlich wird es der russischen Sprache nicht gelingen, unbeschädigt aus dem kolonialen Zeitalter hervorzugehen, wie das die englische Sprache vermocht hat. Die russische Sprache als Medium der internationalen Kommunikation wird nicht nur aus Ostmitteleuropa weitgehend verschwinden, sondern ihre Rolle wird auch auf dem Territorium der ehemaligen Sowjetunion stark zurückgehen. Die gewaltige Verlustrechnung für über 70 Jahre historischen Irrweg bekommen weitgehend die Russen und Rußland präsentiert[33].

Aber Rußland findet sich auch noch in einem anderen Sinn auf der Verliererseite der Geschichte wieder. Während die Renaissance der nationalen Idee für alle anderen Völker nationale Selbstbestimmung, Unabhängigkeit und Eigenständigkeit bedeutet, muß das russische Nationalbewußtsein den Verlust des Imperiums verkraften und sich außerdem darauf einstellen, daß in Zukunft viele Millionen ethnischer Russen außerhalb des russischen Staates leben werden. In der neueren russischen Geschichte seit dem 16. Jahrhundert hat es keine größeren Gruppen von Russen außerhalb des russischen Staates gegeben, sieht man einmal von den verschiedenen Wellen der Emigration nach 1917 ab. Am Ende der Geschichte der Sowjetunion wendeten sich nicht nur die baltischen, viele kaukasische Völker und die Ukrainer vom alten Staatsverband ab, der einmal das Russische Reich gewesen war, sondern separatistische Tendenzen regten sich selbst bei den Tataren, »Rußlands ersten Nationalitäten« (Andreas Kappeler), die seit Mitte des 16. Jahrhunderts in Symbiose mit den Russen gelebt hatten.

Angesichts dieser Situation kann es nicht verwundern, daß sich in Rußland – mehr noch als anderswo – nach dem Ende des Kommunismus ein großes geistig-politisches Vakuum auftat. Die Orientierungslosigkeit suchte sich oft Ausdruck in apokalyptischen Szenarien von Ausweglosigkeit und Untergang. Für die anderen bedeutete die Hinwendung zur Nation die Hoffnung auf

[33] Die Russen. Ihr Nationalbewußtsein in Geschichte und Gegenwart. Hrsg. A. Kappeler, Köln 1990; R. Szporluk, Dilemmas of Russian nationalism. In: Problems of Communism, Juli-August 1989, S. 15–35.

Konsolidierung und Sicherheit in der Zukunft, für die Russen aber den Verlust des Reiches, ja die Befürchtung vom Ende der russischen Geschichte. Denn das russische nationale Bewußtsein war bisher – und damit unterschied es sich von der europäischen Normalität – stets auf das Reich, auf den Staat und nicht auf die Nation gerichtet gewesen, wobei dieser Staat immer als ein Vielvölkerstaat mit russischer Dominanz vorgestellt wurde. Der Rückgriff auf die Nation bedeutete also in Rußland, das Ende des Imperiums zu akzeptieren. Es kann nicht verwundern, daß große Gruppen innerhalb der russischen Intelligenz und politischen Öffentlichkeit zunächst nicht bereit waren, diesen Schritt zu tun und die Konsequenzen hinzunehmen.

Die geistig-politische Krise verschärfte sich dadurch weiter, daß andere politische Werte, wie Demokratie, Rechtsstaat oder marktwirtschaftliche Ordnung, bei weitem nicht die gleiche mobilisierende und motivierende Kraft zu entfalten in der Lage sind, wie die nationale Idee. Im übrigen waren auch diese Werte in Rußland keineswegs unumstritten und einigendes Fundament für alle politischen Parteien und Bewegungen. Abgesehen von der immer kleiner werdenden Zahl von aufrechten Stalinisten und Kommunisten gab es am Ende der achtziger Jahre in Rußland nur eine gemeinsame Zielsetzung, auf die sich ein breites Spektrum politischer Gruppen verständigen konnte: die Abschaffung des Sowjetsystems in seiner bisherigen Gestalt. Was aber an seine Stelle treten sollte, darüber gab es nicht nur keinen Konsens, sondern es fehlten weithin theoretische oder praktische Zukunftsentwürfe. Auch die Dissidentenbewegung seit den sechziger Jahren hatte keine konsensfähigen politischen Alternativen erarbeitet; sie hatte sich ebenfalls auf die Ablehnung des Sowjetsystems und auf das Eintreten für die Bürgerrechte zurückgezogen. Dies waren keine ausreichenden politischen Zukunftsentwürfe. So beruhte die Fortdauer des Sowjetsystems bis zum Ende der achtziger Jahre weniger auf seiner inneren Stabilität und Überzeugungskraft als vielmehr auf dem Mangel an Alternativen.

Welche Wege führten nach dem Ende des Kommunismus aus der Orientierungslosigkeit in Rußland heraus? Wie konnte durch politisches Denken und Handeln aus dem Ende der Sowjetunion ein Neuanfang für Rußland werden? Auch Rußland begab sich auf den Weg der nationalen Erneuerung, der nationalen Souveränität. Aber dieser Weg führte wegen des Verlustes des Imperiums in eine schwere Identitätskrise. Es gab wohl keine andere Option. Die nationale Idee war in den ersten Jahren der Perestrojka vor allem von extremen rechten, chauvinistischen und antisemitischen politischen Gruppen hochgehalten worden[34]. Dies war einer der Gründe, weshalb sich die demokratischen Kräfte von ihr distanzierten und stolz darauf waren, eben keine »Nationalisten«, sondern reine Demokraten zu sein. Dagegen fand die nationale russische Idee, je weiter sich die Krise der Einparteiherrschaft zuspitzte, um so mehr Anhänger in den alten Apparaten und unter den orthodoxen Funktionären. Sie forderten nun eine eigene kommunistische Partei für Rußland, ein eigenes russisches Zentralkomitee, engagierten sich für eine russische Akademie der Wissenschaften und machten sich überhaupt zum Anwalt vernachlässigter russischer Interessen. Ein Ergebnis dieser Bestrebungen war die Gründung einer eigenen KP der Russischen Föderation 1990, die ein Sammelbecken der Reaktionäre wurde. So kam es zu jenem ungewöhnlichen Zusammengehen zwischen Altkommunisten und Russisch-Nationalen, das durch gemeinsame antiwestliche und antiliberale Grundpositionen verbunden war[35]. Beide Seiten unternahmen Anfang März 1992 einen neuen Versuch, sich auch organisatorisch zu einer »Vereinigten Opposition« zusammenzuschließen[36].

Die demokratischen Kräfte unter ihrer Integrationsfigur Jelzin bezogen erst seit 1990 das nationale Thema stärker und systematisch in ihre Selbstdarstellung und in ihre politische Programmatik ein. Für sie war die Forderung und Durchsetzung der Souveränität für die Russische Föderation ein wichtiger Hebel im Kampf gegen das Zentrum. Die Souveränitätserklärung der Russischen Föderation wurde am 12. Juni 1990 fast einstimmig (907 Ja-Stimmen, 13 Nein-Stimmen, 9 Enthaltungen) vom Volkskongreß der RSFSR verabschiedet. Nach der Entmachtung des Zentrums betrieb die Jelzin-Führung eine ambivalente Politik, in der sich die russische Identitätskrise widerspiegelte. Einerseits machte die russische Regierung deutlich, daß sie nicht bereit war, sich einer anderen staatlichen Autorität, etwa in der Form einer neuen Union, unterzuordnen. Hierin stimmten ihr die ukrainische Regierung und manche andere Republikführer zu, deshalb konnte man sich leicht gemeinsam auf die Unverbindlichkeit der GUS einigen. Auf der anderen Seite beanspruchte Rußland – und zwar allein – die Rechtsnachfolge der Staatlichkeit der UdSSR. Rußland war im Gegenzug bereit, zum Beispiel

[34] E. Neuhofer, »Pamjat'« in der Tradition des russischen Nationalismus? Magisterarbeit, Sozialwiss. Fakultät, Ludwig-Maximilians-Universität München, 1991.

[35] Vgl. dazu oben Kapitel III und IV, S. 43 ff.

[36] Sovetskaja Rossija, 10. März 1992; Frankfurter Allgemeine Zeitung, 12. März 1992.

die Rückzahlung der Auslandsschulden der Sowjetunion zu administrieren und zu garantieren.

Auch in der Frage der Sowjetarmee und der künftigen Organisation der Streitkräfte blieb die Position der russischen Regierung wohl bewußt undeutlich. Zum einen hielt sie an der Position gemeinsamer nicht nur nuklearer, sondern auch konventioneller Streitkräfte aller Nachfolgestaaten fest, andererseits aber hatte Präsident Jelzin schon seit 1990 immer wieder davon gesprochen, daß Rußland eigene Streitkräfte brauche. Zunächst war nur von einer zahlenmäßig begrenzten Nationalgarde die Rede, seit dem Ende der UdSSR wurde jedoch auch öffentlich davon gesprochen, daß der Aufbau einer russischen Armee denkbar sei. Die russische Regierung war offenbar daran interessiert, in dieser Sache den anderen Nachfolgestaaten den Schwarzen Peter zuzuschieben, um dann den Aufbau einer russischen Armee mit dem Hinweis darauf rechtfertigen zu können, daß nach dem Vorpreschen der anderen Rußland nun keine andere Wahl habe. Dieser Zeitpunkt trat im Frühjahr 1992 ein. Im März wurde ein russisches Verteidigungsministerium geschaffen, und Präsident Jelzin übernahm zunächst die Funktion eines russischen Verteidigungsministers. Im Mai wurde Armeegeneral Pawel Gratschow auf diesen Posten berufen. In der Wirtschaftspolitik verlangte Rußland, wie die anderen auch, Abstimmung und Koordination sowie die Aufrechterhaltung oder Wiederherstellung eines gemeinsamen Wirtschaftsraumes. Tatsächlich aber übernahm Rußland seit Herbst 1991 die Rolle einer wirtschaftspolitischen Vormacht, die durch ihre rigorosen Maßnahmen, insbesondere die Freigabe der Preise, die anderen de facto zwang, Rußlands Beispiel zu folgen.

Vielfach zeigte sich also, daß die russische Regierung zwar einerseits wie eine souveräne nationalstaatliche Regierung handelte, andererseits aber gegenüber den anderen Nachfolgestaaten nicht als gleiche unter gleichen auftrat. Dies führte insbesondere zu Konflikten mit der Ukraine, dem nach Rußland mit Abstand größten und potentesten Nachfolgestaat. Die Loslösung der Ukraine war für das russische National-und Staatsbewußtsein ein schwerer Schlag. Die von den Russen größtenteils als Verlust erlebte Staatsbildung der »Kleinrussen« dürfte das Verhältnis der Ukrainer und der Russen noch auf längere Zeit belasten. Die Entschlossenheit der Ukrainer zu einer selbständigen Staatsbildung kam für die politisierten Gruppen in der russischen Gesellschaft – von wenigen Ausnahmen abgesehen – sehr überraschend. Kaum jemand in Moskau hatte bisher das ukrainische Problem ernst genommen. Auch die demokratische

Publizistik in Rußland reagierte mit ungläubigem Staunen und dann vielfach mit Herablassung und Ressentiment auf die Entschlossenheit der Ukrainer, sich vollständig von der russischen Staatlichkeit zu trennen. Auch viele derjenigen, die bereit waren, die Balten oder die Kaukasier aus dem gemeinsamen Staatsverband zu entlassen, akzeptierten das Ausscheiden der Ukrainer nicht, die – so lautete das Argument – »seit tausend Jahren« mit dem russischen Volk in einem Staat verbunden seien, dessen »historischer Kern« bewahrt werden müsse. Dabei blieb außer acht, daß große Teile der heutigen Ukraine viel später Teile des Russischen Reiches geworden waren als zum Beispiel das heutige Estland und Lettland.

Die russische Regierung erkannte in zahlreichen Abkommen und Vereinbarungen die ukrainische Selbständigkeit und territoriale Integrität an, aber die russische Publizistik, der Oberste Sowjet und eine ganze Phalanx führender russischer Politiker äußerten immer wieder Vorbehalte und legten die Fundamente für einen russischen Revisionismus und Revanchismus, von dem in Zukunft Gefahren für die Stabilität ausgehen können. Große Teile der öffentlichen Meinung engagierten sich insbesondere für die 11,3 Millionen Russen in der Ukraine und weitere fast 14 Millionen in den anderen ehemaligen Unionsrepubliken der Sowjetunion. Die mangelnde Akzeptanz für das Ende des Imperiums fand ihren Ausdruck auch darin, daß in der russischen politischen Sprache 1992 zwei neue Termini geprägt wurden: das »nahe Ausland« für die anderen Nachfolgestaaten der UdSSR und das »ferne Ausland« für den Rest der Welt.

Die Staatskrise nach dem Ende der Sowjetunion wurde innerhalb der Russischen Föderation um so bedrohlicher empfunden, als die territoriale Integrität der Russischen Föderation keineswegs als gesichert gelten konnte. Die Grenzziehung war in der Stalinzeit vielfach willkürlich vorgenommen worden, so daß große Regionen, die überwiegend von Russen bewohnt waren, zum Beispiel im nördlichen Kasachstan, außerhalb der Russischen Föderation lagen. Innerhalb der Russischen Föderation entstanden bei einigen Völkern, insbesondere bei den Tschetschenen im nördlichen Kaukasus und bei den Tataren im mittleren Wolgaraum, separatistische politische Bewegungen. Der Drang nach »Souveränisierung« griff aber auch auf ethnisch russische Gebiete, so etwa das Erdöl- und Erdgasgebiet Tjumen, über. Die wirtschaftlich Reichen – und dazu gehört auch Tatarstan – forderten Selbstverwaltung und insbesondere das Recht, ihren Reichtum zuerst zur Linderung der eigenen Not zu verwenden, statt ihn an die russische Regierung nach Moskau abzuführen. Die noch in kommunistischer Zeit gewählten lokalen und regionalen Sowjetorgane machten sich zum Anwalt der örtlichen ökonomischen Interessen. Die spontan von unten vor sich gehende »Souveränisierung« innerhalb Rußlands bedeutete eine Bedrohung für den Fortbestand der Staatlichkeit.

Es wiederholten sich hier Vorgänge, die aus der russischen Geschichte nicht unbekannt waren: Der russische Staat war gerade wegen seiner hochgradigen Zentralisierung in Schwächeperioden anfällig für Zerfall und anarchische Auflösung. Dennoch spricht manches dafür, daß sich das Ende des Staates Sowjetunion nicht noch einmal auf der Ebene der Russischen Föderation wiederholen wird. Immerhin sind 81,5 Prozent (1989) der Bevölkerung ethnische Russen; in neun der 20 nationalen Republiken innerhalb der Russischen Föderation bilden die Russen die absolute Bevölkerungsmehrheit, in weiteren drei stellen sie die relative Mehrheit. Auch in acht der zehn Autonomen Kreise und im Jüdischen Autonomen Gebiet Birobidshan sind sie – häufig mit großem Abstand – die Bevölkerungsmehrheit. Bestrebungen, die Russische Föderation zu verlassen, sind bisher auf Tschetschenien und Tatarstan beschränkt geblieben. Allerdings wurden fast überall Forderungen nach größerer Selbstverwaltung und Mitsprache bei gesamtstaatlichen Entscheidungen erhoben und insgesamt die Einführung föderativer Grundsätze bei der Neuordnung der Staatsgewalt verlangt. Diese Tendenz steht im Widerspruch zum Verlauf der russischen Geschichte in der Neuzeit, entspricht aber den Erfahrungen und Erfordernissen einer modernen Gesellschaft.

Die Jelzin-Führung hoffte, durch eine neue Verfassung und einen Föderationsvertrag die Selbständigkeitsbestrebungen der nationalen und territorialen Gebietseinheiten auffangen und die spontane »Souveränisierung« in die Bahnen einer geordneten Föderalisierung lenken zu können. Ein erster erfolgreicher Schritt in dieser Richtung war die Unterzeichnung eines Föderationsvertrags über die Kompetenzabgrenzung zwischen der Föderation und ihren Gliedern am 31. März 1992, dessen Inhalt keinen Zweifel daran läßt, daß die wichtigsten Attribute der Staatlichkeit bei der Föderation liegen. Der Vertrag, der Teil der Verfassung der Russischen Föderation werden soll, wurde von 18 nationalen »souveränen« Republiken, 49 (russischen) Gebieten *(oblast')* und Regionen *(kraj)*, den Städten Moskau und Sankt Petersburg, dem Jüdischen Autonomen Gebiet und 10 Autonomen Kreisen *(okrug)* unterzeichnet und im April vom Volkskongreß der RF angenommen.

Lediglich Tschetschenien und Tatarstan verweigerten vorerst die Unterschrift. In Tatarstan hatten sich am 21. März 61 Prozent der

Teilnehmer an einem Referendum (Wahlbeteiligung 81,6 Prozent) für eine weitgehende Selbständigkeit ausgesprochen, die von radikalen tatarischen Nationalisten als Loslösung aus der Russischen Föderation, von der derzeitigen Regierung in Kasan und gemäßigten Kräften aber als Votum zum Verbleib in der RF auf der Basis »gleichberechtigter Verträge« interpretiert wurde.

Die Tschetschenen sind das größte der von Stalin deportierten Kaukasus-Völker. Sie haben sich sowohl zuvor als auch nach ihrer Rückkehr in den Kaukasus in der zweiten Hälfte der fünfziger Jahre als weitgehend resistent gegenüber einer Sowjetisierung erwiesen. Tschetschenien erklärte im November 1991 unter dem zum Präsidenten gewählten ehemaligen General der Sowjetarmee Dudajew seine Unabhängigkeit von Rußland. Obwohl dieser Austritt aus der RF auch in Tschetschenien nicht unumstritten ist, dürfte nach der historischen Erfahrung mit diesem Volk eine Rückkehr der Tschetschenen in den russischen Staatsverband unwahrscheinlich sein. Die russische Regierung begab sich auf den Weg der de facto Anerkennung dieses Sachverhaltes und konstituierte im Juni 1992 die Republik der Inguschen, die zuvor mit den Tschetschenen eine gemeinsame Republik gebildet hatten, als eigenständige Gebietskörperschaft im Verband der RF.

Auch Rußland wird in Zukunft nicht mehr allein aus Moskau regiert werden können, aber Föderalisierung und Regionalisierung des riesigen Landes bieten durchaus eine Chance, den Staat zu erhalten und zu konsolidieren. Dieser Staat wird in stärkerem Maße als die frühere Sowjetunion ein Nationalstaat der Russen sein, er wird aber auch das jahrhundertealte Erbe des Russischen Reiches weiterzutragen haben, für zahlreiche nichtrussische Völker Heimat zu sein.

## Kasachstan und Zentralasien

Paradoxerweise haben die klassischen Kolonialregionen Rußlands und der Sowjetunion bei der politischen Auflösung des sowjetischen Imperiums nur eine untergeordnete Rolle gespielt; sie waren keinesfalls der Motor. Große Teile Zentralasiens sind erst in der zweiten Hälfte des 19. Jahrhunderts dem Russischen Reich einverleibt worden oder kamen unter russische Protektoratsherrschaft.

Zwar hat auch hier seit dem Zweiten Weltkrieg die oben beschriebene schleichende Entkolonialisierung für erheblichen sozialen Wandel gesorgt. Er bekam durch das gewaltige demographische Wachstum der islamischen Völker noch eine zusätzliche Dimension. Die Zuwachsrate der islamischen Völker war in den vergangenen Jahrzehnten etwa sechsmal so hoch wie die der Russen. Im Zwanzigjahreszeitraum zwischen 1959 und 1979 hat sich die Bevölkerungszahl der islamischen Nationen verdoppelt. Diese demographische Entwicklung spielt für das Selbstbewußtsein der politischen Eliten eine erhebliche Rolle. Während sich die Esten und Letten durch ein demographisches Nullwachstum und durch eine fortdauernde Einwanderung in ihrem Bestand bedroht fühlten, konnten die Völker Zentralasiens mit Gelassenheit auf die demographische Entkolonialisierung in der Zukunft blicken. Dies ist einer der Gründe dafür, daß der Zerfall der Sowjetunion nicht von Sowjetisch-Asien aus begonnen hat. Ein weiterer Grund war die Tatsache, daß die islamischen Republiken weiter auf ökonomische Transferzahlungen des Zentrums hofften, die in der Vergangenheit zwar unzureichend waren, aber von den politischen Führungen doch als unverzichtbar angesehen wurden. Ein dritter Grund liegt schließlich darin, daß sich die kommunistische Nomenklatura hier fast unbeschädigt über den August-Putsch 1991 hinweg hat im Amt halten können[37].

So kam das Ende des Zentrums hier unerwünscht und unerwartet. Mehr noch, die Unabhängigkeitserklärungen nach dem August-Putsch waren – außer im Falle Kyrgystans – in erheblichem Maße von dem Kalkül bestimmt, sich so vor den demokratischen und liberalen Einflüssen aus Rußland zu schützen, die dort die kommunistische Partei aus der Macht verdrängten. In den 1990 gewählten Obersten Sowjets in den fünf zentralasiatischen Unionsrepubliken und in Aserbaidshan gehörten mehr als 90 Prozent der Abgeordneten der KPdSU an. Überwiegend handelte es sich dabei nicht um schlichte Mitglieder, sondern um Vertreter der alten sowjetischen Apparate, die Rückhalt in der Klientel- und Stammesgliede-

[37] Zur Entwicklung in Kasachstan und Zentralasien allgemein: J. Critchlow, Nationalism in Uzbekistan. Boulder, Colo. 1991; Y. Ro'i, The Islamic influence on nationalism in Soviet Central Asia. In: Problems of Communism 4, 1990, S. 49–64; M. Brill Olcott, Perestroyka in Kazachstan. Ebd., S. 65–77; U. Halbach, Weißes Gold, weißer Tod... Materielle Krise und ethnische Unruhe in Sowjetisch-Zentralasien. Berichte des BIOst 2, 1991; ders., Islam, Nation und politische Öffentlichkeit in den zentralasiatischen (Unions-)Republiken. Berichte des BIOst 57, 1991; B. Brown, Central Asia emerges on the world stage. In: RFE/RL Research Report, 3. Jan. 1992, S. 51–56.

rung ihrer Völker hatten. Die Wahlergebnisse wurden durch Nichtzulassung oppositioneller Kandidaten erreicht, und oftmals dadurch, daß in einem Wahlkreis nur ein einziger Bewerber kandidierte. Nach der Einrichtung von Präsidialregimen in allen sechs islamischen Republiken wurden überall – mit der Ausnahme von Kyrgystan – die Ersten Sekretäre der KPdSU zu Präsidenten gewählt. Auch nach dem August-Putsch behielt der Parteiapparat der KPdSU – teilweise unter neuem Namen – weitgehend die Macht in den Händen. In Tadshikistan gelang es sogar dem zu Beginn der Perestrojka 1985 als Figur der Breshnew-Periode aus dem Amt entfernten Parteichef Rachmon Nabijew, sich im November 1991 zum Präsidenten der Republik wählen zu lassen. Er sah sich allerdings einer wachsenden Opposition sowohl von seiten fundamentalistischer islamischer Gruppen als auch von demokratischen Kräften ausgesetzt und mußte nach blutigen Unruhen im Mai 1992 in Duschanbe einen Teil der Macht abgeben.

Nur in Kyrgystan wurde mit Askar Akajew 1990 ein Vertreter der nichtkommunistischen Eliten zum Präsidenten gewählt. Generell waren hier die Bildung einer politischen Öffentlichkeit und die Entstehung neuer politischer Gruppierungen weiter fortgeschritten als in den Nachbarrepubliken. Akajew stellte sich als einziger führender Politiker Zentralasiens eindeutig gegen die Putschisten in Moskau und verbot anschließend die KP in Kyrgystan, deren Vermögen zugunsten des Staates eingezogen wurde.

Kasachstan befindet sich aus mancherlei Gründen in einer besonderen Situation. Der kasachische Bevölkerungsanteil beträgt nur etwa 40 Prozent an der Gesamtbevölkerung, während die Russen etwa 38 Prozent ausmachen. In den nördlichen, an Rußland angrenzenden Gebieten liegt der kasachische Bevölkerungsanteil zum Teil unter 30 Prozent. Deshalb ist für Kasachstan eine Anlehnung an Rußland lebenswichtig, damit das Land nicht zwischen einer russisch-europäischen und einer asiatisch-islamischen Orientierung zerrissen wird. Der im Dezember 1991 zum Staatspräsidenten gewählte frühere Chef der KP, Nursultan Nasarbajew, steuerte in der Nationalitätenpolitik einen gemäßigten Kurs, um sich nicht die russische Bevölkerung durch eine Politik »Kasachstan den Kasachen« zum Feind zu machen. Nasarbajew initiierte 1990 ein wirtschaftliches Reformprogramm, das einen rascheren Übergang zur Marktwirtschaft als in den Nachbarrepubliken vorsah. Der kasachische Präsident hing einer politischen Philosophie an, die Marktwirtschaft und die Fortdauer einer autoritären politischen Ordnung miteinander zu verbinden hoffte. Nasarbajew bezog sich hierbei direkt auf das Vorbild der sogenannten kleinen Tiger in Asien. Individuelle demokratische Freiheiten und oppositionelle Parteien, die die Übernahme der Macht forderten, sollten erst dann zugelassen werden, wenn eine marktwirtschaftlich organisierte Ökonomie funktionierte. Nasarbajew genoß auch unter der russischen Bevölkerung des Landes eine erhebliche Popularität.

Er war der einzige nichtrussische Staatschef, der in der Frage der Atomwaffen eine unklare Haltung einnahm. Er verpflichtete sich nicht, wie Weißrußland und die Ukraine, auf einen Zeitrahmen zum Abtransport oder zur Vernichtung der atomaren strategischen Waffen auf dem Territorium Kasachstans. Er betonte die Gleichberechtigung Kasachstans als Atommacht und forderte volle Mitsprache bei Abrüstungsvereinbarungen. Manches spricht dafür, daß es sich hier um ein politisches Pokerspiel handelte, das Ansehen und Gewicht Kasachstans auf der internationalen Bühne heben sollte. Diese Interpretation wurde auch dadurch bestätigt, daß Nasarbajew bei seinem Besuch in Washington im Mai 1992 dem amerikanischen Präsidenten zusagte, Kasachstan werde vollständig auf Atomwaffen verzichten und als eine Nichtnuklearmacht dem Atomwaffensperrvertrag beitreten.

Von den Kommunisten unabhängige, westlich orientierte, demokratische Gruppen und Bewegungen konnten in den asiatischen Nachfolgestaaten der UdSSR zunächst nur begrenzte Wirksamkeit entfalten. In Usbekistan wurden nach langer Hinhaltetaktik der Partokratie 1991 die Oppositionspartei »Erk« (Unabhängigkeit) und die Volksfront »Birlik« (Einheit) registriert und damit legalisiert. »Birlik« wurde jedoch verwehrt, bei den Präsidentschaftswahlen im Dezember 1991 einen Kandidaten gegen den kommunistischen Bewerber Karimow aufzustellen. Im Sommer 1992 kam es zu massiven Verfolgungsmaßnahmen gegen beide politischen Gruppierungen.

In Turkmenistan waren auch im Sommer 1992 oppositionelle politische Gruppen und Parteien noch verboten, darunter die Volksbewegung »Agzybirlik«. Statt dessen ließ sich Saparmurad Nijasov im Juni 1992 mit 99,5 Prozent der Stimmen in seinem Amt als Präsident bestätigen. Anlaß für die vorgezogene »Wahl« war eine neue Verfassung Turkmenistans, die ein autoritäres, undemokratisches Präsidialregime festschrieb. Danach ernannte der Präsident nicht nur die Minister, sondern auch alle Richter und den Generalstaatsanwalt. Er hatte das Recht zur Auflösung des Parlaments, wenn dies dem Ministerkabinett das Mißtrauen aussprach. Dem Parlament wurde ein »Volksrat« übergeordnet, in dem – nach dem Vorbild von

Bahrain und Kuwait – neben den Abgeordneten die vom Präsidenten ernannten obersten Amtsträger saßen. Ursprünglich vorgesehene Verfassungsartikel über ein Zensurverbot und die Einführung eines Verfassungsgerichts wurden nicht aufgenommen[38].

Neben den säkular und liberal orientierten politischen Oppositionsgruppen entstanden in den kulturell islamisch geprägten Republiken auch politische Organisationen, die einen politischen Islam zum Programm erhoben. Die bedeutendste Gruppierung war die 1990 gegründete »Islamische Partei der Wiedergeburt«, die sich als übernational und gemäßigt islamistisch verstand, d.h. ein dem Koran verpflichtetes Gemeinwesen anstrebte, Gewalt zur Durchsetzung dieses Zieles jedoch ablehnte. Die Partokratie in Usbekistan und Tadshikistan verbot sogleich die Partei und sicherte ihr damit wahrscheinlich umso günstigere Zukunftschancen. Die Bedeutung des Islam als kulturelle und religiöse Orientierung hat in Zentralasien in den vergangenen Jahrzehnten ständig zugenommen. Selbst ehemalige kommunistische Führer wie Karimow bekannten sich seit Herbst 1991 öffentlich zum Islam. Das Gewicht des Islam als politische Kraft wird voraussichtlich in der Zukunft weiter wachsen. Dennoch erscheint die Gefahr oder Hoffnung – das hängt vom Standpunkt ab – einer panislamischen Bewegung oder gar Staatsbildung von Aserbaidshan bis an die Grenzen Chinas im Süden und bis zum mittleren Wolgaraum im Norden ziemlich abwegig. Auch in den islamisch geprägten Republiken sind die Nationen die Hauptgewinner aus dem Untergang der Sowjetunion.

Große Gefahren für die Stabilität dieses Raumes gehen von den sozialen Spannungen aus, die sich in der Vergangenheit häufig ethnisch aufgeladen haben. Zentralasien ist die Region mit dem größten Bevölkerungswachstum, der höchsten Arbeitslosigkeit, der höchsten Kindersterblichkeit, den schlechtesten Wohnverhältnissen und bitterer Armut. Zentralasien war wahrscheinlich die einzige Region der Sowjetunion, wo Menschen – insbesondere Kinder – in den vergangenen Jahren verhungerten. Hinzu kommen ökologische Katastrophen von globalen Ausmaßen, insbesondere die Austrocknung des Aralsees und die Versalzung großer Teile des bewässerten Bodens als Folge der Baumwoll-Monokultur, die vor allem in Usbekistan von der Zentralmacht durchgesetzt wurde.

Wie in einem Brennglas verschärften sich die sozialen und ökonomischen Probleme noch einmal im Fergana-Tal, einer der am

[38] Š. Kadyrov, Fenomen stabil'nosti: turkmenskaja model' demokratii. In: Moskovskie novosti, 25. Juli 1992, S. 6.

dichtesten besiedelten Regionen der Erde. Hier kam es 1989 und 1990 zu Gewaltausbrüchen, die sich jedesmal gegen angeblich privilegierte ethnische Minderheiten richteten. Im Juni 1989 waren die 1944 nach Usbekistan deportierten Mescheten die Opfer. Weit über 100 Menschen starben, über 60000 Mescheten mußten aus Usbekistan evakuiert werden. Im Juni 1990 erreichten die Gewalttätigkeiten in Osch, im kirgisischen Teil des Fergana-Tals, neue Höhepunkte. Hier war die usbekische Minderheit in und um Osch das Hauptziel der Angriffe. Nach offiziellen Angaben starben 200 Menschen; tatsächlich muß mit weit mehr Opfern gerechnet werden. Zu Ausbrüchen politischer Gewalt kam es auch im Februar 1990 und wieder seit Mai 1992 in Duschanbe und im Januar 1992 in Taschkent. In diesen Fällen spielten allerdings ethnische Konflikte keine oder eine untergeordnete Rolle. Die Zukunft wird zeigen, ob die neuen unabhängigen Staaten besser in der Lage sind, mit den sozialen Spannungen umzugehen, als der alte sowjetische Zentralstaat, und ob es ihnen gelingt, die Auseinandersetzungen in gewaltfreie Bahnen zu lenken.

## Historische Diskontinuität: Von der Sowjetunion zur GUS

Als die Gorbatschow-Führung nach ihrer Amtsübernahme Reformbereitschaft verkündete, dachte sie zuletzt an die nationale Frage. Die Behauptung, daß die nationale Frage nicht nur ein zentraler Aspekt der allgemeinen Systemkrise war, sondern zum Untergang des Staates führen würde, wäre wohl von der sowjetischen Führung Mitte der achtziger Jahre als absurd abgetan worden. Die Parteiführung stand unter der Suggestion ihrer eigenen Ideologie, und diese hatte schon seit einem halben Jahrhundert die nationale Frage für »gelöst« erklärt. Bis 1988 hatte die Nationalitätenpolitik auf der Agenda der Führung einen untergeordneten Platz eingenommen. In den öffentlichen Verlautbarungen wurden die Sprachregelungen der Breshnew-Zeit fortgeschrieben, und auch in der praktischen Politik sah man keine Veranlassung zu einer Kursänderung oder gar zur Neukonzeption der Politik im Vielvölkerimperium. Erst die Massenmobilisierung der Armenier und die Armenier-Pogrome in Sumgait im Februar 1988 machten deutlich, welche Gefahren für den inneren Frieden hier drohten. Aber auch jetzt entwickelte die

Gorbatschow-Führung keine neue Konzeption zur Konfliktregulierung oder gar generell für das Zusammenleben der Völker im sozialistischen Staat. Es gab sie wohl auch nicht.

Allerdings erzwang die Dynamik der nationalen Bewegungen, daß die nationalen Probleme immer mehr in den Mittelpunkt der Innenpolitik rückten. Seit Frühjahr 1990 beherrschte die Auseinandersetzung zwischen dem Zentrum und den immer stärker werdenden zentrifugalen Kräften die Innenpolitik. Gorbatschow geriet an allen innenpolitischen Fronten in die Defensive und gab eine Grundposition nach der anderen auf. Nach dem August-Putsch ließ er sogar die KPdSU fallen. Eine Bastion war er allerdings nicht bereit zu räumen: die Erhaltung des Staates Sowjetunion. Als diese Bastion dennoch fiel, nahm er seinen Abschied aus der Politik[39].

Seit dem Frühjar 1990 hatte die Partei- und Staatsführung an dem Plan gearbeitet, einen neuen Unionsvertrag zu schließen, der den alten von 1922 ersetzen sollte. So hoffte man, der steigenden Flutwelle der Selbständigkeitsbestrebungen in den Republiken und Nationen entgegentreten zu können. Die Forderung nach einem neuen Unionsvertrag war 1988 erstmals im Baltikum und von der demokratischen Opposition in Rußland erhoben worden. Noch auf dem ZK-Plenum im September 1989, das dem Nationalitätenproblem gewidmet war, hatte Gorbatschow diesen Vorschlag zurückgewiesen. Seit dem Sommer 1990 sprach er dann wiederholt von einem neuen Unionsvertrag als der letzten Chance, Bestand und Einheit der Sowjetunion zu erhalten. Dabei betonte der Präsident stets, er werde keiner Republik den Austritt gestatten, es sei denn entsprechend dem Gesetz über den Austritt aus der UdSSR vom 3. April 1990, das in Wirklichkeit ein Gesetz zur Verhinderung des Austritts war. Im übrigen machten die Regierung und ihre Verstärker klar, daß ein Ausscheiden aus dem gemeinsamen Staat ökonomische Katastrophe, politische Anarchie und in der Konsequenz eine Gefährdung des Weltfriedens bedeuteten.

[39] Allgemein zum Übergang von der UdSSR zur GUS: G. Simon, Von der Sowjetunion zur »Union Souveräner Staaten«. In: Europäische Rundschau 4, 1991, S. 13–19; A. Sheehy, Commonwealth emerges from a disintegrating USSR. In: RFE/RL Research Report, 3. Jan. 1992, S. 5–8; dies., Unloved, illfed infant faces an uncertain future. Ebd., 21. Febr. 1992, S. 1–3; O. Luchterhandt, Das institutionelle und rechtliche Profil der Gemeinschaft Unabhängiger Staaten (GUS). In: Aus Politik und Zeitgeschichte. Beilage zur Wochenzeitung Das Parlament, 18. Dez. 1992, S.22–31. Grunddaten über die neuen Staaten bieten: R. Götz u. U. Halbach, Politisches Lexikon GUS. München 1992.

Ende November 1990 wurde der erste Entwurf eines neuen Unionsvertrages veröffentlicht, dem im März des folgenden Jahres ein weiterer folgte, mehrere Varianten wurden in den nächsten Monaten angeboten[40]. Allen diesen Entwürfen waren zwei Elemente gemeinsam: Einerseits kamen sie den Forderungen der Republiken nach Selbstbestimmung ein Stück entgegen, und jeder Entwurf ging in dieser Hinsicht weiter als sein Vorgänger. Auf der anderen Seite hielt die Gorbatschow-Führung bis zuletzt an der Forderung nach einem starken Zentrum fest, das zumindest in der Außen-, Sicherheits- und Geldpolitik die letzte Entscheidungskompetenz haben sollte. Angestrebt wurde nach wie vor eine Staatskonstruktion von oben nach unten, bei der die Zentralmacht bestimmte Kompetenzen an die Gliedrepubliken abtrat, nicht aber ihrerseits hervorging aus der Delegierung bestimmter souveräner Rechte der Republiken an das Zentrum. Insgesamt erwies sich das Vorhaben eines neuen Unionsvertrages als verhängnisvoll für die Gorbatschow-Führung. Denn bereits dieser Plan war – zumindest indirekt – das Eingeständnis, daß die Sowjetunion in ihrer derzeitigen Gestalt nicht fortbestehen konnte. Der Unionsvertrag vom Dezember 1922 und damit das staatsrechtliche Fundament wurden in Frage gestellt, ohne daß zuvor auch nur in den Grundzügen Einvernehmen über die Alternativen herbeigeführt worden wäre. Je länger die zähen Verhandlungen zwischen dem Zentrum und den Republiken sowie die öffentliche Debatte in den Medien dauerten, um so mehr entfernten sich die Positionen voneinander. Übereinstimmung bestand nur in der Ablehnung der alten, noch immer fortdauernden Sowjetordnung.

In dieser Situation erhoffte sich Gorbatschow Rückenstärkung von einem allgemeinen Referendum, das am 17. März 1991 abgehalten wurde. In dieser ersten Volksabstimmung seit Bestehen der Sowjetunion wurden die Wähler gefragt: »Halten Sie die Erhaltung der UdSSR als erneuerter Föderation gleichberechtigter, souveräner Republiken für notwendig, in der in vollem Umfang die Menschenrechte und Freiheiten jeder Nationalität garantiert sein werden?« Diese in sich widersprüchliche Fragestellung beantworteten 76,4 Prozent der Wähler mit »Ja«. Dabei blieb natürlich unklar, wer für die »souveränen Republiken« und wer für die »Föderation« gestimmt hatte. Gleichsetzen konnte man beides zwar in Worten, nicht aber in der Wirklichkeit. So konnte Gorbatschow seinen scheinbaren Abstimmungssieg nicht in einen politischen Erfolg umsetzen, zumal die drei baltischen Republiken, Armenien, Georgien

[40] Pravda, 24. Nov. 1990; 9. März 1991.

und die Moldau-Republik sogar die Teilnahme am Allunionsreferendum verweigert hatten.

Danach begann ein quälender Verhandlungsprozeß zwischen Gorbatschow und den Führungen der neun kooperationswilligen Republiken um einen neuen Unionsvertrag. Die Verhandlungspartner trafen sich am 23. April 1991 zum ersten Mal in Nowo-Ogarjowo, einer Staatsdatscha in der Nähe von Moskau. Die am Ende erfolglosen Gespräche zogen sich bis in den November hin. Immer wieder behauptete Gorbatschow öffentlich, ein neuer Unionsvertrag sei ausgehandelt, und jedesmal gab es ein Dementi entweder aus der Ukraine oder von der russischen Führung oder sogar aus Zentralasien. Der Putsch[41] verhinderte dann die für den 20. August vorgesehene Unterzeichnung eines Projektes für einen Unionsvertrag durch zunächst die RSFSR, Kasachstan und Usbekistan.

Die politischen Positionen waren nicht mehr überbrückbar. Die Putschisten schlugen zu, weil ihnen die jetzt vorgesehene Delegierung von Macht an die Republiken zu weit ging. Für andere, allen voran die Ukraine, aber auch einflußreiche Gruppen in der russischen Regierung und im russischen Obersten Sowjet, behielt auch nach dem neuen Projekt das Zentrum noch immer zu viel Macht. Auch ohne den August-Putsch wäre wohl ein Unionsvertrag am Ende nicht ratifiziert worden. Jetzt aber beschleunigte sich der Auflösungsprozeß. Denn das Zentrum beging nach einem Ausdruck des armenischen Präsidenten Ter-Petrosjan mit dem Putsch Selbstmord. Der Exponent der Zentralmacht, Gorbatschow, wurde von den Führern der zentralen Machtapparate abgesetzt. Der Widerstand gegen den Staatsstreich kam von den Republiken, vorab vom russischen Präsidenten Jelzin. Nach dem raschen Zusammenbruch des Putsches zogen die Republiken die reale Macht im Staat an sich, ein souveränes Zentrum wurde nicht wiederhergestellt.

Der Volkskongreß der UdSSR beschloß am 5. September eine Staatsstruktur für die »Übergangsperiode« und löste sich danach de facto auf. Von nun an gab es weder eine handlungsfähige Legislative noch Exekutive auf der Ebene des Gesamtstaates. Denn der neugeschaffene Staatsrat aus den Präsidenten der kooperationswilligen Republiken mit Gorbatschow an der Spitze als oberstes Exekutivorgan war keine Regierung. Der Staatsrat konnte keine alle Mitglieder bindenden Mehrheitsbeschlüsse fassen; eine neue sowjetische Regierung anstelle der nach dem Putsch zurückgetretenen wurde nicht gebildet. Die wesentlichen Attribute der Staatlichkeit gingen nach

[41] Zum Putsch vgl. oben, S. 98ff.

dem Putsch an die Republiken über. Das erst eineinhalb Jahre zuvor eingeführte Präsidialsystem auf der Ebene des Gesamtstaates verschwand sang- und klanglos.

In den folgenden Monaten schritt der Auflösungsprozeß rasch weiter fort. Hatten nach dem Ausscheiden der drei baltischen Republiken von den verbleibenden zwölf am 5. September noch zehn kooperiert, so entsandten nur noch sieben Republiken am 21. Oktober ihre Abgeordneten in den neugebildeten Obersten Sowjet, der in der »Übergangsperiode« legislative Funktionen wahrnehmen sollte. Bis Ende Oktober hatten alle ehemaligen Unionsrepubliken außer der RSFSR und Kasachstan Unabhängigkeitserklärungen verabschiedet, d.h. ihren Austritt aus der UdSSR in der bisherigen Form erklärt, Kasachstan folgte Mitte Dezember. Der Staat Sowjetunion hatte de facto aufgehört zu bestehen.

Die Jelzin-Führung nahm in dieser Situation eine unklare und widersprüchliche Position ein. Auf der einen Seite wurde betont, daß die Russische Föderation sich auf keinen Fall wieder einem Zentrum unterstellen werde, auf der anderen Seite hielt die russische Regierung daran fest, daß die Republiken nicht nur einen Vertrag über eine Wirtschaftsgemeinschaft, sondern auch über eine politische Union abschließen sollten. Die Jelzin-Regierung trat also für eine Art Staatenbund ein, machte aber nach dem August-Putsch immer stärker deutlich, daß sich die Russische Föderation – und zwar ausschließlich – als Rechtsnachfolger der UdSSR betrachtete. Rußland war also nicht bereit, sich auf die Position des Gleichen unter Gleichen einzulassen. Damit verschlechterten sich die Chancen für die Bildung eines Staatenbundes weiter. Die Widersprüchlichkeit der russischen Regierung hatte ihre Ursache in der Gespaltenheit und außerordentlich komplizierten Situation des russischen Nationalbewußtseins, von der oben die Rede war: Einerseits sollte ein russischer Staat entstehen, andererseits sollte er jedoch nicht so sein wie andere. Angestrebt wurde etwas ohne Vorbild in der neueren Geschichte und wohl auch mit nur geringen Realisierungschancen: Eine Konföderation ganz selbständiger Staaten, die ihre eigene Wirtschafts-, Außen- und Verteidigungspolitik betreiben, aber zugleich eine gemeinsame Armee unterhalten, gemeinsam Außen- und Wirtschaftspolitik machen.

Im Laufe des Herbstes 1991 verleibte sich die Russische Föderation immer ausgreifender die administrativen Strukturen und Institutionen der untergehenden UdSSR ein oder zwang sie durch die Einstellung von Geldzuweisungen zur Selbstauflösung. Die Russische Föderation übernahm die Akademie der Wissenschaften, die Staatsbank und damit die Verantwortung über die Geldemmission und löste im November etwa 70 Allunionsministerien und andere zentrale Einrichtungen auf. In seiner Rede am 28. Oktober schlug Jelzin darüber hinaus vor, das Außenministerium der UdSSR auf zehn Prozent seines derzeitigen Personalbestandes zu reduzieren.

Nach dem überwältigenden Votum der Bevölkerung für eine unabhängige Ukraine am 1. Dezember war klar, daß die Ukraine keiner – wie auch immer konstruierten – Union mehr beitreten würde. Rußland stand damit vor der Perspektive, nur mit den islamischen Republiken und Weißrußland einen neuen Staatsverband gründen zu müssen. Dies stieß auf weitgehende Ablehnung. Sowohl in Rußland als auch in der Ukraine und in Weißrußland wurde deshalb der Beschluß der drei Staatsführungen am 8. Dezember mit großer Erleichterung aufgenommen, einen losen Zusammenschluß, die »Gemeinschaft Unabhängiger Staaten«, zu schaffen. Damit war vor allem erreicht, daß die drei slawischen Staaten, die vielfach als der »historische Kern« der Sowjetunion angesehen wurden, in einer losen staatlichen Verbindung blieben. Allerdings machten die Gründungsdokumente deutlich, daß die »Gemeinschaft« keine Fortsetzung des alten Staates war. Hier handelte es sich um historische Diskontinuität. »Wir, die Republik Belarus, die Russische Föderation (RSFSR) und die Ukraine als Gründungsstaaten der UdSSR, die den Unionsvertrag von 1922 unterschrieben haben, ... erklären, daß die UdSSR als Subjekt des Völkerrechtes und als geopolitische Realität aufhört zu bestehen«, hieß es in dem am 8. Dezember unterzeichneten Abkommen zur Gründung der GUS. In einem zweiten Gründungsakt am 21. Dezember in Alma-Ata schlossen sich alle Nachfolgestaaten außer den baltischen und Georgien in der GUS zusammen, die – so hieß es in der Deklaration von Alma-Ata – »weder einen Staat, noch ein suprastaatliches Gebilde darstellt«[42]. Die GUS war also kein Subjekt des Völkerrechts.

Die Mitgliedsstaaten einigten sich auf die Beibehaltung eines »vereinigten Kommandos über die militärstrategischen Streitkräfte und die einheitliche Kontrolle über die Atomwaffen«. Allein der russische Präsident entschied nach Abstimmung mit den Staatschefs der übrigen Mitgliedsländer über den Einsatz von Atomwaffen. Alle Staaten verpflichteten sich, bis zum 1. Juli 1992 ihre taktischen Atomwaffen nach Rußland zu überstellen. Dort sollten sie

[42] Izvestija, 9. Dez. 1991; 23. Dez. 1991; Frankfurter Allgemeine Zeitung, 10. Dez. 1991; 23. Dez. 1991.

vernichtet werden. Die Ukraine und Weißrußland erklärten sich außerdem bereit, auch die strategischen Atomwaffen auf ihrem Territorium bis Ende 1994 nach Rußland zu verlegen bzw. zu vernichten. Abgesehen von der anfangs zweideutigen Position Kasachstans bedeutete dies, daß die Russische Föderation in Zukunft einzige Atomstreitmacht im Auftrage und zum Schutz aller Staaten der GUS sein sollte. Die Mitgliedsstaaten erklärten sich auch damit einverstanden, daß Rußland den ständigen Sitz der UdSSR im Sicherheitsrat der UN übernehmen sollte und folgten insoweit de facto der russischen Position, daß die Russische Föderation Rechtsnachfolger der Sowjetunion war.

Eine weitergehende Einigung unter den Mitgliedsstaaten konnte nicht erzielt werden. Man konnte sich nicht darüber verständigen, was »militärisch-strategische Streitkräfte« sind und welche Einheiten im einzelnen dazu gehören sollten. Die Ukraine und andere Staaten verstanden darunter mehr oder weniger ausschließlich atomare Streitkräfte. Die Russische Föderation dagegen versuchte, diesen Begriff extensiv auszulegen und möglichst viele Streitkräfte einem gemeinsamen Oberkommando auch in der Zukunft zu unterstellen. In diesem Zusammenhang kam es zu einem heftigen Streit zwischen der Russischen Föderation und der Ukraine um die Schwarzmeerflotte. Rußland reklamierte die Schwarzmeerflotte als strategische Streitmacht; die Ukraine forderte dagegen ihre Übernahme in die Hoheit des ukrainischen Staates. Auch der schließlich gefundene Kompromiß einer Aufteilung der Flotte war in der Praxis nicht leicht umzusetzen. Eine vorläufige Entschärfung des Konflikts wurde im August 1992 durch einen russisch-ukrainischen Vertrag erreicht, wonach die Schwarzmeerflotte vorläufig bis 1995 den Präsidenten Rußlands und der Ukraine gemeinsam unterstellt wurde.

Rußland und Kasachstan konnten sich nicht mit ihren Vorstellungen durchsetzen, zumindest für einige Jahre noch die konventionellen Streitkräfte der Sowjetarmee unter einem gemeinsamen Kommando beizubehalten. Die Ukraine, aber auch die kleineren Mitgliedsstaaten fürchteten, daß eine solche gemeinsame Armee, die natürlich von Rußland beherrscht sein würde, auf dem gesamten Territorium der früheren Sowjetunion eine Bedrohung für die Unabhängigkeit der neuen Staaten, zumindest aber eine ständige Erinnerung an die Übermacht Rußlands sein würde.

In Minsk und Alma-Ata wurde vereinbart, die Außen- und Wirtschaftspolitik zu koordinieren und für die »Bildung und Entwicklung eines gemeinsamen Wirtschaftsraumes, eines europäischen und eurasischen Marktes« Sorge zu tragen. Die Realisierung dieser Absichtserklärungen erwies sich wegen der divergierenden Interessen als schwierig, und jeder Staat suchte eigene Wege zum ordnungspolitischen Umbau der Wirtschaft. Die wichtigsten Instrumente zur Koordination in der Gemeinschaft waren die regelmäßigen Zusammenkünfte der Staatsoberhäupter, der Ministerpräsidenten und der Fachminister.

Nachdem die Obersten Sowjets der slawischen und einiger anderer – jedoch keineswegs aller – Mitgliedsstaaten die Gründungsdokumente der GUS ratifiziert hatten, trat Gorbatschow am 25. Dezember als Präsident der UdSSR zurück; die rote Fahne über dem Moskauer Kreml wurde eingeholt. Die UdSSR hörte auch formell auf zu bestehen.

Der bedeutendste Erfolg der neuen Gemeinschaft in den ersten Monaten ihres Bestehens war die unmittelbar erfolgende internationale Anerkennung aller Mitgliedsstaaten durch die Weltgemeinschaft. Neben der bilateralen völkerrechtlichen Anerkennung erfolgte die Aufnahme aller Staaten in die KSZE, die Vereinten Nationen und andere internationale Organisationen. Nur das wegen des Bürgerkrieges handlungsunfähige Georgien, das nicht der GUS beigetreten war, blieb zunächst außerhalb. Aber nachdem im März 1992 Schewardnadse die vorläufige Staatsführung in Georgien übernommen hatte, wurde auch dieser letzte Nachfolgestaat rasch in die internationale Staatengemeinschaft aufgenommen. So fand die Desintegration überraschend schnell und problemlos internationale Akzeptanz.

Zu einem neuen Instrument der Integration entwickelte sich dagegen die GUS nicht. Bereits Aufteilung und Abwicklung des Erbes erwiesen sich als außerordentlich schwierig und kontrovers, von einer gemeinsamen Bewältigung der Zukunftsaufgaben ganz zu schweigen. Insbesondere die Positionen Rußlands und der Ukraine stießen immer wieder hart aufeinander. Rußland hatte mit Berufung auf die Rechtsnachfolge der UdSSR die Hand auf den gesamten Auslandsbesitz gelegt. Es konnte zunächst keine Einigung über die Modalitäten der Aufteilung unter den Mitgliedsstaaten erzielt werden. Erst seit dem Sommer 1992 zeichnete sich eine gewisse Entspannung ab.

Für die Mitglieder der GUS standen die Prozesse der Staatsbildung im Inneren und die Einbindung in die internationalen Beziehungen nach außen im Vordergrund, nicht jedoch die Integration in suprastaatliche Strukturen im Rahmen der neuen Gemeinschaft. Die Integration wurde durch zwei Faktoren erschwert: das starke

Übergewicht Rußlands und die nicht zuletzt dadurch veranlaßten Bestrebungen der anderen Mitgliedsstaaten, sich nach außen zu orientieren, um so zumindest teilweise das Übergewicht Rußlands auszubalancieren. Die europäischen Nachfolgestaaten bemühten sich intensiv um den Anschluß an Europa, die islamischen Staaten suchten Anlehnung an die Türkei, den Iran oder auch an das reiche Saudi-Arabien.

Die Sowjetunion war nicht zuletzt deshalb auseinandergebrochen, weil ihre Teile nicht zusammengehörten. Wie sollten die Nachfolgestaaten zur Integration finden? Es gab im Grunde nur ein in die Vergangenheit gerichtetes, alle miteinander verbindendes Interesse: die Überwindung des sowjetischen Erbes. Im übrigen bestanden vielfache bilaterale und multilaterale Interessenverknüpfungen, die aber niemals alle Staaten der GUS betrafen. Die »Gemeinschaft« zeigte sich auch nicht in der Lage, zur Konfliktregelung in Transkaukasien, am Dnestr oder anderswo beizutragen. Wohl aber gelang es, die Konfliktparteien unter der Vermittlung Rußlands oder eines anderen Nachfolgestaates an den Verhandlungstisch zu bringen. Die Friedenstruppen in Ossetien und am Dnestr wurden nicht von der GUS, sondern von den am Konflikt Beteiligten und den vermittelnden Staaten gestellt.

Am weitesten im Rahmen der GUS ging der im Mai 1992 abgeschlossene »Vertrag über kollektive Sicherheit«, der im Falle der Aggression gegen ein Mitglied eine militärische Beistandsverpflichtung aller anderen vorsah. Das Verteidigungsbündnis wurde jedoch nur von Rußland, Armenien, Kasachstan, Kyrgystan, Tadshikistan und Usbekistan unterzeichnet. Hier zeigte sich die auch im politischen und ökonomischen Bereich vorläufig fortdauernde Anlehnung der zentralasiatischen Staaten an Rußland, deren Bestand in der weiteren Zukunft jedoch höchst fraglich erscheint. Armenien sucht selbstverständlich militärischen Rückhalt bei Rußland. Es hat keine Wahl.

Nirgendwo ist die Staatsbildung im Inneren abgeschlossen. Neben dem gerade erst begonnenen Umbau der Wirtschaft und den von hier zu erwartenden sozialen Folgekosten wird die Staatsbildung überall insbesondere durch zwei Probleme erschwert: die Integration der nationalen Minderheiten und latente oder akute Forderungen nach Grenzrevisionen. Einige Staaten wie die baltischen und die Ukraine haben Gesetze zum Schutz von Minderheiten erlassen. Aber erst die Zukunft kann zeigen, ob es gelingt, die Minderheiten, insbesondere die russische Minderheit, durch demokratische Verfahren in den Staat zu integrieren, oder ob sie zu einem Sprengstoff für die Stabilität werden. Die größten Gefahren gehen von der Infragestellung der Grenzen aus. Viele Grenzen zwischen den neuen Staaten sind zufällig, historisch ungerechtfertigt und umstritten; sie sind dennoch – jedenfalls derzeit – nicht verrückbar, weil es keine Übereinstimmung der betroffenen Seiten darüber gibt, was gerechte Grenzen sind. Die Frage muß offen bleiben, ob sich ausreichend gemäßigte politische Kräfte finden, die den Status quo als das kleinere Übel akzeptieren in einer politischen Gesamtsituation, die gerade durch die Infragestellung des Status quo in fast allen Bereichen charakterisiert ist.

# VII. Die Außenpolitik: Rückzug als Erfolg

Als Gorbatschow 1985 die Führung der Sowjetunion übernahm, gab es zwar Krisensymptome im ostmitteleuropäischen Hegemonialbereich, die Expansion in der Dritten Welt war offensichtlich an Grenzen gestoßen, und gegenüber dem Westen dominierte eine abweisende bis frostige Verweigerungshaltung. Dennoch war die Sowjetunion Mitte der achtziger Jahre eine Supermacht, die zwar nicht wirtschaftlich, aber doch militärisch den USA gewachsen war, sich jedenfalls außer an den Vereinigten Staaten an niemandem messen ließ. Als Macht stellte die Sowjetunion objektiv und subjektiv die Nummer zwei auf dem Globus dar; sie war in weiten Teilen der Welt politisch präsent und Weichenstellungen waren ohne ihre Beteiligung nicht möglich. Als die Sowjetunion im Dezember 1991 unterging, war ihre Weltmachtstellung schon zuvor weitgehend abgebaut worden. Insbesondere seit 1988 gab die Sowjetunion nach und nach in fast allen Teilen der Welt ihre Position als Hegemonialmacht auf, räumte ihre Einflußzonen und trennte sich von der früheren Klientel. Dies kann angesichts der oben geschilderten inneren Umbrüche im Lande nicht überraschen. Unerwartet und ohne Vorbild war aber, daß hier eine Weltmacht ihre Selbstauflösung zu einem großen Erfolg machte. Das Zurückstecken der Pfähle an allen Fronten brachte der sowjetischen Führung vor allem im Westen einen ungeahnten Prestigegewinn. Kein sowjetischer Führer hat im Westen so viel Ansehen und Vertrauen genossen wie Gorbatschow, sieht man vom Prestige Stalins bei den westlichen Alliierten während und unmittelbar nach dem Zweiten Weltkrieg einmal ab. Auch der zunehmende Niedergang im Inneren der Sowjetunion und der Autoritätsverlust Gorbatschows bei der eigenen Bevölkerung haben seinem Ansehen in der Welt kaum geschadet. Es dürfte keine historische Parallele dazu geben, daß die Führung einer Weltmacht in dem Moment den Gipfel internationaler Autorität erreichte, wo sie eben diese Weltmacht – zweifellos nicht freiwillig – liquidierte.

Zum Teil löst sich dieses Paradox auf, wenn man die Ursachen des Rückzugs bedenkt. Die Großmachtposition war bis in die fünfziger Jahre hinein mit der weltrevolutionären Ideologie gerechtfertigt worden. Bis in die Gorbatschow-Zeit hatte die Sowjetführung daran festgehalten, daß die Geschichte mit eiserner Gesetzmäßigkeit für den Sozialismus und gegen den Kapitalismus arbeitet, d.h. daß die Machtstellung der Sowjetunion und ihrer Verbündeten immer stärker und die der »imperialistischen Gegner« immer schwächer werden würde. Es ist dabei unerheblich, ob sich hinter dieser ideologischen Fassade bis zuletzt tatsächlich eine aggressive expansionistische Politik verbarg, oder ob diese Ideologie vielmehr die eigene Schwäche verhüllte. Die politische Doktrin hielt bis weit in die Zeit Gorbatschows daran fest, daß der Antagonismus zwischen der aufstrebenden Welt des Sozialismus und der absterbenden Periode des Imperialismus, d.h. vor allem die Ost-West-Konfrontation, die Grundgegebenheit aller internationalen Politik ist. Der Abbau dieser Weltsicht durch das »neue Denken« wurde in der Außenwelt mit Erleichterung aufgenommen. Die politische Doktrin von der grundsätzlichen Überlegenheit des sowjetischen Modells wurde fallengelassen, weil sich in der sowjetischen Führung die Einsicht Bahn brach, die Aufrechterhaltung dieser falschen Weltsicht könnte zu einem Zusammenbruch des sowjetischen Systems führen.

Der Kassensturz nach Übernahme der Führung durch Gorbatschow zeigte, daß sich das Land in der internationalen Politik hoffnungslos übernommen hatte. Die finanziellen und politischen Kosten der Weltmachtstellung waren in der gegenwärtigen Höhe nicht mehr aufzubringen. Der Rüstungswettlauf mit den Vereinigten Staaten, das militärische und ökonomische Engagement in der Dritten Welt sowie die Bürde der Hegemonie über die Völker Ostmitteleuropas überforderten die Kräfte. Geburtshelfer des »neuen Denkens« wurde die Neudefinition der auswärtigen Interessen der Sowjetunion. Politische Interessen sind keine objektiven Gegebenheiten, über die jederzeit und mit jedermann Übereinstimmung besteht. Vor allem seit 1987 nahm die sowjetische Führung unter dem Zwang der Verhältnisse eine Neubestimmung ihrer außenpolitischen Interessen und Prioritäten vor. Dabei haben das Außenministerium unter Schewardnadse, aber wohl auch bestimmte Teile des ZK-Apparates und wissenschaftliche Institute der Politikberatung zusammengewirkt. Eine grundsätzliche Überlegung lautete dabei, daß wohlwollende und kooperationsbereite befreundete Staaten den Interessen des Landes mehr nützen als unterdrückte Satelliten, abhängige Klientel und mächtige westliche Industriestaaten im Rüstungswettlauf. Das Zurückstecken der Pfähle – so lautete das Argument des »neuen Denkens« – erfolgte also nicht mehr oder nicht nur unter dem Zwang der Schwäche, sondern unter dem positiven Aspekt des Nutzens für das Ansehen der Sowjetunion. Zwar ist diese Rechnung nicht überall aufgegangen, aber vom Westen ist der Abbau der Konfrontation honoriert worden. Nirgendwo hat das Kalkül, ein freier Freund bringt mehr Nutzen als ein abhängiger Vasall, mehr Früchte getragen als im Falle Deutschlands.

Bei der Neudefinition der Interessen kam eine andere Überlegung hinzu: Die Reform des Sozialismus konnte nur gelingen, wenn sie in einem wohlwollenden internationalen Klima stattfand. Die Außenpolitik hatte also in der zweiten Hälfte der achtziger Jahre vor allem die Funktion, der Perestrojka im Inneren Flankenschutz zu geben. In diesem Sinne läßt sich von einer Priorität der Innenpolitik sprechen, die eine Neuorientierung der internationalen Beziehungen unausweichlich machte. Eine Perestrojka im Inneren konnte unter den Bedingungen der Konfrontation nach außen nicht erfolgreich sein, insbesondere weil Perestrojka auch auf die Kooperation mit dem Westen, die teilweise Durchlässigmachung der Grenzen und die Übernahme mancher westlicher Standards setzte. Liberalisierungen im Inneren lassen sich nicht mit einer Festungsmentalität gegenüber der Außenwelt kombinieren.

Die hervorstechenden Züge der neuen Außenpolitik waren eine wesentlich größere Bereitschaft zur Partnerschaft und zum gemeinsamen Krisenmanagement mit dem Westen sowie ein Degagement in der Dritten Welt und innerhalb dessen, was zuvor das sozialistische Lager hieß. Dabei gab es für diese neue Außenpolitik keine feste Architektur und schon gar nicht einen vorab festgelegten Zeitplan. Was im nachhinein konsequent und schlüssig wirkt, war in Wirklichkeit ein quälender Prozeß des Vorwärts und Zurück, des Bremsens und Beschleunigens. Das Ziel war die Entlastung der Weltmacht Sowjetunion von Überengagement, aber nicht ihre Demontage. Dabei ging die sowjetische Führung wohl ähnlich wie in der Innenpolitik davon aus, daß der Sozialismus über erhebliche Potentiale der Selbstheilung und Konfliktregelung verfüge, die es nur zu wecken und zu aktivieren gelte. Die Gorbatschow-Führung hatte offenbar die vage Vorstellung, innerhalb des sozialistischen Lagers und in den Ländern »sozialistischer Orientierung« in der Dritten Welt sollten reformkommunistische Kräfte die Leitung übernehmen, die ihre jeweiligen Länder auf den dort angemessenen Perestrojka-Kurs steuern würden. Für die Gewährung größerer Freiheit und Selbstbestimmung im Inneren erwartete die sowjetische Führung offenbar, daß die sozialistischen Staaten und die Klientel in der Dritten Welt Verbündete in der internationalen Arena bleiben würden.

## Der Rückzug aus Ostmitteleuropa und die Vereinigung Deutschlands

Nirgendwo hat die friedliche Auflösung des äußeren Imperiums alle Verhältnisse in kurzer Zeit so nachdrücklich verändert wie in Ostmitteleuropa. Ostmitteleuropa war nicht nur das westliche Vorfeld der Weltmacht Sowjetunion, es bildete zugleich den Kern des sogenannten sozialistischen Weltsystems. Die Expansion der Sowjetunion nach Westen nach dem Zweiten Weltkrieg war Basis und Legitimation für den Aufstieg zur Weltmacht gewesen. Diese Stalinsche Expansion hatte zugleich das Bild von der nach revolutionärer Weltherrschaft strebenden Sowjetmacht im Westen nachdrücklich und negativ geprägt. Es war insofern folgerichtig, daß die Entlassung der Völker Ostmitteleuropas in die Selbstbestimmung eine vollständige Revision des Images der Sowjetführung im Westen nach sich zog.

Dies gilt, obwohl sich der Westen seit den sechziger Jahren mit der sowjetischen Vorherrschaft über Ostmitteleuropa uneingeschränkt abgefunden hatte, ja zur Stabilisierung dieser Vorherrschaft nicht unwesentlich beitrug. Die Regierungen und die öffentliche Meinung in den Ländern Westeuropas und Nordamerikas waren bis zum Ende der achtziger Jahre weitgehend der Meinung, daß es für die Polen, Tschechen, Ungarn und die anderen Völker in absehbarer Zeit keine Möglichkeit geben würde, die sowjetische Vorherrschaft abzuschütteln. Sie waren aber darüber hinaus auch davon überzeugt, daß diese Völker – von einigen Unbelehrbaren abgesehen – sich ganz gut in ihr Schicksal gefügt hätten.

Als diese Völker 1989 das Gegenteil bewiesen, war der Westen nach kurzem Zögern dennoch bereit, sich mit ihnen zu solidarisieren. Allerdings hing diese Solidarisierung mit dem Freiheitswillen der Völker Ostmitteleuropas von einer wichtigen Vorbedingung ab: Sie sollte und durfte Gorbatschow nicht schaden. Sie setzte also die Bereitschaft der sowjetischen Führung zum Nicht-Handeln und zum Nicht-Widerstand angesichts des Kampfes der Völker Ostmitteleuropas für ihre Selbstbestimmung voraus. Dadurch unterschied sich Gorbatschow grundsätzlich von Chruschtschow 1956 und Breshnew 1968. Der Wille der Völker, sich aus der sowjetischen Vorherrschaft zu lösen, war – entgegen der überwiegenden Einschätzung im Westen – in Jahrzehnten nicht erlahmt, aber erst die Gorbatschow-Führung verzichtete auf die Anwendung von Zwangsmitteln, und das bedeutete in letzter Konsequenz militärische Gewalt, zur Aufrechterhaltung der Vorherrschaft. Insofern darf man die Entlassung der Völker Ostmitteleuropas in die Selbstbestimmung »getrost zu den Sternstunden des 20. Jahrhunderts zählen«[1].

Dies mußte einer Regierung, die von einer Neubestimmung der sowjetischen Interessen ausging, um so leichter fallen, als Ostmitteleuropa sich im Laufe der Jahrzehnte von einer Basis der sowjetischen Weltmachtstellung immer mehr in eine Bürde verwandelt hatte[2]. Dies galt sowohl politisch, weil die Hegemonialmacht ständig mit dem latenten Widerstand der Völker konfrontiert war, als auch wirtschaftlich, denn der Rat für Gegenseitige Wirtschaftshilfe (RGW) war für die Sowjetunion zuletzt ein Verlustgeschäft. Er hatte längst aufgehört, ein Instrument zur Ausbeutung der kleineren Länder Ostmitteleuropas zu sein. Allerdings ist hinsichtlich des Rückzuges aus Ostmitteleuropa das gleiche festzustellen, wie in bezug auf fast alle Ergebnisse der Perestrojka: Sie waren so von der sowjetischen Führung nicht gewollt und auch nicht antizipiert worden.

In den ersten zwei Jahren nach Gorbatschows Amtsantritt wies wenig darauf hin, daß sich das Verhältnis zu den osteuropäischen Verbündeten grundsätzlich wandeln könnte. Kurz nach Gorbatschows Amtsübernahme wurde der Warschauer Vertrag, das 1955 geschaffene Instrument zur militärischen und politischen Bindung der sozialistischen Staatengemeinschaft an die Sowjetunion, um weitere 20 Jahre verlängert. Seit 1987 machte die Gorbatschow-Führung dann deutlich, daß sie den Partei- und Staatsführungen der »Bruderländer« bei der Lösung innerer wirtschaftlicher und politischer Schwierigkeiten weitgehend freie Hand zu lassen bereit war, wobei die sowjetische Führung ihren eigenen Kurs grundsätzlich auch den Verbündeten als Vorbild nahelegte. Damit trug Gorbatschow den Spaltpilz in das »sozialistische Lager«. Während die reformorientierten kommunistischen Führungen Polens und Ungarns Anlehnung an Gorbatschow suchten, fühlten sich die orthodoxen Partei- und Staatsführungen in der DDR, der ČSSR, in Bulgarien und Rumänien von der Perestrojka bedroht und verbanden sich zu einer Ablehnungs- und Abwehrfront.

Auf der XIX. Parteikonferenz der KPdSU im Juni/Juli 1988 sprach Gorbatschow von der »Freiheit der Völker und Staaten« bei

[1] F. Oldenburg, Die Perestrojka und ihre Konsequenzen für die Osteuropapolitik. In: Sowjetunion 1990/91, München 1991, S. 286.

[2] F. Oldenburg, Osteuropa – Basis sowjetischer Weltmachtpolitik? In: Weltmacht Sowjetunion. Hrsg. G. Simon, Köln 1987, S. 211–227.

der Wahl ihres Gesellschaftssystems, ohne daß zunächst eindeutig klar war, was dies in der praktischen Politik bedeuten sollte. Die revolutionären Veränderungen in Ostmitteleuropa im kommenden Jahr ließen dann jedoch keinen Zweifel mehr daran, daß die Breshnew-Doktrin endgültig aufgegeben worden war, d.h. die sowjetische Führung verzichtete auf die Einmischung in die inneren Angelegenheiten der »sozialistischen Bruderländer«, sogar wenn diese den Sozialismus über Bord warfen. Im März 1989 stimmte Gorbatschow anläßlich eines Moskau-Besuches des ungarischen Ministerpräsidenten Németh faktisch der Einführung eines Mehrparteiensystems in Ungarn zu. Zähneknirschend akzeptierte die sowjetische Führung auch die drastische Wahlniederlage der polnischen Kommunisten im Juni 1989.

Zunächst vollzog sich die Entwicklung in Ostmitteleuropa durchaus gegensätzlich zwischen jenen Ländern, die Kurs auf Abschüttelung des sowjetischen Systems genommen hatten, und den Ländern der Ablehnungsfront, wo die Parteiführungen Gorbatschows Perestrojka als Bedrohung für sich empfanden und hinter den sowjetischen Liberalisierungstendenzen weit zurückblieben. In der DDR wurde 1988 eine Reihe von sowjetischen Zeitschriften und Filmen verboten. Die orthodoxen kommunistischen Kräfte in der UdSSR sympathisierten mit den reaktionären Führungen der sozialistischen Länder, und Gorbatschow stand von dieser Seite unter Druck, politisch und vielleicht auch militärisch zu intervenieren, um den Sozialismus in Ostmitteleuropa zu retten. Daß er dies nicht tat, gehört zu seinen größten historischen Leistungen. Dabei dürfte die Einsicht eine Rolle gespielt haben, daß auch Panzer auf längere Sicht nicht in der Lage sein würden, das äußere Imperium zu bewahren.

Indizien sprechen dafür, daß die Gorbatschow-Führung den Sturz der reaktionären kommunistischen Führungen in der DDR, in der Tschechoslowakei und in Bulgarien gefördert hat. Dies geschah offenbar in der Erwartung, so die Selbstheilungskräfte des Sozialismus zu stimulieren – eine Erwartung, die sich nicht erfüllte. Die Gorbatschow-Führung hatte offenbar die vage Vorstellung, die Zwangsgemeinschaft der Staaten des Warschauer Paktes durch einen freiwilligen Zusammenschluß auf der Basis ähnlicher Interessen und wechselseitigen Vorteils ersetzen zu können. Sie unterschätzte dabei die tiefsitzende und in Jahrzehnten ausgebildete Aversion gegen die sowjetische Dominanz in Ostmitteleuropa und die Entschlossenheit der Völker, sich vom Osten ab und dem Westen zuzuwenden, auch wenn das mit erheblichen ökonomischen Kosten verbunden war. Die von der sowjetischen Führung unterstellte Gemeinsamkeit der Interessen gab es aus der Sicht der neuen, antikommunistischen Führungen in den Staaten Ostmitteleuropas nicht. Auch die auf sowjetische Initiative zustande gekommene gemeinsame Verurteilung der Intervention in der Tschechoslowakei 1968 durch die Führer der Staaten des Warschauer Paktes Anfang Dezember 1989 änderte an dieser grundsätzlichen Lage nichts. Die gemeinsamen Interessen der Staaten des Warschauer Paktes stellten sich nicht ein.

Im Gegenteil, Entflechtung, Auflösung der bestehenden Bindungen und Strukturen wurden die entscheidenden politischen Forderungen seit 1989. Die neuen, nichtkommunistischen Regierungen verlangten einen raschen Rückzug der sowjetischen Truppen aus ihren Staaten. Sie sahen darin eine wesentliche Voraussetzung für ihre Sicherheit und Souveränität. Die sowjetische Regierung schloß mit der Tschechoslowakei am 26. Februar und mit Ungarn am 10. März 1990 eine Vereinbarung über den vollständigen Abzug aller sowjetischen Streitkräfte bis zur Jahresmitte 1991. Sehr viel schwieriger gestalteten sich die Verhandlungen mit Polen, weil einerseits die polnische Regierung ebenfalls auf schnellen Abzug aller sowjetischen Truppen drängte, die UdSSR jedoch die rückwärtigen Verbindungen aufrechterhalten wollte, solange noch große sowjetische Kontingente auf dem Territorium der DDR standen. Auch nach dem Ende der UdSSR kam eine vertragliche Regelung mit Polen wegen der kontroversen finanziellen Forderungen zunächst nicht zustande. Allerdings erklärte die Führung der ehemals sowjetischen Streitkräfte im Januar 1992, bis zum November 1992 würden alle Kampftruppen polnisches Territorium verlassen, nur noch etwa 3000 Mann Versorgungstruppen sollten den Rücktransport der Streitkräfte aus der ehemaligen DDR sichern. Ein förmliches Abkommen dieses Inhalts wurde anläßlich des Besuchs von Staatspräsident Wałęsa in Moskau im Mai 1992 unterschrieben.

Die sowjetischen Versuche zur Reform oder Neukonzeption des RGW und des Warschauer Paktes erwiesen sich als sinnlos; die sowjetische Führung fügte sich schließlich in die förmliche Auflösung dieser multilateralen Institutionen, die einmal das Zentrum des »sozialistischen Weltsystems« gewesen waren. Im Januar 1991 beschloß das Exekutivkomitee des RGW dessen Auflösung und Umwandlung in eine neue Organisation für internationale wirtschaftliche Zusammenarbeit, die jedoch nicht zustande kam. Wenig später am 25. Februar 1991 erfolgte das Aus für den Warschauer Pakt: Der Politische Beratende Ausschuß des Warschauer Paktes legte fest, daß mit Ende März 1991 die militärische Zusammenarbeit der Mitglieder beendet wurde. Das gemeinsame Oberkommando wurde aufgelöst, jede gemeinsame Tätigkeit der Armeen eingestellt; militärische Beistandsverpflichtungen wurden für erloschen erklärt. Der Zusammenbruch der sowjetischen Hegemonie über Ostmitteleuropa hatte erhebliche Auswirkungen auf die Entwicklung innerhalb der UdSSR. Er führte hier zu einer weiteren Polarisierung der politischen Kräfte: Die Reformer fühlten sich darin bestätigt, daß es zu Perestrojka keine Alternative gebe, und die Reaktionäre darin, daß die Perestrojka zum Ende des Sozialismus führe.

Die Zulassung der Vereinigung Deutschlands war aus der Sicht der sowjetischen Führung Teil der Aufgabe des ostmitteleuropäischen Hegemonialbereichs. Es gab allerdings einen wichtigen Unterschied: Während die sowjetische Außenpolitik im Falle Ostmitteleuropas keinerlei Dankbarkeitsdividende erhielt, konnte sie diese im Falle Deutschlands in reicher Fülle verbuchen. Ebenso wie im Hinblick auf Ostmitteleuropa hatte die sowjetische Führung keine politische Konzeption, was Deutschland betraf. Die Gorbatschow-Führung trat nicht mit dem Ziel an, die DDR als Staat verschwinden zu lassen und den Ostdeutschen die Vereinigung mit der Bundesrepublik zu gewähren. Andererseits war es nach dem Ende der sowjetischen Hegemonie über Ostmitteleuropa kaum denkbar, daß die DDR als sowjetische Insel im europäisch-kapitalistischen Meer bestehen blieb.

Die Destabilisierung der inneren Situation in der DDR in der zweiten Jahreshälfte 1989 wurde von der sowjetischen Führung offenbar weder in ihrer Bedeutung richtig eingeschätzt, noch vermochte sie angemessen zu reagieren. Nach außen trat Gorbatschow für die Fortexistenz der DDR ein, ohne doch politische oder andere Instrumente massiv für dieses Ziel einzusetzen. Hinsichtlich der Öffnung der Berliner Mauer am 9. November 1989 scheint die sowjetische Führung zuvor nicht konsultiert oder informiert worden zu sein. Aber der Fall der Berliner Mauer war zuerst weder aus der Sicht der sowjetischen Führung noch in den Augen vieler westlicher – einschließlich deutscher – Politiker der unumkehrbar erste Schritt auf dem Wege zur Wiedervereinigung.

Ende Januar/Anfang Februar 1990 fiel dann jedoch in Moskau eine Entscheidung, die sich später als nicht mehr rücknehmbar erwies: Gorbatschow gestand den Deutschen »prinzipiell« das Recht auf Einheit zu, wobei sie selbst die Bedingungen dieser Vereinigung bestimmen sollten. Allerdings versuchte die sowjetische Führung in der ersten Jahreshälfte 1990 massiv, auf diese Bedingungen Einfluß zu nehmen; dabei verhärtete sich die sowjetische Position zunächst deutlich. Der Beitritt der DDR zur Bundesrepublik nach Artikel 23 des Grundgesetzes wurde von sowjetischer Seite strikt abgelehnt. Zeitweise forderte die sowjetische Regierung die Neutralisierung eines wiedervereinigten Deutschlands, dann wieder die Doppelmitgliedschaft in NATO und Warschauer Pakt oder die Ersetzung beider Militärblöcke durch gesamteuropäische Sicherheitsstrukturen vor einer Vereinigung Deutschlands. Diese unterschiedlichen, einander teilweise widersprechenden Positionen, die manchmal rasch wieder aufgegeben wurden, machten deutlich, daß auf sowjetischer Seite keine klaren konzeptionellen Vorstellungen darüber bestanden, wie die Beziehungen zu einem wiedervereinigten Deutschland gestaltet werden sollten. Selbst nach dem Wahlsieg der »Allianz für Deutschland« am 18. März und bei den Kommunalwahlen am 6. Mai 1990 sowie nach der Währungsunion vom 1. Juli bestand die sowjetische Seite zunächst auf der Einhaltung einer Übergangsfrist von fünf Jahren, erst danach sollte Deutschland souverän werden.

Den entscheidenden Durchbruch konnte Bundeskanzler Kohl bei seinem Treffen mit Gorbatschow in Moskau und im Kaukasus am 15. und 16. Juli 1990 erreichen. Die Konzessionen wurden der sowjetischen Seite durch zwei Umstände erleichtert: die grundsätzliche Bereitschaft der westlichen Industrieländer zur ökonomischen Hilfe an die Sowjetunion und die Änderung der Militärdoktrin der NATO, die in der Sowjetunion nicht mehr ihren prinzipiellen Gegner sah.

Im Kaukasus kamen Präsident Gorbatschow und Bundeskanzler Kohl überein, daß das vereinte Deutschland der NATO angehören könne; die Bundeswehr sollte durch eine einseitige Abrüstungsverpflichtung auf 370000 Mann reduziert werden. Die Sowjetunion verpflichtete sich, ihre Truppen bis Ende 1994 vom Territorium der DDR abzuziehen. Am 12. September 1990 endeten die sogenannten Zwei-plus-Vier-Verhandlungen (die beiden deutschen Staaten und die vier Siegermächte des Zweiten Weltkrieges) mit dem »Vertrag über die abschließende Regelung in bezug auf Deutschland«, durch den auf der Grundlage der im Juli im Kaukasus erreichten Ergebnisse dem vereinigten Deutschland volle Souveränität und Gleichberechtigung zuerkannt wurden. Am nächsten Tag paraphierten die Außenminister Schewardnadse und Genscher in Moskau einen »Vertrag über gute Nachbarschaft, Partnerschaft und Zusammenarbeit«. Zwei weitere deutsch-sowjetische Abkommen vom Oktober

1990 regelten Aufenthalt und Abzug der sowjetischen Truppen auf dem Gebiet der fünf neuen Bundesländer.

Insgesamt machte das neue Deutschland der Sowjetunion umfangreiche finanzielle Zugeständnisse. Es übernahm nicht nur erhebliche Beiträge zu den Kosten für Stationierung und Rückführung der sowjetischen Streitkräfte, sondern garantierte in großzügiger Form durch Bürgschaften deutsche Exporte in die UdSSR. Hinzu kamen umfangreiche humanitäre Hilfsaktionen sowohl von staatlicher als auch von privater Seite in Deutschland für die Sowjetunion in den drei Wintern seit 1989/90. Damit waren die finanziellen Leistungen und Zusagen für die Sowjetunion und die Nachfolgestaaten wesentlich umfangreicher als die der anderen Industrieländer und beliefen sich auf mehr als die Hälfte des Gesamtvolumens westlicher Stützungsmaßnahmen für die konfliktgeschüttelte Weltmacht und die Nachfolgestaaten. Nach Berechnungen der Europäischen Kommission umfaßte das Hilfspaket für den Zeitraum von September 1990 bis Januar 1992 etwa 130 Milliarden DM; davon brachte Deutschland 73,6 Milliarden DM oder 56,6 Prozent auf. Das Hilfspaket insgesamt wurde fast ausschließlich von den westlichen Industrieländern geschnürt. Zu ihm gehörten Zahlungen und Zusagen hauptsächlich in den Bereichen humanitäre und technische Hilfe, Stützung der Zahlungsbilanz und Zahlungsaufschübe, Exportkredite und Bürgschaften.

Außerdem erhielt die UdSSR weitgefaßte Sicherheitsgarantien von deutscher Seite, insbesondere die einseitige Verpflichtung zur Reduktion der Bundeswehr auf 370000 Mann bis zum Jahre 1994. Dennoch gab es von reaktionärer kommunistischer Seite bis zuletzt Widerstand: Der Oberste Sowjet ratifizierte erst nach längerem Tauziehen im März und April 1991 die Verträge über die deutsche Einheit und die Truppenstationierungs- und Truppenabzugsvereinbarungen. Mit ihrem Ja zur deutschen Einheit, die am 3. Oktober 1990 vollzogen wurde, gab die Sowjetregierung das Faustpfand ihrer Hegemonie über Ostmitteleuropa auf, das sie 1945 gewonnen hatte. Die Sowjetunion zog sich als Eroberer und Hegemon aus Europa zurück in der Hoffnung und Erwartung, in Zukunft als Partner akzeptiert zu werden – eine Erwartung, die nach dem Ende der Sowjetunion jetzt in Rußland und in den anderen Nachfolgestaaten fortbesteht[3].

[3] F. Oldenburg, Die Deutschlandpolitik Gorbatschows 1985–1991. Berichte des BIOst 17, 1992; J. Kloepfer, Westliche Hilfe für ein gigantisches Experiment in Osteuropa. In: Frankfurter Allgemeine Zeitung, 21. Mai 1992.

## Der Rückzug aus der Dritten Welt und das regionale Krisenmanagement

Die sowjetische Hegemonie über Ostmitteleuropa war das Ergebnis des Zweiten Weltkrieges; die Macht- und Einflußpositionen in der Dritten Welt hatte die Sowjetunion im wesentlichen in den sechziger und siebziger Jahren erworben. Das Ausgreifen in die Dritte Welt war schon seit Ende der siebziger Jahre in eine Krise geraten. Dafür gab es eine Reihe von Ursachen, die alle damit zusammenhingen, daß sich die Sowjetunion politisch, ökonomisch und militärisch übernahm. Die Sicherung der Klientel-Staaten führte zu Interessenkonflikten mit den Vereinigten Staaten und anderen Mächten. Vor allem aber war die Sowjetunion je länger um so weniger den wirtschaftlichen Erwartungen ihrer Klientel gewachsen. Hinzu kam, daß die sozialistischen Experimente in den Klientel-Staaten fehlschlugen, keineswegs wurden durch sie Unterentwicklung, Armut und Hunger überwunden. Die teilweise Übertragung des sowjetischen politischen und wirtschaftlichen Modells auf die Dritte Welt, genannt Strategie der »sozialistischen Orientierung«, sicherte der Sowjetunion keinen dauernden Einfluß. »Nationale Befreiungsbewegungen«, die früher von der sowjetischen Führung stets als »fortschrittlich« und »revolutionär« unterstützt worden waren, wandten sich jetzt gegen die Sowjetunion und ihre Klientel[4].

Angesichts dieser kritischen Ausgangslage nahm die Gorbatschow-Führung Mitte der achtziger Jahre Kurskorrekturen in der Dritte-Welt-Politik vor, die zunächst keineswegs den Rückzug zum Ziel hatten oder gar die Aufgabe jeder Dritte-Welt-Politik beabsichtigten. Die notwendige Reduktion finanzieller Lasten, genannt »Ökonomisierung« der Politik gegenüber der Dritten Welt, war von einer deutlichen Aktivierung der Diplomatie begleitet. Die Sowjetunion zeigte sich jetzt wesentlich kooperationsbereiter als zuvor, gemeinsam mit den Vereinigten Staaten oder anderen Mächten an regionaler Krisenbewältigung mitzuwirken. An die Stelle nicht mehr bezahlbarer Hilfe sollte die Diplomatie treten, um der Sowjetunion weiter ihren Einfluß in der Dritten Welt und ihren Status als Weltmacht zu sichern. Sie trug in diesem Rahmen auch dazu bei, die Rolle der Vereinten Nationen und anderer internationaler Organisationen zu stärken.

[4] F. Fukuyama, Patterns of Soviet Third World policy. In: Problems of Communism, Sept./Okt. 1987, S. 1–13.

Seit 1988 wurde immer deutlicher, daß ohne ein massives Degagement im militärischen und ökonomischen Bereich weder die seit langem schwelenden Regionalkonflikte entschärft, noch eine fühlbare Entlastung für den sowjetischen Staatshaushalt erreicht werden konnten. Der Rückzug aus vielen Teilen der Dritten Welt nahm dann seit 1990 fluchtartige Züge an und führte mit dem Ende des Staates zur Aufgabe einer Politik der Einflußnahme in Entwicklungsländern überhaupt. Mittelfristig ist kaum damit zu rechnen, daß die Russische Föderation als politischer Erbe der UdSSR eine systematische Politik zur Sicherung von politischem Einfluß in den Ländern der Dritten Welt betreiben wird. Für die russische Außenpolitik sind die Prioritäten vielmehr Europa, Nordamerika und vielleicht die reichen Nachbarn in Asien. Solange und soweit Dritte-Welt-Politik mit Kosten verbunden ist, dürfte Rußland sich kaum engagieren[5].

Die größte Belastung stellte der seit Ende 1979 geführte Krieg in Afghanistan dar. Er war nicht nur ein erheblicher Kostenfaktor, er wurde auch zunehmend zur traumatischen Erfahrung für die Sowjetarmee, die in diesen Bürgerkrieg interveniert hatte, ihn aber trotz technischer Überlegenheit nicht für sich entscheiden konnte. Außerdem hatte dieser Krieg die Sowjetunion in der islamischen Welt isoliert und auch dem Westen gegenüber ihre Handlungsfähigkeit eingeschränkt. Seit 1986 war außerdem klar, daß der Krieg nur durch eine weitere massive militärische Eskalation hätte gewonnen werden können, nachdem die Mujahedin mit modernen Abwehrwaffen (Stinger-Raketen) ausgerüstet worden waren, und die sowjetisch-afghanischen Streitkräfte die unbegrenzte Luftüberlegenheit eingebüßt hatten. Seit 1987 machte die sowjetische Führung dem von ihr abhängigen afghanischen Najibullah-Regime klar, daß die sowjetischen Truppen aus Afghanistan abgezogen werden würden. Am 8. Februar 1988 gab Gorbatschow öffentlich bekannt, daß der Rückzug der sowjetischen Truppen aus Afghanistan am 15. Mai beginnen und Anfang des Jahres 1989 abgeschlossen sein würde. Dabei verzichtete die sowjetische Regierung jetzt auf die früher stets gestellte Bedingung, vor dem Truppenrückzug müßten alle am Konflikt beteiligten Parteien die Fortexistenz des Najibullah-Regimes anerkennen und garantieren. Am 14. April 1988 wurde unter Vermittlung der Vereinten Nationen in Genf ein Vertragswerk abgeschlossen, das unter anderem den sowjetischen Rückzug unter UN-Kontrolle regelte.

[5] H. Timmermann, Profil und Prioritäten der Außenpolitik Rußlands unter Jelzin. Berichte des BIOst 21, 1992.

Allerdings bedeutete das Ende der sowjetischen Militärintervention zunächst noch nicht das Ende des sowjetischen Engagements in Afghanistan überhaupt. Auch nach 1988 unterstützte die Sowjetunion das Regime in Kabul mit militärischem Gerät und ökonomischer Hilfe. Der Umfang der sowjetischen Leistungen belief sich auch nach dem Truppenrückzug auf etwa 300 Millionen Dollar monatlich, während die USA die verschiedenen Mujahedin-Gruppen mit dem gleichen Betrag pro Jahr unterstützten. Einen etwa gleichen Betrag erhielten die verschiedenen islamischen Freischärler-Gruppen von Saudi-Arabien. Erst die russische Regierung stellte Ende 1991 jede Unterstützung für den Krieg in Afghanistan ein[6].

1988 trug die sowjetische Außenpolitik aktiv zur Entschärfung der Konflikte im südlichen Afrika bei. Sie arbeitete konstruktiv mit den Vereinigten Staaten und den Vereinten Nationen zusammen und wirkte auf ihre Klientel, die Volksbefreiungsbewegung von Angola (MPLA) ein, Konzessionen zu machen. So konnten im Dezember 1988 Vereinbarungen getroffen werden, an denen Kuba, die Volksbefreiungsbewegung von Angola und Südafrika beteiligt waren, und die im folgenden Jahr zum Rückzug der 50000 kubanischen Soldaten aus Angola führten und Namibia die staatliche Unabhängigkeit brachten. Die ständigen Mitglieder des UNO-Sicherheitsrates, vor allem die USA und die UdSSR, übernahmen die Garantien für Einhaltung und Durchführung dieser Abkommen.

Auch in ihrer Mittelamerika-Politik vollzog die Sowjetunion 1988/89 eine grundsätzliche Wende. Zuvor hatte sie die marxistisch-leninistische Sandinista-Regierung in Nicaragua militärisch und wirtschaftlich unterstützt und von hier aus den linken Guerilla-Bewegungen in El Salvador und anderen mittelamerikanischen Kleinstaaten ihre Hilfe zukommen lassen. Präsident Bush hatte bei seinem Amtsantritt im Januar 1989 Mittelamerika zum Prüfstein für die neue Qualität der amerikanisch-sowjetischen Beziehungen erklärt. Gorbatschow gab im Mai 1989 in einem Schreiben an den amerikanischen Präsidenten bekannt, die Sowjetunion habe bereits seit Ende 1988 ihre Militärhilfe an Nicaragua eingestellt. Offenbar hat Moskau nachdrücklich auf die Sandinista-Führung eingewirkt, im Februar 1990 freie Wahlen im Lande zuzulassen. Dabei war die sowjetische Führung wohl ebenso wie die Sandinisten davon über-

[6] U. Halbach, Der militärische Rückzug aus Afghanistan. In: Sowjetunion 1988/89, München 1989, S. 269–277.

zeugt, daß sich die nicaraguanischen Revolutionäre in freien Wahlen würden behaupten können. Um so größer waren Überraschung und Konsterniertheit nach dem Wahlsieg der Opposition im Februar 1990. Die sowjetische Politik reagierte schließlich ähnlich wie im Falle Ostmitteleuropas und akzeptierte die »freie Wahl« des gesellschaftlichen Systems durch den Klienten.

Zwar verlor die Sowjetunion ihren beherrschenden Einfluß in Nicaragua, aber gleichzeitig konnte sie gerade durch den Abbau dieses einseitigen Engagement, ihre Beziehungen zu den anderen Staaten Mittelamerikas nachdrücklich verbessern. Was jahrzehntelang nicht möglich gewesen war, gelang jetzt: die Aufnahme diplomatischer Beziehungen zu Honduras, Guatemala und El Salvador[7].

Kuba genoß in der Priorität der sowjetischen Interessen in Lateinamerika einen höheren Stellenwert als Nicaragua; wegen der unversöhnlichen Konfrontation zwischen Kuba und den USA war hier eine Politik des diplomatischen Interessenausgleichs wie in anderen Konfliktregionen nicht möglich. Die Sowjetunion hielt bis zum Schluß an ihren Sonderbeziehungen zu Kuba fest, d.h. sie leistete direkte und indirekte Unterstützung in erheblichem Umfang. Allerdings gab es auch hier zumindest seit 1990 eine rückläufige Tendenz. So verhinderten mangelnde Transportkapazitäten den vereinbarten Güteraustausch, und die Sowjetunion begann ab 1991 ihre Handelsbeziehungen auch mit Kuba auf Weltmarktpreise umzustellen, d.h. die weit über dem Weltmarkt liegenden Preise für kubanischen Zucker wurden aufgekündigt. Endgültig stellte die russische Regierung im Herbst 1991 die Hilfszahlungen für Fidel Castro ein.

Auch Vietnam, neben der Mongolei der andere asiatische RGW-Partner, blieb bis etwa 1990 weitgehend von Kürzungen der Hilfsprogramme verschont. Dabei war Vietnam einer der teuersten und ineffizientesten Kostgänger der Sowjetunion. Nach westlichen Schätzungen leistete die Sowjetunion in der zweiten Hälfte der achtziger Jahre hier Unterstützung im Wert von täglich etwa 6 Millionen US-Dollar. Die Auslandsverschuldung Vietnams gegenüber der Sowjetunion wurde Anfang 1991 auf 10 Milliarden Rubel geschätzt. Erst in diesem Jahr kam es zu drastischen Kürzungen der Wirtschaftshilfe, die zu schweren ökonomischen Belastungen für das am Rande der Hungersnot lebende asiatische Land führten. Die sowjetische Regierung beschloß 1991, im folgenden Jahr alle Truppen sowohl aus Vietnam als auch aus der Mongolei abzuziehen. Damit hatte die Sowjetregierung ihre militärische Präsenz außerhalb

[7] O. Alexandrova, Mittelamerika. In: Sowjetunion 1990/91, S. 334–337.

der Grenzen fast überall beendet oder jedenfalls einen Zeitplan für den militärischen Rückzug bekanntgegeben.

In den Jahren 1990 und 1991 zeigte sich die abnehmende weltpolitische Präsenz der Sowjetunion, die keineswegs von den zunehmenden außenpolitischen Aktivitäten der Republiken wettgemacht wurde. Die Sowjetunion wurde von einem Partner zu einem Statisten in der großen Politik. Zum letzten Mal spielte sie während der Krise am Persischen Golf seit dem August 1990 in einem großen regionalen Konflikt eine gewisse, wenn auch kaum selbständige Rolle. Nach der Okkupation Kuwaits durch den Irak Anfang August 1990 stimmte die Sowjetunion im Sicherheitsrat der Vereinten Nationen für alle gegen den Irak gerichteten Resolutionen und bestätigte damit die Partnerschaft mit den USA und ihren Verbündeten. Allerdings ließ die sowjetische Führung zu keinem Zeitpunkt Zweifel daran, daß sie sich an militärischen Aktionen gegen den Irak im Rahmen der Vereinten Nationen nicht beteiligen würde. Nach dem Beginn der Kampfhandlungen gegen den Irak im Rahmen des UN-Mandats im Januar 1991 distanzierte sich die Sowjetunion vorsichtig von den Positionen der Anti-Irak-Koalition, ohne jedoch die Fronten zu wechseln. Das ermöglichte es der sowjetischen Propaganda, sich nach dem schnellen Ende des Krieges im Februar 1991 unter die Sieger einzureihen.

Die amerikanische Regierung beteiligte die sowjetische Führung an den intensiven diplomatischen Vorbereitungen für eine Nahost-Friedenskonferenz im Frühjahr und Herbst 1991. Beide Mächte übernahmen die Schirmherrschaft über diese Konferenz und sollten Garantiemächte für friedliche Regelungen werden, die zwischen Israel und seinen arabischen Nachbarn ausgehandelt werden sollten. Die Eröffnung der ersten Runde dieser Nahost-Friedenskonferenz in Madrid am 29. Oktober 1991 durch den amerikanischen und sowjetischen Präsidenten war der letzte große Auftritt Gorbatschows auf der internationalen Bühne. Es wurde bereits deutlich, daß die sowjetische Seite außer der Bekundung des guten Willens keine selbständige politische Rolle mehr zu spielen vermochte. Darüber konnte auch die Wiederaufnahme voller diplomatischer Beziehungen zu Israel, die 1967 abgebrochen worden waren, nicht hinwegtäuschen.

Als im Sommer 1991 Krise und Zerfall Jugoslawiens in militärische Aktionen umschlugen und die serbisch beherrschte jugoslawische Armee durch militärische Gewaltanwendung zuerst den Zerfall des Staates aufzuhalten und dann durch Eroberungen einen groß-serbischen Staat zu schaffen versuchte, war die Sowjetunion zu einer politischen Aktion oder eigenständigen Rolle nicht mehr in der Lage. Der fortschreitende innere Verfall machte selbständige Aktionen nach außen unmöglich.

## Partnerschaft mit dem Westen und Abrüstung

Die Politik des Rückzugs war zugleich die einer neuen Partnerschaft mit dem Westen. Das Zurückstecken der Pflöcke als Weltmacht bedeutete zugleich Abbau von Konfrontation und Zurückgewinnung der außenpolitischen Handlungsfähigkeit. Das Ziel umfassender außenpolitischer Aktionen und diplomatischer Aktivitäten seit Mitte der achtziger Jahre lautete: Aufbau neuer Beziehungen und Gewinnung neuer Freunde anstelle alter revolutionärer Illusionen und expansiver Positionen, die sich ohnehin nicht mehr halten ließen. Dieses Ziel ist in beachtlichem Umfang erreicht worden.

Wie in anderen Bereichen haben sich auch in bezug auf die internationalen Beziehungen die neue Praxis und die neue Doktrin erst allmählich herausgebildet und mit den Jahren immer deutlicher eine eigene Dynamik entwickelt. Auf dem XXVII. Parteitag der KPdSU (Februar/März 1986) und in dem revidierten Parteiprogramm war die Sprache noch weitgehend von den alten Schablonen beherrscht: Untergang des Kapitalismus, fortschreitende Verschiebung der Kräfte zugunsten des »sozialistischen Weltsystems«, Notwendigkeit des Zusammengehens der UdSSR mit den »nationalen Befreiungsbewegungen« in den Entwicklungsländern gegen den Westen.

In den ersten Jahren – etwa bis 1988 – gab es wahrscheinlich in den Machteliten einen weitgehenden Konsens über den außenpolitischen Kurs. Auch jene reaktionären kommunistischen Kräfte, die bald nach dem XXVII. Parteitag die Perestrojka-Linie in der Innenpolitik zu kritisieren begannen, unterstützten Gorbatschow bei seinen Bemühungen, die selbstverschuldete außenpolitische Isolierung und Handlungsunfähigkeit der »Stagnations«-Periode zu durchbrechen, den Dialog mit den USA aufzunehmen und Konfrontationen abzubauen. Ebenso dürfte der militärische Rückzug aus Afghanistan von den konservativen Kräften in der kommunistischen Partei als unvermeidlich akzeptiert worden sein. Kritik und dann massiver Widerstand gegen die Außenpolitik der Gorbatschow-Führung von orthodox-kommunistischen Kräften regte sich erst, als seit 1989 die kommunistische Herrschaft in den Staaten Ostmitteleuropas zusammenbrach und klar wurde, daß die Weltmacht Sowjetunion von der historischen Bühne abtrat – aus der Sicht der kommunistischen Reaktion nicht ohne das Verschulden Gorbatschows.

Seit 1986 hieß die Konzeption der Gorbatschow-Führung in der Außenpolitik – deren Ansätze schon vor 1985 entwickelt worden waren –»neues Denken«. Die moderne Welt sei durch die atomare Bedrohung so verwundbar geworden – lautete die Argumentation –, daß Sicherheit nicht mehr militärisch durch Rüstung und Rüstungswettlauf gesichert werden könnte, sondern durch Sicherheitspartnerschaft politisch ausgehandelt werden müßte. In der immer kleiner werdenden Welt wachse die Gefahr der gegenseitigen Vernichtung durch atomare Waffen. Sie müßten deshalb gänzlich abgerüstet werden. Aber auch in anderen Bereichen stehe die Menschheit vor »globalen Problemen« – etwa bei der Umweltzerstörung oder der Armut in den Entwicklungsländern -, auch hier könnten nur gemeinsame Anstrengungen Abhilfe schaffen, nicht in Konfrontation gegeneinander, sondern nur in Kooperation miteinander könnten die erdumspannenden Bedrohungen gemeistert werden. In den Zusammenhang des »neuen Denkens« gehörte auch die Behauptung, Lenin habe die »allgemeinmenschlichen Werte« und Interessen den Klasseninteressen und dem Klassenstandpunkt übergeordnet. In der heutigen Welt müsse dies Richtschnur der Politik werden[8].

Das »neue Denken« war eine Revision des Leninismus, denn für Lenin gab es keinen politischen Standort über und jenseits von Klassenkampf und Klasseninteressen. Es signalisierte zugleich den westlichen Regierungen eine neue Konzeption und erleichterte die Popularisierung sowjetischer Politik in weiten Kreisen der Gesellschaft in westlichen Staaten, weil dieses »neue Denken« den Hoffnungen auf Abrüstung und Frieden im Westen entgegenkam. Im Kern bot das »neue Denken« – wie jede außenpolitische Doktrin – Begründung und Rechtfertigung für das Handeln auf der internationalen Bühne. Insbesondere die Ächtung der Atomwaffen diente der sowjetischen Sicherheitspolitik, die daran interessiert war, die westliche Doktrin der atomaren Abschreckung auszuschalten, weil nur dann die sowjetische Überlegenheit im Bereich der konventionellen Streitkräfte zum Zuge kommen konnte.

[8] Lenin und die »allgemeinmenschlichen Werte«: S. Saizew, Gorbacëvs Leninismus. Aus der Ideologie der »Perestrojka«. Frankfurt a. M. 1992, S. 34ff.

Natürlich erforderte das »neue Denken« auch neue Leute. Als bedeutsamste Personalentscheidung im Bereich der internationalen Beziehungen erwies sich die Berufung des georgischen Parteichefs Edward Schewardnadse zum Außenminister im Juli 1985. Der langjährige Amtsinhaber Andrej Gromyko, der die Sowjetunion in eine außenpolitische Abseitsposition geführt hatte, wurde auf den ehrenvollen Posten des Vorsitzenden des Präsidiums des Obersten Sowjet abgeschoben. Die umfangreichen organisatorischen Neuerungen brachten zunächst eine Verlagerung der außenpolitischen Entscheidungskompetenzen zum ZK-Apparat der KPdSU, insbesondere zu seiner Internationalen Abteilung. Erst mit dem Machtverfall der KPdSU in der zweiten Periode der Perestrojka wurden Schewardnadse und das Außenministerium zur wichtigsten Entscheidungsinstanz in der internationalen Politik.

Gorbatschow machte die Gipfeltreffen mit den amerikanischen Präsidenten Reagan und Bush (seit Januar 1989) zu einem herausgehobenen Instrument seiner Politik von der Konfrontation zur Partnerschaft. Seit dem ersten Treffen mit Reagan im November 1985 reihte sich in rascher Folge eine Begegnung an die andere; bis Dezember 1988 kamen fünf Gipfelkonferenzen mit dem eingefleischten Antikommunisten Reagan zustande. Die sowjetische Führung demonstrierte so Weltmachtstatus und Gorbatschow Führungsqualität. Durch seinen allmählichen Rückzug von Positionen der Konfrontation und durch seine Bereitschaft zu Kompromissen schuf sich Gorbatschow ein Ansehen im Westen, wie es kein sowjetischer Staatsmann in der Nachkriegszeit je gehabt hatte. Dabei waren keineswegs alle Gipfeltreffen erfolgreich, und Gorbatschow verhandelte in den entscheidenden Fragen der Abrüstung und der Rüstungskontrolle mit Zähigkeit und Winkelzügen. Die schließliche Kompromiß bereitschaft nötigte auch der westlichen Seite erhebliche Zugeständnisse und die Aufgabe hergebrachter Positionen ab.

Die Gipfeldiplomatie führte zu einer Intensivierung der amerikanisch-sowjetischen Kontakte auf vielen Ebenen, wie sie zuvor undenkbar gewesen war. Schewardnadse und der amerikanische Außenminister Baker kamen zwischen Januar 1989 und Dezember 1990 (Rücktritt Schewardnadses) 23mal zusammen. Die Präsidenten und Minister unterzeichneten eine große Anzahl von Vereinbarungen über Kooperation und verbesserte Beziehungen in zahlreichen Bereichen von der Kultur und Forschung bis zur Sicherheit und Verteidigung. Die wirtschaftlichen Beziehungen belebten sich allerdings kaum, und der Umfang der ausgeführten Güter von der Sowjetunion in die USA betrug auch 1990 weniger als ein Prozent der gesamten sowjetischen Ausfuhr. Die Gipfeltreffen zwischen Gorbatschow und Bush im Dezember 1989 vor Malta und im Mai/Juni 1990 in Washington fanden vor dem Hintergrund der zusammenbrechenden sowjetischen Hegemonie über Ostmitteleuropa statt. Die Zusicherung Gorbatschows an den amerikanischen Präsidenten, die Völker in die Selbstbestimmung zu entlassen, festigte das Ansehen Gorbatschows im Westen weiter. Der amerikanische Präsident seinerseits sicherte der sowjetischen Führung zu, die USA würden die Veränderungen in Osteuropa nicht einseitig zu ihren Gunsten ausnutzen. Auf dem Gipfeltreffen vor Malta proklamierten die beiden Präsidenten das Ende des Kalten Krieges, und ein halbes Jahr später in Washington erklärten sie, die USA und die UdSSR betrachteten einander fortan nicht mehr als Gegner[9].

Die Suche nach neuer Partnerschaft und die Rücknahme des weltpolitischen Engagements waren wesentlich wegen der abnehmenden wirtschaftlichen Leistungsfähigkeit der Sowjetunion nötig geworden. Bedenkt man dies, so bleibt erstaunlich, wie zögerlich und wie spät substantielle Vereinbarungen über Abrüstung zustande kamen, die – jedenfalls längerfristig – eine erhebliche Entlastung der Wirtschaft bedeuten konnten. Bis 1991 wurde die Rüstungsproduktion, abgesehen von jenen wenigen Bereichen, in denen Abrüstungsvereinbarungen erzielt worden waren, nicht wesentlich eingeschränkt. Armee und Rüstungswirtschaft erwiesen sich als starke und standhafte Lobby. Daß die Gorbatschow-Führung an Abrüstungsvereinbarungen und damit an wirtschaftlicher Entlastung grundsätzlich interessiert war, läßt sich nicht bezweifeln. Der Gegensatz zur weitgehenden Blockade von Abrüstungsverhandlungen in der Zeit vor 1985 ist offensichtlich. Die sowjetische Politik der Hochrüstung seit den sechziger Jahren wurde seit 1988 auch im Lande selbst scharf kritisiert. Das Übermaß an Streitkräften und Waffensystemen sei eine Verschwendung von Ressourcen gewesen, die der wirtschaftlichen und technischen Entwicklung im zivilen Bereich entzogen worden seien. Die NATO sei durch die sowjetische Rüstung, die weit über die Sicherheitsbedürfnisse des Landes hinausgingen, geradezu zum Rüstungswettlauf genötigt worden. Insgesamt – so lautete die Kritik – habe die militärische Macht mehr Schaden als Nutzen gebracht[10].

[9] O. Alexandrova, Sowjetisch-amerikanische Beziehungen. Neue Dynamik und neue Herausforderungen. In: Sowjetunion 1990/91, S. 258–268.

[10] G. Wettig, Perestrojka der Außen- und Sicherheitspolitik. In: Sowjetunion 1988/89, S. 209.

Seit 1986 hatte es hoffnungsvolle Signale gegeben, als die Sowjetunion durch konziliantes Verhalten im September den erfolgreichen Abschluß der Stockholmer Konferenz für Vertrauens- und Sicherheitsbildende Maßnahmen in Europa (KVAE) möglich machte. Hier einigten sich die KSZE-Staaten auf Manöverinspektionen und vorherige Ankündigung größerer Truppenbewegungen sowie andere Maßnahmen im Bereich der Sicherheit, die der Vertrauensbildung dienen sollten.

Die militärisch relevanten Abrüstungsverhandlungen gestalteten sich dagegen schwierig. Erst als die sowjetische Führung dazu bereit war, Abrüstungsvereinbarungen mit den Vereinigten Staaten nicht mehr an einen amerikanischen Verzicht auf SDI – Vorbereitungen zum Aufbau eines Raketenabwehrsystems im Weltraum – zu koppeln, gab es Fortschritte. Im Dezember 1987 wurde der Vertrag über Kernwaffen mittlerer Reichweite (INF) unterzeichnet. Darin verpflichteten sich die USA und die UdSSR zur sogenannten doppelten Null-Lösung, d. h. zur Verschrottung aller landgestützten Raketen mit Reichweiten von 500 bis 1000 km und 1000 bis 5500 km. Die sowjetische Seite verzichtete dabei auf wesentlich mehr Systeme als die Amerikaner.

Im Dezember 1988 kündigte Gorbatschow vor der Vollversammlung der Vereinten Nationen die einseitige Reduzierung der Sowjetarmee um eine halbe Million Mann und 10000 Panzer an. Hiermit sollte ein politisches Zeichen für zukünftige weitere Abrüstungsvereinbarungen gesetzt werden, deren Realisierung sich dennoch um weitere Jahre verzögerte. Am 1. Juni 1990 wurde ein Vertrag über Produktionsstop und Vernichtung von Chemiewaffen unterschrieben. Er sah die Verringerung der amerikanischen und sowjetischen Arsenale auf je 5000 Tonnen im Jahre 2002 vor. Durch dieses Abkommen sollten die multilateralen Genfer Verhandlungen über ein weltweites Verbot chemischer Waffen neue Impulse erhalten. Für den Fall eines erfolgreichen Abschlusses dieser Verhandlungen verpflichteten sich die UdSSR und die USA, ihre Chemiewaffenvorräte auf jeweils 500 Tonnen zu reduzieren. Die militärische und wirtschaftliche Relevanz dieses sicher begrüßenswerten Vertrages war für die beiden vertragschließenden Parteien begrenzt. Seine Bedeutung lag in der angestrebten weltweiten Ächtung von Chemiewaffen, die es erlaubte, auf Drittländer wie Libyen oder den Irak, die versuchten, sich Chemiewaffen zu beschaffen, Druck auszuüben und sie zur Vernichtung chemischer Waffen zu zwingen.

Erst im März 1989 begannen in Wien die Verhandlungen über Konventionelle Streitkräfte in Europa (VKSE). Ihr Ziel waren Parität und Abrüstung der konventionellen Waffensysteme von NATO und Warschauer Pakt im Raum zwischen Atlantik und Ural und in einer zweiten Runde die Reduzierung und Begrenzung der Zahl der Soldaten. Die sowjetische Seite erschwerte die Verhandlungen dadurch, daß sie in großem Umfang militärisches Gerät hinter den Ural verlegte, um es so dem Geltungsbereich eines zukünftigen Vertrages zu entziehen. Schließlich wurde der KSE-Vertrag im November 1990 auf dem KSZE-Gipfel in Paris unterzeichnet. NATO und Warschauer Pakt verpflichteten sich darin, die Zahl ihrer Kampfpanzer und Artilleriegeschütze auf je 20000 für jede Seite zu reduzieren. Aber der KSE-Vertrag wurde in der Sowjetunion nicht mehr ratifiziert; der Gesamtstaat war nicht mehr handlungsfähig in einer Sache, deren Realisierung ohne die Republiken nicht möglich war. Allerdings erklärten sich nach dem Ende der Sowjetunion alle betroffenen Nachfolgestaaten bereit, an der Realisierung des KSE-Vertrags im Rahmen der ihnen zukommenden Verpflichtungen mitzuwirken. Neuverhandlungen mit den westlichen Partnern wurden nicht notwendig, wohl aber Absprachen und Vereinbarungen der Nachfolgestaaten untereinander über die auf jeden einzelnen entfallenden Abrüstungsverpflichtungen.

Die acht betroffenen Staaten (Rußland, Ukraine, Weißrußland, Moldova, Georgien, Armenien, Aserbaidshan und Kasachstan) unterzeichneten Anfang Juni 1992 anläßlich der dritten Zusammenkunft des NATO-Kooperationsrates in Oslo ein Zusatzdokument zum KSE-Vertrag, in dem sie die von der UdSSR eingegangenen Abrüstungsverpflichtungen übernahmen. Bei der Aufteilung der Waffensysteme entfielen auf das europäische Rußland knapp die Hälfte der Panzer und Artillerie, die der ehemaligen Sowjetunion nach dem KSE-Vertrag zustanden, von den Kampfflugzeugen erhielt Rußland 70 Prozent. Georgien, Armenien und Aserbaidshan wurden bei allen Waffen die gleiche Anzahl zugeteilt. Insgesamt hatten sich die Nachfolgestaaten darauf geeinigt, Rußland 54 Prozent, der Ukraine 27 Prozent und Weißrußland 12 Prozent der Waffensysteme zuzusprechen[11].

Noch schwieriger gestalteten sich die Verhandlungen über die Reduzierung der strategischen Atomwaffen (START). Zunächst hielt die sowjetische Seite hier ebenso wie zuvor im Falle des INF-Vertrags daran fest, Abrüstungsvereinbarungen mit den Vereinigten Staaten im Bereich der strategischen Atomwaffen könnten nur dann getroffen werden, wenn die USA auf die Weiterentwicklung von

[11] Frankfurter Allgemeine Zeitung, 20. Mai 1992; 27. Mai 1992; 6. Juni 1992.

SDI verzichteten. Diese Forderung an die Amerikaner, auf ein Anti-Raketen-System im Weltraum zu verzichten, war lange Zeit oberste sowjetische Priorität bei allen Abrüstungsverhandlungen. Denn die Sowjetunion war nicht in der Lage, bei dieser neuen Spirale des Rüstungswettlaufs technisch und ökonomisch mitzuhalten, und hoffte deshalb auf eine diplomatische Lösung. Die Vereinigten Staaten ließen sich jedoch nicht darauf ein. Im September 1989 signalisierte schließlich Schewardnadse die sowjetische Bereitschaft, START-Verhandlungen von einer Einigung über SDI abzukoppeln.

Der START-Vertrag wurde schließlich am 31. Juli 1991 auf dem sechsten und letzten Gipfeltreffen zwischen den Präsidenten Gorbatschow und Bush in Moskau unterzeichnet – wenige Wochen bevor Gorbatschow durch den August-Putsch politisch handlungsunfähig wurde. Auch in diesem Fall war an eine Realisierung durch die Sowjetunion nicht mehr zu denken. Rußland und die anderen betroffenen Nachfolgestaaten stellten jedoch den Vertrag nicht in Frage und verpflichteten sich grundsätzlich zu seiner Erfüllung. Diese Aufgabe fiel im wesentlichen Rußland zu, da die Ukraine und Weißrußland bereit waren, alle strategischen Atomwaffen auf ihrem Territorium bis 1994 nach Rußland zu verlegen oder zu demontieren; lediglich Kasachstan bezog in dieser Frage anfangs eine schwankende und unklare Position. Die vier Nachfolgestaaten, auf deren Territorium strategische Atomwaffen stationiert waren, unterzeichneten im Mai 1992 mit den USA ein Zusatzprotokoll zum START-Vertrag, in dem sie sich zur Erfüllung aller Vertragsbestimmungen verpflichteten. Der Vertrag wurde damit rechtlich in ein multilaterales Abkommen umgewandelt.

Die russische und amerikanische Regierung schlugen im Januar 1992 vor, im Bereich der strategischen Waffen Abrüstungsschritte zu unternehmen, die weit über die START-Vereinbarungen vom Juli 1991 hinausgingen, bei denen eine etwa dreißigprozentige Reduktion der strategischen Systeme ausgehandelt worden war. Jelzin bot an, die Zahl der Atomsprengköpfe von ursprünglich etwa 10000 auf 2500 für jede Seite zu reduzieren. Bush offerierte eine Reduktion auf 4700 Sprengköpfe. Insgesamt zeigten die Nachfolgestaaten die Bereitschaft, bei Abrüstungsvereinbarungen und Rüstungskontrollen weiter zu gehen als die frühere Sowjetunion. Dahinter standen unabweisbare wirtschaftliche Zwänge, aber auch die Überzeugung, daß nach dem Ende des Kommunismus Partnerschaft mit dem Westen eine neue Qualität hatte. Symptomatisch für die neue Situation war, daß die NATO nach dem Ende des Warschauer Paktes einen NATO-Kooperationsrat der Verteidigungsminister schuf, dem zunächst die Staaten Ostmitteleuropas angehörten und in den im April 1992 alle Nachfolgestaaten der Sowjetunion aufgenommen wurden. An die Stelle von zwei einander gegenüberstehenden Bündnissystemen traten die westlichen Institutionen, bei denen die neuen Staaten Sicherheit und wirtschaftliche Unterstützung suchten. Die grundsätzliche Bereitschaft des Westens, sich diesen Herausforderungen zu stellen, bedeutete, daß der Westen eine Mitverantwortung für die Lösung der großen politischen, wirtschaftlichen und sicherheitspolitischen Probleme in den ehemals kommunistischen Staaten übernahm.

# Dokumente

Die folgenden Quellentexte sollen in möglichst vielen Bereichen die erdrutschartigen Veränderungen in Politik, Gesellschaft und Mentalität dokumentieren, die seit dem Ende der achtziger Jahre die Sowjetunion erschüttert und dann zur Auflösung gebracht haben. Natürlich trägt die Auswahl der Texte subjektiven Charakter. Sie geschah dennoch nicht willkürlich und folgt vielfach dem Gang der vorausgehenden Darstellung.

Es wurden bewußt Texte ganz unterschiedlicher Genres gewählt: vom Gedicht über feierliche Deklarationen und Leserbriefe bis hin zur Statistik. Manche Texte sind *causes célèbres* gewesen (z.B. Dok. 1, 5, 6 oder 14), andere sind unbeachtet geblieben und wurden aufgenommen, weil sie durch ihre Unmittelbarkeit und Originalität anrühren oder erschrecken (z.B. Dok. 9, 19). Viele Texte dokumentieren politische Weichenstellungen (z.B. Dok. 14, 15, 16 oder 17). Die Geschichte ist zwar nicht in der Lage, das »Ganze« zu erfassen, aber sie muß sich um möglichst viele Facetten bemühen. Es versteht sich von selbst, daß die hier vorgelegte Auswahl von Schlüsseltexten keinerlei Anspruch auf Vollständigkeit auch nur des Wichtigsten erhebt. Sie will dem Leser vielmehr einen Zugang zu den atemberaubenden Veränderungen erschließen, die Osteuropa umgestaltet haben.

Die Dokumente 1 und 2 führen in die Auseinandersetzung mit dem Stalinismus ein, die am Beginn der Glasnost stand. Die millionenfachen Opfer standen auf, und dies hat wesentlich zur Erschütterung und zum Zusammenbruch des Sowjetsystems beigetragen. Die Dokumente 3, 4 und 5 zeigen, wie Glasnost seit 1988 immer weiter und immer rückhaltloser ausgriff, sich zeitlich von Stalin über Lenin zu Marx vorschob und die Grundlagen in Frage stellte. Diese Texte hatten Signalwirkung, sie lösten Lawinen aus. Natürlich wehrte sich das alte Regime, sowohl in gesetzter Form von oben (Dok. 6) als auch in roher und bedrohlicher Weise von unten (Dok. 8, 9). Dokument 7 gibt die offizielle Position der Gorbatschow-Führung in der Auseinandersetzung zwischen den Reaktionären (Dok. 6) und den Antikommunisten (Dok. 5) im Frühjahr und Sommer 1988 wieder, die alles verändern und zugleich das Wesentliche an seiner Stelle lassen wollte.

Die folgenden Texte sollen in bestimmte soziale Probleme einführen. Dokument 10 spricht offen die jahrzehntelang geleugnete Arbeitslosigkeit an. Dokument 11 berichtet davon, wie Aids tabuisiert wird und die kranken Menschen stigmatisiert werden. Die Texte 12 und 13 geben Einblicke in wichtige Institutionen der Gesellschaft: die russische orthodoxe Kirche und die Sowjetarmee. Dokument 12 macht deutlich, wie lückenlos die Kirche durch den KGB kontrolliert und gesteuert wurde, und wie der Geheimdienst sich dennoch die Kirche nicht zu unterwerfen vermochte. Dokument 13 zeigt die Härte und Ineffizienz der Sowjetarmee, die bis zuletzt ein getreues Werkzeug der KPdSU blieb.

Die Souveränitätserklärungen Estlands und der Ukraine (Dok. 14 und 15) markieren sowohl das Ende des Alten als auch den Beginn einer neuen Zeit. Eine Realisierung der hier verkündeten politischen Prinzipien und Ziele war innerhalb des Sowjetsystems nicht möglich.

Die Dokumente 16 und 17 stellen wichtige programmatische Texte der neuen politischen Kräfte vor. Die »Demplatforma« spaltete die KPdSU und wurde zum Ausgangspunkt der »Republikanischen Partei der Russischen Föderation«. Der Bewegung »Demokratisches Rußland« (Dok. 17) gelang es für kurze Zeit, fast alle wichtigen demokratischen Gruppen zusammenzuführen. »DemRossija« hat wesentlich zum Sturz des kommunistischen Systems beigetragen. Moralische Integrationsfigur der Demokratiebewegung wurde 1989 Sacharow. Sein Tod bedeutete einen schweren Verlust (Dok. 18 und 19).

Die Texte 20 bis 22 geben Einblick in die Agonie des Sowjetsystems im Jahre 1991. Der Versuch, das Rad der Geschichte noch einmal mit Gewalt anzuhalten, bewirkte das Gegenteil: eine breite Solidarisierung mit der national-demokratischen Bewegung in Litauen (Dok. 20). Aber auch die Reaktion machte mobil, ohne jedoch mit ihrem schwülstigen Appell (Dok. 21) breite Schichten zu erreichen.

Der August-Putsch brachte das vorzeitige Ende des alten politischen Systems (Dok. 22). Er stellte die antikommunistischen Kräfte mit ihrer politischen Integrationsfigur Jelzin an der Spitze unerwartet vor die Notwendigkeit, rasch ein umfassendes Programm für den Aufbau vorlegen zu müssen (Dok. 23), das zunächst nur teilweise realisiert werden konnte. Die Tabellen (Dok. 24) bieten die wichtigsten demographischen Daten zur nationalen Zusammensetzung der Bevölkerung insgesamt und der Republiken im einzelnen. Ohne diese Daten bleibt der Zerfallsprozeß des Staates UdSSR unverständlich.

Alle Texte wurden aus dem Russischen übersetzt; nur bei den Gedichten von Anna Achmatowa (Dok. 1) und dem Bericht über die sowjetische Armee (Dok. 13) wurde eine vorliegende deutsche Version ganz bzw. teilweise übernommen. Die Kürzungen gegenüber dem Original sind durch drei Punkte in Klammern gekennzeichnet, Zusätze der Übersetzerin stehen in eckigen Klammern. Die Originalüberschriften der Texte wurden beibehalten; soweit notwendig, wurde ein erklärender Zusatz in Klammern hinzugefügt.

1 Aus dem ›Requiem‹ der Anna Achmatowa
(Glasnost machte 1987 erstmals das Erscheinen dieser ein halbes Jahrhundert zuvor entstandenen Gedichte in einem Moskauer Verlag möglich.)

*Die sowjetische Literatur verfügt über ein umfangreiches künstlerisches Erbe, allerdings wurde bisher bei weitem nicht alles davon, wie auch auf dem VIII. Schriftstellerkongreß betont wurde, der Glasnost preisgegeben. Deshalb beschloß die Redaktion, sich dem noch nicht veröffentlichten ›Requiem‹ Anna Achmatowas zuzuwenden. Wir stellen es den Lesern vor.*

*Wir sind sicher, daß dieses Werk heute nicht nur von literarischem, sondern auch von gesellschaftlichem Interesse ist.*

*Das ›Requiem‹ von Anna Achmatowa ist aus einzelnen Gedichten entstanden, die in den Jahren 1935–1940 geschrieben wurden und mit den tragischen Ereignissen in ihrem Leben zusammenhängen.*

*Soja Tomaschewskaja*

Statt eines Vorworts

In den schrecklichen Jahren der Jeschowtschina verbrachte ich siebzehn Monate in den Schlangen vor den Gefängnissen. Eines Tages »erkannte« mich jemand. Da erwachte eine hinter mir stehende Frau mit blauen Lippen, die natürlich niemals meinen Namen gehört hatte, aus der für uns alle typischen Erstarrung und flüsterte mir ins Ohr (dort sprachen alle flüsternd):
– Und können Sie auch das beschreiben?
Und ich sagte:
– Ja.
Da zuckte etwas wie ein Lächeln über das, was einst ihr Gesicht gewesen war.

1. April 1957
Leningrad

Einführung

Damals galt nicht der Tod als Verhängnis,
Nein: Das Leben in Leningrad.
Real war hier nur das Gefängnis,
Überflüssig die übrige Stadt.

1

Früher Morgen war's, als sie dich holten.
Die Kinder weinten vor Schreck.
Ich folgte dir wie einem Toten.
Die Kerze zerfloß im Eck.

2

Stille fließt der stille Don.
Gelb tritt in das Haus der Mond.

Schaut in alle Winkel keck;
Gelber Schatten sitzt im Eck.
Eine Kranke muß das sein,
Eine kranke Frau; allein.

Tot der Mann, im Grabe schon,
Im Gefängnis sitzt der Sohn.

Diese kranke Frau bin ich.
Betet, schreit zu Gott für mich!

3

Nein – das bin nicht ich, das ist eine andere, die da leidet.
Ich könnte das nicht so. Aber das, was geschehen ist,
Sollen schwarze Tücher bedecken,
Und man soll die Lampen wegtragen ...

Nacht.

6

Wochen fliehen mit irrer Schnelle.
Was geschah? Ich fass'es nicht,
Wie der weißen Nächte Licht,
Sohn, dich fand in dunkler Zelle.
Und jetzt sind sie wieder da,
Deine Seele auszulaugen.
Schaun mit heißen Habichtsaugen,
Künden Kreuz und Golgatha.
(1939)

7. Das Urteil

Wie ein Grabstein fiel das Wort auf meine
immer noch lebend'ge Menschenbrust.
Ich halt's aus. Ich warte auf Steine ...
Meiner Zukunft war ich wohl bewußt.

Heute hab'ich keine Zeit zum Klagen,
stumm und unerschüttert muß ich sein,
das Gedächtnis muß ich selbst erschlagen,
damit meine Seele wird zum Stein

und von neuem Leben lernt... Die Fichten
da, im Fenster ragen stolz und hehr.
Schon vor langem sah ich diesen lichten
Sommertag und dieses Haus so leer.
(1939)

8. An den Tod

Du kommst ja doch zu mir, warum denn heute nicht?
Ich warte dein, in Leid erfahren.
Ich tat die Tür schon auf und löschte schon das Licht
für dich, den schlichten, wunderbaren.

Nimm an dafür als Form, was immer dir beliebt,
dring ein, als Waffe giftdurchtränkte,

bewaffnet schleich heran, erfahrener Bandit,
als Typhusdunst, der Tod mir schenke.

Als Märchen komm herbei, von dir erdacht,
das bis zum Überdruß bekannte,
daß ich die blaue Mütze sehe bei der Nacht,
den Hausverwalter bleich, den Schrecken bannte.

Mir ist jetzt alles gleich; es wogt der Jenissej,
ich sehe den Polarstern strahlen,
und der geliebten Augen blauen Schein
bedecken bald die letzten Qualen.
(1939)

10. Kreuzigung

»Weine nicht um mich, Mutter,
wenn ich im Grabe bin.«

1
Die Engel rühmten Ihn, den Todesblassen,
Der Himmel brannte, als Sein Mund erblich,
Als Er zum Vater schrie, der Ihn verlassen,
Zur Mutter sagte: »Weine nicht um Mich!«

2
Händeringend klagte Magdalene,
Schmerzerstarrt sah man den Jünger stehn.
Doch zur Mutter – schweigend, ohne Träne -
Wagte niemand auch nur hinzusehn.
(1940/43)

Epilog I

Ich kannte viele früh gewelkte Frauen,
Vor Schrecken, Furcht, Entsetzen ausgeglüht.
Des Leidens Keilschrift sah ich eingehauen
Auf Stirn und Wangen, die noch kaum geblüht.

Ich sah manch junges Haar sich schnell verfärben,
Ein trübes Grau nahm Schwarz und Blond hinweg.

Ich sah manch frohes Lächeln plötzlich sterben -
In trocknem Lachen zitterte der Schreck.

Nun, heb' ich zum Gebete meine Hand,
Nicht nur für mich: Für jede, die dort stand,
In Winterkälte und im Sonnenbrand,
An jener blindgewordnen roten Wand.
(1940)

*Quelle:* Oktjabr', Nr. 3, 1987, S. 130–135. Übersetzung der Gedichte aus: Russische Lyrik. Gedichte aus drei Jahrhunderten. Hrsg. E. Etkind, München, Zürich 1981, S. 388–393.

## 2 Tragische Statistik: (40 Millionen Menschen Opfer des Stalinismus)

*Wir haben jetzt Glasnost. Wir erfahren vieles. Und jetzt, wo ich Materialien über die Repressalien der Stalinzeit vorbereitete, bin ich auf immense Zahlen der Opfer gestoßen. Ich frage mich: »Ist es wahr?« Vielleicht wird die Zeitschrift ›Argumente und Fakten‹ eine genaue Zahl der Repressierten in der Stalinzeit nennen.*

*I. Romanova, Archangelsk*

»Das ist eine schwierige Frage und sie läßt sich nicht genau beantworten«, so sagte uns der bekannte sowjetische Historiker R. Medwedew, den wir gebeten haben, der Leserin zu antworten.

Der Stalinismus verheimlichte seine Verbrechen. Keiner führte genau Buch über die Erschossenen, Ausgesiedelten und Verhungerten.

Ein Dorf nach dem anderen suchten im Frühjahr 1933 in der Süd-Ukraine die Beerdigungseinheiten der Roten Armee auf, ohne die Möglichkeit zu haben, die Namen der Bauern in Erfahrung zu bringen, die für ewig mit der Erde der Massengräber bedeckt wurden. Warum zählen wir zu den Opfern des Stalinismus nur den Fabrikdirektor oder den Brigadekommandeur, die 1937 erschossen wurden? Und wie steht es mit der Familie, die den Vater, den Ehemann oder den Sohn verloren hatte, und aus ihrer Dienstwohnung auf die Straße gesetzt wurde?

In den Jahren zwischen 1927 und 1929 einschließlich sind in den Gefängnissen, in der Verbannung, an den Orten der politischen Isolation insgesamt etwa eine Million Menschen gewesen. Das waren diejenigen, die vor kurzem Parteimitglieder aus der Opposition und »bürgerliche« Spezialisten gewesen waren, die gewissenhaft in den sowjetischen Behörden gearbeitet hatten, aber nach dem »Schachty-Prozeß« zu »Schädlingen« erklärt wurden. In allen Republiken kam es zu Verhaftungen von »Nationalisten« und »NÖP-Männern«, die nicht bereit waren, dem Staat ihre in den zwanziger Jahren legitim erworbenen Gewinne zur Verfügung zu stellen. Auf dem Lande wurden Tierärzte, Agrotechniker, Genossenschaftler verhaftet, die zu Mitgliedern einer erfundenen »Werktätigen Bauernpartei« erklärt wurden.

1930 bis 1932 richtete sich ein gewaltiger Schlag der Straforgane praktisch gegen alle reichen Bauern. Ihre Häuser und ihr Eigentum wurden den in aller Eile gegründeten Kolchosen übergeben und die ganze Familie eines »Kulaken«, eines wohlhabenden »Serednjaken« (Mittelbauern) oder eines armen »Kulakendieners« wurde zwangsweise nach Sibirien, in den Ural oder in den Norden – in das Gebiet Archangelsk, auf die Halbinsel Kola oder in die ASSR der Komi – umgesiedelt. Offizielle Angaben über die »Entkulakisierten« wurden häufig verändert, und man kann ihnen kein Vertrauen schenken. Die Statistik für die Jahre 1926 bis 1927 rechnete fünf Prozent der Bauernhöfe oder etwa 1,2 Millionen Menschen zu den »Kulaken«.

Ungefähr die gleiche Zahl können wir auch in den Anweisungen des Zentralen Exekutivkomitees über die Liquidierung der Kulakenwirtschaften finden. Nach den Zeugnissen von Augenzeugen konnten lediglich wenige der reichen Bauern nach dem Verkauf ihres Besitzes in die Stadt flüchten. Die Gebliebenen wurden deportiert. Bei einer durchschnittlichen Größe einer Bauernfamilie von sechs bis sieben Personen waren das sechs bis sieben Millionen neue Opfer des Stalinismus. Wir werden kaum fehlgehen, wenn wir dazu noch drei bis vier Millionen der armen »Kulakendiener« hinzufügen.

Nicht weniger als eine Million Bauern wurde auch im Jahr 1933 zwangsumgesiedelt. Die Hoffnung, daß die in aller Eile gegründeten Kolchosen schnell das für das Land dringend notwendige Brot und andere Produkte liefern würden, entpuppte sich als eine Illusion. Die Getreideproduktion ging zurück, noch drastischer fiel die Produktion in der Viehzucht.

Fast in allen getreideproduzierenden Gebieten des Landes setzte seit dem Herbst 1932 eine Hungersnot ein, die im Winter und Frühjahr 1933 die Ausmaße einer nationalen Katastrophe annahm. Verschiedene Autoren nennen jetzt unterschiedliche Zahlen der Bauern, die an Hunger verstorben sind. Diese Zahlen schwanken zwischen drei und zehn Millionen Menschen. Nach den indirekten Angaben der Volkszählungen von 1926, 1937 und 1939 kann man als besonders glaubwürdig die Zahl von sechs bis sieben Millionen an Hunger verstorbener Menschen in den Jahren 1932 bis 1933 annehmen.

Wahrscheinlich wurden zusätzlich nicht weniger als anderthalb bis zwei Millionen Bauern, hauptsächlich aus der Dorfarmut, »für das Sammeln von Ähren« verhaftet. Das geschah aufgrund der neuen und außerordentlich harten Gesetzgebung, die den Prinzipien des Eigentums der Kolchos-Genossenschaften widersprach.

1935 begann eine neue Kampagne der Massenrepressalien – die Aussiedlung der »klassenfremden« Elemente aus Leningrad, Moskau und einigen anderen Städten. Die Familien von Adligen, Kaufleuten, Kapitalisten und Beamten wurden in entfernte Provinzstädte ausgesiedelt. Ohne einen großen Fehler zu begehen, kann man die Zahl der Deportierten mit einer Million Menschen angeben.

In den Jahren 1937 bis 1938, den Jahren der »Jeschowtschina« oder des »großen Terrors«, wurden nach meinen Berechnungen zwischen fünf und sieben Millionen Menschen zu Opfern der Massenrepressalien. Davon waren fast eine Million Parteimitglieder. Dabei wurden 80 Prozent der Parteimitglieder, die in der vorrevolutionären Zeit der Partei beigetreten waren, verhaftet, sowie der Hauptteil des Partei-, Staats- und Wirtschaftsaktivs, militärische Führer und Vertreter der bereits in der Zeit der Sowjetmacht aufgestiegenen Intelligenz. Von den 1937 bis 1938 verhafteten Personen wurden fast eine Million zum Tode durch Erschießen verurteilt, die übrigen wurden in Lager verschickt. Allerdings blieben die wenigsten von diesen Menschen bis zu ihrer Rehabilitierung am Leben.

1939 kam es zu Massenrepressalien in der West-Ukraine und West-Weißrußland, in den Jahren 1940 bis 1941 im Baltikum, in Bessarabien und der Nord-Bukowina. Die Mehrzahl dieser Opfer des Stalinismus wurde erst in den Jahren 1987 bis 1988 durch Beschluß der jeweiligen republikanischen Machtorgane rehabilitiert. Die Anzahl der Rehabilitierten erreichte eine Million Menschen.

Der Krieg hat die Strafpolitik des NKWD nicht gestoppt. Bereits zu Beginn des Krieges bewegten sich die Züge der völlig entrechteten und zwangsausgesiedelten deutschen Bevölkerung des Landes nach Osten. Im ganzen wurden bis zu zwei Millionen Sowjetdeutsche, einschließlich der 500 000 aus der Autonomen Wolgarepublik der Deutschen, deportiert. Aufgrund von Beschlüssen des Staatlichen Verteidigungskomitees wurden in den Jahren 1943 bis 1944 die Zwangsaussiedlungen der Völker des Nord-Kaukasus und der Krim in den Osten durchgeführt: der Kalmücken, Tschetschenen, Inguschen, Karatschajer, Krimtataren u.a. Die Gesamtzahl der deportierten Moslems betrug ungefähr drei Millionen Menschen. Nach den Berechnungen der Vertreter dieser »bestraften« Völker sind bei der Deportation bis zu eine Million Kinder, Frauen, alte und kranke Menschen gestorben.

Nach 1940 sind im Land noch einige außerordentlich harte Gesetze in Kraft getreten, wonach für die dreimalige Verspätung am Arbeitsplatz von mehr als 20 Minuten oder für ein ungerechtfertigtes Fernbleiben vom Arbeitsplatz die Arbeiter und Angestellten vor Gericht gestellt wurden und sogar zu drei bis fünf Jahren Lagerhaft verurteilt werden konnten. Es ist bisher unmöglich festzustellen, wieviele Menschen Opfer dieser Gesetzgebung wurden (in den Lagern wurden sie »Ukasniki« [aufgrund des Ukas Verhaftete] genannt, unter ihnen gab es nicht wenige junge Menschen zwischen 16 und 17 Jahren). Ich glaube, daß es sich auch in diesem Fall um zwei bis drei Millionen Menschen handelt.

Den NKWD-Organen fiel die große Aufgabe der »Filterung« nicht nur der am Leben gebliebenen Kriegsgefangenen, der Jugend, die zur Arbeit nach Deutschland zwangsverschleppt worden war, oder der großen Massen von »zwangsverschleppten Personen« zu, sondern auch der Bevölkerung in den von den Deutschen besetzten Territorien, wo mehr als 60 Millionen Menschen wohnten. Um nicht zu verhungern, mußten viele von diesen Menschen in den von den Faschisten eingerichteten Betrieben und Behörden arbeiten.

Allerdings wurde die Mehrzahl dieser Menschen nicht bestraft, sonst wäre es unmöglich gewesen, die Wirtschaft der Westgebiete des Landes wiederaufzubauen. Aber alle Bürger, die unter der Besatzung gelebt hatten, wurden in ihren Rechten beschränkt und eine nicht geringe Zahl von ihnen wurde dennoch in Lager verschickt, um die im Kriege gelichteten Reihen der Häftlinge aufzufüllen. Es ist nicht leicht, die Anzahl der ohne ausreichende Gründe in den Kriegsjahren von Repressionen betroffenen Menschen zu berechnen. Dennoch nehme ich an, daß die Zahl von zehn bis zwölf Millionen eher zu niedrig als zu hoch angesetzt ist.

In den Nachkriegsjahren erlebte unser Land noch einmal nicht wenige neue Kampagnen von Repressalien: den »Leningrader Prozeß«, den »Kampf gegen die Kosmopoliten«, den »Ärzteprozeß«, die »Zerschlagung der Morganisten und Weißmannanhänger« u.a. Ich glaube, aus politischen Motiven wurden in den Jahren 1946 bis 1953 etwa eine bis anderthalb Millionen Menschen verhaftet.

Auf diese Weise erreicht die Gesamtzahl der Opfer des Stalinismus nach meinen Berechnungen etwa 40 Millionen Menschen. Zusätzlich müssen noch die Opfer des so schlecht vorbereiteten Krieges berechnet werden. Bis jetzt kennen wir nicht die genauen Zahlen der Soldaten, die auf dem Schlachtfeld gefallen oder vermißt, in die Gefangenschaft geraten oder verhungert sind (...) Aber das ist ein anderes Thema, es muß gesondert behandelt werden.

*Quelle:* Argumenty i fakty, 4.-10. Februar 1989.

### 3 Wasilij Seljunin: Die Ursprünge (Eine Grundsatzkritik am sowjetischen sozialistischen System)

(...) Hat es Sinn, in der Vergangenheit herumzustöbern? Kluge Menschen belehren uns: Die Feinde haben uns angeblich in eine Diskussion über die Vergangenheit hineingezogen, um uns abzulenken. Der Feind ist, versteht sich, sehr listig, das kann man ihm nicht nehmen. Aber wie kann man aus der Geschichte lernen, wenn wir schon wieder damit beginnen, einige ihrer Zeilen mit den Fingern zu bedecken. Nach dem Motto: Dieses darf man lesen und das unter keinen Umständen. Und vor allem, es drängt sich die Frage auf: Gehört denn alles, was wir erlebt haben, bereits zur Geschichte?

Mit dem Tod meiner Mutter ist eine ganze Epoche ins Nichtsein übergegangen, hoffen wir, unwiderruflich. Ihre Generation hat diese Geschichte durch die Furchen und holprigen Wege auf dem eigenen Buckel geschleppt, dorthin, wohin befohlen wurde. Und obwohl ihre Leiden, wie es auch geplant war, sich in die Stärke des Imperiums ummünzten, lassen uns die Zweifel an dem Preis, der dafür bezahlt werden mußte, keine Ruhe. Wie konnte es geschehen, daß der Mensch, die Krone der Schöpfung, nur als Material, als eine Ressource für soziale Experimente, als Dünger, der den Boden für einen mutmaßlichen allgemeinen Wohlstand vorbereitete, benutzt wurde? (...)

Die Denker vergangener Epochen, die Sozialisten des Gefühls (...) träumten von der Zeit (...), in der das Eigentum und die Arbeitsprodukte gemeinschaftlich sein werden. (...) Aber welche

Kraft kann Menschen zum Arbeiten anspornen? Dieser Grundfrage konnten die Denker natürlich nicht ausweichen (...)

Schauen wir in das Buch ›Utopia‹ von Thomas Morus (...) Morus war zwar ein Utopist, diese Frage stellte und beantwortete er aber gründlich: Der Gewinn wird durch den außerwirtschaftlichen Zwang ersetzt. Bei den Begründern des wissenschaftlichen Sozialismus gibt es nicht mehr diese Einfachheit und Klarheit bei der Lösung dieser Aufgabe (...) Wie sieht denn [bei ihnen] der ständige Anreiz aus? Viele der Denker in der Vergangenheit meinten, daß mit der Zeit überhaupt kein Stimulus mehr notwendig sein wird – die Arbeit wird zur ersten Lebensnotwendigkeit, zum Spiel der physischen und geistigen Kräfte werden. (...)

Wenn aber bis heute dieses Problem immer noch nicht befriedigend gelöst wurde, kann man sich denken, mit welchen Schwierigkeiten die ersten Erbauer der neuen Gesellschaft konfrontiert waren! Nach dem Vermächtnis der Klassiker hätten wir alle jetzt gleich viel arbeiten und gleich hoch bezahlt werden sollen.

Eine solche Erfahrung kannte die Geschichte nicht. Beziehungsweise, es gab nur negative Erfahrungen: Daran haben sich seinerzeit die Jakobiner die Finger verbrannt – in den Worten Lenins »die leidenschaftlichsten und aufrichtigsten Revolutionäre« (...)

Die Jakobiner versuchten, den normalen Lauf des Lebens zu verhindern, damit unterschrieben sie ihr eigenes Todesurteil. Sie verließen die Bühne der Geschichte und hinterließen nicht nur Berge von Leichen, sondern auch ein neues Frankreich (...) Terror und Gewalt mit ökonomischen Zielen waren eine Abweichung von den Aufgaben der Revolution, sie waren eine Episode gewesen.

Viel komplizierter steht es damit bei den sozialistischen Revolutionen. Die Vernichtung des »schändlichen Profits«, die Beseitigung der Warenproduktion und des privaten Unternehmertums sind hier keine Abweichung vom Ziel mehr, sondern im Gegenteil das Ziel selbst. Im großen und ganzen war es nicht einmal so schwer, die Gutsherren zu vertreiben und die Großbetriebe zu nationalisieren. Das löste aber nicht das Problem (...) Nach den Vorstellungen von Lenin konnte man die Bourgeoisie nicht unterdrücken, ohne die Warenproduktion zu beseitigen, denn (...) »die Bourgeoisie entsteht aus der Warenproduktion; was ist eigentlich unter solchen Bedingungen der Warenproduktion ein Bauer, der über Hunderte von Pud überflüssiges Getreide verfügt, das er für seine eigene Familie nicht benötigt, und das er dem Arbeiterstaat nicht als Anleihe gewährt, um dem hungernden Arbeiter zu helfen, sondern mit dem er spekuliert? Ist das etwa keine Bourgeoisie? Entsteht sie etwa nicht hier? Das ist eben das Schreckliche, eben hier verbirgt sich die Gefahr für die soziale Revolution!« (Bd. 39, Seite 421, 422). Das war tatsächlich eine bedrohliche Gefahr. Lenin ließ sogar den Gedanken von einer Rückwärtsbewegung der Revolution von der sozialistischen zur bürgerlichen Stufe zu. (...)

So wurden bereits am 10. November 1917 die Spekulanten zu Volksfeinden erklärt, und drei Monate später wurde in einem von Lenin verfaßten Dekret eine unmißverständliche Anweisung gegeben: »Spekulanten ... am Tatort zu erschießen« (Aus der Geschichte der Allrussischen Außerordentlichen Kommission 1917–1921. Dokumentensammlung. Moskau 1958, S. 95). Es ist klar, daß bei einem schlecht funktionierenden staatlichen Handel jeglicher Verkauf von Lebensmitteln als Spekulation definiert wurde. (...)

Es ist üblich zu meinen, daß diese Rigorosität durch Hunger und Zerrüttung bedingt war. Aber es handelte sich dabei, wie wir gesehen haben, um eine prinzipielle Einstellung: Wenn die Warenproduktion und der sie begleitende Markt nicht vernichtet werden, wird die Oktoberrevolution auf das Niveau einer bürgerlichen Revolution herabsinken. Es reicht übrigens der gesunde Menschenverstand aus, um zu begreifen, daß die Lebensmittel, die im Land produziert werden, von seiner Bevölkerung auch aufgebraucht werden. Nicht der Hunger war der Anstoß zu Requisitionen, sondern eher umgekehrt, Massenrequisitionen hatten den Hunger zur Folge. Man hat den Bauern aufgefordert, das Land zu ernähren, ohne einen Gewinn für sich selbst zu erhalten. (...)

Das Ziel war die Beseitigung der Warenproduktion auf dem Lande. Besonders stark waren die Warenwirtschaften der Kulaken, in denen Arbeitskräfte für Lohn beschäftigt wurden. Und Kulaken waren, nach der Leninschen Terminologie, »besonders grausame, brutale und wilde Ausbeuter« (Bd. 37, S. 40). (...) Den Agitatoren, die in die Provinz geschickt wurden, wurde eine Anweisung gegeben: »... Die Kulaken und Ausbeuter einzuschränken« (Bd. 35, S. 326). Dabei konnten sich die Machthaber auf dem Land nur auf die Dorfarmut stützen (...) Im Juni 1918 wurden die Komitees der Dorfarmut gebildet. Mit ihrer Hilfe enteignete man bei den Kulaken 50 Millionen ha Land. Das ist ungefähr ein Drittel der damaligen landwirtschaftlichen Nutzfläche. Auf diese Weise wurde die materielle Grundlage der Kulakenwirtschaften zerstört. Die Tatsachen beweisen unwiderlegbar, daß die Liquidierung der Kulaken hauptsächlich in den Jahren des »Kriegskommunismus« und nicht an der Wende von den zwanziger zu den dreißiger Jahren vollzogen wurde.

Aber auch der mittelgroße Bauer wollte seine Arbeitsproduktion verkaufen, und der Handel führte nach den Vorstellungen der damaligen Zeit direkt zum Kapitalismus. (...) Lenin behauptete, es sei notwendig, »daß alle nach einem gemeinsamen Plan, auf gemeinschaftlichem Land, in gemeinschaftlichen Fabriken und Werken und nach einer gemeinsamen Ordnung arbeiten« (Bd. 41, S. 310–311).

Die wahre Lösung der Aufgaben der sozialistischen Revolution sah man folglich in der Heranziehung der Bauern zur Arbeit auf dem gemeinschaftlichen Land. So lautete die programmatische Richtlinie der bolschewistischen Partei. Schon 1902 erklärte Lenin: »Ein Sozial-Demokrat... würde die Nationalisierung von Grund und Boden nur als Übergang zu einer großen kommunistischen und nicht zu einer kleinen individualistischen Wirtschaft propagieren« (Bd. 6, S. 339). Bald nach den Ereignissen im Oktober nahm Wladimir Iljitsch »die Sache des allmählichen, aber unablässigen Überganges von den kleinen Einzelwirtschaften zur gemeinschaftlichen Bearbeitung des Landes« in die Hand (Bd. 37, S. 364). Bereits im Januar 1918 beteiligte er sich an der Ausarbeitung eines »Grundgesetzes über die Sozialisation des Landes«. (...)

Im Dezember 1918 gründete Lenin eine spezielle Kommission zur Vorbereitung eines Gesetzes über die gemeinschaftliche Bearbeitung von Grund und Boden (...) In diesem Papier hieß es, daß alle Arten von Einzelwirtschaften als absterbende Übergangslösungen anzusehen sind – sie werden von den Sowchosen, Produktionskommunen und anderen Genossenschaften zur gemeinschaftlichen Bearbeitung des Landes ersetzt. Trotz der offensichtlichen Bevorzugung (besseres Land, kostenlose Übergabe des Inventars) weigerte sich der Bauer, diesen Vereinigungen beizutreten. Dennoch gelang es in kurzer Zeit, mehr als 5000 Sowchosen und etwa 6000 Kolchosen zu gründen. Aber auch Lenin gab zu, »die Kolchosen funktionieren noch so schlecht, sie sind in einem solch jämmerlichen Zustand, daß sie zu Recht den Namen Armenhaus verdienen« (Bd. 42, S. 180).

Die besten Köpfe der damaligen Epoche versuchten zu ergründen, warum eine solch vorteilhafte Sache wie die Kollektivierung mit einem völligen Fiasko endete. Die einfachste Erklärung hieß: Eine bloße Summierung von Land und primitivem Inventar kann noch keine qualitative Veränderung bei der Entwicklung der Produktion bewirken. Wenn wir aber dem Dorf 100000 Traktoren geben könnten, würde jeder Bauer sagen: Ich bin für die Kommune.

Bis jetzt haben wir aber keine solche Technik, und sie wird voraussichtlich nicht früher als in zehn Jahren verfügbar sein.

Heute nach unseren historischen Erfahrungen können wir eine solche Erklärung nicht als ausreichend gelten lassen. Schon Leo Tolstoj verstand, »das wichtigste ist nicht der Stick- und Sauerstoff, die sich im Boden und in der Luft befinden, nicht der besondere Pflug oder Dünger, das wichtigste ist das Werkzeug, durch das der Stick- und Sauerstoff, Dünger und Pflug funktionieren, – und das ist der arbeitende Bauer«. Und seine Interessen wurden ignoriert – man setzte auf grobe Gewalt. Gerade hier liegen, wie mir scheint, die tiefen Ursprünge für viele Schwierigkeiten, die unser Land erlebte.

Im übrigen wurde in dieser Zeit der außerökonomische Zwang nicht nur den Bauern gegenüber angewandt. (...) Die Grenzen der Gewalt erweiterten sich, wie wir sehen, uferlos – ursprünglich benutzte man sie zur Unterdrückung der Gegner der Revolution, später weitete man sie auf die potentiellen Gegner aus (der rote Terror) und schließlich wurde sie zum Mittel, rein wirtschaftliche Aufgaben zu lösen. (...)

Der Kapitalismus besiegte die vorausgegangene Formation dadurch, daß er den Stock, die Leibeigenschaft und den Willen des Lehnsherren durch einen wirksameren Arbeitsstimulus – den persönlichen Vorteil und das Recht, die eigene Arbeitskraft zu verkaufen – ersetzte. Das Recht der Zwangsarbeit wäre in der Praxis ein Rückschritt in der Geschichte der Menschheit. Trotzkij bestreitet das entschieden: »Wenn man das alte bürgerliche Vorurteil oder vielmehr das alte bürgerliche Axiom, das zu einem Vorurteil wurde, daß die Zwangsarbeit unproduktiv sei, für bare Münze nimmt, dann betrifft dies nicht nur die Arbeitsarmee, sondern den Arbeitsdienst im ganzen, dies betrifft die Grundlage unseres wirtschaftlichen Aufbaus, mit anderen Worten, es betrifft unsere sozialistische Organisation überhaupt«. (Erstaunlich offen gesagt: Die Zwangsarbeit ist die Grundlage der sozialistischen Organisation!) (...)

Eine kapitalistische Warenproduktion bedeutet, daß derjenige, der das Geld hat, ein gewinnbringendes Geschäft gründen, Eigentum erwerben, riskieren und die ökonomische Verantwortung für die eigenen Handlungen übernehmen kann. Jeder Mensch hat das Recht, über sein Eigentum beliebig zu verfügen, auch wenn es nur aus ein paar Arbeitshänden besteht. Kein Zweifel, das System ist hart, aber unter einem solchen System entfällt die Notwendigkeit, durch Drohungen und durch polizeiliche Aufsicht zum Arbeiten zu zwingen. Der Staat hat es zum Beispiel nicht nötig, Streiks zu unterbinden, denn die Verluste daraus trägt der Privatunternehmer. Ohne einen Arbeitsplatz zu garantieren, ist der Staat verpflichtet, dem Menschen die vollständige Initiative zu überlassen, sich zu bereichern oder dahinzuvegetieren, jeder wie er eben kann. Die persönlichen Rechte sind die Kehrseite der erbarmungslosen wirtschaftlichen Freiheiten. Und umgekehrt, bei einem totalen Staatseigentum an den Produktionsmitteln entsteht die Versuchung, auch die Persönlichkeit selbst, ihre physischen und geistigen Kräfte zu expropriieren, um die Arbeit nach einem einheitlichen Plan und nach einer einheitlichen Ordnung zu organisieren. Unter solchen Umständen ist es zulässig, einen Menschen als ein Schräubchen in der Riesenmaschine, die das zukünftige Glück für alle produziert, zu behandeln. Es wäre seltsam, von persönlichen Rechten und bürgerlichen Freiheiten eines Schräubchens zu sprechen, ebenso wie von denen eines Schraubenziehers, der das Schräubchen an der vorgeschriebenen Stelle einschraubt. (...)

*Quelle:* Novyj mir 5, 1988, S. 162–189.

## 4 W. A. Tichonow: Ohne Illusionen leben (Forderung nach einem ökonomischen Systemwechsel)

*Tichonow* [Erster Präsident der Union der Vereinigten Genossenschaften]: Unsere Gesellschaft ist jetzt krank, die Krankheit hat alle Poren des gesellschaftlichen Organismus erfaßt (...) Diese lange Krankheit unserer Gesellschaft wurde dadurch hervorgerufen, daß wir viel zu lange einem illusorischen, unerfüllbaren Modell folgten, das auf den etwas erneuerten und gepuderten Ideen eines naiv-utopischen Sozialismus beruhte. Wir haben versucht, einen Sozialismus zu verwirklichen, in dem alle in geschlossener Ordnung marschieren und unter Zwang arbeiten würden. Das gelang uns nicht.

*Konowalowa: Aber das Märchen blieb so lange populär...*

Die bezahlten Propagandisten haben gute Arbeit geleistet. Bei der Beschreibung unserer Gesellschaft haben sie ihr einerseits nicht existierende Züge eines idealen Modells zugeschrieben, und andererseits haben sie alles, was diesem Modell nicht entspricht, ausgeklammert. Man hat versucht uns einzureden, die erfundene Gesellschaft sei eben jene Gesellschaft, in der wir leben. Unsere Vorstellungen beruhten im Grunde genommen auf globalen und systematischen Lügen.

Jetzt ist aber offensichtlich geworden, daß das siebzigjährige Experiment zusammengebrochen ist. Warum ausgerechnet jetzt? Es entstanden günstige Bedingungen für eine umfassende Entwicklung des gesellschaftlichen Bewußtseins. Es entstanden Möglichkeiten für Kontakte zur Außenwelt, viele Menschen konnten sich mit dem Leben der anderen vertraut machen, sie begannen, ihr Leben realistischer einzuschätzen. Dabei ist ihnen bewußt geworden, daß das Modell, dem wir folgten, nicht nur nicht das beste Modell war, wie uns die Politiker der vergangenen Jahre suggerierten, sondern umgekehrt. Zusätzlich muß man berücksichtigen, daß sich im Laufe der letzten zwei Jahrzehnte die materiellen Lebensverhältnisse immer spürbarer verschlechtert haben (...)

Ein großes Verdienst von Gorbatschow – völlig unabhängig davon, ob er bewußt oder rein intuitiv handelte – besteht darin, daß er dazu aufgerufen hat, unser ganzes Leben grundsätzlich umzugestalten. Kaum wurde dieser, wenn auch geringe Anstoß gegeben, entfaltete sich eine gesellschaftliche Bewegung in einer solchen Breite und mit so radikalen Forderungen, daß die Stagnationskräfte jetzt, wenn sie es auch gewollt hätten, nicht mehr in der Lage wären, sie anzuhalten und auf alte Art und Weise zu regieren. Und, zweitens, im Zuge der gesellschaftlichen Bewegung wurde den Menschen ihre eigene Stärke bewußt, sie haben verstanden, daß sie nicht mehr nach alter Manier leben werden.

Ich bin überzeugt, daß die Veränderungen objektiv notwendig und unvermeidlich geworden sind. Aber ehe das Unvermeidliche Realität wird, steht uns eine sehr lange und schmerzliche Periode bevor, in deren Verlauf uns alle möglichen Überraschungen erwarten. Wir müssen auch mit Hungersnöten rechnen, darüber habe ich schon mehrfach gesprochen, auch mit sozialen Katastrophen, die zu einem Rechtsruck führen können, zum Wiederaufleben eines in hohem Maß autoritären politischen diktatorischen Regimes. Und obwohl ein solcher Umweg nicht von langer Dauer wäre, kann er für viele Tausende von Menschen schmerzhaft sein. Zu einem Rechtsruck, einer Diktatur kann es auch infolge von Massenerhebungen und Aufständen kommen. (...)

Dies alles kann man vermeiden. Aber die Regierung muß entschlossener und konsequenter bei der Durchführung von Reformen handeln. Und sie muß aufhören zu schwanken: Einerseits möchte sie Demokratie, und andererseits fürchtet sie eine zu starke Ausweitung von Demokratie. Hinzu kommen diese ständigen Hinwendungen und Appelle an die konservativen Kreise der Gesellschaft. Inkonsequenz ist die schlimmste Erscheinung in einem revolutionären Prozeß. Unserer Regierung scheint, daß sie sehr klug laviert, aber dieses Lavieren ist gar nicht so klug und das allerschlimmste, es kann üble Folgen haben. (...)

*In der alten Weise kann man nicht mehr leben, aber wie stellen Sie sich das neue Leben vor, und wie soll Ihrer Meinung nach die Umgestaltung des Dorfes verlaufen?* (...)

Die Schlüsselfrage im Agrarsektor ist die Frage nach dem Grund und Boden ... Es ist höchste Zeit, vom System der Nutzung des Bodens zum Grundbesitz überzugehen. Was bedeutet das? Zur Zeit ist der Bauer praktisch nicht Herr auf dem Grund und Boden, er besitzt das Land nicht, er hat kein Recht daran, er nutzt es nur. Das sind aber zweierlei Dinge, Nutzen oder Besitzen. Unsere Kolchosen und Sowchosen haben Befugnisse zur unbefristeten Nutzung von Grund und Boden erhalten. Aber das Land wurde ihnen nur für die Ziele überlassen, die vom Staat bestimmt werden, der den Grund und Boden in seinem Monopolbesitz hat und diesen Besitz durch seinen Staatsapparat realisiert. Der Staat ist nicht einfach ein Eigentümer, er besitzt das Land und beherrscht es. (...)

Dabei hängt der Verdienst eines Bauern nicht davon ab, wie er das Land nutzt, sondern vom Zahlungsniveau für die landwirtschaftlichen Produkte und vom Arbeitslohnsystem, die vom Staat festgelegt wurden. (...) Die Hauptursache für die erbärmliche Lage in der Landwirtschaft liegt im Staatsmonopol auf Eigentum und Besitz von Grund und Boden. Solange wir dies nicht ändern, können Sie sicher sein, daß sich in der Landwirtschaft nichts bewegen wird. (...)

*Ihr Motto heißt also »Das Land den Bauern«?*

Wir schlagen vor, Grund und Boden zum Gemeingut des Volkes zu machen und das Land denen als Besitz zu übergeben, die es bearbeiten. Und damit wird die ökonomische Verantwortung für die Ergebnisse nicht dem Staatsapparat, der ja materiell verantwortungslos ist, auferlegt, sondern unmittelbar denen, die das Land besitzen und darauf arbeiten. Ein Besitzer ist kein Eigentümer, aber dieser Besitz hat positive wirtschaftliche Folgen, der Besitzer wird zum Eigentümer der erzeugten Produktion und des Gewinns, d.h. der Dinge, deren Monopoleigentümer zur Zeit der Staat ist. Jeder Landbearbeiter erhält ein uneingeschränktes Recht, alles was er will anzubauen, seine Erzeugnisse an wen er will zu verkaufen; er kann auch das Land verpachten. Seine Verpflichtung besteht darin, dem Eigentümer regelmäßig für den Besitz des Landes zu zahlen (...)

Es hat sich bei uns im Laufe der Geschichte ein System der vollständigen sozialen Unselbständigkeit entwickelt: Man entwendet dem Menschen alles, was er produziert, und dann wird jedem aus einem gemeinsamen Kessel so viel gegeben, wie jemand das für sinnvoll hält. Würde aber die Regierung unmißverständlich in einem Gesetz festschreiben: Ab heute wird keinem etwas gegeben; ihr verfügt selbst über Ressourcen, ich – Regierung – mische mich in eure wirtschaftlichen Angelegenheiten nicht ein, ich begnüge mich damit, von euch Steuern einzuziehen, und ihr müßt euch anpassen, ihr müßt euch selbst umsehen, bei wem ihr etwas kauft, was ihr erzeugt, und was ihr verkauft, ihr habt doch selbst Verstand und Hände ... Bis jetzt tat aber der Staat so etwas nicht. Weil er weiß: Die Macht hängt von den materiellen Ressourcen ab, von der zentralen, willkürlich durchgeführten Disposition und Verteilung. (...)

*Man sagt manchmal, daß radikale Ideen unter Intellektuellen populär sind, aber keine breite Resonanz bei den Bauern finden* (...)

Unsinn! Der Bauer ist, wie das auch früher war, schlau und kann rechnen. Eine abstrakte Idee wird er – versteht sich – nicht annehmen. Er kann aber die Folgen ihrer Realisierung besser abschätzen als wir (...) Nach einer Untersuchung, die von der Landwirtschaftlichen Akademie in Sibirien von Akademiemitglied Nikolaj Krasnoschtschokow durchgeführt wurde, würden nur 20 Prozent der qualifizierten Landarbeiter (...) gerne zu einem neuen System – dem Landbesitz – übergehen (...) 20 Prozent sind kategorisch dagegen (...) Und 40 Prozent sind eine passive Masse (...) Die restlichen 20 Prozent werden in keinem System arbeiten. Sie waren schon früher so (...), aber die Sowjetmacht hat für sie durch das System der totalen sozialen Unselbständigkeit außerordentlich günstige Bedingungen geschaffen (...)

*Soziologen behaupten, daß auf Grund der unqualifizierten Dorfverwaltung und infolge der barbarischen Behandlung der Menschen eine allgemeine Müdigkeit des menschlichen Materials (was ist das für ein Terminus – »menschliches Material«!) eingetreten ist. Viele Menschen sind von den ständigen Reorganisationen, die zu keinen Verbesserungen führten, so müde geworden, daß sie an nichts mehr glauben und sich nur eins wünschen – daß man sie in Ruhe läßt.*

Es wird Zwang notwendig sein.

*Meinen Sie Gewalt?*

Ich meine natürlich nicht Blutvergießen und Gefängnisse. Ich meine einen gezielten Zwang – eine ökonomische Nötigung, d.h. die

Schaffung solcher Bedingungen, unter denen man nur gut leben kann, wenn man gut arbeitet, und wo man für die Arbeitsergebnisse selbst die Verantwortung trägt (...)

Für die Durchführung von Reformen sind administrativer Zwang und befehlende Nötigung notwendig. Ich bin ein Gegner des Autoritarismus, ich sehe aber, daß das existierende System nur mit Hilfe derselben Instrumente demontiert werden kann, mit denen es geschaffen wurde. Staatlicher Zwang ist notwendig, (...) um Menschen zu nötigen, zu einem neuen, realistischen Denken und zu einem neuen Wirtschaftssystem überzugehen.

Als erstes muß man aber die Bauern zu Eigentümern ihrer Produkte und zu Besitzern des Landes machen (...)

*Mit anderen Worten, die Bauern müssen sich wohl bereit machen, wiederum den Gürtel enger zu schnallen?*

Natürlich ist alles nicht einfach, und was haben Sie sich gedacht: 70 Jahre lang haben wir ein unsinniges System gebaut, (...) und jetzt erwarten wir im Handumdrehen ein Wunder! Das Hauptsächliche, was wir vom alten System erhalten, sind Ruinen. Und auf diesen Ruinen müssen wir etwas Neues bauen. Für die Übergangsperiode muß man etwa ein Vierteljahrhundert rechnen, nicht weniger, von dem Augenblick an, in dem eine tatsächliche Rekonstruktion des Systems beginnt. Aber wir haben noch nicht einmal angefangen (...)

Selbstverständlich wird es keine realen, großen Verbesserungen im Laufe der ersten drei Jahre geben. Man darf sich aber vor dem Volk nicht drehen und winden, spielen oder lavieren. Man muß ihm die Wahrheit sagen. (...)

Lassen Sie uns lernen, ohne Illusionen zu leben.

*Das Gespräch führte Irina Konowalowa.*

*Quelle:* Ogonek 36, 2–9. September 1989.

## 5 Alexander Zipko: Sind unsere Prinzipien gut? (Eine Grundsatzkritik an Marx und Lenin)

(...) Die Zeit hat keine Macht über den Glauben unserer russischen, sowjetischen Orthodoxen [orthodoxen Marxisten]. Auch heute, im dreiundsiebzigsten Jahr nach unserer Revolution sind sie überzeugt, daß die Prinzipien des Marxismus in allem gut sind. (...)

Heute spricht man bereits an jeder Ecke, in jeder Schlange darüber, daß Verzicht auf Konkurrenz und Markt unsere Wirtschaft und unser Land ruinierte, daß die sozialistische Monopolwirtschaft ein Friedhof für die fortschrittliche Technik und für den wissenschaftlich-technischen Fortschritt ist, daß gesellschaftliches Eigentum immer herrenlos sein wird, daß Diebstahl und Verluste davon kommen, daß es keinen Eigentümer gibt, daß daher keiner für etwas verantwortlich ist und keiner etwas will. Aber unsere Philosophen und Publizisten ziehen es vor, nichts zu hören, nichts zu sehen und auf der Richtigkeit der marxistischen Theorie der Vergesellschaftung der Produktionsmittel zu bestehen (...) Man hört einen geschlossenen Chor von Warnungen, nicht mit Marx zu brechen, mit Marx bis zum Ende zu gehen, nach Marx Perestrojka zu machen.

Es sollte heute anerkannt werden, besonders nach dem Aufstand in Rumänien gegen die Ceauşescu-Diktatur, und nach den anderen, vergleichsweise friedlichen Ereignissen in den osteuropäischen Ländern, daß überall und in allen Fällen die Diktatur des Proletariats und das Machtmonopol der kommunistischen Partei zum Totalitarismus oder Autoritarismus führen und mit einer neuen harten Unterdrückung der Persönlichkeit und eben der werktätigen Massen enden. Es scheint bereits offensichtlich zu sein, daß eine vollständige Vergesellschaftung der Produktionsmittel und eine totale Nationalisierung die wirtschaftlichen Grundlagen für Demokratie untergraben und günstige Bedingungen für die Entstehung verschiedener despotischer Regime schaffen. Stalinismus, Rákosiismus, Maoismus, Pol-Potismus, Hodschaismus und die Familienclique von Ceauşescu – dies ist eine keineswegs vollständige Liste der politischen Monster, die von den Ideen der sozialistischen Revolution großgezogen worden sind. Die kommunistische Ideologie hat im Laufe von 70 Jahren so viele Ungeheuer hervorgebracht, wie die alte, auf dem Privateigentum beruhende Zivilisation nicht imstande war, in drei Jahrhunderten zu produzieren. Aber auch diese himmelschreiende Tatsache lassen die jetzigen sowjetischen Orthodoxen unbeachtet. Ganz im Gegenteil. Sie alle schreiben berauscht von dem Demokratismus und Humanismus des Marxismus, der die Wunder der Freiheit und der geistigen Befreiung der Persönlichkeit verspricht. (...)

Überall, in allen Ländern Osteuropas wird die Destalinisierung von der Deideologisierung der Wirtschaft, des politischen Lebens, vom Verzicht auf den Marxismus als Staatsideologie begleitet. In all diesen Ländern haben alle von Anfang an die Wurzeln des Übels erkannt; sie haben die in der marxistischen Doktrin liegenden Ursachen für die Stagnation in der Wirtschaft und für die Gewalt im politischen Leben gesehen. Es war dort allen klar, daß keine Rede von geistiger Freiheit sein kann, ehe nicht mit dem marxistischen Monopol auf die soziale Wahrheit und mit dem Mythos, daß allein der Marxismus eine wissenschaftliche und richtige soziale Theorie ist, Schluß gemacht wird. (...)

Wir aber, auf Grund unserer fatalen Besonderheit, machen alles umgekehrt. Wir verbinden die Destalinisierung mit der Rückkehr zu den marxistischen Oktoberidealen, mit der Rückkehr zu den »Urwahrheiten«. (...) Heute, im dreiundsiebzigsten Jahr nach der russischen Revolution, trotz der Tatsache, daß unser leidgeprüftes Vaterland sich schon dutzendemal am »wahren und reinen Marxismus« verbrannt hat, gibt es bei uns fast mehr orthodoxe Marxisten als zur Zeit Prischwins und Gorkijs. Aber damals rechneten sich viele aus Angst zu den Marxisten. Warum geschieht dies heute? (...)

Vielleicht müssen wir die Ursache für unsere unbeugsame Treue zum Marxismus in der erstaunlichen Leichtgläubigkeit des russischen Menschen überhaupt und des russischen Intellektuellen insbesondere suchen? (...)

Es scheint aber doch ein nutzloses Unterfangen zu sein, die Quellen der marxistischen Orthodoxie im russischen Charakter zu suchen. Man darf nicht vergessen, daß vor der Revolution die orthodoxen Marxisten eine winzige Minderheit unter den russischen Intellektuellen waren. Viele waren am Marxismus erkrankt, in der Regel aber überwanden die Begabtesten und Talentiertesten von ihnen die marxistischen Wahrheiten, nachdem sie deren Irrigkeit entdeckt hatten. Es stellt sich übrigens die Frage, ob es möglich ist, den Begriff »Intelligenzler« auf einen Menschen anzuwenden, der überzeugt ist, daß alles , was den Interessen der Arbeiterklasse dient, moralisch ist, und der die Meinung vertritt, daß für ihn Gesetze, Moral und Religion nur noch bürgerliche Vorurteile sind. Es ist kein Wunder, daß die Blüte der russischen Intelligenz nach dem Bürgerkrieg das Land verlassen mußte. Es ist auch kein Wunder, daß innerhalb der bolschewistischen Partei die gebildeten Menschen eine winzige Minderheit stellten!

Lenin ist zweifellos eine hervorragende Figur nicht nur in der russischen, sondern auch in der Weltgeschichte. Aber welchen Grund gibt es, Lenin für einen typischeren Russen zu halten als die führenden Politiker in der Duma? Allein die Tatsache, daß er gewonnen hat und sie verloren haben. Aber nicht jeder hätte sich erdreistet, den Haß und die Verbitterung der Übergangenen und Erniedrigten für den eigenen politischen Triumph auszunutzen ... (...)

Die Unduldsamkeit Lenins gegenüber der politischen Freiheit (...) resultiert nicht aus dem russischen Charakter, sondern in erster Linie aus der marxistischen Lehre über die Diktatur des Proletariats, aus der marxistischen Überzeugung, daß die bürgerlichen Rechte und Freiheiten, bürgerlicher Parlamentarismus und Pressefreiheit im Zuge der siegreichen proletarischen Revolution fallen müssen. (...)

Als Lenin die Jugend belehrte, es sei alles moralisch, was der Sache des Kommunismus diene, wiederholte er Marx. (...)

Lenin ist in seiner Persönlichkeitsstruktur seinem Lehrer Marx sehr ähnlich. Ihm ist dieselbe Erbarmungslosigkeit, dieselbe Grobheit gegenüber dem politischen Gegner eigen, dieselbe organische Unfähigkeit zuzulassen, daß »die Gegner wenigstens teilweise im Recht, und er selbst wenigstens teilweise im Unrecht sein könnte«. (...)

Das Unglück Lenins bestand gerade darin, daß er nicht genügend Russentum besaß, es fehlte ihm die innere Zugehörigkeit zum russischen Leben und zur russischen Geschichte. Er verfügte nicht über ein unterbewußtes, organisches Gefühl der eigenen Zugehörigkeit zu Rußland, das innere Verständnis dessen, was Millionen und Abermillionen seiner Landsleute wünschten und erwarteten. Das Scheitern Lenins – seine Niederlage bei dem Versuch 1918 bis 1920 in Rußland die kommunistische Organisation der Arbeit mit Hilfe der Bajonette einzuführen – zeugt davon, daß er sein Land und das Leben sehr schlecht kannte.

Seine Tragödie bestand darin, daß er sich aus der jahrhundertelangen Tradition des russischen Lebens, dem russischen orthodoxen Christentum nichts machte, er hat sich niemals ernsthafte Gedanken darüber gemacht. (...)

In der Regel konnte ein russischer Intellektueller innerlich den Marxismus nicht annehmen, denn die Lehre vom Klassenkampf und von der Gewalt als Hebamme der Geschichte ließ sich mit den christlichen Traditionen und mit dem geistigen Erbe von Tolstoj und Dostojewskij, mit deren Werken er erzogen worden war, nicht in Einklang bringen. (...)

Falls aber ein geistig gesunder Mensch, der auch noch gewissenhaft war, sich doch vom Marxismus verführen ließ, geschah dies nicht für lange Zeit. Bei der ersten Konfrontation mit dem Leben stieß es ihm auf. Erinnern wir uns daran, wie schnell der Arbeiter und Schriftsteller Andrej Platonow seinen kommunistischen Glauben beiseite legte, wie rasch er das entdeckte, was die jetzigen Philosophieprofessoren nicht fähig sind zu sehen, d.h. er durchschaute die direkte Verbindung zwischen der marxistischen Lehre über die Klassen und vom Klassenkampf und den Verbrechen, die in der Kollektivierungszeit von den Stalinschen Aktivisten verübt wurden. (...)

I. G. Lisitschkin, G. Wodolasow und N. Simonija versuchen aber, den Leser davon zu überzeugen, daß der wissenschaftliche Sozialismus mit dem Stalinismus und seinen Verbrechen nichts zu tun hat, daß es ausschließlich mit Hilfe der Weltanschauung von Karl Marx möglich ist, den Kampf gegen alle Formen und Arten des Stalinismus zu führen. (...) Stalin war Marxist, in erster Linie wegen seiner begeisterten Bejahung der revolutionären Gewalt und der Macht der Bajonette als Hauptwerkzeug der Geschichte. Entsprechend den Lehren der revolutionären Klassiker scheute er keine Mittel, um die Entwicklung der Länder auf dem Wege zum Sozialismus und Kommunismus zu beschleunigen. (...) Stalin, genauso wie auch Lenin, folgte den Ratschlägen von Marx, den Terror nicht zu scheuen, und den Terror anzuwenden, falls er für die Erhaltung der Macht notwendig sei. (...)

Ich glaube, wenn man über die Menschen spricht, die an Marx glauben, die daran glauben, daß die Gewalt der Erniedrigten – die Diktatur des Proletariats – in der Lage ist, die Welt und den Menschen zu veredeln, tritt der nationale Faktor in den Hintergrund. Vielmehr sind die Ursprünge dieses Glaubens im seelischen Zustand des Menschen zu suchen. (...)

Mit der absurden Strategie des Kriegskommunismus konnten sich nur die Menschen abfinden, die nicht bei Sinnen waren, die von einem Märchen vom zukünftigen Königreich der allgemeinen Gleichheit geblendet waren. (...)

Es gab keinen russischen Marxismus. Es gab nur den Marxismus, der nach der Bekanntschaft mit den Arbeiten entstehen konnte, die von den Begründern des wissenschaftlichen Sozialismus selbst zur Herausgabe in Rußland empfohlen wurden, in erster Linie nach der

Bekanntschaft mit dem »Manifest der kommunistischen Partei«, das offen zur Zerstörung der alten Welt aufrief. (...)

Was geschehen ist, ist geschehen. Der Marxismus läßt sich nicht von dem trennen, was sich in Rußland nach den Aprilthesen von Lenin 1917 abspielte. Der Einfluß von Marx auf die Bolschewiki in jener Umbruchzeit der russischen Geschichte ist erstaunlich. Es entsteht regelrecht der Eindruck, als ob die Stimme des lebendigen Marx ständig in ihrem Bewußtsein erklang, und sie zur Machtergreifung antrieb. (...)

Ob uns dies gefällt oder nicht, aber die von Marx und Engels verkündeten Prinzipien können keinesfalls dazu beitragen, unsere jetzige Wirtschaftskrise zu überwinden. Die Nationalisierung des Bodens, auf der die Klassiker bestanden, wurde von uns schon längst vollzogen, noch 1917. Deren Früchte sind gut bekannt. Das Land ohne Eigentümer ist wie ein Waisenkind geworden, dem jeder, der will, etwas antun kann. Die Folge davon waren der Verfall eines beträchtlichen Teils des Bodens und in erster Linie unseres nationalen Reichtums – der Schwarzerde, die Degradierung des Bauerntums und infolgedessen auch die Degradierung der Städter, die genötigt wurden, zu allem entschlossen zu sein, inklusive eines Verbrechens, nur um das tägliche Brot aufzutreiben. Das marxistische Agrarprogramm wurde in der Wirklichkeit zum Programm der Einrichtung der allgemeinen Armut. (...)

Es ist kaum möglich, auch nur eine einzige ökonomische Idee von Karl Marx zu finden, die im Prozeß des sozialistischen Aufbaus in unserem Land oder in den anderen sozialistischen Ländern nicht verwendet wurde und die sich nicht als eine vergebliche Anstrengung der Kräfte und Mittel entpuppte und letzten Endes zum ökonomischen Zusammenbruch führte. (...)

Wenn wir aber tatsächlich den Sozialismus nach Marx und Engels gebaut haben und daraus nichts wurde (d. h. die Theorie konnte der Prüfung durch die Praxis nicht standhalten), warum gibt es bei uns heute so viele orthodoxe Marxisten? (...)

Selbstverständlich können die Motive eines solchen, in diesem Fall bewußten Beharrens unterschiedlich sein. Wahrscheinlich macht sich auch die Trägheit der früheren sozialen Pathologie bemerkbar, in der wir uns nicht nur ein Jahrzehnt befunden haben. (...)

Eine pathologische Situation läßt auch eine pathologische, unnatürliche Weltsicht entstehen. Das macht sich normalerweise in der zweiten kommunistischen Generation bemerkbar. Es ist kein Zufall, daß Studenten der dreißiger und vierziger Jahre viel orthodoxer als Studenten der zwanziger Jahre waren. Das Wesen dieser Weltsicht besteht darin, daß sie das Unnatürliche im gesellschaftlichen Leben als höchste soziale Tugend betrachtet und das Normale als eine Regelwidrigkeit verurteilt. Infolgedessen hat der neue, in der Revolution entstandene Mensch unter seiner geistigen Beeinträchtigung nicht nur nicht gelitten, sondern im Gegenteil, er glaubte, daß alle anderen, die anders leben, benachteiligt sind. Benachteiligt sind die, die in einer demokratischen, pluralistischen Gesellschaft leben, die Bewegungsfreiheit und die Freiheit der Wahl des Wohnortes haben, die frei sind zu glauben oder nicht zu glauben, die sich nach eigenem Willen für die ihnen entsprechende soziale und politische Wahrheit entscheiden können.

Unsere pathologische wirtschaftliche und politische Situation ließ Dutzende von ideologischen Mythen entstehen, die dem sowjetischen Menschen halfen, aufrichtig zu glauben, daß es ihm tatsächlich gut gehe und daß er der glücklichste Mensch auf der Welt sei. So wuchs die allgemeine Überzeugung davon, daß Revolutionen die wahren Feste der Geschichte sind, und die Völker, die keinen solchen brutalen Bürgerkrieg wie wir erlebt haben, einfach vom Schicksal übergangen wurden und kein wahres Glück kennen.

Wie Kinder haben wir uns darüber gefreut, daß bei uns praktisch nichts vom alten, vorrevolutionären Rußland übriggeblieben ist, nicht nur nicht die Herren und Gutsbesitzer, sondern auch nicht die Intelligenz, die Geistlichkeit, der Kaufmannsstand und das wohlhabende Bauerntum. Wir haben aufrichtig geglaubt, daß auch die anderen Völker nicht glücklich sein werden, solange sie nicht so wie wir verfahren, solange sie uns nicht folgen, solange sie die Kirchen nicht zerstören, mit den Kaufleuten, privaten Handwerkern und Großbauern nicht endgültig Schluß machen und uns nachahmen.

Den gleichen kompensatorischen Ursprung hatte und hat auch der Mythos von dem Propheten Marx, von dem einzigen Menschen in der Welt, dem angeblich alle Geheimnisse und Gesetze der Geschichte eröffnet wurden. (...)

Ein sowjetischer Intelligenzler, der an den von ihm selbst geschaffenen Mythos von Marx als Zentrum des intellektuellen Universums glaubt, neigt deswegen dazu, die Kritik an der »großen Lehre« für Barbarei und Zerstörung der Kultur zu halten. Es scheint ihm, daß wenn er Marx gegen die Einwände des gesunden Menschenverstandes verteidigt, dann verteidigt er die Grundlagen der Kultur selbst und den Platz unseres Landes im kulturellen Prozeß der Welt. Und das ist nicht bloß meine Mutmaßung. In vielen heutigen Perestrojka-Seminaren hört man als Refrain immer denselben Gedanken: Nehmt dem Sowjetvolk nicht Marx weg, denn falls es aufhört, an ihn zu glauben, verliert es die Kultur. (...)

Nachdem wir uns betrügen ließen, unseren Staat endgültig zerstört und unser Denkvermögen und Gewissen beschnitten haben, ist es tatsächlich gar nicht leicht, die eigenen Fehler einzusehen, die verbrecherische Irrtümlichkeit dessen, was getan wurde, einzugestehen. Mehr noch, wir zogen doch andere hinter uns her und zwangen auch die anderen Völker mit Gewalt, der Utopie zu dienen: die Ungarn, Tschechen, Polen, Deutschen, Rumänen. Wir waren doch überzeugt, daß wir eine große Wohltat vollbringen, wir bringen ihnen die kommunistische, marxistische Vernunft, führen sie zum unvermeidlichen Glück. Manche Autoren können es immer noch nicht begreifen, warum im Handumdrehen, kaum wurde klar, daß wir die Autorität der Panzer und Kanonen nicht anwenden würden, die Länder Osteuropas das ihnen aufgezwungene kommunistische Glück abschüttelten und zum normalen Leben zurückkehrten, auf den Weg, auf dem die Menschheit sich schon seit Jahrtausenden bewegt.

Wir haben mindestens drei Generationen Russen mit Lagern und Gefängnissen, Hunger und Furcht, mit Lebensmittelkarten und mit ewigen, nie endenden Schlangen gequält, und dies alles nur um anzufangen, das zu begreifen, was vielen ernsthaften Gelehrten bereits an der Wende vom 19. zum 20. Jahrhundert klar war. (...)

Stalinistische Methoden des Kriegskommunismus sind bei der Einrichtung einer neuen, kollektivistischen Produktionsweise solange unumgänglich wie der marxistische utopische Glaube an die Möglichkeit der Organisation dieser Produktionsweise erhalten bleibt, die frei ist von den Vorstellungen von Gewinn und persönlichem Vorteil. Der Stalinismus ist ein fataler Preis für den ökonomischen Utopismus des Marxismus, der Preis dafür, daß abgesehen wird vom unternehmerischen Interesse als der wichtigsten Motivation der Produktion und der wichtigsten Bedingung für die Initiative und für die wirtschaftliche Aktivität der Menschen. (...)

Jetzt ist offensichtlich geworden, daß unsere Gesellschaft ohne innere geistige Erschütterungen, ohne eine intensive Schocktherapie im Geist der Wahrheit keine geistige Genesung erreichen wird. Die uns bevorstehende Umwertung der Werte trägt einen globalen Charakter. Das ist auch verständlich. Niemals und niemand in der menschlichen Geschichte wurde so stark wie unser Volk im 20. Jahrhundert von Mythen versklavt. Wir dachten, wir hätten unser Schicksal mit einer großen Wahrheit verbunden, es stellte sich aber heraus, daß wir uns einer intellektuellen Phantasterei anvertraut hatten, der es nicht gegeben war, sich jemals im menschlichen Leben zu verwirklichen. Wir waren der Meinung, wir seien Pioniere, die die übrige Menschheit hinter sich in das Reich der Freiheit und der geistigen Gnade führen, es stellte sich aber heraus, daß dieser Weg ins Nichts führte. Wir nahmen an, daß der Aufbau des Kommunismus in der UdSSR eine große Heldentat unseres Volkes sei, und beschäftigten uns zielstrebig mit der Selbstvernichtung. Wir meinten, Kapitalismus sei ein zum Tode verurteilter, am Rande des Grabes stehender Greis, es stellte sich aber heraus, daß er ein junger, kräftiger Bursche ist, der jetzt erst richtig anfängt, sich zu entfalten. Wir waren überzeugt, wir seien von Gleichgesinnten umgeben, die uns für die Befreiung aus der kapitalistischen Knechtschaft dankbar waren, und daß wir gemeinsam ein mächtiges sozialistisches Lager bilden, es stellte sich aber heraus, daß unsere, von unserem »Glück« unterdrückten Freunde und Nachbarn nur auf einen günstigen Moment warteten, um zum alten Leben zurückzukehren. Wir dachten, unsere nationale Produktion, organisiert wie eine große Fabrik mit einem machtvollen Direktor und mit einer allmächtigen Leitung an der Spitze sei die Höhe der menschlichen Vernunft; sie entpuppte sich aber als ein ökonomischer Unsinn, der die wirtschaftliche und geistige Energie der Völker Rußlands in der Knechtschaft fesselte. (...)

Das Leben geht weiter. Wir haben viel zu tun. Vor uns steht die Aufgabe, eine neue, freie, demokratische Gesellschaft aufzubauen, einen starken und stabilen Rechtsstaat zu schaffen, würdige Lebensbedingungen für unsere Kinder zu sichern. Der Tod des Traumes vom kommunistischen Paradies bedeutet keinesfalls den Tod der Menschheit. Mythen entstehen und verschwinden, zum Glück bleibt die menschliche Zivilisation dennoch erhalten und entwikkelt sich weiter. (...)

Im Zuge der Überwindung der marxistischen Dogmatik müssen wir lernen, nicht den Menschen, den es noch nicht gibt, sondern den, der da ist, zu lieben und hochzuachten. Das Unmögliche ist unmöglich. Das, was nicht leben kann, kann man nicht ins Leben rufen. Es gibt und es kann auch keine Alternative zur Zivilisiertheit und zu den Prinzipien einer bürgerlichen Gesellschaft geben. Es gibt und es kann keine Alternative zur allgemeinen menschlichen Moral, zu den Idealen des Guten, der Gerechtigkeit und der Hochachtung vor jeder menschlichen Persönlichkeit geben. Es gibt und es kann keine Alternative zu den Menschenrechten und Freiheiten geben. Es gibt und es kann keine Alternative zu den Gesetzen einer rationalen und effektiven Wirtschaftsführung geben. (...)

Wir müssen unwiderruflich zugeben: Unser jahrelanger Kampf gegen die Besitzerpsychologie und für die Psychologie eines Besitzlosen war eine große Dummheit, denn die Zerstörung des Privateigentums endete im Grunde genommen mit der Zerstörung nicht nur der wirtschaftlichen Grundlagen, sondern auch der Grundlagen des gesellschaftlichen Lebens selbst. Das Eigentum gibt einem Menschen nicht nur einen ökonomischen und einen sozialen Schutz, sondern macht aus ihm einen Bürger, der etwas zu verteidigen und sich um etwas zu kümmern hat. (...) Das Eigentum, genauso wie der Tod und die Liebe, gehört unentbehrlich zum Drama des menschlichen Daseins. Wer hat aber bewiesen, daß die menschliche Existenz undramatisch ablaufen kann, daß ein Mensch – wie der junge Marx träumte – alle bekannten Probleme seiner Existenz überwinden kann?! Gleichzeitig mit der alten, naiv-romantischen Ablehnung des Privateigentums stirbt allmählich auch der aus dem Marxismus kommende Glaube an die Möglichkeit einer idealen, konfliktlosen menschlichen Existenz. Wie es scheint, beginnen unsere Menschen zu begreifen, daß das Streben nach einem völligen, künstlichen Ausschließen der sozialen Konflikte eine Utopie ist, die zum allerschlimmsten Übel führt. Alle Versuche, das Paradies auf Erden aufzubauen, enden unvermeidlich mit der Errichtung der realen irdischen Hölle ...

Unsere Erfahrung, die beweist, daß das Unmögliche unmöglich ist und daß das Natürliche letzten Endes die Oberhand über das Unnatürliche und das Aussichtslose gewinnt, hat zweifellos weltgeschichtliche Bedeutung. Vielleicht liegt gerade darin der unterschwellige, wahre Sinn der Ereignisse, die wir im Oktober 1917 in Gang gesetzt haben. Diese Lehren sind aber in gleichem Maße auch für uns selbst wichtig. Wenn das Leben in unserem Land dennoch die Täuschung und das Totgeborene besiegte, bedeutet dies, daß wir im ethischen und geistigen Sinn alles Notwendige besitzen, um in die Geschichte zurückzukehren. Wir haben Grund zur Hoffnung ...

*Quelle:* Nowyj mir 4, 1990, S. 173–204.

## 6 Nina Andrejewa: Ich kann meine Prinzipien nicht preisgeben. Brief an die Redaktion (Ein »Manifest« der Reaktion)

(...) Es entstand viel zu viel von dem, was ich nicht annehmen kann, womit ich mich nicht einverstanden erklären kann. (...)

Ich lese wieder und wieder die aufsehenerregenden Artikel. Und ich frage mich, was können – außer einer Desorientierung – zum Beispiel die Offenbarungen über eine »Konterrevolution« in der UdSSR am Ende der dreißiger Jahre und über die »Schuld« Stalins an der Machtübernahme der Faschisten und Hitlers in Deutschland unserer Jugend geben? Oder die öffentlichen »Schätzungen« der Anzahl der »Stalinisten« in verschiedenen Generationen und sozialen Gruppen? (...)

Bei den unzähligen Diskussionen, die heute buchstäblich über alle Fragen der Gesellschaftskunde geführt werden, interessieren mich als Hochschullehrerin hauptsächlich die Fragen, die unmittelbar die ideologisch-politische Erziehung der Jugend, ihre sittliche Gesundheit und ihren sozialen Optimismus beeinflussen. Bei Gesprächen mit Studenten, bei unserem gemeinsamen Nachdenken über die akuten Probleme, kam ich unwillkürlich zum Schluß, daß sich bei uns viele Entstellungen und Einseitigkeiten aufgehäuft haben, die einer Korrektur bedürfen. Manche von ihnen möchte ich speziell berühren.

Nehmen wir die Frage nach der Stellung Stalins in der Geschichte unseres Landes. Gerade mit seinem Namen ist die ganze Besessenheit der kritischen Angriffe verbunden, die meiner Meinung nach nicht so sehr die historische Persönlichkeit selbst, als vielmehr die ganze äußerst komplizierte Übergangsepoche betreffen. Eine Epoche, die mit einer beispiellosen Großtat einer ganzen Generation von Sowjetmenschen verbunden ist, die heute dabei ist, sich allmählich aus der aktiven Arbeit, der politischen und gesellschaftlichen Tätigkeit zurückzuziehen. In die Formel vom »Personenkult« werden auch Industrialisierung, Kollektivierung und Kulturrevolution, die unser Land zu einer großen Weltmacht gemacht haben, gewaltsam hineingepreßt. All dies wird in Frage gestellt. Es ist inzwischen so weit gekommen, daß von den »Stalinisten« (und ihnen kann man, wenn man will, beliebig jedermann zurechnen) mit Nachdruck »Buße« verlangt wird (...)

Gemeinsam mit allen Sowjetmenschen teile ich den Zorn und die Entrüstung über die Massenrepressionen, die in den dreißiger und vierziger Jahren von der damaligen Partei- und Staatsführung verschuldet wurden. Aber mein gesunder Verstand rebelliert entschieden gegen die einseitige Darstellung der widersprüchlichen Ereignisse, die jetzt in manchen Presseorganen die Oberhand zu gewinnen beginnt.

Ich unterstütze den Aufruf der Partei, die Ehre und die Würde der Pioniere des Sozialismus zu verteidigen. Ich glaube, gerade von dieser Partei- und Klassenposition aus müssen wir die historische Rolle aller Führer unserer Partei und unseres Landes bewerten, einschließlich der Stalins. (...)

Für mich, wie für viele Menschen, spielen bei der Bewertung Stalins die direkten Zeugnisse von Zeitgenossen eine ausschlaggebende Rolle, die unmittelbare Berührung mit ihm hatten, und zwar sowohl auf unserer als auch auf der anderen Seite der Barrikaden. Nicht uninteressant sind besonders die letzteren. Nehmen wir zum Beispiel Churchill, der 1919 auf seinen persönlichen Beitrag bei der Organisierung der Intervention von 14 fremden Mächten gegen die junge Sowjetrepublik stolz war, und der genau nach 40 Jahren Stalin – einen der bedrohlichsten seiner politischen Opponenten – mit folgenden Worten charakterisieren mußte: »Er war eine hervorragende Persönlichkeit, die unserer grausamen Zeit, der damaligen Epoche, in der sein Leben verlief, imponierte. Stalin war ein Mensch von außerordentlicher Energie, Gelehrsamkeit und unbeugsamer Willensstärke, er war schroff, hart und erbarmungslos sowohl in der Sache als auch im Gespräch, dem sogar ich, der im englischen Parlament geschult worden war, nichts entgegenzusetzen vermochte ... In seinen Werken verspürte man eine gigantische Kraft. Diese Stärke war in Stalin so gewaltig, daß er unter den Führern aller Zeiten und Völker unwiederholbar erschien ... Sein Einfluß auf Menschen war unwiderstehlich. Als er den Saal der Jalta-Konferenz betrat, standen wir alle wie auf Kommando auf. Und es ist eine merkwürdige Sache – wir standen stramm. Stalin besaß eine tiefe, logische und durchdachte Weisheit, der jegliche Panik fremd war. Er war ein unübertroffener Meister, in einem schwierigen Augenblick den Ausweg aus einer ausweglosen Lage zu finden ... Er war ein Mensch, der seinen Feind mit den Händen seines Feindes vernichtete, er zwang uns, die er offen Imperialisten nannte, gegen Imperialisten zu kämpfen ... Als er Rußland übernahm, hatte es den Pflug, als er ging, hatte es Atomwaffen«. (...)

Die wichtigsten Momente dieser Charakteristik findet man auch in den de Gaulle-Memoiren, in Erinnerungen und in Briefen anderer Staatsmänner von Europa und Amerika, die mit dem Kriegsverbündeten und Klassengegner Stalin zu tun hatten. (...)

Aus langen, offenen Gesprächen mit jungen Gesprächspartnern ziehen wir den Schluß, daß die Angriffe auf den Staat der Diktatur des Proletariats und auf die damaligen Führer unseres Landes nicht nur politische, ideologische und sittliche Gründe haben, sondern auch einen eigenen sozialen Hintergrund. Es gibt viele, die Interesse daran haben, diese Attacken zu erweitern, und diese Menschen befinden sich nicht nur jenseits unserer Grenzen. Neben den Berufsantikommunisten im Westen, die schon seit langer Zeit die pseudodemokratische Parole des »Antistalinismus« für sich gewählt haben, leben auch noch die Nachkommen der von der Oktoberrevolution abgesetzten Klassen, von denen keineswegs alle die materiellen und sozialen Verluste ihrer Vorfahren vergessen haben. Dazu muß man auch die geistigen Erben von Dan und Martow und die anderen, die aus der russischen Sozialdemokratie kommen, und die geistigen Nachfolger von Trotzkij oder Jagoda und auch die vom Sozialismus benachteiligten Nachfahren der NÖP-Männer, Basmatschen und Kulaken rechnen. (...)

Letzten Endes interessiert sich heute keiner für die persönlichen Eigenschaften eines Peters des Großen, aber alle wissen, daß in seiner Regierungszeit das Land zu einer europäischen Großmacht wurde.

(...) Ich glaube, unabhängig davon, wie widersprüchlich und kompliziert die eine oder andere Figur der sowjetischen Geschichte auch sein mag, man wird ihre wahre Rolle beim Aufbau und der Verteidigung des Sozialismus früher oder später objektiv und eindeutig bewerten.

(...) Vor kurzem machte mich eine meiner Studentinnen durch die Offenbarung stutzig, der Klassenkampf ebenso wie die führende Rolle des Proletariats seien veraltete Begriffe. Es wäre nicht so schlimm, wenn sie allein so etwas behauptet hätte. Einen heftigen Streit rief zum Beispiel die jüngste Behauptung eines hochgeschätzten Akademiemitgliedes hervor, die jetzigen Beziehungen zwischen Staaten mit unterschiedlichen sozial-ökonomischen Systemen besäßen keinen Klasseninhalt. Ich nehme an, dieses Akademiemitglied hielt es nicht für notwendig zu erklären, warum er einige Jahrzehnte lang genau das Gegenteil geschrieben hatte – er schrieb nämlich, daß die friedliche Koexistenz nichts anderes als eine Form des Klassenkampfes in der internationalen Arena sei. Es scheint, daß der Philosoph auch davon heute nichts mehr hält. Nicht zu ändern, es passiert schon, daß die Ansichten sich ändern. Mir scheint dennoch, das Pflichtbewußtsein eines führenden Philosophen hätte ihn bewegen müssen, wenigstens denjenigen , die aus seinen Büchern gelernt haben und weiter lernen, zu erklären: Steht etwa heute die Arbeiterklasse dem Weltkapital in Gestalt seiner staatlichen und politischen Organe nicht mehr gegenüber?

Im Zentrum vieler heutiger Diskussionen steht, wie mir scheint, immer die gleiche Frage: Welche Klasse oder gesellschaftliche Schicht ist die führende und mobilisierende Kraft der Perestrojka? Darum ging es auch in einem Interview mit dem Schriftsteller A. Prochanow in unserer Stadtzeitung ›Leningrader Arbeiter‹. Prochanow geht davon aus, daß das heutige gesellschaftliche Bewußtsein durch zwei ideologische Ströme charakterisiert ist oder, wie er sich ausdrückt, durch das Vorhandensein von zwei »alternativen Türmen«, die aus verschiedenen Richtungen versuchen, den in unserem Land »in Kämpfen aufgebauten Sozialismus« zu überwinden.

(...) Der erste, besonders kräftige ideologische Strom, der im Zuge der Perestrojka hervorgetreten ist, nimmt für sich das Modell eines gewissen linksliberalen, intellektuellen Sozialismus in Anspruch, er fühlt sich als Vertreter des wahren, vom Ballast des Klassendenkens befreiten, »reinen« Humanismus. (...)

Gerade bei den Anhängern des »linksliberalen Sozialismus« zeigt sich die Tendenz, die Geschichte des Sozialismus zu verfälschen. Sie suggerieren uns, daß es in Wirklichkeit in der Vergangenheit des Landes nur Fehler und Verbrechen gab. Dabei verschweigen sie die bedeutenden früheren und jetzigen Errungenschaften.

(...) Eine andere Besonderheit der Ansichten der »Linksliberalen« ist eine offene oder getarnte kosmopolitische Tendenz, ein gewisser nationsloser »Internationalismus«.

(...) So wie sich die »Neoliberalen« am Westen orientieren, versucht ein anderer – benutzt man den Ausdruck von Prochanow – »alternativer Turm«, die »Bewahrer und Traditionalisten«, »den Sozialismus durch eine Rückwärtsbewegung zu überwinden«. Anders gesagt, sie wollen zu den gesellschaftlichen Formen des vorsozialistischen Rußland zurückkehren. Vertreter dieses eigenartigen »bäuerlichen Sozialismus« sind von diesem Bild fasziniert. Nach ihrer Meinung sind uns vor hundert Jahren die sittlichen Werte, die im Nebeldunst der Jahrhunderte von der Bauerngemeinde angesammelt wurden, verlorengegangen. Die »Traditionalisten« haben zweifellos Verdienste bei der Offenlegung von Korruption, bei den Bemühungen um eine gerechte Lösung der ökologischen Probleme, im Kampf gegen den Alkoholismus, beim Schutz von historischen Denkmälern und beim Widerstand gegen die Übermacht der mit Recht als Konsumpsychose eingeschätzten Massenkultur ...

Zugleich verstehen die Ideologen des »bäuerlichen Sozialismus« nicht die historische Bedeutung des Oktobers für das Schicksal unseres Vaterlandes, sie bewerten die Kollektivierung ganz einseitig als eine »schreckliche Willkür gegenüber den Bauern«, sie betrachten die religiös-mystische russische Philosophie unkritisch, sie vertreten alte zaristische Konzeptionen in der vaterländischen historischen Wissenschaft, und sie sind nicht bereit, die nachrevolutionäre Differenzierung des Bauerntums und die revolutionäre Rolle der Arbeiterklasse zu sehen. (...)

Die Erziehung der Jugend wird auch dadurch erschwert, daß im Fahrwasser von »neoliberalen« und »neoslavophilen« Ideen informelle Organisationen und Vereinigungen entstehen. Es kommt vor, daß die Leitung solcher Vereinigungen in die Hände extremistischer, zu Provokationen fähiger Elemente gerät. In letzter Zeit deutet sich die Politisierung dieser selbständigen Organisationen auf der Grundlage eines ganz und gar nicht sozialistischen Pluralismus an. Nicht selten sprechen die Leader dieser Organisationen von der »Teilung der Macht« auf der Grundlage eines »parlamentarischen Regimes«, über »freie Gewerkschaften« und »autonome Verlage« usw. usf. All das erlaubt nach meiner Meinung den Schluß, daß die wichtigste und kardinale Frage aller zur Zeit im Land laufenden Diskussionen die Frage nach der Anerkennung oder Nichtanerkennung der führenden Rolle der Partei und der Arbeiterklasse beim sozialistischen Aufbau und das heißt auch in der Perestrojka ist. Es versteht sich, mit allen daraus folgenden theoretischen und praktischen Konsequenzen für Politik, Wirtschaft und Ideologie.

Abgeleitet von diesem Schlüsselproblem der sozial-historischen Weltanschauung ist auch die Frage nach der Rolle der sozialistischen Ideologie in der geistigen Entwicklung der sowjetischen Gesellschaft. (...)

Heute stellt sich die Frage nach der Rolle und nach dem Platz der sozialistischen Ideologie in äußerst scharfer Form. Die Autoren von modischem Geschreibsel weichen unter der Ägide der sittlichen und geistigen »Läuterung« die Grenzen und Kriterien der wissenschaftlichen Ideologie auf, sie manipulieren mit der Glasnost und führen einen nichtsozialistischen Pluralismus ein, und dies bremst objektiv die Perestrojka im gesellschaftlichen Bewußtsein. Besonders negativ macht sich das bei der Jugend bemerkbar. (...)

M. S. Gorbatschow sagte auf dem Februarplenum des ZK der KPdSU: »Wir müssen in der geistigen Sphäre und vielleicht eben gerade hier in erster Linie uns in unserem Handeln von den marxistisch-leninistischen Prinzipien leiten lassen. Unsere Prinzipien, Genossen, dürfen wir unter keinen Umständen preisgeben«.

Dazu stehen wir und werden wir weiter stehen. Unsere Prinzipien wurden uns nicht geschenkt, sie wurden von uns erlitten im Laufe der scharfen Umbrüche der Geschichte unseres Vaterlandes.

*Quelle:* Sovetskaja Rossija, 13. März 1988.

## 7 Die Prinzipien der Perestrojka: Revolution im Denken und Handeln (Antwort auf den Brief von Nina Andrejewa)

Das Aprilplenum (1985) des ZK der Partei leitete eine neue Etappe in der sozialistischen Entwicklung ein, die auf eine qualitative Erneuerung der sowjetischen Gesellschaft, auf die Perestrojka abzielte. (...)

Denn es war klar: Man konnte nicht so weiter leben wie früher. Das Land begann, an Entwicklungstempo zu verlieren, es häuften sich ungelöste Probleme, Elemente der sozialen Korrosion wurden sichtbar, und es entstanden dem Sozialismus fremde Tendenzen. Das alles führte zu stagnierenden, vorkrisenhaften Erscheinungen. (...)

Alles lief eindeutig darauf hinaus: Es ist ein grundsätzlich neues Herangehen in allen Bereichen notwendig. (...) Nur so konnte man unserer sozialistischen Gesellschaft neue Entwicklungsimpulse geben. Die einmütige Schlußfolgerung der Partei und des Volkes sowie aller, die sich tief und aufrichtig über das Schicksal unseres Landes, über den Sozialismus und über unsere gemeinsame Zukunft Sorgen machten, war: Es gibt keine Alternative zur Perestrojka. Der Verzicht auf die Perestrojka, sogar ihr Aufschub kann sehr ernsthafte Folgen sowohl für die innenpolitische Entwicklung unserer Gesellschaft als auch für die internationalen Positionen des Sowjetstaates und des Sozialismus im ganzen haben. (...)

Drei Jahre sind vergangen. Vieles ist geschehen. Es wurden Konzeption, Strategie und Taktik der Perestrojka ausgearbeitet. Ihre revolutionären Prinzipien wurden genau festgelegt: mehr Demokratie, mehr Sozialismus. Heute ist die Perestrojka zu einer sozialen Praxis geworden. (...) Wir haben uns in den vergangenen drei Jahren verändert. Wir haben unser Haupt erhoben, richteten uns auf, wir schauen ehrlich den Tatsachen ins Gesicht und sprechen laut und offen über die brennenden Fragen, wir suchen gemeinsam nach einer Lösung der Probleme, die sich im Laufe von Jahrzehnten angesammelt haben. (...)

Wir alle lernen, unter den Bedingungen der sich entfaltenden Demokratie und Glasnost zu leben, wir durchleben einen großen Lernprozeß. Das ist nicht einfach. (...) Das wichtigste, was uns heute vereinigt, ist das Bewußtsein, daß es kein Zurück gibt (...)

Wie können wir schneller das Leninsche Wesen des Sozialismus wiederbeleben, es von Aufschichtungen und Deformationen befreien, uns davon lösen, was unsere Gesellschaft fesselte und sie daran hinderte, in vollem Maß das Potential des Sozialismus zu realisieren? (...)

Jetzt, während wir in die zweite Etappe der Perestrojka eintreten, werden manche Fragen, die uns bereits beantwortet schienen, wieder aktuell. Und unter ihnen steht an erster Stelle die Frage, ob es möglich ist, ohne Zerstörung und radikale Maßnahmen auszukommen und sich mit der Vervollkommnung dessen, was früher geschaffen wurde, zu begnügen? Besteht nicht das Risiko, im Laufe der Perestrojka vieles von dem zu verlieren und zu zerstören, was im Laufe von sieben Jahrzehnten nach dem Großen Oktober geschaffen wurde? (...)

Auch Perestrojka als solche wird nicht selten unterschiedlich verstanden. Für die einen ist sie eine übliche kosmetische Renovierung. Die anderen erblicken in der Perestrojka die Möglichkeit einer Art »Demontage« des ganzen Systems des Sozialismus, und in diesem Fall wird der ganze Weg nach dem Oktober für falsch, und die Werte und Prinzipien des Sozialismus werden für haltlos erklärt. Die Dritten lassen sich von der radikalen Phraseologie hinreißen, sie trösten sich selbst und die anderen mit der Illusion, sie könnten die notwendigen Etappen überspringen. (...)

Aber diese Diskussionen als solche, ihr Charakter und ihre Zielsetzung zeugen von der Demokratisierung unserer Gesellschaft. Die unterschiedlichsten Urteile, Einschätzungen und Positionen bilden eines der wichtigsten Merkmale unserer Zeit, sie sind der Beweis für den zur Zeit real existierenden sozialistischen Meinungspluralismus.

Allerdings läßt sich in dieser Diskussion eine sehr spezifische Richtung nicht übersehen. Sie meldet sich ab und zu zu Wort, nicht in dem Bestreben, die Ereignisse zu begreifen und sie zu verstehen, sie zeichnet sich nicht durch den Wunsch aus, die Sache voranzutreiben, sondern im Gegenteil, sie abzubremsen. Dabei werden im gewohnten Stil Beschwörungen ausgerufen: »Ideale werden verraten!«, »Prinzipien preisgegeben!«, »Grundpfeiler untergraben!« (...)

In manchen Köpfen ist ein Durcheinander, ein Wirrwarr entstanden. Die Entfaltung der Demokratisierung, der Verzicht auf administrative Kommandomethoden bei der Leitung und Verwaltung, die Ausweitung der Glasnost und die Aufhebung von vielen Verboten ließen die Befürchtung aufkommen: Erschüttern wir nicht selbst die Grundpfeiler des Sozialismus, und unterziehen wir nicht die Prinzipien des Marxismus-Leninismus einer Revision? (...)

Andere jagen Angst ein: »Bringt nicht das Boot ins Schlingern! – Es kippt um, ihr werdet den Sozialismus zerstören!« (...) Ausdruck solcher Stimmungen war ein großer Artikel »Ich kann meine Prinzipien nicht preisgeben«, der am 13. März d.J. in der Zeitung ›Sowetskaja Rossija‹ erschien (...)

Darin wurden ernsthafte Fragen und zwar so gestellt, daß der Artikel nicht anders denn als ideologische Plattform, als Manifest der Anti-Perestrojka-Kräfte zu bezeichnen ist. Kein Zufall, daß viele Menschen fragten: Wie soll man die Tatsache der Veröffentlichung dieses Artikels und die Art, wie er gemacht wurde, verstehen? Ist er vielleicht – wie wir das von früher kennen – ein Signal zur Rückkehr in die eingefahrenen Bahnen? (...)

Dieser Artikel ist nicht konstruktiv. In einer umfangreichen Publikation unter einer anspruchsvollen Überschrift wurde im Grunde genommen kein einziges Problem der Perestrojka eingehend und angemessen erörtert. Was auch immer er behandelt – seien es Glasnost, Offenheit, das Verschwinden von Zonen, in denen Kritik verboten ist, oder die Jugend – all diese Prozesse, wie auch die Perestrojka selbst, werden ausschließlich unter dem Blickwinkel von Schwierigkeiten und negativen Konsequenzen behandelt (...)

Wahrscheinlich konnten die Leser in so konzentrierter Form zum ersten Mal in diesem »Brief an die Redaktion« (...) die Ablehnung der Erneuerungsidee als solcher wahrnehmen. (...)

Im Grunde genommen durchziehen den ganzen Artikel wie ein roter Faden zwei Hauptthesen: Wozu die ganze Perestrojka, und sind wir nicht in den Fragen der Demokratisierung und Glasnost zu weit gegangen? (...)

Offensichtlich haben noch bei weitem nicht alle die Dramatik der Situation verstanden, in der sich das Land bis zum April 1985 befand und die wir zu Recht als vorkrisenhaft bezeichnen. Offensichtlich haben sich noch nicht alle klargemacht, daß die administrativen Kommandomethoden sich erschöpft hatten. (...)

Wie soll man heute den Sozialismus »retten«?

Soll man an den alten, autoritären Methoden, an der Praxis der gedankenlosen Ausführung und der Unterdrückung jeder Initiative festhalten? (...)

Oder sollen wir zu den Leninschen Prinzipien zurückkehren, deren Wesen die Demokratie, soziale Gerechtigkeit, wirtschaftliche Rechnungsführung, Achtung vor der Ehre, dem Leben und der Würde der Persönlichkeit sind? (...)

Für den ersten Weg entscheidet sich praktisch die Publikation in ›Sowetskaja Rossija‹. Den zweiten Weg diktiert das Leben, das die Perestrojka verlangte. Denn gerade unsere ideologischen Opponenten setzen darauf, das Wesen des Sozialismus mit dem alten Denken, mit den autoritären Methoden, mit dem Abweichen von den Prinzipien des Sozialismus gleichzustellen. (...)

Tatsächlich, wenn wir von den Werten, Idealen und Prinzipien des Sozialismus den Rost des Bürokratismus entfernen, wenn wir ihn von allem Unmenschlichen reinigen, setzen wir dann nicht die besten, die schöpferischen Kräfte im Kampf für den Sozialismus frei, für unsere Werte und Ideale? (...)

Fast die Hälfte des Artikels ist der Einschätzung unserer alten und neuen Geschichte gewidmet. (...)

Die Vergangenheit ist lebensnotwendig für den heutigen Tag, für die Lösung der Aufgaben der Perestrojka. Die objektive Forderung des Lebens – »Mehr Sozialismus!« – verpflichtet uns, darüber Klarheit zu schaffen, was wir gestern und wie wir es getan haben. Was sollen wir ablehnen und was mitnehmen? Welche Prinzipien und Werte sollen wir für wirklich sozialistisch halten? Und wenn wir heute einen kritischen Blick auf unsere Geschichte werfen, tun wir es nur, um uns besser und vollständiger die Wege in die Zukunft vorzustellen. Wir setzen heute die Wahrheit mit großen Buchstaben wieder in ihre Rechte ein, indem wir sie von gemeinen und verschlagenen Wahrheiten befreien, die in die Sackgasse der gesellschaftlichen Apathie führten, wir eignen uns die Lehre der Wahrheit an, die uns vom XXVII. Parteitag der KPdSU gegeben wurde. Aber die Wahrheit erwies sich in vielem als bitter. Und schon wird der Versuch unternommen, allein mit Hinweisen auf eine extreme Lage, die Vergangenheit zu beschönigen, politische Deformationen und Verbrechen am Sozialismus zu rechtfertigen.

Heute wissen wir: Viele Tausende von Kommunisten, Wirtschafts- und Militärkader, Wissenschaftler und Kulturschaffende wurden Massenrepressalien unterworfen ... (...)

Wenn wir die wunden Fragen unserer Geschichte verschweigen, setzen wir uns über die Wahrheit hinweg und mißachten das Gedächtnis derer, die zu unschuldigen Opfern der Gesetzlosigkeit und der Willkür wurden. (...)

In den zahlreichen Diskussionen, die heute geführt werden, wird die Frage nach der Rolle von J.W. Stalin in der Geschichte unseres Landes gestellt. Die Publikation in der ›Sowetskaja Rossija‹ weicht dieser Frage auch nicht aus. (...)

Der eigenen Konzeption zuliebe wendet sich die Autorin um Unterstützung an Churchill. Es muß darauf hingewiesen werden, daß die von ihr angeführte Lobrede auf Stalin keineswegs von Churchill stammt. Etwas Ähnliches sagte der bekannte englische Trotzkist I. Deutscher. Berechtigt ist aber in jedem Fall die Frage: Ist es etwa taktvoll, bei der Bewertung der Führer und führenden Persönlichkeiten unserer Partei und unseres Staates sich skrupellos bürgerlichen Quellen zuzuwenden? Besonders wenn darüber bereits eine klare Aussage der Partei selbst vorliegt, und in diesem konkreten Fall – eine Bewertung von W.I. Lenin.

Die Persönlichkeit Stalins ist äußerst widersprüchlich. Daher rühren auch die heftigen Streitigkeiten. Aber grundsätzliche Bewertungen wurden auf dem XX. und XXII. Parteitag vorgenommen und in der Rede des Generalsekretärs des ZK der KPdSU, M.S. Gorbatschow: »Der Oktober und die Perestrojka: Die Revolution geht weiter«. Wenn wir von der Position der historischen Wahrheit her urteilen, müssen wir sowohl den unbestrittenen Beitrag Stalins im Kampf um den Sozialismus und die Verteidigung seiner Errungenschaften als auch die groben politischen Fehler berücksichtigen, die von ihm und seiner Umgebung begangen wurden, für die unser Volk einen hohen Preis bezahlen mußte und die schwerwiegende Konsequenzen für das Leben unserer Gesellschaft hatten. Man kann ab und zu Stimmen hören, Stalin habe nicht von den Akten der Gesetzlosigkeit gewußt. Er hat davon nicht nur gewußt, er organisierte und dirigierte sie sogar. Heute ist das bereits eine bewiesene Tatsache. Und die Schuld Stalins – genauso wie seiner nächsten Umgebung – an den zugelassenen Massenrepressalien und Gesetzlosigkeiten ist vor der Partei und vor dem Volk groß und unverzeihlich (...)

Und dennoch, warum muß man heute, nachdem die Partei bereits eine klare und direkte Antwort auf diese Frage gegeben hat, wieder und wieder auf diese Frage zurückkommen? Wir glauben aus zwei Gründen. Erstens, wenn man Stalin verteidigt, (...) wird das Recht auf Willkür verteidigt. (...)

Und zweitens, bei solchen Bewertungen wird mit dem teuersten, was ein Mensch besitzt, spekuliert – mit dem Sinn seines Lebens. Es vollzieht sich eine Unterschiebung von Begriffen: Sozusagen, wenn Stalin ein Verbrecher war, wie soll man dann mit der Bewertung unserer Errungenschaften in der Vergangenheit verfahren? Wie soll man die Arbeit, den Heroismus der Menschen bewerten, die das Land des Sozialismus zu seinen historischen Eroberungen geführt haben? Verleugnen wir sie etwa auch, wenn wir Stalin verurteilen und seine Methoden ablehnen?

Nein, wir verleugnen sie nicht, wir rühmen sie sogar noch mehr. Ein ehrlicher Arbeiter, ein Soldat auf dem Schlachtfeld, ein jeder Sowjetmensch, der tatkräftig Patriotismus und Ergebenheit gegenüber dem Vaterland und dem Sozialismus bewiesen hat, erfüllte – und erfüllt! – seine Pflicht. (...)

Ein Klassenstandpunkt ist in der Diskussion zweifellos notwendig. Aber sogar wenn wir mit Menschen zu tun haben müssen, die Ideen vertreten, die dem Sozialismus fremd sind, ist ein Klassenstandpunkt kein »Stempel«, der die »Selektion« erleichtert, sondern ein Instrument der wissenschaftlichen Analyse. Im Artikel steht: Es »... leben auch noch die Nachkommen der von der Oktoberrevolution abgesetzten Klassen«, und auch »die geistigen Erben von Dan und Martow und die anderen, die aus der russischen Sozialdemokratie kommen, und die geistigen Nachfolger von Trotzkij oder Jagoda ...«. Der Artikel ist drauf und dran, die Ursprünge der antisozialistischen Einstellung buchstäblich in den Genen zu suchen. (...)

In dem Artikel wird Besorgnis über die bekannte Verbreitung des Nihilismus bei einem Teil unserer Jugend ausgesprochen. Muß das Grund zur Unruhe sein? Ja. Man muß aber sehen: Die jetzigen »Verschiebungen« im Bewußtsein der Jugend sind Symptome einer Krankheit, die nicht heute entstanden ist. Ihre Wurzeln reichen in die Vergangenheit zurück. Das ist die Folge der geistigen Diät, auf die wir unsere Jugend jahrzehntelang gesetzt haben, einer Nichtübereinstimmung zwischen dem, was von den Tribünen verkündet und was im Alltag getan wurde. (...) Heute gibt es keine Tabuthemen. Zeitschriften, Verlage und Studios können selbst entscheiden, was sie veröffentlichen wollen. Aber die Veröffentlichung des Artikels »Ich kann meine Prinzipien nicht preisgeben« ist ein Versuch, nach und nach Parteibeschlüsse in Frage zu stellen (...)

Perestrojka ist die Sache eines jeden Kommunisten, sie ist die patriotische Pflicht eines jeden Bürgers.

Mehr Licht. Mehr Initiative. Mehr Verantwortung. Wir müssen schneller die ganze Tiefe der marxistisch-leninistischen Perestrojka-Konzeption und das neue politische Denken beherrschen lernen. Wir können und wir müssen die Leninsche Praxis der sozialistischen Gesellschaft – der menschlichsten und der gerechtesten Gesellschaft – wiederbeleben. Wir werden fest und unablässig den revolutionären Prinzipien der Perestrojka – mehr Glasnost, mehr Demokratie und mehr Sozialismus – folgen.

*Quelle:* Pravda, 5. April 1988.

## 8 Warum man uns nicht liebt
(Reaktionäre Leserbriefe an die Zeitschrift ›Ogonjok‹)

Es scheint, als ob Sie absichtlich überall Chaos und Verwirrung säen wollen. Sie zerstören den Glauben an Stalin und seine Werke; die Jugend glaubt überhaupt an nichts mehr, weder an Gott noch an den Teufel ... an gar nichts. Geht es tatsächlich nach dem Motto, je schlechter um so besser? Ich glaube, unser heutiges Unglück hat nur einen Grund: Nach dem Tod von Stalin hatte das Land katastrophales Pech mit der Führung. Was konnte man schon von einem »Hanswurst« alias Chruschtschow erwarten ...

›Ogonjok‹ schreibt viel über Marktwirtschaft. Davon haben wir, glaube ich, zur Genüge ... so etwas können Sie auf jedem beliebigen Markt sehen. Hinter dem Ladentisch stehen gerissene, schmierige Halsabschneider mit der spezifischen südlichen Hautfarbe. Und sie rauben und rauben ganz legal! Wollen Sie etwa denen die Macht geben?

Keine Frage, die Märkte sind notwendig, aber es müssen dort unsere russischen Menschen handeln. Sie haben nicht diese angeborene Gerissenheit und Verachtung gegenüber allem Rußländischen. Insbesondere haben sie nicht die Raffgier, die Armenier und Georgier so auszeichnet. Ich bin schon viele Jahre Rentnerin. Ich gehe oft spazieren. Es fällt mir dabei auf, daß mir immer weniger und weniger gütige russische Gesichter auf der Straße begegnen. Entweder Tataren oder Usbeken ... Juden ... und jetzt auch noch Vietnamesen ... In den Treppenhäusern ist es schmutzig – das kommt von den ehemaligen Zuzug-Arbeitern, die sich in Moskau einnisteten. Wenn es bei uns so hungrig und schlecht ist, wieso wollen sie alle zu uns? Der Fisch beginnt bekanntlich vom

Kopf her schlecht zu werden, d.h. zuerst muß man Moskau von allem Unrat säubern.

L.Schakrina
Moskau

Sacharow, Sacharow ... Er ist nur auf der antikommunistischen Kundgebungswelle Abgeordneter geworden.

Wenn Don Quichotte gegen Windmühlenflügel kämpfte, so kämpfen Sie gegen die Toten.

Ich bin sicher, daß die Arbeiterklasse, die von Ihnen und von allerhand Informellen betrogen wurde, bei den nächsten Wahlen all diese Intelligenzler und Schwätzer wie Sacharow aus dem Arbeiter- und Bauernparlament herauswerfen wird. So wie dies die Bergarbeiter während der Streiks getan haben, als sie alle Informellen, die versucht haben, sich in ihre Reihen einzuschmeicheln, hinausgeworfen haben.

Fünfzig Jahre lang habe ich ›Ogonjok‹ abonniert, in der Zeit als die Zeitschrift wirklich ein ›Ogonjok‹ [Flämmchen] war; Sie haben sie zu Asche gemacht. Und solange Sie dort sitzen – wohl aus einem Mißverständnis – verzichte ich auf ein Abonnement. Ich werde alles tun, was in meiner Kraft steht, damit auch die anderen Ihre Zeitschrift nicht abonnieren.

P. Blinow
Veteran der Partei, des Krieges und der Arbeit
Nikolajew

Ihre Zeitschrift ist tatsächlich eine Pflanzstätte des Zionismus und Pharisäertums. Eine Ansammlung von Juden aller Schattierungen. Darin ist auch etwas Nützliches. Die Situation im Lande entwickelt sich so, daß Ihnen allen bevorsteht, Rede und Antwort zu stehen. Falls Sie bis dahin überleben. Provokateure und Brandstifter verdienen immer ihr Los. Das wichtigste ist, im entscheidenden Augenblick Ihre Meute zu hindern, ins Ausland abzuhauen. Damit man später bei der Suche nach Ihnen keine Unkosten hat, wie es zum Beispiel im Falle Trotzkij war. So wird es preiswerter sein.

S.Kasakow
Rostow am Don

Ich bin Grigorij Andrejewitsch Pawlenko, Pensionär der Streitkräfte der UdSSR, Oberst im Ruhestand, Mitglied der KPdSU seit 1941, Teilnehmer des Großen Vaterländischen Krieges. Ich lese mit großer Aufmerksamkeit Ihre Zeitschrift. Schließlich riß mir aber der Geduldsfaden, Ihre Provokationen der Volksfeinde und ehemaligen

Konterrevolutionäre zu lesen, der Söhnchen übriggebliebener Weißgardisten, der Söhnchen von Kulaken und übriggebliebenen Bourgeois. Wie tief sind Sie gesunken!

Ihre Zeitschrift beschimpft nach Kräften alle Führer der Partei und des Volkes, mit denen das Volk die Industrialisierung und Kollektivierung bewerkstelligen mußte und in den schwierigen Kriegsjahren den Sieg schmieden mußte! Zur gleichen Zeit rettete der von Ihnen heißgeliebte Rybakow sein Fell. Er hat ja das faschistische Pulver nicht gerochen, er sammelte Schlamm und wartete nur auf den günstigen Augenblick, um ihn auf die Köpfe der Menschen, die ihr Leben für das Vaterland geopfert hatten, auszuschütten. Sie sind dort eine mafiose Mannschaft, die in den Redaktionssesseln sitzt; und Sie zersetzen unser Volk und verdummen die Jugend. Aber Sie werden es nicht schaffen! Wir haben das Land gegen den Faschismus verteidigt, wir werden es auch gegen die offenen Feinde verteidigen, in deren Hände die Presse geraten ist, und zwar Ihre Zeitschrift, die ›Literatur-Zeitung‹, ›Argumente und Fakten‹ und die ›Moskauer Nachrichten‹ ...

Es kommt die Zeit und Sie werden Rechenschaft ablegen müssen: Wem Sie dienen, und für wen Sie arbeiten, wenn man dies alles Arbeit nennen kann. Sie sind offene Agenten des amerikanischen und israelischen Imperialismus ...

Und jetzt drucken Sie meinen Brief ab. Das wird dann Glasnost und Demokratie sein. Man muß sich mehr mit den Materialien der Perestrojka beschäftigen und nicht mit dem Sammeln von Schmutz, der Verzerrung der Wirklichkeit und Verleumdung.

G.Pawlenko
Saporoshje

Über die Presse. Bereits im Herbst 1917 konnten die Arbeiter und Soldaten erfahren, was die berüchtigte »Pressefreiheit« bedeutet. Jetzt wird wieder dieselbe menschewistische Parole von der »Unabhängigkeit der Zeitungen« auf den Schild gehoben.

Was ist denn das für eine Sache?! In Ihrer Zeitschrift figurieren mal Nikolaus der »Blutige«, mal die Weißgardisten in positivem Licht ... Und siebzig Jahre der Sowjetmacht werden letztendlich als Zeit des blutigen Terrors und der Finsternis dargestellt?

Die Redaktion von ›Ogonjok‹ schwenkt zwar die Ultraperestrojka-Fahne, dennoch rückt sie immer mehr nach rechts, denn wir sind ja dabei, den Sozialismus und nicht etwas anderes umzugestalten; aber eine Reihe Ihrer Artikel, darunter die über die Ereignisse in den Jahren 1917 bis 1923, diskreditiert und trivialisiert unsere Geschichte.

Ich rechne nicht mit einer Antwort auf meinen Brief, geschweige denn mit seiner Veröffentlichung. Aber mich tröstet der Gedanke, daß Sie ihn zumindest lesen werden. Die Zeitschrift ist noch nicht endgültig degradiert, ein scharfer Ruck nach rechts unter den linken Fahnen hat erst ungefähr im letzten halben Jahr stattgefunden.

O. Tereschtschenko
Astrachan

*Quelle:* Ogonek 41, Oktober 1989, S. 3.

## 9 Sehr geehrte Bürger Liberale!
(Monolog eines reaktionären Veteranen)

Ich möchte Ihnen aus Anlaß der Naturkatastrophe, die unser Land erfaßt hat – ich meine die sogenannte Perestrojka, Glasnost und Demokratisierung – einiges sagen. Überall sieht man den Verfall der Disziplin, einen allgemeinen Zerfall und Zersetzung. Die Union zerfällt – so weit hat uns das liberale Gelispel gebracht.

Nein, jetzt fehlt uns wie die Luft vor allem strengste Disziplin. Unser Entwicklungsweg unterscheidet sich von dem der westeuropäischen Länder und Nordamerikas. Wir sind nicht reif genug, um unter den Bedingungen viel zu großer Freiheiten zu leben – und ganz besonders betrifft das die Völker der südlichen Republiken. Einige von ihnen sind faktisch unregierbar geworden, wurden in Anarchie und Chaos gestürzt. Das könnte man vermeiden ohne Glasnost, die all diese Kundgebungen, nichtsanktionierten Versammlungen und alle anderen Ordnungswidrigkeiten legitimiert hat. Anstatt einige Dutzend Extremisten rechtzeitig zu verhaften und in die kälteren Regionen unseres Landes zu verschicken, wird man jetzt gezwungen sein, einige zehntausend »Hitzköpfe« irgendwohin nach Kasachstan oder nach Sibirien zu verfrachten. Ohne eine solche Maßnahme bringt man sie nicht zur Ruhe ...

Nur dank der strengsten Disziplin ist unser Land zu einer Großmacht geworden. Und jetzt drängen zu uns aus dem Ausland Unzucht und Zersetzung, und wir empfangen sie mit Freuden. Der Westen liefert uns jetzt nicht nur seine Ladenhüter auf dem Gebiet der Technologie, sondern auch seine Ideologie des Verfalls in Form von behaarten »Affen«, die vor den Zuschauern nackt herumkaspern. Und unsere Idioten sind übereifrig dabei, sich diesen Dreck anzueignen, sie sind drauf und dran, all diese Klugscheißer noch zu übertrumpfen. Die Jugend ahmt sie nach und verliert den Glauben an alles.

All die Rauschgiftsüchtigen, Prostituierten, chronischen Alkoholiker, ganz zu schweigen von den Homosexuellen kann man nur mit großen Einschränkungen als Menschen bezeichnen, es sei denn, man wollte damit nur darauf hinweisen, daß sie Zweibeiner sind. Dies ist aber nicht das Hauptmerkmal eines Menschen.

Wenn man vermeiden möchte, daß die Aids-Seuche sich auf das ganze Land ausbreitet, ist es dringend notwendig, all diese »Risikogruppen« in speziellen Lagern von der Gesellschaft zu isolieren. Stacheldraht und sibirischer Frost sind die besten Arzneimittel für sie. Wenn wir dies heute nicht tun, kann es passieren, daß wir morgen auch ohne Atomkrieg zugrunde gehen werden.

Jetzt wird von unseren Massenmedien herumposaunt, wir seien hinter den westlichen Ländern zurückgeblieben. Worin denn? Im Lebensstandard? Na und, von mir aus sollen sie ruhig besser leben: Ist etwa der Besitz von einem PKW, einem Landhaus oder Videorecorder das wichtigste im Leben? Wir haben doch Schuhe, Kleider, wir sind satt – was braucht man noch zum Leben?

Das wichtigste ist doch die hohe Verteidigungsfähigkeit! Wir dürfen keine Kosten für unsere Armee scheuen, zur gleichen Zeit muß man dort Ordnung schaffen und die höchste Disziplin wiederherstellen, d. h. bei Verstößen gegen die Disziplin muß man strafen, strafen und nochmals strafen. Außerdem ist es notwendig, den Lebensstandard der Offiziere zu erhöhen. Bildet Euch nicht ein, Ihr Herren Pazifisten, daß ganz Amerika von unserer Perestrojka und Glasnost begeistert ist ...

In dem Augenblick, in dem unser Staat und unsere Gesellschaft eine unerhörte Krise erleben, kann uns nur eins retten – eine strenge und allumfassende Disziplin. Natürlich wird mir kein Mensch Gehör schenken – jetzt ist ein anderer Trend in –, aber die Gesellschaft wird ein hohes Lehrgeld für diese sogenannte »Glasnost« bezahlen müssen.

Meinen Brief werden Sie bestimmt nicht veröffentlichen, trotz Ihrer »Glasnost«. Das ist aber halb so schlimm, denn bald werden wir unsere eigene Presse haben! Und wir werden die mit Füßen getretenen Ideale des Sozialismus verteidigen!
Hiermit verbleibe ich, I. Gruber, Veteran des NKWD,
Mitglied der Union zur Rettung des Sozialismus,
Angarsk, Gebiet Irkutsk

*Quelle:* Leserbrief an die Literaturnaja gazeta, 28. 6. 1989.

## 10 W. Schirokow: Der Mensch ohne Arbeit (Arbeitslosigkeit in der Sowjetunion)

Ja, es sieht so aus, als hätten wir keine offiziell registrierten Arbeitslosen, dafür haben wir genügend Menschen »ohne Beschäftigung« (...) So wurden im Beschluß des ZK der KPdSU vom 31. März 1986 »Über die Heranziehung des nicht beschäftigten Teils der arbeitsfähigen Bevölkerung zur gesellschaftlich nützlichen Arbeit in den Unions- und Autonomen Republiken Zentralasiens, des Transkaukasus und des Nord-Kaukasus« äußerst beunruhigende Daten genannt. Der Anteil der Menschen ohne Beschäftigung machte in Aserbaidshan 27,6 Prozent, in Tadshikistan 25,7 Prozent, in Usbekistan 22,8 Prozent, in Turkmenien 18,8 Prozent, in Armenien 18 Prozent und in Kirgisien 16,3 Prozent der Gesamtzahl der arbeitsfähigen Bevölkerung aus. Die reale Reserve von arbeitsfähigen Menschen, d.h. von Menschen, die in diesen Regionen in die Produktion eingegliedert werden könnten, betrug etwa drei Millionen Menschen (...)

Die Arbeitskollektive begannen, unter den Bedingungen der wirtschaftlichen Rechnungsführung jede Kopeke zu zählen. Und dies führte zum Entstehen von (...) verfolgten Mitarbeitern. Das sind in erster Linie die jungen, unerfahrenen Arbeiter, Frauen mit Kindern, Menschen im Renten- und im Vorrentenalter. D.h. diejenigen, die die hohe Produktivität entweder noch nicht oder nicht mehr leisten können. (...)

In den Jahren des laufenden Fünfjahrplans wurden bereits mehr als drei Millionen Menschen entlassen. Nach den Schätzungen von Fachleuten wird deren Zahl bis zum Jahr 2005 auf 15 bis 16 Millionen steigen. Dabei wurden bei dieser Zahl diejenigen noch nicht berücksichtigt, die im Zuge der Konversion der Rüstungsindustrie und der Kürzung der Armee ihre Arbeit verlieren werden. Das sind Menschen ohne zivilen Beruf, es steht noch aus, sie auszubilden und in den Arbeitsprozeß einzugliedern. Auf den Arbeitsmarkt – wenn auch dieser Terminus unpopulär ist, müssen wir uns an ihn gewöhnen – werden jedes Jahr immer neue arbeitsfähige Bevölkerungskategorien nachrücken (...)

Allerdings wurden bereits die ersten Ansätze gemacht, einen staatlichen Maßnahmenkomplex zur Beschäftigungsförderung und zum Schutz vor Arbeitslosigkeit auszuarbeiten. Entsprechende Dokumente wurden zum Beispiel auf dem 6. Plenum des Allunionsgewerkschaftsbundes verabschiedet (...)

Dennoch gibt es noch genügend »weiße Flecken« bei der Lösung des Problems der Arbeitslosigkeit. Wie »bringt« man z.B. den Arbeitsplatz und den Menschen »zueinander«? Denn der Mangel an Arbeitskräften in Sibirien lindert keinesfalls die Schärfe der Beschäftigungslosigkeit in Usbekistan (...)

In den USA wurden Anfang der achtziger Jahre etwa 300 »Arbeitsplatzbanken« geschaffen, wo mit Hilfe von Computern die Arbeitssuchenden und die offenen Arbeitsstellen »zueinander« gebracht wurden. Bis jetzt können wir davon nur träumen. Hoffentlich gelingt es uns wenigstens, ein einheitliches System der staatlichen Erfassung zu erstellen, das eine objektive Vorstellung von den vorhandenen Arbeitskräfteressourcen und ihrer Nutzung im Land und in dessen einzelnen Regionen vermittelt. Denn vor kurzem kam mir eine Pressemeldung von TASS zu Gesicht: »Wer hätte sich denken können, daß in unserem Land eine informelle Organisation wie die ›Assoziation der Arbeitslosen‹ entstehen würde? Die gibt es aber bereits, und nach ihren eigenen Angaben gehören zu ihrem Interessenfeld nicht mehr und nicht weniger als 23 Millionen Menschen ...« (...)

Bei uns wurde mit der Ausarbeitung eines Gesetzes zur Beschäftigungsgarantie begonnen. Wir müssen uns aber fragen, ob nicht die Gefahr besteht, daß es einen rein deklarativen Charakter haben wird, falls es nicht durch eine solide materielle Grundlage untermauert wird. Notwendig ist ein spezieller Beschäftigungsfonds. Man muß also Grundsätze festlegen, nach denen er gebildet wird. In Schweden z.B. werden zwei Prozent des Nationaleinkommens zur Lösung des Beschäftigungsproblems aufgewandt. Einen solchen Anteil können wir uns nicht leisten, aber es käme schon zu einer wahren sozialen Revolution bei der Realisierung des Rechtes des einzelnen Bürgers auf Arbeit, wenn es uns gelingen würde, für diese Zwecke wenigstens 0,3 Prozent des Nationalproduktes abzuzweigen (...)

Die Frage, ob uns Arbeitslosigkeit droht, scheint mir heute bereits müßig zu sein. Sie ist bereits in vielen Regionen da. Jetzt gilt es, eine andere Frage zu beantworten: Wie kann man ihre bedrohlichen Folgen mildern und überwinden, welche Garantien können wir schaffen, um die Rechte jedes einzelnen Menschen auf freie Wahl und auf freie Ausübung der Arbeit zu sichern?

*Quelle:* Pravda, 31. Oktober 1989.

## 11 Oleg Moros: Ihr seid doch Menschen! (Aids in der Sowjetunion)

(...) Aids brachte bei uns als Krankheit noch nicht so viel Leid, dennoch richtet sie viel Schaden an wegen der menschlichen Dummheit, Bosheit, Gleichgültigkeit und organisatorischen Unfähigkeit.

Verbrecherische Tatenlosigkeit bei der medizinischen Aufklärung führte dazu, daß viele bis heute nicht wissen, daß Aids-Viren nicht im Alltag bei gewöhnlichen menschlichen Kontakten übertragen werden. Und schon beginnt die »Hexenjagd«. Die Virenträger verlieren ihre Arbeitsplätze, werden aus den Wohnhäusern hinausgeworfen. (...)

Nichtsahnend erscheint ein Mensch zum Dienst. Und schon stellt man ihm ein Ultimatum: Entweder du quittierst den Dienst freiwillig, oder wir finden einen Vorwand, dich zu entlassen. Er staunt, ohne zu verstehen, was los ist. Es stellt sich heraus: Sein Arzt hat ihn angezeigt. Der Arzt, dessen erste Aufgabe eigentlich ist, das Geheimnis der Diagnose zu wahren. Schon nach drei Tagen wird der betreffende Mensch auf die Straße gesetzt, entsprechend dem Artikel 254, Punkt 1, d.h. wegen eines einmaligen groben Verstoßes gegen die Arbeitsdisziplin, obwohl er dagegen gar nicht verstoßen hat. Es ist zwecklos, dagegen zu kämpfen. Ein paar Tage davor bekam dieser Mensch eine gute Beurteilung, vor zwei Monaten besuchte er Fortbildungskurse, er wurde etliche Male zum Aktivisten [Stoßarbeiter] der kommunistischen Arbeit erklärt, u.s.w., u.s.f. Das gilt gar nichts mehr. Ein Mensch wird auf der Stelle und unwiderruflich aus dem Leben gestrichen.

Gott verhüte, daß jemand in einer kommunalen Wohnung [unfreiwillige Wohngemeinschaft] oder in einem Wohnheim wohnt. Die Nachbarn werden ihn sofort raussetzen. Es gibt keine Instanz, bei der man sich darüber beschweren könnte.

Menschen werden erpreßt. Man erhält unendliche Telefonanrufe: Zahlst du kein Geld, erfahren all deine Bekannten, daß du Aids hast ... (...)

Auch Ärzte unterscheiden sich durch nichts von gewöhnlichen Bürgern. Die feigen Zahnärzte lehnen es ab, die Zähne zu behandeln, die feigen Chirurgen verweigern Operationen, die feigen Gynäkologen versagen die Geburtshilfe (...) Der betreffende Mensch gerät in ein absolutes Vakuum ...

Eine Frau möchte ihr Kind zur Welt bringen. In der Entbindungsanstalt werden die Analysen gemacht und sie wird hinausgeworfen (...)

Ein Teenager hat ein Geschwür auf dem Rücken, er leidet darunter. Dennoch möchte ihn keiner operieren. Das Aids-Virus bekam er bei einer Bluttransfusion von einem Blutspender. Er schreibt einen Brief an [Gesundheitsminister] Tschasow: »Die Medizin hat mich infiziert – dann soll sie mir auch irgendwie helfen!« Er erhält keine Antwort. (...)

Vor kurzem besuchte ich ein Krankenhaus in Elista. Durch den Flur rannte ein achtjähriger Junge. Im vorigen Sommer wurde er von irgendeinem betrunkenen Schurken angefahren. Als er in diesem Krankenhaus behandelt wurde, wurde er mit Aids infiziert. Er muß an der Harnblase operiert werden. Es wurde ihm aber wiederholt gesagt: Er soll operiert werden, nachdem alles verheilt ist. Der Junge wiederholte mir das auch vertrauensvoll. Es ist aber alles schon längst verheilt (...) Wo seid ihr denn, ihr Helden der undenkbaren Operationen, die das Herz verpflanzen, und die mit dem Gedanken spielen, das Gehirn zu verpflanzen? Beweist doch, daß ihr Ärzte und keine Metzger seid! Der Junge wird von keinem seiner Verwandten besucht, nicht einmal von seiner Mutter. Er besitzt keine Kleidung und besucht keine Schule. Er geht sogar nur mit seinem erwachsenen Leidensgenossen spazieren... Wo seid ihr denn, ihr barmherzigen Stiftungen, die die Gesundheit der Kinder schützen sollen? Nicht nur dieser Junge benötigt eure Hilfe. Von Tag zu Tag wird es mehr Menschen geben, die auf euch angewiesen sein werden (...)

In der Stadt Perm entdeckte man kürzlich einen Virusträger. Daraufhin wurde beinahe ein Ausnahmezustand über die Stadt verhängt. Sofort richtete man ein Hauptquartier zur Bekämpfung von Aids ein. Zu den Verwandten schickte man eine Milizstreife. Den Untersuchungsrichter holte man nachts aus dem Schlaf. Er sollte feststellen, mit wem der Kranke Kontakt hatte (in einer zivilisierten Variante wäre das die Aufgabe eines Epidemiologen gewesen). Und wiederum weiß die ganze Stadt Bescheid, wer der Virusträger ist. Seine Schwester kam tränenüberströmt aus der Schule: Alle sagen, daß Shenja Aids hat. Ist es wahr? Alle necken mich: »Seuche« ... Die Eltern laufen mit gesenktem Kopf herum. Sie können nirgendwo hingehen und wollen in eine andere Stadt ziehen. Aber wohin denn – der Ruhm eilt einem voraus (...)

Ist etwa nicht bekannt, daß es unzulässig ist, öffentlich und dazu noch ohne Beweise, zu verkünden: Der ist schuldig! Nein, dieser! Eine solche Gefahr droht uns allen. Wir müssen uns in Anbetracht dieser Gefahr vereinigen und nicht Ausschau danach halten, wen wir als nächsten an der Gurgel packen können.

In Wirklichkeit tragen diejenigen die Schuld, die die schmutzigen Spritzen setzten und diejenigen, die sie nicht kontrollierten. Aber auch diese Menschen müssen entsprechend den Gesetzen, die in einer zivilisierten Gesellschaft üblich sind, ohne jegliche Selbstjustiz, bestraft werden.

Wir brauchen dringend ein Gesetz über Aids, in dem Rechte und Pflichten der Virusträger und der Kranken genau festgelegt werden müssen. Keiner der Betroffenen darf, egal unter welchem Vorwand auch immer, seinen Arbeitsplatz verlieren. Keinem darf man den Wohnraum, medizinische Hilfe , Existenzmittel, das Recht auf Ausbildung und irgendwelche Bürgerrechte entziehen. Eine Diskriminierung als solche muß zu einem kriminellen Delikt erklärt und strafbar gemacht werden. (...)

Denjenigen, die die Stimme des Gewissens nicht kennen, muß klargemacht werden: Morgen können sie selbst und ihre Angehörigen an Stelle dessen, den sie heute verstoßen, stehen (...) Das Geschehen in Elista zeugt davon, daß es ein Roulettspiel ist. Wir wissen nicht, wem morgen eine schlampige Krankenschwester eine schmutzige Spritze in den Hintern piken wird. (...)

Ich fürchte, daß unser Land seinen eigenen Weg zur Aids-Krankheit gehen wird. Die Homosexualität ist die Hauptgefahr in den USA, die Bigamie – in Afrika ... Uns führt unsere altvertraute traditionelle Schlamperei zu Aids ... Und vor dem Schlendrian sind alle gleich schutzlos, keiner ist dagegen versichert (...)

*Quelle:* Literaturnaja gazeta, 19. April 1989, S. 13.

## 12 Die Beichte des Diakons Andrej Kurajew, wie er von den Dämonen aus dem KGB versucht wurde

*Noch eine Illusion ist jetzt zerbrochen. Dennoch wollten wir nicht daran glauben, daß die ganze Gesellschaft in der Lüge lebte, unter der Haube des KGB. Irgend jemand mußte doch sauber bleiben und diese Spiele nicht mitmachen. Wir dachten, es waren die Kirche und ihre Priester – sie sind doch »vom Staat getrennt«, sie stehen abseits, sie haben damit nichts zu tun. Aber man öffnete die Archive, und es stellte sich heraus, daß beinahe jeder zweite Priester mit den Organen zusammenarbeitete, und durch das Werbesieb sind alle durch die Bank gegangen ...*

*Das ist jetzt ein Modethema bei den Presseleuten, wir haben aber noch nicht gehört, was die Priester selbst darüber denken. Diejenigen, die man versucht hat anzuwerben, die ihre Unterschrift leisteten, mit dem Einverständnis mitzuarbeiten und die, denen man einen Decknamen verpaßte.*

*Wie haben sie mit den KGB-Mitarbeitern verkehrt, was für Gefühle hatten sie dabei? Der Referent des Patriarchen, Diakon Andrej Kurajew, hat sich bereit erklärt, mir darüber zu erzählen.*

*Marija Lukina*

## Jeder zweite Priester hat mit den Sicherheitsorganen zusammengearbeitet

Zum ersten Mal klingelte es an meiner Tür, zwei Tage nachdem ich meine Papiere zur Aufnahme ins Geistliche Seminar eingereicht hatte. An der Schwelle stand ein Mensch und zeigte das rote Büchlein: »Ich bin Hauptmann so und so.« Und es begann der langjährige Versuch, jemanden zu brechen, der (wir haben das später mit Freunden verglichen) gewöhnlich nach einem bestimmten Schema ablief.

Das Gespäch begann normalerweise mit Schmeicheleien. »Sie sind doch ein so talentierter Mensch. Sie hätten auch in der Welt alle Möglichkeiten. Wohin gehen Sie? Ich werde Ihnen jetzt erzählen, was für ein schrecklicher Vorfall sich in diesem Jahr im Seminar ereignete: Stellen Sie sich vor, ein Lehrer, ein Mönch und Archimandrit – ich werde seinen Namen nicht nennen – lud einen Seminaristen zu sich in die Zelle ein, unter dem Vorwand, seinen Namenstag zu feiern, hat ihn mit Kognak vollgepumpt und vergewaltigt.« Gott sei Dank arbeitete ich bereits vor meinem Eintritt ins Seminar ein Jahr als Wachmann dort, deswegen wußte ich Bescheid, daß das alles Lügen waren. Jemand anderen hätte eine solche Erzählung vielleicht beeindruckt. Sogar bei den Treffen mit seinen »Versuchskaninchen« verleumdete der KGB die Kirche und die Kirchenmänner.

Dann wandte man folgende Methode an: »Andrej Wjatscheslawowitsch – der Gast nennt mich mit Namen und Vatersnamen – ich muß Ihnen ehrlich sagen, jemand möchte nicht, daß Sie ins Seminar eintreten. Im Exekutivkomitee von Sagorsk sieht man dies aus irgendeinem Grund ungern. Aber, wissen Sie – fährt der Tschekamann fort – wir sind bereit, alles zu regeln und Ihnen zu helfen.

Aber wir müssen ernsthafte Argumente dafür haben, daß Sie nicht antisowjetisch eingestellt und ein ehrlicher Mensch sind. Das ist ja halb so schlimm, daß Sie ein gläubiger Mensch sind, das kann doch jedem passieren … Wissen Sie was, lassen Sie uns noch einmal zusammenkommen, nochmals reden und alles besprechen … Könnten Sie bei uns in Sagorsk vorbeikommen?« – Und er hinterläßt seine Telefonnummer. – »Fragen Sie nach Alexander Nikolajewitsch.«

Und schon stehe ich vor einer Wahl. Ich kann nicht mehr in die Welt zurück, dort habe ich mit allem gebrochen, eine Arbeit werde ich dort nicht mehr kriegen. Und das wichtigste für mich ist mein Traum, der Kirche zu dienen, den ich schon einige Jahre verfolge. Und dagegen steht ein zu nichts verpflichtender Anruf … Ich bestehe meine Aufnahmeprüfungen und werde Seminarist, obwohl ich sehr gut verstehe, daß meine Aufnahme gar nicht davon abhing, wie ich die Prüfungen bestehe. Alle Abiturienten wurden durch das Sieb des KGB und des Rates für die Angelegenheiten der Religionen gefiltert.

… Ich rufe Alexander Nikolajewitsch an. Das Gespräch ist belanglos. »Wie geht es Ihnen? Ist alles normal? Ist das Essen gut? Ist es nicht zu anstrengend? Na, Gott sei Dank. Alles Gute.« Das ist dann alles.

Was für einen Sinn soll ein solches Gespräch haben? Der Betreffende hat angerufen, und das ist das wichtigste. Das ist so eine Art Probe, wie »sowjetisch« man ist, ein Bestimmungstest, ob man ein Dissident ist oder nicht. Ich war nie ein Dissident, für mich war dieser Weg nicht verlockend. Ich habe auch keine Abscheu vor Kontakten zu den Machtorganen verspürt. Übrigens in den sechziger und siebziger Jahren hat man praktisch alle Seminaristen solchen Gesprächen und einer solchen Filterung unterzogen. Ich wurde 1986 aufgenommen. Zu dieser Zeit wurde die Filterung selektiv durchgeführt: Man hat nur diejenigen beachtet, die Hoffnungsträger waren, die es bestimmt in der Kirche zu etwas bringen würden, wenn nicht morgen, dann übermorgen. Meine Klasse im Seminar war so eine Art Eliteklasse, dort studierten ausschließlich Menschen mit Hochschulabschluß. Eben mit unserer Klasse haben sie »gearbeitet«. Übrigens in unserer Klasse haben wir diese Kontakte voreinander nicht verheimlicht, mehr noch, wir haben einander gewarnt: Heute wurde ich an einen bestimmten Ort gerufen. Falls etwas passiert, so bin ich dort. Und als wir von dem Treffen zurückkamen, erzählten wir, wovon die Rede war, nach wem gefragt wurde; wir haben gewarnt, wenn jemandem eine Gefahr drohte.

Solche »Gespräche« kamen manchmal auf ungewöhnlichste Weise zustande. Man bekommt zum Beispiel einen Postbescheid über ein Paket, man geht es abzuholen, dort sitzt aber ein Mensch im grauen Mantel. Manchmal lauerten Sie einem völlig offen am Ausgang auf: »Folgen Sie uns.« Man wurde an einen konspirativen Ort gebracht. Davon gab es mehrere: im Hotel, im Standesamt und im staatlichen Museum, das sich auf dem Territorium der Lawra befand. Das letzte war ausschließlich für Gespräche mit Mönchen bestimmt, die das Kloster selten verließen.

Das Gespräch begann. Man überstürzte die Ereignisse nicht, denn das System war für die Ewigkeit angelegt, für das ganze menschliche Leben. Sie wußten es, und wir auch. Zuerst wurde nichts angeboten, man machte uns einfach »zutraulich«. Sie wußten bereits alles über uns, sogar mehr als wir selbst. Es war klar, daß sie über gut ausgearbeitete Methoden der psychologischen Bearbeitung verfügten. Die ersten Phrasen waren unbedingt »erhaben«: Wir wünschen genauso wie auch Sie das Wohlergehen der Orthodoxen Kirche. Vorsichtig streifte man die Politik. Und anschließend – ein belangloses Geschwätz. Irgendwelche Kinkerlitzchen. Aber jedesmal wurde ein Sandkörnchen hinzugefügt. So wurde zum Beispiel das Photo eines der Seminaristen aus meinem Jahrgang gezeigt und gefragt: »Es wurde uns gerade dieses Photo übergeben, jetzt müssen wir seinen Vornamen erfahren, können Sie uns dabei helfen?« Natürlich kannten sie den Vornamen des Betreffenden und um so mehr den Familiennamen. Sie wollten damit nur erreichen, daß der Mensch wenigstens eine völlige Belanglosigkeit, zumindestens eine absolute »Kleinigkeit«, aber auf ihre Bitte hin machte. Ich habe nichts unterschrieben. Das »ernsthafteste« Angebot, das ich bekam, war – meine Überlegungen darüber … wie man die Feuerwehrsicherheit des Seminargebäudes verbessern könnte, zu Papier zu bringen. In Wirklichkeit war es wiederum ein Köder, um einen Menschen daran zu gewöhnen, daß er ständig für sie etwas schreibt. Es wurden auch unverhüllte Erpressungsmethoden benutzt. Zum Beispiel ein Seminarist macht eine Bekanntschaft in der Stadt. Man lädt ihn zu Besuch ein, es stellt sich aber heraus, daß es eine speziell präparierte Wohnung ist. Und weiter verläuft alles wie in einem Krimi. Es wird ihm etwas ins Gläschen geschüttet, er wird bewußtlos. Und ein paar Monate später werden ihm pikante Aufnahmen gezeigt. Obwohl ein derartiges Vorgehen in den Organen formell verboten ist, wurde es sowohl bei der Arbeit mit Seminaristen als auch mit Gebietsparteisekretären ausgiebig verwendet.

War es möglich, all das zu vermeiden? War es möglich zu sagen: »Nein, ich werde mich nicht mit Ihnen treffen«? Ich glaube, offen traute sich das keiner. Man konnte aber allerhand Ausflüchte benutzen, so etwa: »Ich habe Ihre Telefonnummer verloren«, oder »Ich muß das mit meinem Seelsorger oder mit dem Rektor besprechen«. Die letzteren wurden übrigens durch derartige Bitten um Rat nicht in Verlegenheit gebracht. Wir haben uns tatsächlich von ihnen beraten lassen, und das versetzte niemanden in Erstaunen. Einer von uns handelte übrigens besonders raffiniert: Er warnte die Tschekisten, daß er im Schlaf spreche. Und wissen Sie, man hat ihn in Ruhe gelassen.

Ferner erwarten die Tschekaleute, daß man Menschen beurteilt. Zuerst geht es um Ausländer. Es fällt einem leichter, zu so etwas bereit zu sein: Ausländer kommen und gehen, d.h. man kann sprechen und schreiben, was man will, keiner wird darunter leiden. Aber es wird ein Protokoll aufgesetzt: Der und der hat sich entsprechend unserem Auftrag mit dem Bürger dieses und jenes Landes getroffen. Er berichtet dieses und jenes ...

Irgendwann kommt aber der Augenblick, an dem man einen Menschen endgültig »binden« will – ihn zum Agenten machen und ihm einen Decknamen geben. Mein Alexander Nikolajewitsch hat mir offen gesagt: »Haben Sie doch Verständnis, ich muß doch Rechenschaft vor meinen Vorgesetzten ablegen, ich muß Sie doch irgendwie benennen.« Ich habe ihm dennoch vorgeschlagen, mich mit meinem eigenen Namen zu nennen und habe keinen Decknamen angenommen. Andere sind anders verfahren. Manchmal wurden die Decknamen auch ohne Kenntnis des Betroffenen vergeben.

Wie oft haben wir uns getroffen? Manchmal konnte man einige Monate lang Treffen vermeiden. Aber zum Schluß begann ich, einen sehr starken Druck zu verspüren. Es fing alles damit an, daß es im Moskauer Gebietsparteikomitee wegen meines Auftritts im Pädagogischen Institut in Kolomna im Winter 1988 zu einem Skandal kam. Es war einer der ersten Massendispute zwischen Vertretern der Kirche und Trägern der »herrschenden Ideologie«, der nicht zugunsten des Staatsatheismus endete. Wie kam es, daß die Professoren nicht mit irgendwelchen halbgebildeten Seminaristen fertig wurden? Es kam zu Schwierigkeiten im Seminar. Ich zählte schon zu den Entlassungskandidaten. Die Kommilitonen aus meinem Lehrgang berichteten mir, daß ihre Betreuer-Tschekisten sie offen warnten, mit mir Umgang zu pflegen, falls sie Interesse hatten, an der Akademie zu studieren. Es war im Jahr 1988, dem Jahr des Millenniums der Taufe. So wie Moskau vor den olympischen Spielen »gesäubert« wurde, so wurde jetzt auch die Lawra »gesäubert«. Aber dann nahm mich der Rektor, Erzbischof Alexander, in Schutz. Wahrscheinlich konnte er sich mit den Organen einigen, daß ich nicht rausgeschmissen, sondern zum Studium an die Geistliche Akademie nach Rumänien geschickt wurde. Es ist zwar merkwürdig, aber dort wurde ich von niemandem belästigt. Obwohl die Tschekaleute ganz bestimmt unter Ceauşescu völlig ungehemmt handelten.

Mein letztes Treffen mit ihnen war bereits nach meiner Rückkehr, im August, zehn Tage vor dem Putsch. Es wurden die Reliquien des Ehrwürdigen Serafim von Sarow überführt. Auf dem Rückflug setzte sich ein unbekannter »Genosse« im Flugzeug zu mir und stimmte dasselbe Lied an: »Vater Andrej, wir wollen Sie seit langem kennenlernen. Wird es Ihnen keine Mühe machen, in Moskau diese Telefonnummer anzurufen ...« Gott sei Dank, so weit ist es nicht gekommen ... Ich habe mich entschlossen, all das zu erzählen, weil ich mir nicht sicher bin, daß sich derartiges nicht wiederholt. Aus diesem Grund möchte ich alle bitten, die etwas ähnliches erlebt haben (besonders die Menschen, die der Kirche dienen), nicht zu schweigen, sondern zu erzählen, wie die Tschekaleute im einzelnen mit ihnen arbeiten, und wie man dem entgegentreten kann.

Und allen anderen möchte ich, in Anbetracht dessen, was jetzt über die Beziehungen der oberen kirchlichen Hierarchen mit dem KGB geschrieben wird, folgendes sagen: Falls Sie erfahren würden, daß die Mitglieder des Kollegiums des Gesundheitsministeriums vom KGB in ihre Ämter eingesetzt wurden, würden Sie dann aufhören, Polikliniken zu besuchen, und würden Sie dann alle Ärzte für »Tschekisten in weißen Kitteln« halten? So ähnlich steht es mit der Kirche: Wenn Hierarchen ihr Gewissen mit Sünde belastet haben, dann ist das ihre Sache. Es liegt keine Sünde auf Christus. Und die Priester, die keinen Verrat übten, tragen auch keine Sünde. Wenn Sie sich jetzt von der Kirche abwenden, wird das ein nachträglicher Triumph für den KGB sein.

*Quelle:* Sobesednik 8, 1992, S. 4.

## 13 Anatoly Kusnetzow: Eine Innenansicht der Sowjetarmee

*Der Verfasser des nachstehenden Beitrages war mit knapp 15 Jahren in die sowjetische Armee eingetreten. Er erfuhr seine frühe Ausbildung in der berühmten Suworow-Kadettenanstalt, wurde als Offizier nach Afghanistan und von da aus zur Westgruppe der sowjetischen Streitkräfte in die ehemalige DDR versetzt. Wegen wiederholter politischer Unbotmäßigkeit war er Gegenstand fortgesetzter Repressionen. Als er vor der Wahl stand, aus politischen Gründen vor ein Militärtribunal gestellt oder nach Transkaukasien (mutmaßlich zum Einsatz in Armenien) zwangsversetzt zu werden, entschloß er sich, gemeinsam mit seiner Familie, zur Flucht in den Westen.*

(...) Die Armee ist etwas Unheimliches (...)

Ein Mensch, der zur Armee kommt, verliert das Gefühl für Realität, so spezifisch sind die in ihr herrschenden »Gesetze«. Er wird mit der grausamen Willkür des Systems, des Parteiapparats und der Befehlshaber konfrontiert. Schon die Einberufungsprozedur, der Aufenthalt an den Musterungsstellen, das Gebrüll der Vorgesetzten, die Durchsuchungen, der unhygienische, schreckliche Alltag, die oft bis zum Eintreffen bei der Truppe währende Unkenntnis über den zukünftigen Stationierungsort und schließlich die Prozedur des »Kaufens« von Soldaten durch »Käufer«, d.h. Vertreter der verschiedenen Militäreinheiten, wobei junge Menschen als lebende Ware gehandelt werden – all das ist erniedrigend für Staatsbürger, die zum »Ehrendienst« einberufen werden. Aber die Schwierigkeiten in den Wehrerfassungslagern mit ihrem viehischen Alltag sind erst der Anfang der unendlichen Rechtlosigkeit, der der Soldat in der Armee ausgesetzt ist. (...)

Das Bestreben, einen abgestumpften, gehorsamen und schweigsamen Menschentyp zu züchten, der auf Reize mit reflektorischen Arm- und Beinbewegungen und starrem Blick reagiert, der »Jawohl« und »Zu Befehl« sagt, ist charakteristisch für die heutige Armee, obwohl damit natürlich schon vor langer Zeit begonnen wurde. Der Urheber dieser kollektiven Programmierung war vor allem die kommunistische Partei. Sie war der Organisator und Inspirator, ausgestattet mit einer mächtigen Ideologie, mit der alle Gesetzlosigkeit und alle Menschenrechtsverletzungen in der Armee gerechtfertigt wurden, mit ihrem Bestrafungssystem und ihrer Bürokratie, mit Kontrollen und Verfolgung. Diese Parteistrukturen sind über die Jahrzehnte mit der Armee so verwachsen, daß später nur noch schwer zu erkennen war, wo die Trennungslinie zwischen den Kompetenzen der Partei und denen der Armeeführung lag. (...)

Tagelang mußten sich bis vor kurzem Soldaten und Offiziere gehorsam in den Dienststunden, den Klubs, den Lenin-Zimmern, den Stäben und im Feld – wo auch immer – den unendlichen Strom von Desinformation und Propaganda anhören. Die Kampfausbildung fand grundsätzlich in der Zeit statt, die vom politischen Unterricht nicht in Anspruch genommen wurde. Das einzige »Heilige«, das streng nach Plan durchgeführt und von keinen Änderungen in der Ausbildung berührt wurde, war der politische Unterricht. Eine Störung des politischen Unterrichts in der Armee wurde als außergewöhnlicher Vorfall behandelt. Aber auch die Kampfausbildung, der Garnisons-, der Wach- und der innere Dienst standen unter dem Einfluß der politischen Führung, die in der Armee allgegenwärtig war. Während des Unterrichts und der Übungen wurden Gespräche, politische Informationsveranstaltungen, Versammlungen und Kundgebungen durchgeführt; in jeder Wachmannschaft gab es ein vom Kommandeur ernanntes Komsomol-Aktiv, einen Komsomol-Gruppenleiter der Mannschaft, Agitatoren für jede diensthabende Schicht, Redakteure für Agitationsblätter usw. (...)

Jeder Offizier mußte Mitglied der Partei oder zumindest des Komsomol sein, wenn er keine Unannehmlichkeiten haben wollte. Ausnahmen waren selten und bestätigten nur die Regel. Die Nichtmitgliedschaft in der Partei war eine Art Schandmal und ein Hindernis für die Beförderung. Besonders bei der Ernennung von Kommandoposten vom Kompanieführer aufwärts wurde darauf geachtet. Alle Kandidaten für eine Beförderung wurden von der Politabteilung überprüft und benötigten deren Zustimmung. (...)

Das Schwert der Partei hing über dem Haupte eines jeden KPdSU-Mitglieds im militärischen Bereich, das im großen Topf der Armee gesotten wurde. Ein jeder mußte ab und zu den Kopf einziehen, um dem Richtbeil der Partei zu entkommen. Im Prinzip wurde die Parteiorganisation in der Armee von der Angst der Mitglieder, ihren Kopf zu verlieren, getragen. Überzeugte Kommunisten gibt es in ihr so wenige, daß man sie an den Fingern einer Hand abzählen kann.

Diese Armee der parteipolitischen Aktivisten verfolgte mit Eifer ihr Ziel, die Pläne ihres Herrn, der KPdSU, durchzusetzen. Die Ideen der Perestrojka trafen hier von Anfang an auf Widerstand.

Der Parteiapparat widersetzte sich jeglichen Veränderungen und verbannte jeden Gedanken an eine Demokratisierung der Armee. Die wichtigsten Losungen in der Armee für die neue Zeit waren rhetorischer Art: »Beginne die Perestrojka bei dir selbst!«, »Perestrojka – das ist vor allem die Erhöhung der Kampfbereitschaft!« usw. Das Wort Demokratie wurde in der Armee als Witz verstanden. (Wir haben ein bißchen Demokratie gespielt, und nun reicht's.) Danach wurde es von den Armeeführern nur noch als Schimpfwort verwendet. In der Armee wurde (und wird vielleicht noch immer) eine ständige Verleumdungskampagne gegen die demokratische Bewegung geführt. Den Demokraten werden alle Mißstände in die Schuhe geschoben, wobei die Fakten verdreht werden, der Sinn der demokratischen Ideen mißdeutet und ihre Unvereinbarkeit mit dem Militärdienst bewiesen wird.

In ihren Methoden war die politische Führung der Armee bei ihrer Arbeit nicht besonders wählerisch. Bei den Wahlen erging zum Beispiel in vielen Einheiten die Weisung in der Form eines Befehls, für den »richtigen« Kandidaten zu stimmen. So war es 1989 bei den Wahlen der Volksdeputierten der UdSSR, so war es 1990 bei den Wahlen zu den örtlichen Sowjets, und so war es 1991 bei den Wahlen des Präsidenten von Rußland. Dabei wurde die »Agitation« begleitet von direkten Drohungen sowohl an die Adresse der gesamten Truppe wie auch an die Adresse einzelner »unzuverlässiger« Offiziere, die eine »subversive Agitation« betrieben. Daß alledem letzten Endes doch kein Erfolg beschieden war, ist vor allem der wachsenden Zivilcourage und dem Verantwortungsbewußtsein der Militärangehörigen zuzuschreiben. Die Isolierung von jeder Information war eine der Hauptaufgaben der politischen Organe in der Armee. Auf jegliche Art sorgten die Kommissare, in deren Hand sich die Post, die Klubs, Bibliotheken, Radio- und Fernsehzentren, Schulen und die Presse befinden, dafür, daß nur – nach ihrer Auffassung – »richtige« Informationen die Soldaten und Offiziere erreichten. Die demokratische Presse wurde auf Schußweite von den standhaften Bastionen des militärischen Bereiches, diesen Zonen des Schweigens und der Herrschaft der Parteiideologie, ferngehalten. Es war schwierig, fortschrittliche Literatur aufzutreiben. Dafür gab (und gibt?) es für die Truppe und für die Offiziere »Zwangsabonnements«, d.h. ein obligatorisches Minimum an Zeitungen und Zeitschriften, die bezogen werden mußten. Es handelte sich dabei um die Presseorgane wie die ›Prawda‹, ›Krasnaja swesda‹ (Roter Stern), die lokale Militärzeitung, ›Kommunist Woorushonnych sil‹ (Der Kommunist in den Streitkräften) u.a. Die Offiziere können sich praktisch nicht dagegen wehren, und die Soldaten haben beim »kollektiven Abonnement« keinerlei Einfluß auf die Auswahl der Presseerzeugnisse. Im Frühjahr 1990 bekam ich nur deshalb Arrest, weil ich »auf frischer Tat« mit den Soldaten bei der gemeinsamen Lektüre der Zeitschrift ›Ogonjok‹ ertappt wurde. (...)

Eine zweite Institution, mit der seitens des KGB vermutlich nach wie vor Kontrolle über die Armee ausgeübt wird, sind die Spezialabteilungen der militärischen Spionageabwehr. Diese Organisation ist von der Armee unabhängig und hat in allen Truppenteilen Bevollmächtigte, die sich auf eine große Zahl von »freiwilligen Helfern« – Informanten, Spitzeln – stützen. Durch sie werden die Soldaten und Offiziere ständig bespitzelt. In jeder Einheit, jeder Kompanie und Batterie, gibt es solche »Freiwilligen« sowohl unter den Soldaten als auch unter den Offizieren, wobei es fast unmöglich ist, herauszufinden, wer da denunziert; denn der Bevollmächtigte der Spezialabteilung lädt periodisch fast alle Offiziere und viele Soldaten vor. Dadurch werden das gegenseitige Mißtrauen und die Unsicherheit noch verstärkt. In der Sowjetarmee verdächtigen sich fast alle gegenseitig der Zuträgerei und vertrauen ihre Gedanken nur den engsten, zuverlässigsten Freunden an, mit denen sie häufig irgendwelche dunklen Geschichten verbinden. Darüber hinaus existierte in der Armee eine weitere Kategorie von Zuträgern auf den verschiedenen Ebenen. Außer den KGB-Spitzeln gab es die des Stellvertreters des Regimentskommandeurs für politische Aufgaben, der Regimentsführung, des Kommandeurs und des Stellvertreters des Batteriekommandeurs für politische Aufgaben. Verfügte der Kommandeur einer Einheit nicht über solche Leute, bedeutete dies, daß er »die Lage in der Einheit nicht beherrscht«, daß »der Informationsfluß von unten nicht funktioniert«, daß »er nicht auf dem richtigen Platz sitzt«. Derartige Beschuldigungen konnte man auf offiziellen Offiziersversammlungen aus dem Munde von Kommandeuren und Politoffizieren hören.

Nicht genug damit, daß die Armeeangehörigen keine Freiheit genießen, sie werden auch noch gegeneinander aufgehetzt. Es wird ein unerträgliches psychologisches Klima geschaffen, ein Zustand totaler Verunsicherung, wo die Angst um die Erhaltung des eigenen Ich ausschlaggebend ist. Die politischen Organe verfolgten genau die Stimmung und die Ansichten der Soldaten, holten sich die »Gesprächigsten« heraus und bearbeiteten sie – zunächst freundlich, besorgt und vertrauensvoll, dann warnend, drohend und mit Hinweis auf die Verfehlungen, die sich der Soldat hat zuschulden kommen lassen. Mittels über eine Person gesammelten kompromittierenden Materials kann man jedem an den Kragen, man kann ihn bloßstellen, beschuldigen, Druck auf seine Familie und Freunde ausüben und einen »Fall« konstruieren. (...)

Der allgemeine Zustand der Streitkräfte hängt in vielem vom Zustand des Offizierskorps ab, der heute katastrophal genannt werden muß. Viele Offiziersanwärter und Personen, die auf eine Offizierskarriere reflektieren, meinen fälschlicherweise, daß die Hauptprobleme beim Offiziersdienst die Unzulänglichkeiten sozialer Art seien, von denen jetzt gemäß der Sprachregelung des Verteidigungsministeriums als »ungenügende soziale Absicherung« viel gesprochen wird, also Probleme, die Wohnung, Besoldung, Pension, Versicherung, Vergünstigungen verschiedener Art usw. betreffen. Gewiß sind dies wichtige und akute Probleme, aber sie sind nicht die entscheidende Ursache für die heutigen Schwierigkeiten. Das Offizierskorps der Sowjetarmee leidet nicht in erster Linie unter ungelösten sozialen Problemen (die übrigens recht leicht auf die örtlichen zivilen Behörden abgewälzt werden können, was die militärische Führung auch mit Erfolg tut), sondern an der »inneren Ordnung« der Armee, die vom Verteidigungsministerium, dem KGB, den politischen Organen und der Militärprokuratur, die über diese »Ordnung« wacht, geschaffen wurde. Sie alle – bis vor kurzem insbesondere die Führung der KPdSU – haben die Offiziere in die über alle Maßen erniedrigende und rechtlose Position von Geiseln und Sklaven des Systems gezwungen.

Von welchen Rechten kann die Rede sein, wenn einem sowjetischen Offizier nicht erlaubt ist, selbst zu entscheiden, ob er aus den Streitkräften ausscheidet? Ohne einen Vertrag abgeschlossen zu haben und – abgesehen vom Fahneneid – ohne irgendwelche besonderen Verpflichtungen eingegangen zu sein, wird der Offizier automatisch für 25 Jahre zum Gefangenen des Militärsystems. In dieser Zeit gehört er nicht sich selbst, sondern wird zum Staatseigentum.

Der Wehrdienst beginnt mit zahllosen Schikanen, Durchsuchungen, beleidigenden Flüchen, Streß rund um die Uhr, Einschüchterungen, Beschuldigungen, Einmischungen ins Privatleben, Krittelei und moralischem Terror. Jede Form von abweichender und freiheitlicher Gesinnung wird unnachsichtig auf verschiedene Weise bestraft: von kollektivem Kesseltreiben und Schuldsprüchen durch das Kollektiv bis hin zu Disziplinarverfahren und zur Einschaltung der Militärprokuratur. Das Arsenal der Druckmittel gegen die Offiziere und ihre Familien ist schier unerschöpflich. Beförderung, Urlaub, Wohnung, Pension, Vergünstigungen – das sind nur einige, die bekanntesten, aber bei weitem nicht die wichtigsten Druckmittel gegen unbotmäßige Offiziere. Außerdem sind da Strafversetzung in gefährliche Kriegsgebiete, der totale Entzug der ohnehin stark beschnittenen Freizeit, Kasernenarrest, Erziehungsmaßnahmen durch das Kollektiv, Diskriminierung bei der medizinischen Versorgung bis hin zur Bestrafung der behandelnden Ärzte, Änderungen von Diagnosen, Verordnung von Spezialuntersuchungen, darunter psychologischen, Verweigerung von Aufenthalten in Sanatorien und Kurorten. (...) Schließlich kann noch mittels der Versorgung, der Zuteilung von bestimmten Gütern, Telefon, Post, Verkehr, Kindergarten, Arbeitsplätzen für die Familienmitglieder, Studien- und Ausbildungsplätzen Druck ausgeübt werden, denn all das liegt in den Händen der militärischen Feudalherren. Im Falle der besonders Widerspenstigen werden nach der »Behandlung« durch das Kollektiv noch die Militärprokuratur und der KGB eingeschaltet. Letztere segnen die vor Ort von den Kommandeuren erfundenen Strafsachen ab. Eine Geldstrafe ist das Geringste, das einen Aufmüpfigen erwartet. Mit dem Zugriff auf die Brieftasche werden viele von Zeit zu Zeit prophylaktisch bestraft, damit sie nicht übermütig werden. Wenn diese Maßnahme nicht hilft, dann findet sich Material für strengeres Vorgehen nach dem Strafrecht: nachlässige Ausführung von Dienstaufgaben, Verletzung der Vorschriften beim Wach- und beim inneren Dienst, Nichterfüllung von Befehlen, Ungehorsam usw. Kaum einer hält auch nur die Hälfte dieser auf ihn einstürzenden Schikanen durch, sondern gibt auf. Hat er einmal geschwiegen, hält er sich auch beim zweitenmal zurück, beim drittenmal nimmt er alles hin, und beim viertenmal wagt er schon nicht mehr zu mucksen. (...)

Ein unausrottbarer Kollektivismus lebt und gedeiht in der Armee und verschlingt jegliche Individualität. Das bekannte Prinzip »einer für alle – alle für einen« hat in der Armee eine pervertierte buchstäbliche Bedeutung bekommen. Für die Vergehen des Kollektivs wird einer bestraft, für die Vergehen eines einzelnen wird das Kollektiv bestraft. (...)

Ein weiterer Mißstand ist die »Dedowschtschina« (Quälereien der Neueinberufenen durch die Älteren), die seit einigen Jahren nicht länger zu verheimlichen war, die nun aber für fast alle inneren Probleme in der sowjetischen Armee herhalten muß. Dabei wird die Dedowschtschina wieder als eine Krankheit dargestellt, die von außen, d.h. aus der Gesellschaft, in den gesunden Körper der ruhmreichen Roten Armee hereingetragen wurde. Folglich läßt sich die Verantwortung für diese Erscheinung wie auch für all das, was mit ihr in Zusammenhang gebracht wird, leicht der zivilen Gesellschaft zuschreiben, wobei die Armee den Anschein einer heiligen Insel der Ordnung und Stabilität erhält.

Die Gesellschaft übt in der Tat Einfluß auf die Armee aus. Sie liefert das Menschenmaterial, ihre Söhne, und somit beeinflussen das gesellschaftliche Leben und die Erziehung auch direkt den Zustand der Streitkräfte. Man darf jedoch nicht vergessen, daß eine solche riesige Armee, die jahrzehntelang Kader für eine totalitäre Macht mit einem militärischen Syndrom geschmiedet hat, ihrerseits sehr stark auf die Gesellschaft eingewirkt haben muß. Ist jetzt vielleicht die Zeit gekommen, in der die Früchte ihrer Mühen sichtbar werden? Wer hat hier die größere Schuld? Die Armee oder die Gesellschaft? ...

Unter dem Schlagwort Dedowschtschina verbergen sich auch weniger bekannte, doch nicht minder schlimme Mißstände. Nicht allein in der Dedowschtschina liegt die Erklärung dafür, daß in Friedenszeiten eine so große Anzahl von Menschen in der Armee umkommt. Nach Angaben von Radio Rußland, die vom Verteidigungsministerium bestätigt wurden, sind in der Nachkriegszeit in der Armee insgesamt etwa 310000 Menschen umgekommen. Jahr für Jahr kamen 8000 Menschen ums Leben – das ist fast die Stärke einer Schützendivision. Nach Angaben der Offiziersvereinigung »Schild« sind allein in den letzten vier Jahren rund 30000 Wehrpflichtige umgekommen, dem russischen Vizepräsidenten, Generalmajor Ruzkoj zufolge, während der letzten fünf Jahre ca. 40000 Soldaten (in nichtkombativen Handlungen). (...) Wie erklärt sich also dann der massenhafte Tod von Wehrdienstleistenden? Die Dedowschtschina allein reicht hier als Erklärung nicht aus. Aus eigener Erfahrung kann ich sagen, daß die Hauptursache für den Tod in den Einheiten, in denen ich diente, wie auch in anderen keineswegs die Dedowschtschina war, sondern Selbstmorde und unmenschliche Befehle, besonders beim Umgang mit Kriegsgerät, bei Renommierübungen, bei Alarm- und Katastropheneinsätzen.

Die Selbstmorde von Offizieren und Soldaten in der Sowjetarmee waren und sind eine Reaktion auf den unerträglichen moralisch-psychischen, oft auch physischen Terror durch das System der Armee, auf die menschenverachtende Haltung gegenüber dem Einzelnen. Die ständige Unfreiheit, Chaos, Einschüchterung, widersinnige, unausführbare Befehle und tägliche grobe Beschimpfungen versetzen die Menschen in einen Zustand der Verzweiflung, in dem vielen der Selbstmord als einziger Ausweg erscheint. Dies betrifft vor allem Soldaten im ersten Dienstjahr, die aus gebildeten Familien stammen. Nicht selten gilt dies auch für Offiziere, die die Einschüchterungen und die Beleidigungen nicht mehr ertragen.

Eine andere Todesursache ist die Geringschätzung des menschlichen Lebens, d.h. die Erteilung unmenschlicher Befehle, Nachtarbeit, Alarme, Antreiberei, Angst, Schlafmangel, die Forderung, die Anweisungen um jeden Preis zu erfüllen.

Offiziell ist man über den Tod von Menschen natürlich nicht erbaut, aber am System ändert das nichts. Der Kommandeur braucht nur täglich seine Untergebenen die Sicherheitsinstruktionen unterschreiben zu lassen, und er hat sich seiner Verantwortung entledigt. Darüber hinaus braucht er sich keine Sorgen zu machen. Die hungrigen, überreizten und sich am Rande des Nervenzusammenbruchs befindenden Soldaten und Offiziere werden oft gezwungen, Tag und Nacht ohne genaue zeitliche Begrenzung zu arbeiten, ohne daß man ihnen freie Tage oder Erholungszeiten gewährt. Sie arbeiten ohne die erforderlichen Mittel und Werkzeuge, im Streß und unter einem unaufhörlichen Strom von Flüchen und Beleidigungen, in einer Atmosphäre der Kopflosigkeit und der Willkür. (...)

In den Todesfällen sehen die Kommandeure nur statistische Pannen. Ich war des öfteren Zeuge, wie Kommandeure und Politoffiziere offen aussprachen: »Der und der Schweinekerl hat mich reingelegt – er ist umgekommen, und jetzt habe ich seinetwegen Scherereien.« Keine einzige menschliche Äußerung über die Toten habe ich je gehört, nur Entrüstung und Unzufriedenheit über die Ungelegenheiten, die die Todesfälle verursachten, und Versuche, jemandem die Schuld zuzuweisen. Das ist die stickige Luft, in der die Sowjetarmee lebt und mit der die Wehrpflichtigen zwei Jahre lang und die Offiziere fast während ihres ganzen Lebens vergiftet werden. Hier zeigen sich der moralische Niedergang und der Zerfall der heutigen Armee, die – je eher desto besser – mit Hilfe der gesunden Kräfte der Gesellschaft geheilt werden muß.

*Quelle:* Kontinent 1, 1992, S.78–89.

## 14 Deklaration des Obersten Sowjet der Estnischen Sowjetischen Sozialistischen Republik: Über die Souveränität der Estnischen SSR

Das estnische Volk beackert das Land und entwickelt seine Kultur an den Ufern der Ostsee bereits seit mehr als fünftausend Jahren. 1940 wurde der in nationaler Hinsicht homogene und souveräne estnische Staat zum Bestandteil der Sowjetunion, wobei die Erhaltung der Garantien der Souveränität und das Aufblühen der Nation vorgesehen wurden. Allerdings hat die Innenpolitik des Stalinismus und der Stagnationszeit diese Garantien und Grundsätze ignoriert. Infolgedessen entstand im estnischen Land eine ungünstige demographische Situation, die Umwelt geriet in vielen Regionen der Republik in eine katastrophale Lage, die andauernde Destabilisierung der Wirtschaft wirkt sich negativ auf das Lebensniveau der ganzen Bevölkerung der Republik aus.

Der Oberste Sowjet der Estnischen SSR sieht nur einen Ausweg aus der schwierigen Lage: die weitere Entwicklung Estlands muß sich unter den Bedingungen der Souveränität vollziehen. Die Souveränität der Estnischen SSR bedeutet, daß ihr in Gestalt ihrer obersten Macht-, Verwaltungs- und Gerichtsorgane die oberste Gewalt auf dem eigenen Territorium gehört. Die Souveränität der Estnischen SSR ist einheitlich und unteilbar. Dementsprechend muß der weitere Status der Republik im Bestand der UdSSR durch einen Unionsvertrag bestimmt werden. (...)

Ausgehend von den internationalen Verträgen vom 16. Dezember 1966 über die wirtschaftlichen und sozialen Rechte, über die kulturellen, bürgerlichen und politischen Rechte, die von der Union der SSR ratifiziert wurden, sowie auch von den anderen Normen des Völkerrechts, erklärt das oberste repräsentative Organ der Volksmacht der Estnischen SSR – der Oberste Sowjet – den Vorrang der Gesetze der Estnischen SSR auf dem Territorium der Estnischen SSR.

Veränderungen und Ergänzungen zur Verfassung der UdSSR werden in Zukunft auf dem Territorium der Estnischen SSR nach deren Billigung durch den Obersten Sowjet der Estnischen SSR und nach der Übernahme der entsprechenden Veränderungen und Ergänzungen in die Verfassung der Estnischen SSR rechtskräftig.

Der Oberste Sowjet der Estnischen SSR ruft alle, die ihr Schicksal mit Estland verbunden haben, dazu auf, sich im Namen des Aufbaus einer demokratischen sozialistischen Gesellschaft zu vereinigen. Die juristische und faktische Realisierung der Souveränität bedeutet auch, daß für das Volk Estlands auch in der Zukunft jedes Gesetz unannehmbar sein wird, das die Bewohner Estlands, welcher Nationalität auch immer, diskriminiert.

Der Vorsitzende des Präsidiums des Obersten
Sowjet der Estnischen SSR
A. Rüütel
Der Sekretär des Präsidiums des Obersten Sowjet
der Estnischen SSR
W. Wacht
Tallinn, 16. November 1988

*Quelle:* Sovetskaja Ėstonija, 18. November 1988.

## 15 Deklaration über die staatliche Souveränität der Ukraine, verabschiedet vom Obersten Sowjet der Ukrainischen SSR am 16. Juli 1990

Der Oberste Sowjet der Ukrainischen SSR
drückt den Willen des Volkes der Ukraine aus,
strebt an, eine demokratische Gesellschaft zu schaffen,
geht von der Forderung einer allseitigen Gewährleistung der Rechte und Freiheiten des Menschen aus,
achtet die nationalen Rechte aller Völker,
sorgt für die vollwertige politische, ökonomische, soziale und geistige Entwicklung des Volkes der Ukraine,
erkennt die Notwendigkeit des Aufbaus eines Rechtsstaates an,
hat zum Ziel, die Souveränität und Selbstverwaltung des Volkes der Ukraine zu festigen und
erklärt
die staatliche Souveränität der Ukraine, die sich ausdrückt im Vorrang, in der Selbständigkeit, Fülle und Unteilbarkeit der Macht der Republik in den Grenzen ihres Territoriums und in der Unabhängigkeit und Gleichberechtigung in den auswärtigen Beziehungen.

### I. Selbstbestimmung der ukrainischen Nation

Die Ukrainische SSR entwickelt sich als ein souveräner nationaler Staat in den existierenden Grenzen auf der Grundlage der Verwirklichung des unwiderruflichen Rechtes der ukrainischen Nation auf Selbstbestimmung. Die Ukrainische SSR verwirklicht den Schutz und die Verteidigung der nationalen Staatlichkeit des ukrainischen Volkes.

Jegliche gewaltsame Handlungen seitens politischer Parteien, gesellschaftlicher Organisationen, anderer Gruppierungen oder einzelner Personen, die gegen die nationale Staatlichkeit der Ukraine gerichtet sind, werden von Gesetz wegen verfolgt.

II. Volksherrschaft
Bürger der Republik aller Nationalitäten stellen das Volk der Ukraine dar. (...)

III. Die Staatsgewalt
Die Ukrainische SSR ist selbständig bei der Entscheidung aller Fragen ihres staatlichen Lebens.

Die Ukrainische SSR gewährleistet den Vorrang der Verfassung und der Gesetze der Republik auf dem eigenen Territorium.

Die Staatsgewalt wird in der Republik nach dem Prinzip ihrer Teilung in legislative, exekutive und judikative Gewalt verwirklicht.

Die oberste Aufsicht über die genaue und gleiche Ausführung der Gesetze wird durch den Generalstaatsanwalt der Ukrainischen SSR ausgeübt, der vom Obersten Sowjet der Ukrainischen SSR ernannt wird, vor ihm verantwortlich und nur ihm untergeordnet ist.

IV. Die Staatsbürgerschaft der Ukrainischen SSR
Die Ukrainische SSR verfügt über ihre eigene Staatsbürgerschaft und garantiert jedem Bürger das Recht auf Beibehaltung der Staatsangehörigkeit der UdSSR. (...)

Die Ukrainische SSR garantiert allen Bürgern der Republik die Gleichheit vor dem Gesetz unabhängig von ihrer Herkunft, ihren sozialen und Eigentumsverhältnissen, ihrer Rassen- und nationalen Zugehörigkeit, ihrem Geschlecht, Bildung, Sprache, politischen Ansichten, religiösen Überzeugungen, der Art und dem Charakter ihrer Beschäftigung, ihrem Wohnort und anderen Umständen.

Die Ukrainische SSR regelt die Immigrationsprozesse.

Die Ukrainische SSR trägt Sorge und trifft Maßnahmen zum Schutz und zur Verteidigung der Interessen der Bürger der Ukrainischen SSR, die sich außerhalb der Republik befinden.

V. Die territoriale Oberhoheit
Die Ukrainische SSR übt die Oberhoheit auf dem gesamten eigenen Territorium aus.

Das Territorium der Ukrainischen SSR in den existierenden Grenzen ist unantastbar und kann ohne ihr Einverständnis nicht verändert und genutzt werden.

Die Ukrainische SSR bestimmt selbständig den administrativ-territorialen Aufbau der Republik sowie die Ordnung der Bildung national-administrativer Einheiten.

VI. Die ökonomische Selbständigkeit

Die Ukrainische SSR bestimmt selbständig ihren ökonomischen Status und verankert ihn in Gesetzen.

Das Volk der Ukraine hat das ausschließliche Recht auf Besitz, Nutzung und Verfügung über die nationalen Reichtümer der Ukraine.

Das Land, seine Bodenschätze, Luftraum, Wasser- und andere in den Grenzen des Territoriums der Ukrainischen SSR liegende Naturressourcen, die Naturressourcen ihres Festlandsockels und der Hoheitsgewässer sowie das gesamte ökonomische und wissenschaftlich-technische Potential, das auf dem Territorium der Ukraine geschaffen wurde, sind das Eigentum ihres Volkes und stellen die materielle Grundlage der Souveränität der Republik dar, sie werden mit dem Ziel der Erfüllung der materiellen und geistigen Bedürfnisse ihrer Bürger verwendet.

Die Ukrainische SSR hat das Recht auf ihren Anteil an den Allunionsbesitztümern, und zwar an dem Unions-Diamanten- und -Währungsfonds sowie an den Goldreserven, die dank der Bemühungen des Volkes der Republik geschaffen wurden. (...)

Die Ukrainische SSR richtet sich selbständig ihr Bankensystem ein (einschließlich einer Außenhandelsbank), ihr Preis-, Finanz-, Zoll- und Steuersystem und stellt einen Staatshaushalt auf, und notwendigenfalls führt sie ihre eigene Währung ein. (...)

VII. Die ökologische Sicherheit

Die Ukrainische SSR bestimmt selbständig die Ordnung zur Organisation des Umweltschutzes auf dem Territorium der Republik sowie die Art der Verwendung der Naturressourcen.

Die Ukrainische SSR hat ihre eigene nationale Kommission zum radioaktiven Schutz der Bevölkerung.

Die Ukrainische SSR hat das Recht, den Bau- und Funktionsstop jeglicher Betriebe, Behörden, Organisationen und anderer Objekte anzuordnen, die eine Gefahr für die ökologische Sicherheit darstellen.

Die Ukrainische SSR trägt Sorge für die ökologische Sicherheit der Bürger, für den Bestand des Volkes und seiner jungen Generation.

Die Ukrainische SSR hat das Recht auf Ersatz des Schadens, der der Ökologie der Ukraine durch Handlungen der Unionsorgane zugefügt wurde.

VIII. Die kulturelle Entwicklung
Die Ukrainische SSR ist selbständig bei der Entscheidung von Fragen der Wissenschaft, der Bildung, der kulturellen und geistigen Entwicklung der ukrainischen Nation, sie garantiert allen auf dem Territorium der Republik wohnenden Nationalitäten das Recht auf ihre freie national-kulturelle Entwicklung.

Die Ukrainische SSR gewährleistet die national-kulturelle Wiedergeburt des ukrainischen Volkes, seines historischen Bewußtseins und seiner Traditionen, national-ethnographischer Besonderheiten, den Gebrauch der ukrainischen Sprache in allen Sphären des gesellschaftlichen Lebens.

Die Ukrainische SSR trägt Sorge für die Befriedigung der national-kulturellen, geistigen und sprachlichen Bedürfnisse der außerhalb der Republik wohnenden Ukrainer. (...)

Die Ukrainische SSR hat das Recht auf die Rückführung der außerhalb der Ukrainischen SSR befindlichen nationalen, kulturellen und historischen Werte in das Eigentum des Volkes der Ukraine.

IX. Innere und äußere Sicherheit
Die Ukrainische SSR hat das Recht auf eigene Streitkräfte.

Die Ukrainische SSR verfügt über eigene, dem Obersten Sowjet der Ukrainischen SSR unterstellte innere Truppen und Staatssicherheitsorgane.

Die Ukrainische SSR bestimmt die Ordnung für die Ableistung des Militärdienstes durch die Bürger der Republik.

Die Bürger der Ukrainischen SSR leisten aktiven Militärdienst in der Regel auf dem Territorium der Republik, sie können nicht außerhalb ihrer Grenzen zu militärischen Zwecken ohne Einverständnis des Obersten Sowjets der Ukrainischen SSR verwendet werden.

Die Ukrainische SSR erklärt feierlich ihre Absicht, in Zukunft ständig ein neutraler Staat zu werden, der nicht militärischen Blöcken angehört und die drei Antikernwaffenprinzipien einhält: Kernwaffen nicht anzuwenden, nicht herzustellen und nicht zu erwerben.

X. Internationale Beziehungen
Die Ukrainische SSR unterhält als Subjekt des Völkerrechts unmittelbare Beziehungen zu anderen Staaten, schließt mit ihnen Verträ-

ge, tauscht diplomatische, konsularische und Handelsvertretungen aus, beteiligt sich an der Tätigkeit der internationalen Organisationen in dem Umfang, der notwendig ist, um die effektive Gewährleistung der nationalen Interessen der Republik in der politischen, ökonomischen, ökologischen, auf Informationen bezogenen, wissenschaftlichen, technischen, kulturellen und sportlichen Sphäre zu sichern.

Die Ukrainische SSR tritt als gleichberechtigter Teilnehmer internationaler Kontakte auf, trägt aktiv zur Festigung des allgemeinen Friedens und der internationalen Sicherheit bei, beteiligt sich unmittelbar am gesamteuropäischen Prozeß und an den europäischen Strukturen.

Die Ukrainische SSR erkennt den Vorrang der allgemeinmenschlichen Werte vor den Klasseninteressen, den Vorrang der allgemein anerkannten Normen des Völkerrechts vor den Normen des innerstaatlichen Rechts an.

* * *

Die Beziehungen der Ukrainischen SSR zu den anderen sowjetischen Republiken beruhen auf der Grundlage von Verträgen, die entsprechend den Prinzipien der Gleichberechtigung, der gegenseitigen Achtung und der Nichteinmischung in die inneren Angelegenheiten abgeschlossen wurden.

Diese Erklärung stellt die Grundlage für eine neue Verfassung und für die Gesetze der Ukraine dar, sie bestimmt die Positionen der Republik beim Abschluß internationaler Abkommen. Die Prinzipien der Souveränitätserklärung der Ukraine finden Anwendung beim Abschluß eines Unionsvertrages.

*Quelle:* Pravda Ukrainy, 17. Juli 1990.

## 16 Demokratische Plattform
(Verabschiedet von der Allunionskonferenz der Parteiklubs und Parteiorganisationen der KPdSU vom 20. bis 21. Januar 1990 in Moskau)

### I. Die Krise in der Gesellschaft und in der Partei

Wir, Kommunisten von 162 Parteiklubs und Parteiorganisationen aus 102 Städten und 13 Unionsrepubliken des Landes, vereinigen uns auf der Basis einer demokratischen Plattform und unterstützen aktiv die in unserem Land aufgrund der Initiative von progressiven Kräften in der Partei in Gang gekommenen radikalen Veränderungen in allen Sphären des gesellschaftlichen Lebens.

Zugleich beunruhigt uns ernsthaft das Schicksal der Perestrojka in Anbetracht einer krisenhaften Lage sowohl in der Gesellschaft im ganzen als auch in der Partei selbst.

Die tief in der Geschichte wurzelnde Krise erfaßt immer neue Lebenssphären der Gesellschaft. Die Reformen hängen in der Luft. Die Inflation wächst. Trotz der ergriffenen Maßnahmen verschlechtert sich die Lebensmittelversorgung der Bevölkerung. Die Liste der Defizitwaren vergrößert sich ständig. Die Havarieanfälligkeit der technischen Großsysteme nimmt einen bedrohlichen Charakter an.

Immer mehr wächst die Spannung in den zwischennationalen Beziehungen. In vielen Regionen des Landes entstand eine ökologische Notlage. Es steigt die Kriminalität, besonders die organisierte.

Politische und rechtliche Reformen werden außerordentlich inkonsequent durchgeführt, so die Übergabe der realen Macht aus den Händen des Parteiapparats an die Sowjets, die Schaffung von rechtlichen Garantien für Glasnost und die sozialistischen Werte.

All das steigert die Unzufriedenheit der Massen, führt zum Verfall der Autorität der Regierung und zum Wachsen sozialer Unzufriedenheit und politischer Instabilität in der Gesellschaft.

Die Hauptverantwortung für die weitere Vertiefung der Krise, die unsere Gesellschaft an eine gefährliche Grenze führt, trägt die regierende Partei. Die KPdSU selbst erlebt gegenwärtig eine Krise. Sie erfaßt alle Seiten des Lebens und der Tätigkeit der Partei: die ideologische, politische, organisatorische und moralische.

Ausgangspunkt ist die *Krise der kommunistischen Ideologie* und in erster Linie jener Modifikation, nach der sich die KPdSU im Laufe von vielen Jahrzehnten richtete. Heute, im Lichte des neuen politischen Denkens wird die Haltlosigkeit und Immoralität vieler Mittel und Methoden offensichtlich, mit denen die proklamierten Ziele erreicht wurden, und ebenso die Unangemessenheit des Preises, wenn man ihn mit den Ergebnissen des »realen Sozialismus« vergleicht. Einer grundsätzlichen Überprüfung bedürfen die dogmatischen Vorstellungen über die historische Mission der Arbeiterklasse; über die Diktatur des Proletariats; über die Unvermeidlichkeit und die Notwendigkeit der sozialistischen Revolutionen; über den Sozialismus ohne Markt; über die Möglichkeit einer Volksherrschaft ohne politischen Pluralismus; über das gesetzmäßige Wachsen der führenden Rolle der regierenden kommunistischen Parteien; über die Priorität der gesellschaftlichen Interessen gegenüber den privaten und der internationalen Interessen gegenüber den nationalen. Bis zum heutigen Tag wurden nur die ersten Schritte auf dem Weg zur Erneuerung des theoretischen Gepäcks der Partei unternommen, wobei sich die Perestrojka der KPdSU in vielem mit alten, nicht demokratischen Methoden vollzieht und immer mehr hinter den gesellschaftlichen Bedürfnissen zurückbleibt und ein ideologisches Vakuum in der Gesellschaft schafft.

Der wichtigste Ausdruck dieser Krise ist die sich verstärkende ideologisch-politische Auseinanderentwicklung innerhalb der Partei. Gegenwärtig haben sich innnerhalb der KPdSU folgende Hauptströmungen herausgebildet, die nebeneinander existieren:

1. Eine konservativ-stalinistische, die für eine kosmetische Renovierung der Parteistrukturen plädiert und gegen alle ernsthaften Veränderungen sowohl innerhalb der Partei als auch in der Gesellschaft eintritt;

2. Eine gemäßigt-reformatorische (zentristische), die für teilweise Veränderungen eintritt, die ihr erlauben würden, von einer offenen Partokratie zu einer indirekten Herrschaft der KPdSU im Rahmen eines Einparteisystems überzugehen;

3. Eine radikal-reformatorische, die für eine grundlegende Reform der KPdSU in Richtung auf eine moderne demokratische Partei des parlamentarischen Typs kämpft, die unter den Bedingungen eines Mehrparteiensystems handeln würde. (...)

Die Krise der Ideologie ist untrennbar mit der *politischen Krise der Partei* und der ganzen Gesellschaft verbunden. Indem es überall im Staat ungeteilt herrschte, bestimmte das jetzige ideologische System jahrzehntelang die Wege der gesellschaftlichen Entwicklung und führte das Land in einen staatlichen und totalitären Sozialismus. Aus diesem Grund wäre es falsch, die Krise der KPdSU nur als

Ausdruck der heutigen Gegensätze in ihrer Entwicklung zu sehen. Die Wurzeln der Krise reichen in die Zeiten der Entstehung des totalitären Machtsystems in unserem Land zurück, des Zusammenwachsens der Partei und des Staates, der Verwandlung der KPdSU in den Kern dieses Systems, der das Monopol auf das Eigentum, auf die Macht und die Ideologie besitzt. Die KPdSU ist schon seit vielen Jahren keine politische Partei im eigentlichen Sinn des Wortes mehr, d.h. eine gesellschaftliche Bewegung und eine demokratische Massenorganisation.

Heute, wo die Krise des totalitären Systems und des ganzen vorausgegangenen Modells unserer Entwicklung sichtbar ist, wird das völlige Mißverhältnis zwischen dem neostalinistischen, antidemokratischen Modell der Partei, ihres Platzes und ihrer Rolle im politischen System und den modernen Prozessen der gesellschaftlichen Entwicklung offensichtlich. Progressive Schichten in der Partei verfügten über genügend gesunde Kräfte, um das Steuer herumzuwerfen und die Perestrojka zu beginnen. Aber die Partei in ihrem jetzigen Zustand ist nicht fähig, mit der ihr zugefallenen Aufgabe fertigzuwerden und die Perestrojkaprozesse bis zu ihrem logischen Ende zu bringen. Die KPdSU hat den Anstoß für ökonomische und politische Reformen gegeben, zur gleichen Zeit war sie aber nicht bereit, ihre Rolle in der Gesellschaft grundsätzlich zu überprüfen, sie war nicht bereit, sich selbst demokratisch zu reformieren, sie hinkte immer mehr hinter den positiven gesellschaftlichen Prozessen hinterher und wurde zur Hauptbremse der Perestrojka. Eine weitere Erhaltung der Monopolstellung der Partei, genauer gesagt des Partei- und Staatsapparats, in der Gesellschaft ist nicht nur für die Gesellschaft, sondern auch für die Partei selbst äußerst gefährlich, denn dies führt zu ihrer Degradierung, zum Autoritäts- und Einflußverlust bei den Massen.

Ein ernsthaftes Zurückbleiben der Demokratisierung der Partei gegenüber der Demokratisierung der Gesellschaft zeigte sich deutlich bei den Wahlen der Volksdeputierten im Frühjahr und während des I. Kongresses der Volksdeputierten sowie bei den Sitzungsperioden des Obersten Sowjet des Landes.

Die Wahlen zeigten sowohl das wachsende Mißtrauen der Wähler gegenüber dem Partei- und Staatsapparat, gegenüber den Kandidaten des Nomenklatursystems, als auch eine breite Unterstützung des Volkes für die unabhängigen, demokratisch gesinnten Kandidaten, einschließlich der Kommunisten.

Die Arbeit der Sitzungsperiode und des Kongresses demonstrierte anschaulich, daß die Macht immer noch in den Händen des Apparats liegt, daß Politbüro und ZK nicht daran denken, ihre Funktionen aufzugeben. Millionen Sowjetmenschen haben sich davon überzeugt, daß es unmöglich ist, die Übergabe der gesamten Macht in die Hände der Sowjets zu gewährleisten und auf diese Weise eine grundsätzliche Perestrojka in der Gesellschaft durchzuführen, ohne die Stellung der Partei in der Gesellschaft zu verändern und die KPdSU selbst demokratisch umzugestalten.

Aber besonders akut zeigte sich dieser strategische Rückstand der KPdSU im Sommer während der Bergarbeiterstreiks, als die lokalen Machthaber und der zentrale Apparat sich als absolut unfähig erwiesen, die Situation zu meistern, als in einer Reihe von Regionen eine faktische Doppelherrschaft entstand und die Streikkomitees zu einer realen Macht wurden, die Partei- und Staatsstrukturen dagegen diese Macht nur nominell besaßen. (...)

Eine weitere Vertiefung dieser Tendenz zum Zurückbleiben kann zum Scheitern der Partei bei den Wahlen zu den republikanischen und den lokalen Organen führen, dessen Folgen für die KPdSU katastrophal sein werden.

Mit der ideologischen und politischen Krise ist auch *die Organisationskrise der Partei* untrennbar verbunden. Die Entstehung der jetzigen Parteistrukturen begann am Anfang dieses Jahrhunderts, in den dreißiger und vierziger Jahren erstarrten sie endgültig. Sie wurden zur Ergreifung und Erhaltung der Macht entwickelt, sie dienten zur Sicherung der ehernen Geschlossenheit des »Schwertträgerordens«, zur Unterdrückung von jeglichem Demokratismus, Pluralismus und Andersdenken in der Partei, zur Anpassung des Parteiapparats an die Aufgaben der unmittelbaren Steuerung der Wirtschaft und der Kultur.

Eine überzentralisierte, antidemokratische, streng hierarchische Struktur der Partei des totalitären, neostalinistischen Typs widersprach direkt den Interessen von Millionen einfacher Kommunisten, den Bedürfnissen der Perestrojka und den Werten des demokratischen Sozialismus.

Die wesentliche Ursache für den undemokratischen Charakter sowohl der Partei selbst als auch des ganzen politischen Systems ist das Prinzip des demokratischen Zentralismus.
Der demokratische Zentralismus:

a) gewährleistet keinen tatsächlichen Meinungspluralismus in der Partei, er sichert nicht die Möglichkeit, diese Meinungen organisiert zu verteidigen und verabschiedete Beschlüsse zu kritisieren;

b) gewährleistet keinen Schutz von Minderheitenrechten und verurteilt die Partei auf diese Weise zur ständigen Stagnation;

c) gibt das Recht zu entscheiden nicht denen, die diese Entscheidungen unmittelbar betreffen, weil der demokratische Zentralismus den untergeordneten Organisationen vorschreibt, sich in allen Fragen den übergeordneten Organisationen verbindlich unterzuordnen;

d) verbietet die Schaffung von horizontalen Verbindungen in der Partei. Im Ergebnis wird der Parteiapparat allmächtig und unkontrollierbar, er ist in der Lage, sowohl die Meinungen einzelner Kommunisten als auch ganzer Parteiorganisationen zu manipulieren;

e) schreibt eine eiserne Vollzugsdisziplin vor, die schöpferische Initiative und Aktivität von unten ausschließt und zu einer Nivellierung des Parteivolkes und zur Degradierung der Kommunisten zu einem Anhängsel des Parteiapparats führt. (...)

Eine zweite wichtige Quelle des undemokratischen Charakters der Partei ist das Nomenklatursystem der Auswahl und der Einsetzung der Kader für alles und jedes, das zu einer »Partei-isierung« aller leitenden Posten und zur Entstehung einer Partei- und Staatselite geführt hat. Diese Elite besitzt ihre eigenen korporativen Interessen, sie wurde demoralisiert, weil sie niemandem verantwortlich ist, mit Privilegien überschüttet, sie versank in Korruption, Protektionismus und Machtmißbrauch, ein Teil von ihr ist mit der Schattenwirtschaft und mit der organisierten Kriminalität eng verbunden.

Die *moralische Krise der Partei* ist offensichtlich, die ihrerseits bei der Bevölkerung, aber auch bei den einfachen Kommunisten eine Vertrauenskrise gegenüber den leitenden Parteifunktionären und gegenüber der Partei überhaupt hervorruft. Zu den Symptomen der progredierenden Krankheit gehören die sinkende Zahl derer, die der Partei beitreten, die steigende Zahl derer, die aus der Partei austreten möchten, und der Rückgang der Bezieher der Parteipresse.

All diese Erscheinungen der allgemeinen Parteikrise zeugen davon, daß das alte Parteimodell nicht mehr funktioniert. Mehr noch, die Erfahrungen einiger Jahre der Perestrojka in unserem Land und in einer Reihe anderer osteuropäischer Länder zeigen, daß die Partei sich selbst nicht von oben reformieren kann. Aus diesem Grund sind jetzt keine Verbesserungen und Vervollkommnungen der existierenden Parteistrukturen und Verhältnisse notwendig, sondern eine grundsätzliche demokratische Reform der Partei, d.h. der Übergang von einem totalitären Parteimodell zu einem modernen, demokratischen Modell einer Partei des parlamentarischen Typs im Rahmen eines Mehrparteiensystems.

Die konsequente Durchführung einer solchen Reform in ihrer radikalen Variante von unten ist die strategische Aufgabe der Demokratischen Plattform und aller fortschrittlichen Kräfte der Partei.

## II. Die radikale Reform der KPdSU

Erstrangig ist jetzt die Ausarbeitung einer Konzeption für eine demokratische Reform der KPdSU und auf ihrer Grundlage eines Antikrisenprogramms für unsere Partei. Diese Reform muß zu einem zentralen Glied in der Gesamtheit aller demokratischen Reformen werden, die auf die endgültige Liquidierung des Regimes und auf den Übergang zum demokratischen Sozialismus gerichtet sind.

Die Demokratische Plattform bietet ihre eigene Reform-Konzeption der KPdSU an. Dabei gehen wir davon aus, daß die Verwirklichung der Reformen und der Übergang zum politischen Pluralismus nicht plötzlich vollzogen werden können. (...)

Auf dem Wege zur Verwirklichung der Parteireform sehen wir zwei grundsätzliche Etappen:

1. Etappe. Die Übergabe der Machtkompetenzen von der regierenden Monopol-Partei an die Sowjets und die Demokratisierung der Partei (...)

Die Partei verzichtet auf die unmittelbare Einmischung in das wirtschaftliche, soziale und geistige Leben, schränkt den Bereich ihrer Kaderpolitik ein, konzentriert ihre Aufmerksamkeit auf die ideologisch-politische Leitung. Die höchste Macht geht auf den Kongreß der Volksdeputierten und auf der lokalen Ebene auf die Sowjets über. Dies alles vollzieht sich im Rahmen der Teilung in die legislative, die exekutive und die judikative Gewalt.

Die führende Rolle der Partei in der Gesellschaft hört auf, ein Monopol zu sein, das in der Verfassung verankert ist, sie gründet sich ausschließlich auf die Autorität und die Fähigkeit der Partei, die Rolle des Initiators des Perestrojkaprozesses weiterzuspielen.

Es vollzieht sich die Abgrenzung des radikalen und des konservativen Flügels der Partei und die Entstehung verschiedener Plattformen, Gruppen und Fraktionen.

Gleichzeitig formieren sich demokratische Strukturen der bürgerlichen Gesellschaft, entstehen neue politische Organisationen und Bewegungen, die die Bedingungen zur Gründung verschiedener politischer Parteien vorbereiten (...)

Zur Verwirklichung dieser Veränderungen wird im Rahmen der 1. Etappe folgendes notwendig:

1. Die Überprüfung der Verfassung der UdSSR (Aufhebung des Artikels 6) und die Verabschiedung eines Gesetzes über die gesellschaftlichen Organisationen (oder eines Gesetzes über die politischen Parteien), in dem die Freiheit zur Gründung politischer Parteien und deren Gleichberechtigung garantiert und deren politischer Status bestimmt werden sollen.

2. Die Durchführung einer Reform der Ideologie, die in einem neuen Parteiprogramm ihren konzentrierten Ausdruck finden soll.

Unter einer solchen Reform verstehen wir folgendes:

a) Verzicht auf die dogmatische Deutung des Marxismus. Die Verwendung jenes Teils des marxistischen Erbes, der seine Bedeutung auch unter den heutigen Bedingungen bewahrt hat. (...)

b) Ein wahrheitsgetreues Eingeständnis der großen Verantwortung, die die KPdSU für die Ergebnisse und Konsequenzen des totalitären Regimes in unserem Land trägt. Es ist eine vollständige und unabänderliche Verurteilung des Modells des Staatssozialismus notwendig, der unsere Gesellschaft in eine tiefe Krise geführt hat. (...)

3. Die Durchführung einer Reform der Organisationsstrukturen und der innerparteilichen Beziehungen auf der Grundlage eines neuen, demokratischen Statutes der KPdSU.

Reformziel: Ersetzung des Prinzips des demokratischen Zentralismus durch die grundlegenden demokratischen Prinzipien (Wählbarkeit, Offenheit, Absetzbarkeit, Unterordnung der Minderheit unter die Mehrheit bei der im Statut verankerten Garantie des Schutzes der Minderheitenrechte), ein völliger Verzicht auf das System der Nomenklatura.

Zu diesem Zweck schlagen wir vor, folgende grundsätzliche Änderungen im Statut der KPdSU vorzunehmen:

– direkte, alternative, nach Plattformen durchgeführte, geheime Wahlen, mit freier Kandidatenaufstellung einzuführen bei den Wahlen der Sekretäre der Parteigrundorganisationen, Bezirks- und Stadtkomitees, der Mitglieder der Parteikomitees und der Delegierten der Parteiforen;

– freie Bildung von Fraktionen, Gruppen und politischen Strömungen wieder zuzulassen, die Resolution des X. Parteitags der RKP(B) »Über die Einheit der Partei« aufzuheben (...)

– das System der Nomenklatura durch Wahlen, Wettbewerbe und andere demokratische Mechanismen der Auswahl der Kader zu ersetzen;

– in Anbetracht des Erwachens des nationalen Selbstbewußtseins der Völker, der sich verstärkenden Tendenz der Republiken zur Selbständigkeit (und eines möglichen Neuabschlusses des Vertrages über die Bildung der UdSSR), entsprechend den entstandenen Bedingungen zu einem föderalistischen Aufbau der KPdSU überzugehen und die Kommunistische Partei Rußlands zu gründen. (...)

2. Etappe. Umwandlung der KPdSU in eine parlamentarische Partei, die unter den Bedingungen eines Mehrparteiensystems und eines parlamentarischen Rechtsstaates funktioniert.

Wie uns scheint, ist die Möglichkeit des Überganges zu dieser Etappe abhängig: erstens, von einer endgültigen Behauptung der vollen Macht durch die Sowjets und von der Entstehung eines neuen parlamentarischen Staates; zweitens, vom Entstehen politischer Massenparteien und Massenorganisationen, die real fähig sind, sich an der Ausübung der Macht zu beteiligen und die Verantwortung für das Regieren des Landes zu übernehmen; drittens, von der Verwandlung der KPdSU in eine echte moderne, demokratische Partei, die zu einem gleichberechtigten Dialog mit den anderen politischen Kräften, einschließlich der zu ihr in Opposition stehenden, bereit ist. All das wird die Möglichkeit schaffen, zu einem parlamentarischen System mit einer proportionalen Vertretung aller Parteien in den Machtorganen entsprechend der Willensäußerung der Wähler überzugehen. (...)

Indem wir für die Erhaltung der führenden Position der KPdSU eintreten, sind wir der Meinung, daß das Recht zu einer politischen Führungsrolle ausschließlich durch Wahlen erworben werden muß und daß es durch die theoretische und praktische Tätigkeit, durch die Fähigkeit, konstruktiv die vor der Gesellschaft stehenden Probleme zu lösen, bestätigt werden muß. (...)

In der gegenwärtigen Etappe vollzieht sich die endgültige organisationsmäßige Abgrenzung zwischen den Radikalen und den Konservativen in der Partei. Die in der vorausgegangenen Etappe entstandenen unterschiedlichen ideologischen Strömungen, Plattformen und Fraktionen können eine Grundlage für das Entstehen mehrerer politischer Parteien bilden, die unterschiedliche Modelle des Sozialismus und verschiedene Wege dorthin anbieten würden. (...)

Indem wir für eine durchgreifende Parteireform eintreten, hegen wir zugleich keine Illusionen darüber, daß der konservative Teil der Partei nicht bereit sein wird, derartige Veränderungen durchzuführen. Es steht uns ein harter Kampf bevor (...)

Wenn es den gesunden Kräften in der KPdSU nicht gelingt, grundlegende demokratische Umgestaltungen durchzusetzen, führt die Krise die Partei unvermeidlich in den politischen Bankrott (wie in Polen) oder zu einem System der eisernen Hand (wie in China). (...)

*Quelle:* Pravda, 3. März 1990.

## 17 Deklaration der Bewegung »Demokratisches Rußland«

### Gründungskongreß der Bewegung »Demokratisches Rußland« (Oktober 1990)

Der Entwurf wurde vom Wählerklub bei der Akademie der Wissenschaften der UdSSR und von der »Moskauer Tribüne« vorbereitet.

Die politische und ökonomische Krise in unserem Land hat eine gefährliche Grenze erreicht. Der sich hinziehende Verfall des kommunistischen Systems droht die Existenzgrundlagen der Gesellschaft und des Menschen zu zerstören.

Der dem Untergang geweihte, aber sich hartnäckig an die Macht klammernde Totalitarismus versucht, die eigenen Tage zu verlängern und spielt mit dem Leben von Millionen. Erneut, wie sieben Jahrzehnte zuvor, wird das Schicksal von Generationen auf's Spiel gesetzt.

Die Bösartigkeit des »realen Sozialismus«, die Verantwortungslosigkeit und die Unfähigkeit der regierenden Partei brachten das Land an den Rand des Hungers und der Bettelarmut. Das Volk hat die Hoffnung auf Veränderung zum Besseren verloren.

Das Vertrauen zur inkompetenten und unehrlichen Unionsregierung, zum zu weitsichtigen und entschiedenen Schritten unfähigen Unionsparlament und zum Präsidenten wurde zerstört. Es beginnt ein vollständiger Verfall der Staatlichkeit, die Lähmung der Macht auf allen Ebenen.

Die Befürworter einer neuen eisernen Ordnung drängen das Land zur »Schrankenlosigkeit«, schüren den sozialen und nationalen Zwist. Sie gehen davon aus, daß ein an den Rand des Abgrunds gebrachtes Volk von sich aus Sehnsucht nach der starken Hand bekommt.

Die noch nicht gefestigten demokratischen Kräfte werden der Hetze ausgesetzt, diskreditiert und gespalten. Es werden marionettenhafte, pseudodemokratische Gebilde geschaffen. Es werden Pläne zur völligen Erstickung der Keime der Demokratie geschmiedet. Es werden Szenarien zur militärischen Besetzung des eigenen Landes ausgearbeitet und in der Praxis probiert. Das Volk wird in einen Bürgerkrieg hineingezogen. Heute wird das Schicksal Rußlands entschieden.

Die nationale Rettung kann man nur aus eigener Kraft vollbringen. (...)

Der Zusammenschluß aller demokratischen Kräfte in einer allgemeinen Bürgerbewegung »Demokratisches Rußland« ist notwendig.

Uns beflügelt:

– die Idee eines unabhängigen, freien, demokratischen und prosperierenden Rußland.

Wir sind bereit, für diese Idee hartnäckig zu arbeiten, auf alle uns trennenden persönlichen Meinungsverschiedenheiten und kleinlichen Ambitionen zu verzichten.

Das »Demokratische Rußland« unterstützt die Machtorgane und die Volksdeputierten, die zum Erreichen unserer Ziele beitragen, dabei bewahrt die Bewegung ihre Selbständigkeit.

Uns vereinigen:

– die humanistischen Werte der Allgemeinen Deklaration der Menschenrechte: Vorrang der Rechte und Interessen der Persönlichkeit vor den Interessen des Staates, der Parteien, der sozialen und ethnischen Gruppen;

– Ablehnung von Gewalt, von nationaler und religiöser Ausschließlichkeit sowie der Ausschließlichkeit von Rassen und Klassen, Verzicht auf die Verfolgung von Menschen wegen ihrer Überzeugungen, wegen der Zugehörigkeit zu einer Partei oder Einrichtung;

– Antitotalitarismus, Widerstand gegen die Monopole in jeder Sphäre der menschlichen Tätigkeit.

Wir setzen uns ein:

– für Pluralismus in der Wirtschaft: für den freien Markt, das freie Unternehmertum, freie Konkurrenz verschiedener Formen von Eigentum und Lebensweisen – für die ökonomischen Grundlagen der Demokratie und des Wohlergehens;

– für Pluralismus in der Politik, Ideologie und Kultur: Koexistenz und freier Wettbewerb der Parteien, Strömungen, Schulen und Religionen, Liquidierung des Monopols der kommunistischen Partei in allen Bereichen des gesellschaftlichen Lebens;

– für die Demontage des totalitären staatlichen Systems, für die Schaffung eines Rechtsstaates, der auf der Trennung der legislativen, exekutiven und judikativen Gewalt beruht und auf der Trennung der Vollmachten der Machtstrukturen der verschiedenen Ebenen – vom Zentrum bis zur lokalen Selbstverwaltung;

– für Demokratisierung und Entfernung der kommunistischen Partei aus den Justizorganen, den Organen der Polizei, der Sicherheit und der Armee, Einführung einer Kontrolle über deren Tätigkeit durch die gewählten Machtorgane, Ersetzung des Kriegsdienstes durch einen alternativen oder freiwilligen Dienst;

– für konsequente Realisierung der Rechte der Nationen auf Selbstbestimmung bei obligatorischer Einhaltung der Rechte der ethnischen und religiösen Minderheiten, der nicht zur Titularnation gehörenden Bevölkerung und der einzelnen Bürger; Lösung der zwischennationalen, religiösen und anderen Konflikte auf der Grundlage der gegenseitigen Achtung, nationaler und religiöser Toleranz;

– für sozialen Schutz der schwachen und benachteiligten Gruppen der Gesellschaft.

Die Bewegung »Demokratisches Rußland« organisiert sich nach den Prinzipien einer Koalition unter Einhaltung der realen Gleichberechtigung und Unabhängigkeit aller Teilnehmer der Bewegung. Diese Prinzipien werden auf allen Ebenen realisiert – von den Regionen bis zum Zentrum.

Wir schlagen vor:

– auf allen Ebenen gesellschaftliche Komitees »Demokratisches Rußland« zu gründen, die Volksdeputierte, Aktivisten der demokratischen Parteien, Organisationen und Bewegungen sowie alle Bürger vereinigen, die bereit sind, die Lösung konkreter Aufgaben bei den politischen und ökonomischen Reformen und bei der Überwindung der Krisensituation in den Regionen zu übernehmen (...)

– verschiedene gewaltfreie Protestaktionen durchzuführen gegen die reaktionären Aktionen des totalitären Regimes, einschließlich politischer Streiks und im Falle eines Ausnahmezustandes und der unmittelbaren Bedrohung für die Demokratie und Souveränität Rußlands auch Kampagnen eines massenhaften bürgerlichen Ungehorsams.

Wir rufen alle Gegner des Totalitarismus auf, sich an der Bewegung zu beteiligen: Bürger, Arbeitskollektive, gesellschaftliche Vereine, Klubs und Wählervereinigungen, Arbeiter- und Streikkomitees und politische Parteien. Wenn wir uns durch unsere Bereitschaft zum Handeln im Namen des demokratischen Rußland vereinigen, werden wir fähig sein, gemeinsam eine folgenschwere Wende von Rußlands Schicksal zu verhindern, mit den geringsten

Verlusten aus der Krise herauszukommen und eine würdige Zukunft zu sichern.

*Quelle:* Rossija segodnja. Političeskij portret, 1985–1990 gg. Hrsg. B. I. Koval', Moskau 1991, S. 307–309.

## 18 Die letzte Ansprache von Andrej Dmitrijewitsch Sacharow am 14. Dezember 1989 auf der Sitzung der Interregionalen Abgeordnetengruppe

Ich möchte die Formel »Opposition« erklären. Was ist eine Opposition? Wir können nicht die ganze Verantwortung dafür übernehmen, was die Regierung jetzt tut. Sie führt das Land in eine Katastrophe, indem sie den Perestrojkaprozeß auf viele Jahre ausdehnt. Sie bringt das Land für diese Jahre in einen solchen Zustand, wo alles zerstört wird, intensiv zerstört wird. Alle Pläne eines Überganges zu einer intensiven Marktwirtschaft werden sich als unerfüllbar erweisen, die Enttäuschung im Land wächst bereits. Und diese Enttäuschung macht einen evolutionären Entwicklungsweg in unserem Land unmöglich. Der einzige Weg, die einzige Möglichkeit eines evolutionären Weges ist die Radikalisierung der Perestrojka.

Indem wir uns zur Opposition erklären, übernehmen wir gleichzeitig die Verantwortung für die von uns vorgeschlagenen Lösungen. Das ist der zweite Teil des Terminus. Und das ist auch außerordentlich wichtig.

Wir leben jetzt im Zustand einer tiefen Vertrauenskrise gegenüber der Partei und der Regierung, aus der wir nur durch entschiedene politische Schritte herauskommen können. Die Streichung des Artikels 6 der Verfassung und der anderen Verfassungsartikel, die mit ihm im Zusammenhang stehen – das ist heute ein politischer und nicht nur ein rein juristischer und organisatorischer Akt. Es ist der allerwichtigste politische Akt, den das Land eben jetzt und nicht in einem Jahr, wenn die Arbeit an dem neuen Verfassungstext abgeschlossen ist, dringend braucht. Dann wird das alles schon zu spät sein. Wir müssen jetzt die Umgestaltungsprozesse in der Sache wiederbeleben.

Und was wir außerdem brauchen ist die Wiederherstellung des Glaubens an unsere Interregionale Gruppe. Mit der Interregionalen Gruppe hat die Bevölkerung des Landes große Hoffnungen verbunden. In den letzten Monaten haben wir begonnen, das Vertrauen zu verlieren.

Das letzte, worüber ich sprechen möchte, ist dasselbe worüber auch Goldanskij geredet hat: War der Aufruf zu einem zweistündigen politischen Streik ein Geschenk für die rechten Kräfte, und wird die Ausrufung einer Opposition ein Geschenk für die rechten Kräfte sein? Sowohl mit dem einen als auch mit dem anderen bin ich kategorisch nicht einverstanden. Das, was in dieser Woche, bei der Diskussion unseres Aufrufes geschah, ist die äußerst wichtige Politisierung des Landes, das waren Diskussionen, die das ganze Land erfaßten. Es ist dabei völlig unwichtig, ob es viele Streiks gab. Es gab genügend. Unter anderem gab es Streiks im Donezkbecken, es gab sie auch in Workuta, in Lemberg und an vielen Orten. Aber nicht einmal das ist grundsätzlich wichtig. Wichtig ist, daß das Volk endlich die Form entdeckt hat, den eigenen Willen zu artikulieren, und daß es bereit ist, uns politisch zu unterstützen. Das haben wir im Laufe dieser Woche verstanden. Und wir dürfen diese Unterstützung nicht verlieren. Das einzige Geschenk an die rechten Kräfte wird unsere politische Passivität sein. Nichts brauchen sie so wie das.

*Quelle:* Moskovskie novosti, 17. Dez. 1989, Sondernummer.

## 19 P. Woschtschanow zum Tode Sacharows

In der Nacht brachten die ausländischen Informationsagenturen die Nachricht ihrer in Moskau akkreditierten Korrespondenten vom Tod des Akademiemitglieds Sacharow. Und wir? Am Morgen schaltete ich die Rundfunkstation »Majak« ein – kein Wort darüber. Das zentrale Fernsehen schwieg ebenfalls. Weshalb ist das bei uns so? Liegt es vielleicht daran, daß unsere Informationsdienste bis zum heutigen Tag unter solchen Bedingungen arbeiten, daß sogar derartige Mitteilungen einer »allerhöchsten Erlaubnis« bedürfen?

Zu Beginn des nächsten regulären Arbeitstages des Volkskongresses gedachten die Abgeordneten ihres Kollegen. Der Saal erhob sich und verharrte in schweigender Trauer. Aber ich konnte den Gedanken nicht loswerden, daß eben in diesem Saal und vor gar nicht so langer Zeit Sacharow auf der Tribüne gestanden hatte und seine Rede unter Getobe, Geklatsche und Gejohle zu Ende führen mußte. Was fühlte er damals, und was fühlen jetzt diejenigen, die versucht haben, ihn damals zu vertreiben? Sind ihr Mitleid und ihre Trauer aufrichtig? Man möchte es glauben …

In der Redaktion klingelt ununterbrochen das Telefon. Hunderte von Menschen, Vertreter von gesellschaftlichen Organisationen – die Schriftstellerbewegung »April«, »Memorial«, die Stiftung der sozialen Erfindungen der UdSSR und viele, viele andere – wenden sich an uns mit der gleichen Bitte: »Überbringen Sie unser Beileid!« Die Arbeiter der Abteilung, wo der Umbruch der ›Komsomolskaja prawda‹ gemacht wird, hängten heute ein Plakat mit dem Photo des Akademiemitglieds Sacharow auf. Darauf standen die Worte: »Verzeih uns!« Und diese Worte haben ihren guten Sinn, sie richten sich an einen Menschen, der viele Jahre als Einzelkämpfer gewirkt hatte. Ganz allein, das ist seine Großtat, darin besteht die Tragödie der in Stagnation dahindämmernden Gesellschaft.

In einem unserer Lieder aus dem Bürgerkrieg heißt es: »Die Truppe bemerkte den Verlust des Kämpfers nicht …« Machen wir uns nichts vor, mancher wünscht sich wahrscheinlich, daß es genau so ist. In der Tat, dieser Mensch war viel zu unbequem für die selbstgefällige Bürokratie. Ich bin aber überzeugt, die Abwesenheit dieses Abgeordneten in diesem Saal und auf dieser Erde wird noch lange bemerkbar sein. Zumindest solange, wie die Demokratisierung nicht zu Demokratie und die Glasnost nicht zur Freiheit des Wortes geworden sind. Solange die Ehre und die Würde eines Menschen nicht zum wichtigsten Gut unserer Gesellschaft geworden sind.

*Quelle:* Komsomol'skaja pravda, 16. 12. 1989.

## 20 Das Verbrechen eines Regimes, das nicht von der Bühne abtreten will. Erklärung der Teilnehmer des Gründungsrates der ›Moskauer Nachrichten‹ (›Moscow News‹) (Protest führender liberaler russischer Intellektueller gegen die kommunistische Gewaltanwendung in Wilna am 13. Januar 1991)

(...) Am blutigen Sonntag, dem 13. Januar, erschoß man in Wilna die Demokratie. Zum ersten Mal wurde jener Macht ein Schlag versetzt, die frei vom Volk gewählt worden war.

Jetzt, wo die letzte Stunde des Regimes naht, ist es zur entscheidenden Schlacht angetreten: Die Wirtschaftreform wird blockiert, die Presse- und Fernsehzensur wird wiederbelebt, eine hemmungslose demagogische Phraseologie wird aktiv eingesetzt. Und das wichtigste: den Republiken wurde der Krieg erklärt.

Die Führung der kommunistischen Partei Litauens – eine Abteilung der KPdSU – wurde faktisch zum Leiter des Umsturzversuchs in Litauen. Die KPdSU ist zum Schutz ihres Eigentums im Baltikum angetreten, zum wievielten Mal benutzt sie dabei für ihre eigene Sache den Staat in Gestalt von Armee und Innenministerium?

Das Selbstbestimmungsrecht der Nationen wurde mit Füßen getreten. Alles, was in Litauen geschah, ist eindeutig zu qualifizieren – es ist ein *Verbrechen.* Ein Verbrechen gegen das eigene Volk, das in den Bürgerkrieg gestoßen wird. Um die Union zu erhalten, muß man sie keineswegs in ein »Massengrab« verwandeln.

Die Situation in Wilna ist zum Teil das Ergebnis dessen, daß die Führer der Republik sich als ein herausgefallenes Glied in der Kette der demokratischen Kräfte des Landes erwiesen. Die Abgeordneten aus Litauen fehlten fast ein Jahr lang im Obersten Sowjet der UdSSR, was auch zu negativen Resultaten führte.

Das Bestreben, nur die eigene Selbständigkeit zu erlangen, ist heute auch in den anderen Republiken stark vertreten. Aber jetzt kann man wie nie zuvor sicher sein: Jeder für sich allein wird es nicht schaffen. Anonyme Komitees der nationalen Rettung so wie in Litauen können morgen in den anderen Republiken des Baltikums, in Moskau, Leningrad oder Jerewan entstehen. Es ist ganz offensichtlich, wessen Macht diese Komitees retten.

Am Montag hat der Generalsekretär des ZK der KPdSU von der Tribüne des Obersten Sowjets der UdSSR im Grunde die Taktik des Handelns in Litauen gerechtfertigt. Wenn wir diese Rede nicht gehört hätten, könnte man den Rücktritt des Innenministers Pugo, des Vorsitzenden des staatlichen Fernsehens und Rundfunks Krawtschenko, der die Gesellschaft desinformierte, und des Marschalls Jasow, der die Wach- und Garnisonsordnung mit der Verfassung der UdSSR verwechselte, verlangen. Wir hätten dann das Recht gehabt, auf der unvoreingenommenen Untersuchung des begangenen Verbrechens und auf der strafrechtlichen Verfolgung der getarnten Mitglieder des Komitees für die Rettung Litauens wegen verfassungswidriger Tätigkeit zu bestehen.

Aber bei wem können wir das einfordern?

Wieviel ist nach dem blutigen Sonntag in Wilna von dem geblieben, was wir so oft in den letzten Jahren vom Präsidenten gehört haben: »humaner Sozialismus«, »neues Denken«, »gesamteuropäisches Haus«? Fast nichts ist übriggeblieben. Litauen ist ein tragisches Ereignis nicht nur im inneren Leben der UdSSR, es sprengt all die Hoffnungen, die in der internationalen Gemeinschaft in bezug auf die Sowjetunion entstanden sind, es hebt jene internationalen Abmachungen auf, die im Namen des sowjetischen Volkes unterschrieben worden sind.

Die litauische Tragödie darf bei uns nicht das Gefühl der Verzweiflung und der totalen Ausweglosigkeit aufkommen lassen. Beim Widerstand gegen die angreifende Diktatur und den Totalitarismus setzen wir unsere Hoffnungen auf die Führer der Republiken, auf den Bund und die Zusammenarbeit mit ihnen. (...)

Wir rechnen mit dem Massenprotest gegen die antidemokratische Welle, die auf das Baltikum zurollt und im Begriff ist, das ganze Land zu erfassen. Wenn in uns noch Mitleid und Barmherzigkeit sind, laßt uns einen Tag der Trauer für die Opfer von Wilna erklären und laßt uns dazu alle am 20. Januar zusammenkommen.

*Quelle:* Moskovskie novosti, 20. Januar 1991, S. 1.

## 21 An unser Volk
(Ein Aufruf der Reaktionäre vor dem August-Putsch 1991)

Liebe Bewohner Rußlands! Bürger der UdSSR! Landsleute!
Ein großes, unerhörtes Unglück hat sich ereignet. Das Vaterland, unser Land, der große Staat, der uns von der Geschichte, der Natur und unseren ruhmreichen Vorfahren zur Bewahrung anvertraut

wurde, geht unter, wird zerstört, versinkt in Finsternis und Nichtsein. Dieser Untergang vollzieht sich, und wir schweigen, wir leisten Vorschub, wir stimmen zu. Sind denn unsere Herzen und Seelen wirklich so hart geworden, besitzt etwa keiner von uns die Kraft, den Mut und die Vaterlandsliebe, die unsere Großväter und Väter bewogen haben, ihr Leben für das Vaterland auf den Schlachtfeldern und in den finsteren Verliesen, bei der großen Arbeit und in Kämpfen aufzuopfern, und die aus ihren Gebeten, Anstrengungen und Offenbarungen ein Imperium geschaffen haben und für die ihr Vaterland und ihr Staat die größten Heiligtümer in ihrem Leben waren?

Was ist mit uns geschehen, Brüder? Wie kommt es, daß die arglistigen und redseligen Herren, die klugen und hinterlistigen Verräter, die habgierigen und reichen Raffer, die uns verspotten und sich über unseren Glauben lustig machen, unter Ausnutzung unserer Treuherzigkeit die Macht an sich gerissen haben und unsere Reichtümer fortschleppen, dem Volk die Häuser, Fabriken, Grund und Boden wegnehmen, unser Land zerstückeln, uns gegeneinander aufbringen und uns die Sinne rauben, uns die Vergangenheit wegnehmen, von der Zukunft entfernen und uns zu einem jämmerlichen Vegetieren in der Knechtschaft und in der Unterordnung unter die allmächtigen Nachbarn verdammen? Wie konnte es passieren, daß wir in unseren ohrenbetäubenden Kundgebungen, in unserer Gereiztheit und Ungeduld, ergriffen von der Sehnsucht nach Veränderungen und vom Wunsch, das Wohlergehen des Landes zu erreichen, die Macht denen, die dieses Land nicht lieben , denen, die sich liebedienerisch ihren fremdländischen Gönnern unterwerfen, und die dort in der Ferne den Rat und den Segen suchen, überlassen haben?

Brüder, wir erwachen spät, spät nehmen wir das Unglück wahr, unser Haus brennt bereits an allen vier Ecken, wir können es bereits nicht mehr mit Wasser, sondern wir müssen es mit unseren Tränen und mit unserem Blut löschen. Wollen wir wirklich zum zweiten Mal in diesem Jahrhundert den Bürgerkrieg und das Zerwürfnis zulassen, uns wieder zwischen die nicht von uns in Gang gesetzten Mühlsteine werfen, wo die Knochen des Volkes gemahlen und das Rückgrat Rußlands gebrochen werden?

Wir wenden uns an Sie mit Worten der äußersten Verantwortung, wir wenden uns an die Vertreter der verschiedenen Berufe und Stände, aller Ideologien und Glaubensrichtungen, aller Parteien und Bewegungen, an alle, für die unsere Unterschiede nichts sind in Anbetracht unseres gemeinsamen Unglücks und Schmerzes, unserer gemeinsamen Liebe zum Vaterland, das wir einig und ungeteilt sehen, die brüderlichen Völker in einem mächtigen Staat vereinigt, ohne den für uns kein Sein unter der Sonne möglich ist.

Laßt uns zur Besinnung kommen, wir wollen uns erheben, alt und jung für das Land. Laßt uns »Nein!« zu den Verderbern und Eroberern sagen. Halten wir ein mit dem Rückzug an der äußersten, noch möglichen Widerstandslinie.

Wir beginnen eine allgemeine Volksbewegung, und wir rufen in unsere Reihen all diejenigen, die die schreckliche Plage, die dem Land widerfahren ist, erkannt haben.

Wir rufen zu uns das Arbeitervolk, dem die jetzigen Pharisäer den Überfluß und hohe Verdienste versprochen haben, und das jetzt aus den Fabriken und Schachtanlagen vertrieben wird, und das zu Hunger, Rechtlosigkeit, trostlosem Schlangestehen nach einer Unterstützung, nach einem Stück Brot, nach Almosen der Reichen und Herrschenden verurteilt wurde.

Wir rufen zu uns die fleißigen Bauern, die von den beschränkten Machthabern zermürbt wurden, deren heutiges Schicksal von den gestrigen Zerstörern der Dörfer und den Schöpfern utopischer Programme entschieden wird, die dem Bauern einen räuberischen Umtausch aufzwingen, die das Ackerland der Verwüstung, und die erhalten gebliebenen landwirtschaftlichen Betriebe, die das Land ernähren, der Vernichtung preisgeben. (...)

Wir richten unsere Stimme an die Armee, die für ihre selbstlosen Heldentaten bei der Rettung Europas vor der Hitlerpest die Achtung der Menschheit gewonnen hat, an die Armee, die die besten Eigenschaften der russischen und der sowjetischen Krieger geerbt hat und den aggressiven Kräften widersteht. Keine leichten Zeiten erleben unsere ruhmreichen Verteidiger. Die Armee trägt keine Schuld daran, daß sie eilends die ausländischen Garnisonen verlassen mußte, daß sie zum Gegenstand skrupelloser politischer Spekulationen wurde und ständige Attacken von Lügen und Verleumdungen verantwortungsloser Politikaster erleiden muß. Aber keinem wird es gelingen, die Streitkräfte in eine amorphe Masse zu verwandeln, sie innerlich zu zersetzen und der Besudelung preiszugeben. Wir sind fest davon überzeugt, daß die Krieger der Armee und der Flotte ihrer heiligen Pflicht treu bleiben werden, einen Bruderkrieg und die Zerstörung des Vaterlandes nicht zulassen werden, als zuversichtliche Garanten der Sicherheit und als Bollwerk aller gesunden Kräfte unserer Gesellschaft auftreten werden.

Wir richten unsere Stimme an die Künstler und Schriftsteller, die mit Mühe auf den Ruinen der zerstörten Klassik unsere Kultur errichtet haben, die für das Volk die Vorstellungen über das

Schöne und Gute gestaltet haben, die in Zukunft mit dem Aufblühen der Künste gerechnet haben, und die stattdessen mit dem Elend, der Herabwürdigung ihres Schaffens bis hin zur kläglichen Farce zum Spaß für Kaufleute und Reiche konfrontiert werden, die erleben müssen, wie das vom Geist losgetrennte Volk, das seines Ideals beraubt wurde, von unmoralischen, hinterlistigen Schlauköpfen regiert, aus der Geschichte herausgeführt wird und sich in eine billige Arbeitskraft für ausländische Fabrikanten verwandelt. (...)

Wir wenden uns an die Parteien, an große und kleine, an Liberale und Monarchisten, an Zentralisten und Landparteien, an Parteien, die die nationale Idee preisen. Wir wenden uns an die kommunistische Partei, sie trägt die volle Verantwortung nicht nur für Siege und Niederlagen der vorangegangenen siebzig Jahre, sondern auch für die sechs letzten tragischen Jahre, in deren Verlauf die Partei das Land zuerst führte und dann auf die Macht verzichtete, und diese Macht an leichtsinnige und unfähige Parlamentarier abgab, die sich untereinander zerstritten und viele totgeborene Gesetze produzierten, von denen nur jene weitergelten, die das Volk in die Knechtschaft führen und den gequälten Leib des Landes in Stücke reißen. Kommunisten, deren Partei von den eigenen Führern zerstört wurde, Führer, die ihre Parteibücher weggeworfen haben und einer nach dem anderen in das Lager des Gegners übergelaufen sind, die Verrat üben und abtrünnig werden; sie verlangen den Galgen für ihre früheren Kameraden – mögen die Kommunisten unseren Ruf hören! (...)

Wir wenden uns an alle, die da sind, in den Städten und Dörfern, in den Steppen und Wäldern, am Rande der großen, das Land umspülenden Ozeane – lasset uns erwachen, wir wollen uns erheben und uns einigen, um den Zerstörern des Vaterlandes Widerstand zu leisten!

Laßt uns von dieser Minute an den Weg zur Errettung des Staates einschlagen! Laßt uns eine patriotische Volksbewegung gründen, wo jeder, der über den eigenen Willen und Einfluß verfügt, sich mit dem anderen vereinigt im Namen des höchsten Ziels – der Errettung des Vaterlands.

Laßt uns unsere Reihen schließen, um die Kettenreaktion des zerstörerischen Zerfalls des Staates, der Wirtschaft und der Persönlichkeit anzuhalten; um zur Festigung der Sowjetmacht beizutragen, und sie wahrhaftig in die Macht des Volkes und nicht in eine Futterkrippe für gierige Neureiche zu verwandeln, die bereit sind, alles zu verkaufen, um ihren unersättlichen Appetit zu stillen; um das Aufbrausen des entflammten Feuers der Nationalitätenkonflikte und des Bürgerkrieges zu verhindern.

Laßt uns unsere Kräfte nicht schonen, um solche Reformen zu verwirklichen, die es erlauben, die unerträgliche Entfremdung des Menschen von der Macht, Arbeit, Eigentum und Kultur zu überwinden und menschenwürdige Bedingungen für das Leben und die Selbstverwirklichung zu schaffen. Laßt uns progressive Innovationen energisch unterstützen, die darauf gerichtet sind, unsere Gesellschaft vorwärts zu treiben, die modernen Höhen des wissenschaftlich-technischen Fortschrittes zu erreichen, den Geist und die Energie der Menschen zu entfesseln, damit jeder entsprechend seiner Arbeit, seinem Gewissen und der Gerechtigkeit leben kann. Und wir werden gegen solche Projekte auftreten, die das Land in die Vergangenheit zurückziehen, in die Finsternis des Mittelalters, dorthin, wo der Kult des Geldes, der Gewalt, der Grausamkeit und der Unzucht herrschen.

Unsere Bewegung ist für die da, denen der Drang nach Zerstörung fremd ist, für diejenigen, die Feuer und Flamme sind, unser gemeinsames Haus einzurichten, damit es in diesem Haus freundlich, gemütlich und glücklich zugeht und damit dort jedes Volk leben kann, groß und klein, so wie auch jeder Mensch – alt und jung.

Es ist jetzt nicht die Zeit, sich mit Illusionen zu trösten und leichtfertig auf die Weitsichtigkeit der frischgebackenen Messiasse zu bauen, die mit einer ungewöhnlichen Leichtigkeit uns mal das eine, mal das andere Allheilmittel gegen alles Unglück anbieten. Es ist höchste Zeit, die Erstarrung abzuschütteln und gemeinsam mit dem ganzen Volk den Ausweg aus der jetzigen Sackgasse zu suchen. Unter den Bewohnern Rußlands gibt es Staatsmänner, die bereit sind, das Land in eine würdevolle souveräne Zukunft zu führen. Es gibt Wirtschaftsfachleute, die fähig sind, die Produktion wieder in Gang zu bringen. Es gibt Denker, Schöpfer des Geistes, die das Ideal des ganzen Volkes geistig formen können. Die Sowjetunion ist unser Haus und unsere Stütze, die durch die großen Anstrengungen aller Völker und Nationen erbaut wurde, die uns vor Schande und Knechtschaft in den Jahren der schwarzen feindlichen Einfälle rettete! Rußland – du bist unser einziges, herzliebstes! – Es ruft nach Hilfe.

Jurij Bondarew
Alexander Prochanow
Gennadij Sjuganow
Valentin Warennikow
Wasilij Starodubzew
Wjatscheslaw Klykow
Boris Gromow
Jurij Blochin
Valentin Rasputin
Ljudmila Sykina
Eduard Wolodin
Alexander Tisjakow

*Quelle:* Sovetskaja Rossija, 23. Juli 1991.

## 22 Eine schickssalschwere Stunde. Boris Jelzin speziell für die ›Allgemeine Zeitung‹ (Aufruf Präsident Jelzins während des August-Putsches 1991)

In dieser Stunde wende ich mich an Sie, meine Landsleute.
Ein Häufchen von politischen Abenteurern hat sich zur obersten Macht erklärt, ein verfassungswidriges Komplott geschmiedet und damit das schwerste Verbrechen gegen den Staat verübt. Die demokratischen Veränderungen, die unser Volk in den letzten fünf Jahren erringen konnte, wurden mit Füßen getreten. In einer Nacht wurden Pressefreiheit, Demonstrationsfreiheit, das legitime Recht der Bürger auf Meinungsfreiheit und auf Durchsetzung der eigenen bürgerlichen Position vernichtet. Sämtliche Kommunikationsmittel befinden sich in den Händen der Putschisten. Die legitim gewählten Vertreter der Völker Rußlands verfügen über keine Möglichkeit, sich an ihre Wähler zu wenden.

In ihren Aufrufen greifen die Putschisten zu der im Laufe von vielen Jahren erprobten Demagogie, sie geben den demokratischen Kräften die Schuld an den jetzigen Schwierigkeiten, sie machen Versprechungen, die Wirtschaft wiederherzustellen, den Bürgern der UdSSR ein besseres Leben, Sicherheit und Wohlergehen zu gewährleisten. Was für eine heuchlerische Lüge!

Wer denn sonst, wenn nicht Pawlow, ist schuld an der ungebremsten Inflation und dem beispiellosen Preisanstieg, zu denen es im laufenden Jahr gekommen ist?

Wer denn sonst, wenn nicht Jasow, der an der Spitze der korrumpierten höheren Generalität steht, hat die Militärs in Bettelarmut und Rechtlosigkeit gestürzt?

Wer denn sonst, wenn nicht Pugo, trägt die persönliche Schuld für das Blutvergießen im Baltikum?

Wer denn sonst, wenn nicht Starodubzew, der an der Spitze der Organisation der sowjetischen Gutsbesitzer steht, hat durch seine Haltung zum Verlust der vorjährigen Ernte beigetragen?

Und diese Menschen versprechen, »Ordnung im Land zu schaffen«?

Durch ihre verbrecherischen Handlungen brachten sie das Land an den Rand des Terrors und sich selbst – außerhalb des Gesetzes. Die »Ordnung«, die uns die frischgebackenen »Erretter« des Vaterlandes versprechen, wird sich in die »Zwangsjacke der Jeschow-Zeit« verwandeln, in Unterdrückung der Andersdenkenden, Konzentrationslager und nächtliche Verhaftungen.

Alles, was sich jetzt abspielt, kann bei normalen Menschen nur ein Gefühl hervorrufen – das Gefühl der Verachtung. Ein ungesetzlich gebildetes Komitee verlangt die Liquidierung der legitim gewählten Organe der Staatsgewalt – was kann absurder sein? Das ist nichts anderes als die Verletzung der Verfassung der UdSSR, der Verfassung Rußlands. Das ist ein Verbrechen, dem unvermeidlich die gerechte Strafe seitens des Volkes folgen wird. Jeder wird das erhalten, was er verdient.

Die Führung Rußlands hat entschiedene Schritte unternommen, um der Tätigkeit des selbsternannten Komitees auf dem Territorium der Republik ein Ende zu setzen.

Durch Erlaß des Präsidenten der RSFSR wurde die Tätigkeit des Komitees für ungesetzlich und dessen Anordnungen auf dem Territorium Rußlands für rechtswidrig erklärt. Alle auf dem Territorium der Russischen Föderation tätigen Exekutivorgane der UdSSR, einschließlich des KGB der UdSSR, des Innenministeriums der UdSSR und des Verteidigungsministeriums der UdSSR, werden unmittelbar dem vom Volk gewählten Präsidenten der RSFSR unterstellt. Handlungen von Amtspersonen, die die Beschlüsse des erwähnten Komitees ausführen, unterliegen dem Strafgesetzbuch der RSFSR und werden entsprechend dem Gesetz verfolgt. Zum Vorsitzenden des Staatskomitees der RSFSR für Verteidigungsfragen wird Generaloberst K.I. Kobez ernannt.

Es wurde eine operative Leitung der Volkswirtschaft der Republik eingerichtet. In ihrem Appell an die Bürger Rußlands am 19. August hat die Führung der Russischen Föderation die Bürger der Republik aufgerufen, die legitim gewählten Machtorgane zu unterstützen und zu verschiedenen Formen des bürgerlichen Protests zu greifen, um die Tätigkeit der Usurpatoren zu unterbinden.

Am 19. August fand eine Sitzung des Präsidiums des Obersten Sowjet der RSFSR statt, auf der ein Beschluß gefaßt wurde, am 21. August eine Außerordentliche Sitzung des Obersten Sowjet der Republik zusammenzurufen.

Bürger Rußlands, bedenkt alles, was im Laufe der vergangenen Tage vom selbsternannten »Präsidenten der UdSSR« Janajew gesagt und getan wurde. Wie ein roter Faden zieht sich durch alles ein Ziel – Rußland von den anderen Republiken der UdSSR zu isolieren.

Der Ukraine, Kasachstan, Usbekistan und Armenien wurde von den Putschisten in der Zeit des Ausnahmezustandes »Milde« versprochen. Der Militärstiefel der Diktatur bedroht Rußland. Es ist das Hauptziel der Verschwörer.

Der Putsch wurde am 19. August durchgeführt. Und dieses Datum wurde nicht zufällig gewählt: Es war der letzte Tag vor der Unterzeichnung eines neuen Unionsvertrages. Eines Vertrages, der trotz aller Kompromisse der Allmacht der KPdSU und des militärisch-industriellen Komplexes ein Ende setzen sollte.

Ich höre die Worte der Organisatoren des Putsches und staune: Wie tief ist der Grad des moralischen Verfalls! Gestern verteufelten sie die Führung Rußlands dafür, daß sie angeblich nicht bereit war, den Unionsvertrag zu unterzeichnen. Heute versuchen sie das Volk davon zu überzeugen, daß unser Bestreben, ihn zu unterzeichnen, beinahe gegen die erneuerte Union gerichtet ist.

Objektiv gesehen hätte der neue Unionsvertrag praktisch alle Organisatoren des Putsches ihrer Ämter beraubt. Darin liegt das Geheimnis der Verschwörung. Das ist auch das Hauptmotiv für die Handlungen derer, die sich an ihr beteiligten. Ihr Gerede vom Schicksal des Vaterlandes ist nichts anderes als ein Spiel, das die persönlichen eigennützigen Interessen verdecken soll.

Ich habe die KPdSU nicht zufällig erwähnt. Lassen Sie uns die Augen nicht davor verschließen, daß eben diese Partei zur »organisierenden und inspirierenden« Kraft des Putsches wurde. Durch Erlasse des (Putsch-) Komitees wurden alle Parteien aufgelöst, bis auf die kommunistische. Es wurden alle Zeitungen verboten, bis auf die kommunistischen. Ist es etwa nicht so? Ich bin überzeugt, es kommt die Zeit, in der die führende Spitze der KPdSU bestreiten wird, sich am Verbrechen gegen das Volk beteiligt zu haben. Es wird ihr aber nicht gelingen, mit Demagogie das Hauptziel der eigenen Tätigkeit – den Kampf gegen das Volk für die Erhaltung der eigenen Privilegien – zu kaschieren.

Ich möchte noch einmal mit aller Entschiedenheit erklären: Alles, was in den vergangenen Tagen geschah, ist nichts anderes als ein Staatsstreich. Und dessen Führer sind nichts anderes als Hochverräter. Aus diesem Grund fällt die Ausführung ihrer Beschlüsse durch Amtspersonen der Russischen Föderation unter das Strafgesetzbuch der RSFSR und wird entsprechend dem Gesetz verfolgt.

Ich wende mich an Sie, Bürger Rußlands! Unterstützen Sie in dieser schicksalsschweren Stunde diejenigen, denen sie bei den Wahlen das Schicksal Rußlands anvertraut haben. Das Volk Rußlands muß sich vereinigen und mit geschlossenen Kräften der Reaktion entgegentreten. Den Panzern und den Panzerwagen müssen wir den entschlossenen Willen und das Bestreben entgegenstellen, keine Diktatur zuzulassen. Einheit und Solidarität sind Schlüssel zu unserem Sieg!

Ich wende mich an die Bürger Rußlands, die alle nationalen Gemeinschaften vertreten. Vergessen Sie die zwischennationalen Konflikte. Wenn Rußland frei sein wird, werden wir imstande sein, alle Probleme zu lösen. Ohne Gewalt, ohne Blutvergießen, ohne die Unterdrückung von irgend jemandem. Wir werden die Krankheiten unserer Gesellschaft nicht »beschwören«. Wir werden sie behandeln. Das Rezept ist uns bekannt – gegenseitige Achtung und gegenseitige Verständigung.

Ich wende mich erneut an Sie, Soldaten und Offiziere Rußlands. Lassen Sie sich nicht zum blinden Werkzeug machen, das zur Verteidigung der Privilegien und des Wohlergehens von einem Häufchen außer Rand und Band geratener Heuchler eingesetzt wird. Ich hoffe, daß Sie in dieser tragischen Stunde in der Lage sein werden, die richtige Wahrheit von der gemeinen Lüge zu unterscheiden.

Ich glaube daran, daß die Ehre und der Ruhm der russischen Waffen nicht mit dem Blut des eigenen Volkes befleckt werden!

Man kann einen Thron aus Bajonetten bauen. Es fragt sich nur: Wie lange kann man darauf sitzen? Ich bin überzeugt, es gibt keine Rückkehr in die Vergangenheit, es wird sie auch nicht geben. Die Tage der Verschwörer sind gezählt. Das Gesetz und die konstitutionelle Ordnung werden siegen. Rußland wird frei sein!

20. August 1991
Boris Jelzin
Präsident der Russischen Föderation

*Quelle:* Obščaja gazeta, 20. August 1991.

## 23 Boris Jelzin: Rede auf dem Volksdeputiertenkongreß der RSFSR am 28. Oktober 1991

Verehrte Volksdeputierte!
Bürger der Russischen Föderation!
Ich wende mich an Sie in einem der kritischsten Augenblicke der russischen Geschichte. Jetzt wird entschieden, wie Rußland und das ganze Land in den nächsten Jahren und Jahrzehnten aussehen wird, wie die heutigen und die zukünftigen Generationen der Russen leben werden. Ich wende mich mit Entschiedenheit an Sie, ohne Wenn und Aber den Weg der tiefgreifenden Reformen zu beschreiten, ich bitte um Unterstützung dieser Entschiedenheit in allen Schichten der Bevölkerung.

Es ist höchste Zeit, die Hauptentscheidung zu treffen und anzufangen zu handeln. Seit zwei Monaten leben wir praktisch in einem neuen Land. Das Scheitern des gegen den Staat gerichteten Umsturzes hat sich als Scheitern des gesamten totalitären Systems erwiesen, das sich auf die Diktatur der KPdSU und auf die Herrschaft des konservativen Zentrums stützte. Das repressive Herrschaftssystem hat die Sowjetunion ruiniert, seine Wirtschaft zerstört, und dann ist es von selbst zerfallen. Jetzt ist die Zeit gekommen, entschieden, rigoros und ohne Zögern zu handeln. Die Ausgangsbasis ist allen bekannt. Die Lage ist angespannt. Es gibt Schwierigkeiten bei der Lebensmittelversorgung, bei der Versorgung mit den notwendigsten Konsumgütern. Das Finanzsystem steht am Rande des Zusammenbruchs. Die Inflation hat einen kritischen Punkt erreicht. 55 Prozent der Familien leben unterhalb der Armutsgrenze. Die Lage verbessert sich nicht. Der Sieg der Demokratie und der Freiheit hat der Wirtschaftskrise kein Ende gesetzt und die Völker nicht miteinander versöhnt. Das Leben im Land ist jetzt wegen der Lähmung der Macht noch desorganisierter geworden. Äußerst kompliziert gestalten sich die neuen Beziehungen zwischen den souveränen Republiken. Selbst Fragen, die uns einfach lösbar schienen, werden nur zaghaft und schmerzhaft entschieden. Die sprunghaft gewachsenen zentrifugalen Tendenzen verschärften die ohnehin schwierige Lage in der Volkswirtschaft und verstärkten den Produktionsrückgang.

In der neuen Situation wurden die Schwäche der russischen Staatlichkeit und die unvermeidlichen taktischen Fehler besonders deutlich. Die Ziele und Orientierungen waren richtig gewählt. Nicht wenig wurde zur Schaffung einer legislativen Basis im neuen Rußland getan. Wir sind aber – das müssen wir offen sagen – davon ausgegangen, daß wir bei der Durchsetzung der Reformen auf einen länger anhaltenden Widerstand des starken Zentrums stoßen werden, und darauf haben wir unsere Politik ausgerichtet. Ein ganzes Jahr mußte jeder kleine Schritt, selbst der Versuch eines Schrittes erkämpft werden. Nach dem Scheitern des Putsches hat sich eine solche Linie erübrigt.

In dieser Situation gab es die große Versuchung, sofort Hals über Kopf in breiter Front mit den Wirtschafts-, Finanz- und anderen Reformen zu beginnen. Und offen gesagt: Druck wurde auf uns sowohl von seiten der demokratischen Kräfte, von seiten der Deputierten, als auch von seiten der Massenmedien ausgeübt. Es wäre aber der Gipfel der Verantwortungslosigkeit gewesen, mit solchen tiefgreifenden Reformen in einer gänzlich neuen Situation ohne Vorbereitung zu beginnen. Um die Reformen nicht zu einem Abenteuer werden zu lassen und sie so zum Scheitern zu bringen, benötigte man eine gewisse Pause, um unsere Taktik beträchtlich zu korrigieren, den Charakter und die Reihenfolge unserer Handlungen zu bestimmen. Es gab viele Treffen mit Fachleuten, viele harte Auseinandersetzungen, tiefgreifende Überlegungen und Zweifel. Jetzt liegt das alles hinter uns.

Als Präsident der Russischen Föderation erkläre ich heute, es wurden konkrete Maßnahmen zur Verwirklichung eines Reformpakets ausgearbeitet. Die Situation in Rußland ist kompliziert, aber nicht hoffnungslos. Es gibt keinen Grund zur Panik. Die gesamten Erfahrungen der Weltzivilisation zeigen, daß eine kranke Wirtschaft heilbar ist. Notwendig sind nur eine genaue Diagnose, die Einhaltung strenger Verfahrensregeln und fachkundiges, abgestimmtes Handeln. Nicht nur einmal in seiner reichen Geschichte hat Rußland gezeigt, daß es imstande ist, insbesondere in Stunden der großen Prüfungen, den eigenen Willen, immense Kräfte, Talente und Ressourcen zu mobilisieren, sich aufzurichten und wieder zu Kräften zu kommen.

Die Zeit der kleinen Schritte ist vorbei. Das Feld für Reformen ist frei. Nötig ist ein starker reformerischer Durchbruch.

Wir haben die einmalige Gelegenheit, in einigen Monaten die wirtschaftliche Lage zu stabilisieren und den Gesundungsprozeß in Gang zu setzen. Wir haben die politische Freiheit verteidigt, jetzt müssen wir die ökonomische Freiheit gewähren und alle Hindernisse auf dem Wege zu freien Betrieben und zum freien Unternehmertum beseitigen, und indem wir den bürokratischen Druck aufheben, den Menschen die Möglichkeit geben, zu arbeiten und dafür soviel zu erhalten wie sie verdienen. Ich muß offen sagen: Es wird uns heute, unter den Bedingungen einer außerordentlich akuten Krise nicht gelingen, die Reformen schmerzlos durchzuführen. Besonders schwierig wird der erste Schritt sein. Es kommt zu einem gewissen Absinken des Lebensstandards, dafür wird endlich die Unbestimmtheit verschwinden und eine klare Perspektive sich abzeichnen. Das Wichtigste ist aber, daß wir beginnen, nicht in schönen Reden, sondern in der Praxis aus dem Sumpf herauszukommen, der uns immer tiefer herabzieht.

Wenn wir heute diesen Weg beschreiten, werden wir zum Herbst 1992 reale Ergebnisse bekommen. Wenn wir die reale Chance nicht nutzen, den ungünstigen Verlauf der Ereignisse zu durchbrechen, verurteilen wir uns zu Bettelarmut und den Staat mit einer jahrhundertelangen Geschichte – zum Zusammenbruch.

Ich baue auf das Vertrauen und Verständnis der Bürger Rußlands. (...) Ich bin überzeugt, gerade der Russischen Föderation steht eine führende Rolle bei der Überwindung der tiefen Krise unseres Landes und bei der Wiederherstellung der Stabilität und der Ruhe im Leben der Menschen zu. Rußland hat nicht das Ziel, sich im Laufe der Reformen über die Nachbarn zu erheben, die Reformen auf Kosten der einen oder der anderen Republik durchzuführen. Wir sind bereit, bei der Sache der Umgestaltung eng mit den uns freundschaftlich verbundenen, souveränen Staaten zusammenzuarbeiten.

Reformen in Rußland bedeuten den Weg zur Demokratie und nicht zum Imperium. Rußland wird die Wiederherstellung eines neuen, über ihm und den anderen souveränen Staaten stehenden Kommandozentrums nicht zulassen. Es wird ein Garant dafür sein, daß es eine Diktatur von oben nicht mehr geben wird. Die interrepublikanischen Organe haben allein die Aufgabe, eine konsultative und koordinierende Rolle zu spielen. Die reale Macht wird jetzt von den Republiken ausgeübt. Aus diesem Grund wird die Russische Föderation eine selbständige Politik betreiben müssen, sie wird entsprechend ihren nationalen, staatlichen Interessen und nicht ausgehend von ihr aufgestülpten Schablonen handeln. In ihren Beziehungen zu den ehemaligen Unionsmitgliedern, die einen Kurs der künstlichen Abkapselung von der ökonomischen und politischen Gemeinschaft ansteuern, wird sich Rußland von den Normen des Völkerrechts leiten lassen. Die Wirtschaftsbeziehungen mit solchen Staaten werden auf Weltmarktpreisen basieren: Vor allem darin zeigt sich in Wirklichkeit die Anerkennung des Unabhängigkeitsstatus eines jeden Staates. Gleichzeitig glaube ich, daß die Ukraine und die anderen Republiken sich dem Vertrag über eine Wirtschaftsgemeinschaft anschließen werden, dabei verliere ich auch nicht die Hoffnung auf den Abschluß eines politischen Vertrages.

Falls dieser Prozeß aus irgendwelchen Gründen scheitern sollte, könnte Rußland die Verantwortung des Rechtsnachfolgers der Union auf sich nehmen. Dennoch werden wir den Prozeß selbst nicht von uns aus in Gang setzen. Unsere Position gegenüber der Union bleibt unverändert. (...)

Die umfangreichsten, entschiedensten Maßnahmen stehen uns im Bereich der Wirtschaft bevor. (...) Die russische Wirtschaft ist stark zerrüttet. Sie läßt sich nicht mit Hilfe von Kommandos, Staatsaufträgen und zaghaften Halbmaßnahmen aus der Krise herausführen. Endlich gehen wir zu einem neuen ökonomischen Kurs über. Die Reform wird in verschiedenen Bereichen gleichzeitig, komplex und dynamisch in Angriff genommen.

Der erste Bereich umfaßt die Stabilisierung der Wirtschaft. Die Grundlage sind eine strikte Geld-, Finanz- und Kreditpolitik, eine Steuerreform und die Stützung des Rubels. Eine besonders schmerzliche Maßnahme ist aber die einmalige Freigabe der Preise im laufenden Jahr. Ohne sie ist alles Reden über Reformen und über den Markt leeres Geschwätz. Im Laufe der letzten Jahre haben das alle begriffen, dennoch traute sich keiner, diesen schwerwiegenden Schritt auch zu machen. Daher kommen die unendlichen Kompromisse, die dem wirtschaftlichen Chaos den Weg ebneten.

Der zweite Bereich ist die Privatisierung, die Schaffung einer gesunden Mischwirtschaft mit einem mächtigen privaten Sektor. Von besonderer Bedeutung ist für Rußland, der Landreform eine stärkere Dynamik zu verleihen und eine grundsätzlich neue Situation im Agrarsektor bereits zum Frühjahr 1992 zu schaffen. (...)

Die freigesetzten Preise sollen zum Werkzeug des Produktionswachstums werden, in der Zukunft wird das auch den weiteren Preisanstieg in Grenzen halten. Außerdem ist Rußland ein traditioneller Rohstofflieferant für andere Republiken. Unter den Bedingungen des jetzigen Durcheinanders der Preise befinden wir uns in einer äußerst ungünstigen Lage und verlieren jährlich 33 Milliarden Rubel. Die Preise für Rohstoffe sind immer noch festgelegt, aber die Produkte, die aus unseren Rohstoffen hergestellt werden, kommen immer öfter zu anderen Preisen zu uns zurück. So handeln wir uns selbst ins Defizit. Eine derartige Situation ist nicht weiter tragbar. Eine Reihe souveräner Staaten der ehemaligen Union ist bereits zur Liberalisierung der Preise übergegangen und die russischen festgelegten Preise sind für sie außerordentlich anziehend. Dieser Umstand zwingt uns, eine spezielle Entscheidung über die Schaffung eines russischen Zolls zu treffen. Er wird zur Zeit auf der Basis des Zolls der Union gebildet. In der letzten Zeit gibt es geradezu eine Rubelinvasion nach Rußland: Es werden Waren gekauft und mit »hölzernen« Rubeln bezahlt. So vergrößert sich die ohnehin riesige Diskrepanz zwischen der Geld- und der Warenmenge.

Ich rufe alle Bürger Rußlands dazu auf einzusehen, daß der einmalige Übergang zu Marktpreisen eine schwierige, notgedrungene, aber auch notwendige Maßnahme ist. Diesen Weg sind viele Staaten gegangen. Ungefähr ein halbes Jahr wird es allen schlechter gehen, und dann werden die Preise fallen, der Konsummarkt wird sich mit Waren füllen. (...)

Wir haben begonnen, die Staatsausgaben Rußlands ernsthaft zu überprüfen. Im Haushalt für das nächste Jahr ist vorgesehen, die Zuweisungen zur Unterstützung der uneffektiven Produktion, der Verteidigung und des Verwaltungsapparats beträchtlich zu kürzen. Ab 1. November wird Rußland die Unionsministerien und andere Einrichtungen des Zentrums (etwa 70 an der Zahl), deren Existenz nicht im Vertrag über die wirtschaftliche Gemeinschaft vereinbart wurde, nicht weiter finanzieren. Wir stellen die Überweisungen von Mitteln an den Stabilisierungsfonds der Union ein. Er hat sich nicht bewährt, weil bei weitem nicht alle Republiken ihre Verpflichtungen zu seiner Ausgestaltung erfüllten. Diese Mittel werden für die Stabilisierung der Wirtschaft Rußlands verwendet. Wir geben die Hilfe und Kreditvergabe an alle Drittländer vollständig auf. Im neuen Haushalt steht uns bevor, die Ausgaben zugunsten der sozialen Bedürfnisse einschneidend umzuverteilen. (...) Der Haushalt 1992 muß praktisch ausgeglichen sein, oder darf nur ein minimales Defizit aufweisen (...)

In allernächster Zeit haben wir vor, das Steuersystem Rußlands zu stabilisieren. Es ist heute verzerrt und entspricht nicht Marktbedingungen. (...) Die Reorganisation des Steuersystems hat nicht das Ziel, die Steuerabgaben der Bürger zu erhöhen, vielmehr handelt es sich darum, in dieser Sphäre Ordnung zu schaffen. Die Steuern werden die Produzenten und Unternehmer, vor allem die, die Verbrauchsgüter für das Volk produzieren, nicht erdrücken, sondern stimulieren. (...)

Die Vorbereitung eines Maßnahmenpakets zur Reform des Bankensystems wird zu Ende geführt. Die wichtigste Aufgabe ist hier die Einführung strikter Mechanismen gegen die unkontrollierte Geld- und Kreditemission. Wenn wir weiter damit zögern, sind Hyperinflation und der Zusammenbruch des gesamten Geldsystems unvermeidlich. Wir beabsichtigen in allernächster Zeit, die Schaffung eines echten Reservebanksystems mit harter Währung in Angriff zu nehmen. Hier sind zwei Varianten möglich. Die erste wäre die Errichtung einer für die ganze Rubelzone einheitlichen zwischenstaatlichen Bank. Wir wären dazu bereit, wenn folgende Bedingungen eingehalten würden: erstens, eine klare und eindeutige Absage aller Republiken an alle Versuche, in der nächsten Zeit eine eigene Währung einzuführen; zweitens, die Gleichberechtigung der Republiken bei der Kontrolle zur Einhaltung des Bankenstatuts; und drittens, ein dem Kapitalanteil entsprechender Stimmenanteil jeder Republik in der Bankenunion und im Vorstand der Bank. Wenn in nächster Zeit keine Übereinstimmung über diese Bedingungen zustande kommen sollte, werden wir nach der zweiten Variante handeln, d.h. die Russische Staatsbank wird die Emissionsfunktion übernehmen. Falls eine solche Notwendigkeit eintritt, wird Rußland Möglichkeiten finden, die Kontrolle sowohl über die Bargeld- als auch über die Kreditemission des Rubels zu übernehmen. In diesem Fall wären wir bereit, eine neue russische Währung einzuführen. (...)

Schließlich wird die Preisliberalisierung von Maßnahmen zur sozialen Absicherung der Bevölkerung begleitet. Zur Zeit werden Bestimmungen zur Reformierung des Rentensystems der privaten sozialen Versicherung vorbereitet. Unsere Möglichkeiten erlauben uns, in erster Linie den bedürftigsten sozialen Gruppen Hilfe zu leisten. Deshalb wird zur Zeit das Existenzminimum berechnet, das vom realen Tempo der Inflation ausgeht und die regionalen Bedingungen berücksichtigt. Es werden Maßnahmen für den unmittelbaren Zugang der sozial schwachen Bevölkerungsgruppen zum Verbrauchermarkt ergriffen. Ich meine damit in erster Linie den Übergang von der Geld- zur Naturalhilfe. (...)

Während der ersten Etappe der Reformen werden wir nicht in der Lage sein, den Lebensstandard für alle zu sichern. Diese Wahrheit darf ich nicht verschweigen. Wir werden die Entwicklung des Unternehmertums fördern, das neue Arbeitsplätze mit einem ausreichend hohen Einkommen schafft. (...)

Bis zum Ende des laufenden Jahres ist die Durchführung einer Lohnreform vorgesehen. Es werden alle Beschränkungen hinsichtlich der Höhe der individuellen Einkommen und der Möglichkeit für Menschen, ehrlich Geld zu verdienen, aufgehoben. (...)

Wir haben unzulässig lange darüber diskutiert, ob wir Privateigentum brauchen. Zur gleichen Zeit hat die Partei- und Staatselite aktiv ihre eigene Privatisierung betrieben. Ausmaß, Unternehmungsgeist und Scheinheiligkeit sind dabei regelrecht frappierend.

Die Privatisierung ist in Rußland seit längerem im Gange, sie vollzieht sich aber wild, spontan und nicht selten auf krimineller Basis. Heute müssen wir die Initiative übernehmen, gerade das haben wir auch vor. In erster Linie werden wir uns der sogenannten kleinen Privatisierung annehmen – in den kleinen und mittleren Betrieben, im Dienstleistungs- und Handelsbereich, in der Industrie und im Transportwesen.

Wir müssen zugeben, daß das vom Obersten Sowjet verabschiedete Gesetz eine zu komplizierte Privatisierungsprozedur vorsieht. Sie muß vereinfacht und konkretisiert werden. Die Fragen der Privatisierung eines konkreten Objekts müssen im Laufe von höchstens fünf Tagen entschieden werden (...) Wir haben die reale Möglichkeit, in drei Monaten bis zu 50 Prozent der kleinen und mittleren Betriebe Rußlands (etwa 10000) sowie der nicht zu Ende geführter Bauobjekte zu privatisieren. Das wird uns einen Gewinn von etwa 100 Milliarden Rubel bringen. (...)

In Rußland hat die Privatisierung von Wohnraum bereits begonnen. Und viele Bürger stoßen dabei auf Schwierigkeiten und bürokratische Hindernisse. Schmiergelder sind gang und gäbe. (...)

Viel komplizierter steht es mit der Privatisierung der Industriegiganten. Ein beträchtlicher Teil von ihnen wird weiterhin in Staatseigentum verbleiben. Allerdings wird sich ihre Tätigkeit wesentlich verändern (...) Bereits in den nächsten Monaten soll ein schneller und umfassender Prozeß der Umwandlung von Staatsbetrieben in Aktiengesellschaften beginnen, in dessen Verlauf die Aktien zwischen dem Staat und den Arbeitskollektiven aufgeteilt werden. Der zweite Schritt wird der Verkauf des staatlichen Teils der Aktien an alle Interessenten zu Marktpreisen sein. Das wichtigste ist, möglichst rasch die Betriebe vom Staat zu trennen, das Verwaltungssystem zu ändern, Stimuli zur Erhöhung der Effektivität zu schaffen und zur Realisierung des Privatisierungsprogramms auf allen Ebenen initiativreiche Menschen einzusetzen.

Ein besonderes Problem für unsere Republik sind die Landwirtschaft und das Bauerntum. Die Lage in diesem Wirtschaftsbereich ist heute kritisch. Die Lebensmittelproduktion fällt. Wenn sich im nächsten Jahr die jetzigen Tendenzen fortsetzen, werden wir unsere Ausgaben für Lebensmittelimporte verdoppeln müssen. Derartige Ausmaße werden für unsere Wirtschaft nicht mehr tragbar sein. Die Agrarreform, die nach dem II. Volksdeputiertenkongreß begonnen wurde, war nicht imstande, die Lage spürbar zu verbessern. 30000 bäuerliche Betriebe, die in dieser Zeit gegründet wurden, bleiben ein Tropfen auf den heißen Stein. Die meisten von ihnen fristen ein

Arme-Verwandte-Dasein, werden offen diskriminiert und leiden an akutem Defizit hinsichtlich Technik, Baumaterialien und allem Notwendigen. (...)

Die wichtigste Aufgabe für den bevorstehenden Winter ist die Privatisierung des Dienstleistungsbereiches für die Bauern, in erster Linie des Handels- und Versorgungsnetzes. Andernfalls wird es unmöglich sein, das russische Bauerntum tatsächlich wiederzuerwekken. Es ist auch daran gedacht, mit der Privatisierung des Eigentums derjenigen Kolchosen und Sowchosen zu beginnen, die seit längerer Zeit mit Verlust arbeiten oder chronisch ihre Verpflichtungen gegenüber dem Staat nicht erfüllen. (...)

Selbstverständlich werden die Kolchosen und Sowchosen, die gut arbeiten, weiter unterstützt. (...)

Der Präsident wird dem Obersten Sowjet ein Paket mit Korrekturen zum Gesetz über die Landreform vorlegen, um die gesetzlichen Grundlagen für Veränderungen in dieser Sphäre zu stärken und endlich den Kauf und Verkauf des Bodens zuzulassen. (...)

Eine Besonderheit der russischen Wirtschaft ist ihre starke Monopolisierung. Ein beträchtlicher Teil der Produktion wird von gigantischen Betrieben und Konzernen hergestellt, die keine Konkurrenten haben. Das erlaubt ihnen, sich um die Qualität nicht zu kümmern. Und nach dem Verschwinden des Plans brauchen sie sich sogar um die Qualität der eigenen Produktion nicht zu sorgen. Mit allen Mitteln wird der überhöhte Preis für die Ware festgelegt. Der Verbraucher muß doppelt und dreifach zahlen. Zugleich gibt es auch viele Monopolisten wider Willen. Die Liberalisierung der Preise wird alles ins Lot bringen. Außerdem verfügen wir über ein Maßnahmenpaket, das im Kampf gegen die Monopolisierung und zur Stimulierung der Konkurrenz eingesetzt wird. Bereits in allernächster Zeit haben wir vor, mit der Verkleinerung einer Reihe von Konzernen und auf dieser Grundlage mit der Schaffung konkurrierender Firmen zu beginnen. Der Monopolismus wird sowohl durch kleine und mittlere Privatbetriebe, die in den ersten Monaten der Privatisierung entstehen werden, als auch durch die Entwicklung der Zusammenarbeit zwischen der Regierung und den Unternehmerkreisen Rußlands zerschlagen werden. Bei der Schaffung eines Klimas der Konkurrenz wird die Zerstörung des wirtschaftlichen Eisernen Vorhangs, der bis heute ziemlich undurchlässig geblieben ist, helfen. (...)

Eine der zentralen Aufgaben der Umgestaltung ist die Konversion der Rüstungsbetriebe. Zur Zeit ist faktisch die Demilitarisierung des Landes im Gange. Dennoch hat dieser positive Prozeß bis jetzt keine deutlichen Resultate gebracht, sondern zum Teil der Gesellschaft direkten Schaden zugefügt. In Rußland ist die Erarbeitung des Programms einer umfassenden Konversion abgeschlossen... Das Konversionsprogramm sieht den Übergang zu einem System vor, in dem die Aufträge vom Verteidigungsministerium direkt vergeben werden. Für das Jahr 1992 wurden sie bereits festgelegt. Es wird eine Trennung der militärischen und zivilen Produktion vorgenommen. (...)

Das Problem Nummer eins wird in den nächsten Monaten die Gewährleistung eines normalen Rhythmus in den wichtigsten Bereichen des öffentlichen Lebens der Republik sein. In erster Linie betrifft das die Lebensmittel- und Energieversorgung. Rußland muß einen schwierigen Winter durchstehen, und ich bin überzeugt, daß es ihn durchstehen wird! (...)

Die Führung der Republik erkannte die Unausweichlichkeit radikaler Wirtschaftsreformen und widmete in der vergangenen Periode der Stärkung der Machtorgane besondere Aufmerksamkeit. Wir werden dies auch in Zukunft tun. In unserer Republik hat diese Frage eine gewisse Spezifik. Es ist an der Zeit, klar und deutlich zu sagen: In Rußland gibt es eine Macht, sie besteht aus dem Russischen Kongreß der Volksdeputierten und dem Obersten Sowjet, aus der russischen Regierung und dem russischen Präsidenten. Es vollzieht sich ein dynamischer Prozeß der Befreiung der Machtinstitutionen von der Fuchtel der KPdSU. Wir haben keine Angst, daß uns unterstellt wird, wir seien undemokratisch, und wir werden hier entschlossen handeln. Keine Partei wird in Zukunft selbsternannte Herrin im russischen Staat sein.

Die Hauptlast bei der Durchführung der Reformen liegt bei der Regierung Rußlands. In ihrer jetzigen Zusammensetzung mit ihrer schwerfälligen Struktur wird sie das nicht bewältigen. Eine solche Bürde kann nur eine Regierung des Volksvertrauens durchstehen, der die Menschen Vertrauen schenken, die sie von der Richtigkeit ihrer Handlungen überzeugt. Diese Last kann nur eine Regierung durchstehen, die geschlossen handelt und die nicht von inneren Konflikten zerrissen wird. Bei der personellen Zusammenstellung der neuen Regierung lehnen wir die Priorität politischer Überlegungen zugunsten professioneller ab. Diese Regierung muß eine Arbeitsmannschaft sein. Als Präsident habe ich vor, entsprechende Arbeitsbedingungen für das neue Kabinett zu schaffen, von dem wir Arbeit im Namen der Menschen verlangen werden. Wenn es nicht gelingt, Ordnung zu schaffen, wird das Volk uns alle hinwegfegen. Die umgebildete Regierung wird kompakt sein: Es ist vorgesehen, die Anzahl der Ministerien und den Apparat des Ministerrates erheblich zu verkleinern. Die Regierung wird einen streng umrissenen Kreis von Aufgaben erfüllen: Garantierung der Souveränität der Republik, Stabilisierung und Reformierung der Wirtschaft, sozialer Schutz der Bevölkerung. Eine Reihe von Tätigkeitsbereichen wird auf die Ebene der Territorien und an selbständige Wirtschaftssubjekte delegiert. Die Regierung Rußlands trägt die gesamte Verantwortung für den Zustand der Republik.

In dieser Frage werden mir alle notwendigen Rechte eingeräumt, die Überschneidung mit irgendwelchen Organen, einschließlich der Administration des Präsidenten Rußlands, wird ausgeschlossen. In Anbetracht der raschen Veränderung der Situation im Laufe der Reformen könnte der Kongreß dem Präsidenten das Recht einräumen, selbständig oder mit der anschließenden Bestätigung durch den Obersten Sowjet die Struktur der obersten Organe der Exekutive zu verändern und Fragen der personellen Zusammensetzung der Leiter dieser Organe zu entscheiden. Die Lage verlangt, vorübergehend für ein Jahr ein neues System des Zusammenwirkens vorzuschlagen: Oberster Sowjet, Präsidium, Regierung, Präsident. (...)

Es ist notwendig, das Problem der Stärkung der vertikalen Machtverhältnisse unverzüglich zu lösen. Ich teile die Position der Deputierten, die meinen, daß die beste Variante zur Bildung dieser Vertikalen die Wahl der Leiter der Exekutive durch das Volk ist. Allerdings ist die Lage heute so, daß eine solche Prozedur ein viel zu großer Luxus ist. Es ist unmöglich, gleichzeitig Wahlkampagnen und tiefgreifende Wirtschaftsreformen durchzuführen. Sich auf so etwas einzulassen, würde bedeuten, alles scheitern zu lassen. Ich zweifle nicht daran, daß bei der Lösung dieser Frage im Parlament der gesunde Menschenverstand die Oberhand gewinnen wird. Die Ernennung der Leiter der Administrationen ist eine erzwungene, vorübergehende Maßnahme. Wir haben das gleich nach dem Putsch in den Regionen begonnen, in denen die Leitung offen das Staatskomitee für den Ausnahmezustand unterstützte. Ich möchte betonen, Stärkung der Exekutivorgane bedeutet nicht automatisch Beschränkung der Rechte und Möglichkeiten der Sowjets. Der Hauptsinn unserer Maßnahmen besteht darin, die Vollmachten der Exekutivgewalt in Rußland über die ganze Vertikale vernünftig zu verteilen, um die Disproportionen zwischen den oberen und unteren Machtetagen zu überwinden. (...)

Einige Worte zu Angelegenheiten des Militärs. Das wichtigste ist heute, sich auf die Armeereform und auf den sozialen Schutz der Soldaten und Reservisten zu konzentrieren. Es wurde ein Präsidentenerlaß über die Gründung eines Umschulungszentrums für Offiziere in zivile Berufe unterschrieben.

Es wird viel über die Gründung einer Russischen Garde gesprochen. Die Ereignisse im August zeigten, daß sie notwendig ist. Die Entscheidung über ihre Gründung ist getroffen. (...)

Sie wissen, daß manche Republiken die Bildung ihrer Nationalarmeen angekündigt haben. Wir haben es damit nicht eilig. Politisch ist es eher gerechtfertigt, vereinigte Streitkräfte der Gemeinschaft der souveränen Staaten unter einem einzigen Kommando zu haben. Wenn dennoch, entgegen unserem Wunsch, der Prozeß der Gründung von Nationalarmeen in den Republiken in Gang gesetzt wird, bleibt uns nichts anderes übrig, als eine eigene russische Armee zu gründen. Aber das wird nicht unsere Wahl sein. (...)

Die Republiken im Verband Rußlands haben nicht wenig bei den demokratischen Umgestaltungen der letzten Jahre gewonnen. Sie haben ihren staatlichen Status gestärkt, sie entscheiden praktisch alle wesentlichen Fragen selbst, die mit dem Funktionieren ihrer Wirtschaft und den staatlichen Institutionen zusammenhängen. (...)

Eine Reihe von Republiken weist mit gutem Recht darauf hin, daß ein beträchtlicher Teil ihres Rohstoffpotentials sich unter der Kontrolle der zentralen Behörden befindet und den Bewohnern der Republik kein entsprechender Anteil zukommt. Diese Fragen müssen vom neuen russischen Kabinett überprüft und entschieden werden. Wir sind verpflichtet, den vernünftigen und legitimen Forderungen der Republiken innerhalb der Russischen Föderation in dieser Frage entgegenzukommen.

Zugleich gibt es aber eine Grenze, die wir unter keinen Umständen überschreiten dürfen. Diese Grenze ist die territoriale Ganzheit Rußlands, seine staatliche und rechtliche Einheit. Wir können den Zerfall Rußlands nicht zulassen – und wir werden es unter keinen Umständen zulassen, daß Rußland in Dutzende einander befehdende Teilfürstentümer zerfällt. (...)

Wir haben ein schweres Erbe übernommen. Erst nach dem Zerfall des Zentrums ist uns die Tiefe des Abgrunds, in den unsere Wirtschaft gesunken ist, vollständig klar geworden – vergeudete Goldreserven, erschöpfte Währungsbestände, innere und äußere Verschuldung. Die Krise erreichte eine Phase, in der nur rasche und entschiedene Maßnahmen die Situation retten können. Diese Maßnahmen sind schmerzlich, aber ihre Resultate sind Stabilisierung und Beginn des Aufschwungs. (...)

In dieser Situation bin ich, als Chef der Exekutive Rußlands, der entsprechend der Verfassung die Leitung der Tätigkeit des Ministerrates in dieser verantwortungsvollen und schwierigen Zeit ausübt, bereit, mich unmittelbar an die Spitze der Regierung zu stellen. (...)

*Quelle:* Sovetskaja Rossija, 29. Okt. 1991; geringfügig gekürzte deutsche Übersetzung in: Kontinent 1, 1992, S. 103–115.

24 Die Völker der UdSSR*
(nach der Volkszählung 1989)

| | 1979 | 1989 | Zunahme in % 1989 gegenüber 1979 | Von der Gesamtzahl der Angehörigen der jeweiligen Nationalität | |
|---|---|---|---|---|---|
| | | | | betrachten die Sprache ihrer Nationalität als Muttersprache (in %) | beherrschen Russisch als Zweitsprache (in %) |
| Gesamtbevölkerung | 262.084.654 | 285.742.511 | 9,0 | 92,7 | 24,1 |
| Russen | 137.397.089 | 145.155.489 | 5,6 | 99,8 | – |
| Ukrainer | 42.347.387 | 44.186.006 | 4,3 | 81,1 | 56,2 |
| Usbeken | 12.455.978 | 16.697.825 | 34,1 | 98,3 | 23,8 |
| Weißrussen | 9.462.715 | 10.036.251 | 6,1 | 70,9 | 54,7 |
| Kasachen | 6.556.442 | 8.135.818 | 24,1 | 97,0 | 60,4 |
| Aserbaidshaner | 5.477.330 | 6.770.403 | 23,6 | 97,7 | 34,3 |
| Tataren | 6.185.196 | 6.648.760 | 7,5 | 83,2 | 70,8 |
| Armenier | 4.151.241 | 4.623.232 | 11,4 | 91,7 | 47,1 |
| Tadshiken | 2.897.697 | 4.215.372 | 45,5 | 97,7 | 27,7 |
| Georgier | 3.570.504 | 3.981.045 | 11,5 | 98,2 | 33,1 |
| Moldauer | 2.968.224 | 3.352.352 | 12,9 | 91,6 | 53,8 |
| Litauer | 2.850.905 | 3.067.390 | 7,6 | 97,7 | 37,9 |
| Turkmenen | 2.027.913 | 2.728.965 | 34,6 | 98,5 | 27,7 |
| Kirgisen | 1.906.271 | 2.528.946 | 32,7 | 97,8 | 35,2 |
| Deutsche | 1.936.214 | 2.038.603 | 5,3 | 48,7 | 45,0 |

* In diese Tabelle wurden nur Völker aufgenommen, die mehr als 20000 Menschen zählten.

| | 1979 | 1989 | Zunahme in % 1989 gegenüber 1979 | Von der Gesamtzahl der Angehörigen der jeweiligen Nationalität | |
|---|---|---|---|---|---|
| | | | | betrachten die Sprache ihrer Nationalität als Muttersprache (in %) | beherrschen Russisch als Zweitsprache (in %) |
| Tschuwaschen | 1.751.366 | 1.842.346 | 5,2 | 76,4 | 65,1 |
| Letten | 1.439.037 | 1.458.986 | 1,4 | 94,8 | 64,4 |
| Baschkiren | 1.371.452 | 1.449.157 | 5,7 | 72,3 | 71,8 |
| Juden | 1.761.724 | 1.378.344 | -7,8 | 11,1 | 10,1 |
| Mordwinen | 1.191.765 | 1.153.987 | -9,7 | 67,1 | 62,5 |
| Polen | 1.150.991 | 1.126.334 | -9,8 | 30,5 | 43,9 |
| Esten | 1.019.851 | 1.026.649 | 0,7 | 95,5 | 33,9 |
| Tschetschenen | 755.782 | 956.879 | 26,6 | 98,1 | 74,0 |
| Udmurten | 713.696 | 746.793 | 4,6 | 69,6 | 61,3 |
| Mari | 621.961 | 670.868 | 7,9 | 80,8 | 68,8 |
| Awaren | 482.844 | 600.989 | 24,5 | 97,2 | 60,8 |
| Osseten | 541.893 | 597.998 | 10,4 | 87,0 | 68,9 |
| Lesgier | 382.611 | 466.006 | 21,8 | 91,6 | 53,4 |
| Koreaner | 388.926 | 438.650 | 12,8 | 49,4 | 43,3 |
| Karakalpaken | 303.324 | 423.520 | 39,6 | 94,1 | 20,6 |
| Burjaten | 352.646 | 421.380 | 19,5 | 86,3 | 72,1 |
| Kabardiner | 321.719 | 390.814 | 21,5 | 97,2 | 77,7 |
| Jakuten | 328.018 | 381.922 | 16,4 | 93,8 | 64,9 |
| Bulgaren | 361.082 | 372.941 | 3,3 | 68,1 | 60,3 |
| Darginer | 287.282 | 365.038 | 27,1 | 97,5 | 68,0 |

| | 1979 | 1989 | Zunahme in % 1989 gegenüber 1979 | Von der Gesamtzahl der Angehörigen der jeweiligen Nationalität | |
|---|---|---|---|---|---|
| | | | | betrachten die Sprache ihrer Nationalität als Muttersprache (in %) | beherrschen Russisch als Zweitsprache (in %) |
| Griechen | 343.809 | 358.068 | 4,1 | 44,5 | 39,5 |
| Komi | 326.700 | 344.519 | 5,5 | 70,4 | 62,2 |
| Kumyken | 228.418 | 281.933 | 23,4 | 97,4 | 74,5 |
| Krimtataren | 132.272 | 271.715 | 105,4 | 92,6 | 76,1 |
| Ujguren | 210.612 | 262.643 | 24,7 | 86,6 | 58,3 |
| Zigeuner | 209.159 | 262.015 | 25,3 | 77,4 | 63,3 |
| Inguschen | 186.198 | 237.438 | 27,5 | 96,9 | 80,0 |
| Türken | 92.689 | 207.512 | 123,9 | 91,0 | 40,3 |
| Tuwiner | 166.082 | 206.629 | 24,4 | 98,5 | 59,2 |
| Gagausen | 173.179 | 197.768 | 14,2 | 87,4 | 71,1 |
| Völker des Nordens | 158.324 | 184.448 | 16,5 | 52,3 | 50,4 |
| Kalmücken | 146.631 | 173.821 | 18,5 | 90,0 | 85,3 |
| Ungarn | 170.553 | 171.420 | 0,5 | 93,9 | 43,3 |
| Karatschajer | 131.074 | 155.936 | 19,0 | 96,8 | 79,2 |
| Kurden | 115.858 | 152.717 | 31,8 | 80,5 | 28,7 |
| Komipermjaken | 150.768 | 152.060 | 0,9 | 70,1 | 61,3 |
| Rumänen | 128.792 | 146.071 | 13,4 | 60,9 | 50,8 |
| Karelier | 138.429 | 130.929 | -9,4 | 47,9 | 45,5 |
| Adygejer | 108.711 | 124.826 | 14,8 | 94,7 | 81,7 |
| Laken | 100.148 | 118.074 | 17,9 | 93,6 | 76,5 |

| | 1979 | 1989 | Zunahme in % 1989 gegenüber 1979 | Von der Gesamtzahl der Angehörigen der jeweiligen Nationalität | |
|---|---|---|---|---|---|
| | | | | betrachten die Sprache ihrer Nationalität als Muttersprache (in %) | beherrschen Russisch als Zweitsprache (in %) |
| Abchasen | 90.915 | 105.308 | 15,8 | 93,5 | 78,8 |
| Tabassaraner | 75.239 | 97.531 | 29,6 | 95,9 | 62,5 |
| Balkaren | 66.334 | 85.126 | 28,3 | 93,6 | 78,6 |
| Chakasen | 70.776 | 80.328 | 13,5 | 76,1 | 66,8 |
| Nogajer | 59.546 | 75.181 | 26,3 | 89,9 | 79,3 |
| Altajer | 60.015 | 70.777 | 17,9 | 84,3 | 65,1 |
| Dunganen | 51.694 | 69.323 | 34,1 | 94,8 | 70,8 |
| Finnen | 77.079 | 67.359 | -8,7 | 34,6 | 35,4 |
| Tscherkessen | 46.470 | 52.363 | 12,7 | 90,4 | 76,3 |
| Perser | 31.313 | 40.176 | 28,3 | 33,2 | 45,8 |
| mittelasiat. Juden | 28.308 | 36.152 | 27,7 | 65,1 | 50,6 |
| Abassiner | 29.497 | 33.613 | 14,0 | 93,4 | 78,1 |
| Taten | 22.441 | 30.669 | 36,7 | 71,9 | 64,1 |
| Beludshen | 18.997 | 28.796 | 51,6 | 96,9 | 4,6 |
| Assyrer | 25.170 | 26.160 | 3,9 | 59,6 | 43,7 |
| Talyschen | - | 21.602 | - | 90,4 | 5,5 |
| Rutulen | 15.032 | 20.388 | 35,6 | 94,8 | 63,1 |

*Quelle:* Nacional'nyj sostav naselenija, Čast' II. Moskau, Informacionno-izdatel'skij centr 1989; Vestnik statistiki 10, 1990.

Nationale Zusammensetzung der Republiken

| Republiken | Jahre | Gesamtbevölkerung in Tausend | davon Prozentanteil | | |
|---|---|---|---|---|---|
| | | | Titularnation | Russen | andere |
| Russische Föderation: | 1979 | 137.410 | 82,6 | 82,6 | |
| | 1989 | 147.002 | 81,5 | 81,5 | |
| Baschkirien | 1979 | 3.844 | 24,3 | 40,3 | Tataren – 24,5 |
| | 1989 | 3.943 | 22,4 | 39,3 | Tataren – 28,4 |
| Tatarien | 1979 | 3.445 | 47,6 | 44,0 | |
| | 1989 | 3.642 | 48,5 | 43,3 | |
| Dagestan | 1979 | 1.628 | 77,8 | 11,6 | |
| | 1989 | 1.802 | 80,1 | 9,2 | |
| Udmurtien | 1979 | 1.492 | 32,1 | 58,3 | |
| | 1989 | 1.605 | 30,9 | 58,9 | |
| Tschuwaschien | 1979 | 1.299 | 68,4 | 26,0 | |
| | 1989 | 1.338 | 67,7 | 26,7 | |
| Republik der Tschetschenen und Inguschen | 1979 | 1.156 | 64,6 | 29,1 | |
| | 1989 | 1.270 | 70,7 | 23,1 | |
| Republik der Komi | 1979 | 1.110 | 25,3 | 56,7 | |
| | 1989 | 1.251 | 23,3 | 57,7 | |
| Mordwinien | 1979 | 989 | 34,2 | 59,7 | |
| | 1989 | 963 | 32,5 | 60,8 | |
| Burjatien | 1979 | 899 | 23,0 | 72,0 | |
| | 1989 | 1.038 | 24,0 | 69,9 | |

| Republiken | Jahre | Gesamtbevölkerung in Tausend | davon Prozentanteil Titularnation | Russen | andere |
|---|---|---|---|---|---|
| Jakutien | 1979 | 852 | 36,9 | 50,4 | |
| | 1989 | 1.094 | 33,4 | 50,3 | |
| Karelien | 1979 | 732 | 11,1 | 71,3 | |
| | 1989 | 790 | 10,0 | 73,6 | |
| Republik der Mari | 1979 | 704 | 43,5 | 47,5 | |
| | 1989 | 749 | 43,2 | 47,5 | |
| Kabardino-Balkarien | 1979 | 666 | 54,5 | 35,1 | |
| | 1989 | 754 | 57,6 | 31,9 | |
| Nord-Ossetien | 1979 | 592 | 50,5 | 33,9 | |
| | 1989 | 632 | 52,9 | 29,9 | |
| Kalmückien | 1979 | 294 | 41,5 | 42,6 | |
| | 1989 | 322 | 45,3 | 37,7 | |
| Tuwa | 1979 | 267 | 60,5 | 36,2 | |
| | 1989 | 308 | 64,3 | 32,0 | |
| Ukraine | 1979 | 49.609 | 73,6 | 21,1 | |
| | 1989 | 51.449 | 72,6 | 22,0 | |
| Weißrußland | 1979 | 9.532 | 79,4 | 11,9 | |
| | 1989 | 10.149 | 77,8 | 13,2 | |
| Usbekistan: | 1979 | 15.389 | 68,7 | 10,8 | Tadshiken – 3,9 |
| | 1989 | 19.808 | 71,3 | 8,3 | Tadshiken – 4,7 |
| Karakalpakien | 1979 | 903 | 31,1 | 2,4 | Usbeken – 31,5; Kasachen – 27,0 |
| | 1989 | 1.212 | 32,1 | 1,6 | Usbeken – 32,8; Kasachen – 26,3 |

| Republiken | Jahre | Gesamtbevölkerung in Tausend | davon Prozentanteil | | |
|---|---|---|---|---|---|
| | | | Titularnation | Russen | andere |
| Kasachstan | 1979 | 14.684 | 36,0 | 40,8 | Ukrainer – 6,1; Deutsche – 6,1 |
| | 1989 | 16.463 | 39,7 | 37,8 | Ukrainer – 5,4; Deutsche – 5,8 |
| Georgien: | 1979 | 4.993 | 68,8 | 7,4 | Armenier – 9,0; Aserbaidshaner – 5,1 |
| | 1989 | 5.396 | 70,2 | 6,3 | Armenier – 8,1; Aserbaidshaner – 5,7 |
| Abchasien | 1979 | 486 | 17,1 | 16,4 | Georgier – 43,9; Armenier – 15,1 |
| | 1989 | 524 | 17,3 | 14,2 | Georgier – 46,2; Armenier – 14,6 |
| Adsharien | 1979 | 354 | 80,2 | 9,8 | |
| | 1989 | 392 | 82,8 | 7,7 | |
| Süd-Ossetien | 1979 | 97 | 66,4 | 2,1 | Georgier – 28,8 |
| | 1989 | 98 | 66,2 | 2,2 | Georgier – 29,0 |
| Aserbaidshan: | 1979 | 6.027 | 78,1 | 7,9 | Armenier – 7,9 |
| | 1989 | 7.019 | 82,6 | 5,6 | Armenier – 5,6 |
| Nachitschewan | 1979 | 240 | 95,6 | 1,6 | |
| | 1989 | 294 | 95,9 | 1,3 | |
| Berg-Karabach | 1979 | 162 | 75,9 | 0,8 | Aserbaidshaner – 23,0 |
| | 1989 | 189 | 76,9 | 1,0 | Aserbaidshaner – 21,5 |
| Litauen | 1979 | 3.392 | 80,0 | 8,9 | Polen – 7,3 |
| | 1989 | 3.673 | 79,6 | 9,4 | Polen – 7,0 |
| Moldau-Republik | 1979 | 3.950 | 63,9 | 12,8 | Ukrainer – 14,2 |
| | 1989 | 4.332 | 64,4 | 12,9 | Ukrainer – 13,8 |
| Lettland | 1979 | 2.503 | 53,7 | 32,8 | Weißrussen – 4,5 |
| | 1989 | 2.667 | 52,0 | 34,0 | Weißrussen – 4,5 |

| Republiken | Jahre | Gesamtbe-völkerung in Tausend | davon Prozentanteil | | |
|---|---|---|---|---|---|
| | | | Titular-nation | Russen | andere |
| Kirgisien | 1979 | 3.523 | 47,9 | 25,9 | Usbeken – 12,1 |
| | 1989 | 4.258 | 52,3 | 21,5 | Usbeken – 12,9 |
| Tadshikistan | 1979 | 3.806 | 58,8 | 10,4 | Usbeken – 22,9 |
| | 1989 | 5.090 | 62,2 | 7,6 | Usbeken – 23,5 |
| Armenien | 1979 | 3.037 | 89,7 | 2,3 | Aserbaidshaner – 5,3 |
| | 1989 | 3.304 | 93,3 | 1,6 | Aserbaidshaner – 2,6 |
| Turkmenistan | 1979 | 2.765 | 68,4 | 12,6 | Usbeken – 8,5 |
| | 1989 | 3.512 | 71,9 | 9,5 | Usbeken – 9,0 |
| Estland | 1979 | 1.465 | 64,7 | 27,9 | |
| | 1989 | 1.566 | 61,5 | 30,3 | |

*Quelle:* Nacional'nyj sostav naselenija. Čast' II. Moskau, Informacionno-izdatel'skij centr 1989.

| | |
|---|---|
| 10. Nov. 1982 | Tod Breshnews |
| 12. Nov. 1982 – 9. Febr. 1984 | Andropow Generalsekretär der KPdSU |
| 1. Sept. 1983 | Abschuß eines südkoreanischen Verkehrsflugzeugs über sowjetischem Territorium, 269 Tote |
| 17. Sept. 1983 | Außenminister Gromyko sagt Teilnahme an der Generalversammlung der UNO ab |
| 13. Febr. 1984 – 10. März 1985 | Tschernenko Generalsekretär der KPdSU |
| 11. April 1984 | Tschernenko auch Vorsitzender des Präsidiums des Obersten Sowjet |
| Mai 1984 | UdSSR boykottiert die Olympischen Spiele in Los Angeles |
| 11. März 1985 | Gorbatschow Generalsekretär der KPdSU |
| 23. April 1985 | KGB-Chef Tschebrikow sowie ZK-Sekretäre Ligatschow und Ryschkow Vollmitglieder des Politbüros |
| 26. April 1985 | Verlängerung des Warschauer Paktes um 20 Jahre |
| 14. Juni 1985 | RGW bietet EG Formalisierung der Wirtschaftsbeziehungen an |
| 1. Juli 1985 | Romanow (Parteichef von Leningrad) scheidet aus dem Politbüro aus; Schewardnadse wird Vollmitglied und Außenminister; Gromyko Vorsitzender des Präsidiums des Obersten Sowjet |
| 29. Juli 1985 – 26. Febr. 1987 | Einseitiges sowjetisches Moratorium zur Einstellung von Atomwaffenversuchen |
| 27. Sept. 1985 | Rücktritt von Ministerpräsident Tichonow; Nachfolger wird Ryschkow |
| 19. – 21. Nov. 1985 | Gipfeltreffen Reagan – Gorbatschow in Genf |
| 24. Dez. 1985 | Moskauer KP-Chef Grischin abgesetzt; Nachfolger wird Jelzin |
| 15. Jan. 1986 | Gorbatschow schlägt Abrüstung aller Atomwaffen bis zum Jahr 2000 vor |
| 25. Febr. – 6. März 1986 | XXVII. Parteitag der KPdSU |
| 26. April 1986 | Katastrophe im Kernkraftwerk Tschernobyl in der Ukraine |
| 21. /22. Sept. 1986 | Ende der Konferenz über vertrauensbildende Maßnahmen in Stockholm (KVAE) |
| 11. – 12. Okt. 1986 | Gipfeltreffen Reagan - Gorbatschow in Reykjavík |
| 9. Dez. 1986 | Tod des Dissidenten Martschenko in Lagerhaft |

| | |
|---|---|
| 16. Dez. 1986 | Ablösung des kasachischen KP-Chefs Kunajew durch den Russen Kolbin. Unruhen in Alma-Ata |
| 19. Dez. 1986 | Rückkehr Sacharows aus der Verbannung in Gorkij/Nishnij Nowgorod nach Moskau |
| 22. – 24. Jan. 1987 | Plenum des ZK der KPdSU; Beginn der Perestrojka des politischen Systems; A. Jakowlew Kandidat des Politbüros |
| 28. Mai 1987 | Der deutsche Sportflieger Rust landet auf dem Roten Platz in Moskau |
| 31. Mai 1987 | Verteidigungsminister Sokolow wird durch Jasow ersetzt |
| 7. Nov. 1987 | Feiern zum 70. Jahrestag der Oktoberrevolution |
| 11. Nov. 1987 | Jelzin als Moskauer KP-Chef abgesetzt, Nachfolger wird Sajzew |
| 7. – 10. Dez. 1987 | 3. Gipfeltreffen Gorbatschow - Reagan in Washington; INF-Vertrag unterzeichnet |
| 1. Jan. 1988 | Inkrafttreten des Gesetzes über die staatlichen Unternehmen |
| 12. Jan. 1988 | KP-Chef Usbekistans Usmanchodschajew wegen Korruption abgesetzt, Nachfolger wird Nischanow |
| 18. – 26. Febr. 1988 | Massendemonstrationen in Jerewan für den Anschluß Berg-Karabachs an Armenien |
| 28. Febr. 1988 | Armenier-Pogrome in Sumgait bei Baku |
| 14. April 1988 | Afghanistan-Abkommen in Genf unterzeichnet |
| 29. April 1988 | Gorbatschow empfängt erstmals den Patriarchen der Russischen Orthodoxen Kirche Pimen und weitere Kirchenführer |
| 7. – 9. Mai 1988 | Gründungskongreß der »Demokratischen Union« in Moskau, der ersten antikommunistischen politischen Partei |
| 15. Mai 1988 – 15. Febr. 1989 | Abzug der sowjetischen Truppen aus Afghanistan |
| 23. Mai 1988 | KP-Chef Kadar in Ungarn gestürzt, Nachfolger Grosz |
| 26. Mai 1988 | Gesetz über das Genossenschaftswesen verabschiedet |
| 29. Mai – 1. Juni 1988 | 4. Gipfel Gorbatschow – Reagan in Moskau |
| Juni 1988 | 1000-Jahrfeier der Taufe der Rus mit offizieller sowjetischer Beteiligung |
| 28. Juni – 1. Juli 1988 | XIX. Parteikonferenz der KPdSU |
| 12. Juli 1988 | Oberster Sowjet von Berg-Karabach beschließt Anschluß an Armenien |
| 30. Sept. 1988 | Entmachtung des Sekretariats des ZK der KPdSU durch Bildung von 6 Kommissionen über den Abteilungen des ZK |

| | |
|---|---|
| 1. Okt. 1988 | Gorbatschow Vorsitzender des Präsidiums des Obersten Sowjet, Gromyko pensioniert |
| 9. Okt. 1988 | Oberster Sowjet Lettlands erklärt als erster Oberster Sowjet einer Republik Lettisch zur Staatssprache in Lettland |
| 16. Nov. 1988 | Oberster Sowjet Estlands erklärt als erster Oberster Sowjet einer Republik die Souveränität Estlands |
| 8. Dez. 1988 | Schweres Erdbeben in Armenien |
| 22. Dez. 1988 | Abkommen über die Unabhängigkeit Namibias und den Abzug der Kubaner aus Angola bis Mitte 1991 |
| 28. /29. Jan. 1989 | Gründungskongreß der Gesellschaft »Memorial« in Moskau |
| 6. März 1989 | Beginn der Wiener Verhandlungen über konventionelle Abrüstung in Europa (KSE) |
| 11. – 26. März 1989 | Wahlen zum Kongreß der Volksdeputierten |
| 31. März 1989 | Gründung der Allunionsgesellschaft der Deutschen in der Sowjetunion »Wiedergeburt« |
| 9. April 1989 | Gewaltsame Auflösung von Demonstrationen für die Unabhängigkeit Georgiens in Tiflis, 20 Tote |
| 25. April 1989 | Plenum des ZK der KPdSU: 110 »tote Seelen« scheiden aus |
| 15. – 18. Mai 1989 | Gorbatschow in Peking, erster sowjetisch-chinesischer Gipfel seit 1959 |
| 25. Mai – 9. Juni 1989 | I. Sitzungsperiode des Kongresses der Volksdeputierten der UdSSR; Gorbatschow zum Staatsoberhaupt gewählt |
| 3./4. Juni 1989 | Pogrome gegen Mescheten in Usbekistan |
| 7. Juni – 4. Aug. 1989 | I. Sitzungsperiode des Obersten Sowjet der UdSSR |
| 12. Juni – 15. Juni 1989 | Staatsbesuch Gorbatschows in der Bundesrepublik Deutschland |
| 17. Juni 1989 | Gewalttätigkeiten von Kasachen gegen Transkaukasier in Novyj Usen (Kasachstan) |
| 2. Juli 1989 | Gründungskongreß der Arbeiterunion Litauens als erster offiziell registrierter unabhängiger Arbeiterorganisation in der UdSSR |
| 10. Juli 1989 | Beginn der Bergarbeiterstreiks in den Kohlerevieren Kusbass, Donbass, Karaganda und Workuta, regionale Streikkomitees |
| 23. Aug. 1989 | 600 km lange Menschenkette von Tallinn über Riga nach Wilna aus Anlaß des 50. Jahrestages des Hitler-Stalin-Paktes |
| 24. Aug. 1989 | Mazowiecki erster nichtkommunistischer Ministerpräsident Polens |

| | |
|---|---|
| 9. Nov. 1989 | Öffnung der Berliner Mauer |
| 18. – 24. Nov. 1989 | »Bürgerforum« in der Tschechoslowakei erzwingt den Rücktritt der kommunistischen Führung in Prag |
| 2./3. Dez. 1989 | Gipfeltreffen Bush – Gorbatschow vor Malta |
| 7. Dez. 1989 | Der Oberste Sowjet Litauens streicht das Machtmonopol der KPdSU aus der Verfassung |
| 12. – 24. Dez. 1989 | II. Sitzungsperiode des Kongresses der Volksdeputierten; Annullierung des geheimen Zusatzprotokolls zum Hitler-Stalin-Pakt im August 1939 |
| 14. Dez. 1989 | Tod Sacharows |
| 18. Dez. 1989 | Handels- und Kooperationsabkommen zwischen der Sowjetunion und der EG |
| 19. Dez. 1989 | KP Litauens erklärt sich für unabhängig von der KPdSU |
| 25. Dez. 1989 | Der rumänische Partei- und Staatschef Ceauşescu hingerichtet |
| 29. Dez. 1989 | Havel Staatspräsident der ČSSR |
| 19. Jan. 1990 | Einmarsch sowjetischer Streitkräfte in Baku; mehrere hundert Tote |
| 4. Febr. 1990 | Großdemonstrationen des Wahlbündnisses »Demokratisches Rußland« in Moskau und anderen Städten |
| 5. – 7. Febr. 1990 | Plenum des ZK der KPdSU gibt Machtmonopol der KPdSU auf und beschließt eine Präsidialverfassung |
| 11. /12. Febr. 1990 | Gorbatschow stimmt bei einem Besuch Kohls in Moskau der deutschen Einheit zu |
| 27. Febr. 1990 | Abkommen über den Abzug der sowjetischen Truppen aus der ČSFR |
| März 1990 | Halbfreie Wahlen zu den Obersten Sowjets in der RSFSR, der Ukraine und Weißrußland |
| 10. März 1990 | Vereinbarung über den Abzug der sowjetischen Truppen aus Ungarn bis Juni 1991 |
| 11. März 1990 | Litauen erklärt als erste Republik die Unabhängigkeit |
| 12.-15. März 1990 | UdSSR erhält Präsidialverfassung; Gorbatschow Staatspräsident mit umfassenden Vollmachten |
| 18. März 1990 | Freie Wahlen in der DDR |
| 30. März 1990 | Erklärung des Obersten Sowjet Estlands über den Beginn einer Übergangsperiode zur Unabhängigkeit Estlands |
| 18. April bis Juni 1990 | Wirtschaftsblockade der UdSSR gegen Litauen |
| 30. April – 2. Mai 1990 | Gründungskongreß der Konföderation der Arbeit in Novokusnetzk |
| 4. Mai 1990 | Erklärung des lettischen Obersten Rates über |

| | |
|---|---|
| | den Beginn einer Übergangsphase zur Unabhängigkeit Lettlands |
| 29. Mai 1990 | Jelzin Vorsitzender des Obersten Sowjet der RSFSR |
| 31. Mai – 4. Juni 1990 | Gipfeltreffen Gorbatschow – Bush in Washington |
| 4. Juni bis Ende Juli | Gewalttätigkeiten zwischen Usbeken und Kirgisen in und um Osch; mehrere hundert Tote |
| 12. Juni 1990 | Souveränitätserklärung der RSFSR |
| 1. – 11. Juli 1990 | XXVIII. (letzter) Parteitag der KPdSU; Wiederwahl Gorbatschows zum Generalsekretär; Parteiaustritt Jelzins |
| 15./16. Juli 1990 | Bundeskanzler Kohl in Moskau und im Kaukasus; Durchbruch auf dem Weg zur Vereinigung Deutschlands |
| 16. Juli 1990 | Souveränitätserklärung der Ukraine |
| 1. Aug. 1990 | Gesetz über die Presse und andere Medien in Kraft |
| 23. Aug. 1990 | Erklärung des Obersten Sowjet Armeniens über den Beginn einer Übergangsperiode zur Unabhängigkeit Armeniens |
| 9. Sept. 1990 | Gipfeltreffen Bush – Gorbatschow in Helsinki |
| 12. Sept. 1990 | Unterzeichnung des Deutschland-Vertrags in Moskau |
| 3. Okt. 1990 | Vereinigung Deutschlands |
| 20./21. Oktober 1990 | Gründung der überparteilichen, antikommunistischen Bewegung »Demokratisches Rußland« |
| 28. Okt. – 11. Nov. 1990 | Sieg der Opposition unter Gamsachurdia bei den ersten freien Wahlen in Georgien |
| 14. Nov. 1990 | Erklärung des georgischen Parlaments über den Beginn einer Übergangsperiode zur Unabhängigkeit Georgiens |
| 19. Nov. 1990 | Unterzeichnung des KSE-Vertrags in Paris |
| 20. Dez. 1990 | Rücktritt von Außenminister Schewardnadse |
| 1. Jan. 1991 | Inkrafttreten des UdSSR-Gesetzes über gesellschaftliche Organisationen (Parteiengesetz) |
| 4./5. Jan. 1991 | Beschluß über die Auflösung des RGW |
| 13. Jan. 1991 | Kommunistischer Umsturzversuch in Litauen |
| 15. Jan. 1991 | Pawlow neuer Ministerpräsident der UdSSR; Bessmertnych Außenminister |
| 20. Jan. 1991 | Kommunistischer Umsturzversuch in Lettland; 500000 Menschen demonstrieren in Moskau gegen den Einsatz von Gewalt in Litauen |
| 9. Febr. 1991 | Referendum in Litauen: 90,5 Prozent stimmen für die Unabhängigkeit |
| 25. Febr. 1991 | Beschluß über die Auflösung des Warschauer Paktes |

| | |
|---|---|
| 1. März 1991 | Beginn der überwiegend politischen Streiks in den Kohlerevieren Donbass, Kusbass und Workuta (beendet Anfang Mai) |
| 3. März 1991 | Referendum in Estland und Lettland: 77,8 Prozent bzw. 73,7 Prozent stimmen für die Unabhängigkeit |
| 17. März 1991 | Referendum über die UdSSR als »erneuerte Föderation«: 76,4 Prozent Ja-Stimmen; sechs Unionsrepubliken boykottieren das Referendum |
| 28. März 1991 | 150000 Menschen demonstrieren in Moskau trotz Verbot für Jelzin |
| 31. März 1991 | Referendum in Georgien: 98,9 Prozent stimmen für die Unabhängigkeit |
| 1. April 1991 | Erhöhung der Einzelhandelspreise, meist um mehrere 100 Prozent |
| 9. April 1991 | Enteignung der KP in Armenien |
| 23. April 1991 | Vereinbarung zwischen Gorbatschow und neun Republikführungen (Neun-plus-eins-Prozeß) in Novo-Ogarjowo bei Moskau |
| 12. Juni 1991 | Jelzin in einer Volkswahl zum Präsidenten der RSFSR, Popow zum Oberbürgermeister von Moskau, Sobtschak zum Oberbürgermeister von Leningrad/St. Petersburg gewählt |
| 17. Juli 1991 | Gorbatschow beim Gipfeltreffen der G7-Staaten in London |
| 20. Juli 1991 | Präsenz der KP in Organisationen und Betrieben der RSFSR durch Dekret Jelzins verboten |
| 30./31. Juli 1991 | Gipfeltreffen Gorbatschow – Bush in Moskau; Unterzeichnung des START-Vertrags |
| 18.-21. August 1991 | Putschversuch durch ein »Staatskomitee für den Ausnahmezustand« unter Leitung von Vizepräsident Janajew; Initiator: KGB-Chef Krjutschkow |
| 19. August 1991 | Jelzin erklärt das »Staatskomitee für den Ausnahmezustand« für illegal |
| 20. August 1991 | Unabhängigkeitserklärung Estlands |
| 21. August 1991 | Unabhängigkeitserklärung Lettlands |
| 22. August 1991 | Rückkehr Gorbatschows aus dem Hausarrest auf der Krim nach Moskau |
| 22. August 1991 | KP in Estland und Litauen verboten |
| 23. August 1991 | KP in der RSFSR suspendiert |
| 24. August 1991 | Gorbatschow tritt als Generalsekretär der KPdSU zurück |
| 24. August 1991 | Unabhängigkeitserklärung der Ukraine |
| 25. August 1991 | Unabhängigkeitserklärung Weißrußlands |
| 27. August 1991 | Unabhängigkeitserklärung der Republik Moldova |

| | |
|---|---|
| 30. August 1991 | Unabhängigkeitserklärung Aserbaidshans |
| 31. August 1991 | Unabhängigkeitserklärung von Kyrgystan |
| 5. Sept. 1991 | Unabhängigkeitserklärung von Usbekistan |
| 9. Sept. 1991 | Unabhängigkeitserklärung von Tadshikistan |
| 23. Sept. 1991 | Unabhängigkeitserklärung von Armenien |
| 18. Okt. 1991 | Gesetz der RSFSR über die Rehabilitierung der Opfer der Sowjetperiode |
| 30. Okt. 1991 | Konstituierung des Verfassungsgerichts der RSFSR |
| 6. Nov. 1991 | Verbot der KPdSU und der KP Rußlands auf dem Territorium der RSFSR |
| 6. Nov. 1991 | Jelzin auch Ministerpräsident; Gajdar Stellvertretender Ministerpräsident für Wirtschaftsfragen |
| 15. Nov. 1991 | etwa 80 Ministerien und Oberste Behörden der UdSSR stellen ihre Tätigkeit ein |
| 22. Nov. 1991 | Oberster Sowjet der RSFSR unterstellt sich die Staatsbank der UdSSR |
| 1. Dez. 1991 | Referendum in der Ukraine bestätigt Unabhängigkeit; Krawtschuk zum Staatspräsidenten gewählt |
| 8. Dez. 1991 | Rußland, Ukraine und Weißrußland bilden GUS; erklären UdSSR für aufgelöst |
| 16. Dez. 1991 | Unabhängigkeitserklärung Kasachstans als letzte der nichtrussischen Unionsrepubliken |
| 21. Dez. 1991 | Zweiter Gründungsakt der GUS in Alma-Ata; alle früheren Unionsrepubliken außer den baltischen und Georgien nehmen teil |
| 22. Dez. 1991 | Süd-Ossetien erklärt Unabhängigkeit von Georgien |
| 25. Dez. 1991 | Rücktritt Gorbatschows als Staatspräsident der UdSSR |
| 2. Jan. 1992 | Freigabe der Preise für die meisten Güter in Rußland; andere Staaten der Rubelzone folgen |
| 6. Jan. 1992 | Präsident Gamsachurdia flieht aus Tiflis |
| 8. / 10. Febr. 1992 | Gründung der »Rußländischen Völkischen Versammlung« als Bündnis national-patriotischer Kräfte von rechts und links |
| 6. März 1992 | Rücktritt des aserbaidshanischen Präsidenten Mutalibow |
| 10. März 1992 | Schewardnadse Vorsitzender eines interimistischen Staatsrates in Tiflis |
| 21. März 1992 | Referendum in Tatarstan für die Souveränität (61,4 Prozent) |
| 31. März 1992 | Unterzeichnung eines Föderationsvertrages der Russischen Föderation |

| | |
|---|---|
| 15. Mai 1992 | Unterzeichnung eines Vertrags über kollektive Sicherheit durch sechs Nachfolgestaaten einschließlich Rußland |
| 7. Juni 1992 | Elcibey (Volksfront) zum Präsidenten Aserbaidshans gewählt |
| 15. – 18. Juni 1992 | Staatsbesuch Jelzins in Washington; Abkommen über Reduktion atomarer Waffen über START hinaus |
| 15. Juni 1992 | Gajdar amtierender Ministerpräsident; Schumejko Erster Stellvertretender Ministerpräsident |
| 21. Juni 1992 | Gründung der »Bürger-Union« als Block der Industrielobby und russisch-patriotischer Parteien |
| 23. Juni 1992 | Abkommen zwischen Rußland und der Ukraine in Dagomys; Entspannung der Beziehungen |
| 14. Juli 1992 | Friedenstruppen sichern erstmals einen Waffenstillstand in Süd-Ossetien |

# Register

# Deutsche Geschichte der neuesten Zeit

vom 19. Jahrhundert bis zur Gegenwart

Originalausgaben, herausgegeben von Martin Broszat, Wolfgang Benz und Hermann Graml in Verbindung mit dem Institut für Zeitgeschichte, München

Peter Burg:
**Der Wiener Kongreß**
Der Deutsche Bund im europäischen Staatensystem
dtv 4501

Wolfgang Hardtwig:
**Vormärz**
Der monarchische Staat und das Bürgertum
dtv 4502

Hagen Schulze:
**Der Weg zum Nationalstaat**
Soziale Kräfte und nationale Bewegung
dtv 4503

Michael Stürmer:
**Die Reichsgründung**
Deutscher Nationalstaat und europäisches Gleichgewicht im Zeitalter Bismarcks
dtv 4504

Wilfried Loth:
**Das Kaiserreich**
Liberalismus, Feudalismus, Militärstaat
dtv 4505 (i. Vorb.)

Richard H. Tilly:
**Vom Zollverein zum Industriestaat**
Die wirtschaftlich-soziale Entwicklung Deutschlands 1834 bis 1914
dtv 4506

Helga Grebing:
**Arbeiterbewegung**
Sozialer Protest und kollektive Interessenvertretung bis 1914
dtv 4507

Hermann Glaser:
**Bildungsbürgertum und Nationalismus**
Politik und Kultur im Wilhelminischen Deutschland
dtv 4508

Michael Fröhlich:
**Imperialismus**
Deutsche Kolonial- und Weltpolitik 1880 – 1914
dtv 4509 (i. Vorb.)

Gunther Mai:
**Das Ende des Kaiserreichs**
Politik und Kriegführung im Ersten Weltkrieg
dtv 4510

Klaus Schönhoven:
**Reformismus und Radikalismus**
Gespaltene Arbeiterbewegung im Weimarer Sozialstaat
dtv 4511

Horst Möller:
**Weimar**
Die unvollendete Demokratie
dtv 4512

Peter Krüger:
**Versailles**
Deutsche Außenpolitik zwischen Revisionismus und Friedenssicherung
dtv 4513

Corona Hepp:
**Avantgarde**
Moderne Kunst, Kulturkritik und Reformbewegungen nach der Jahrhundertwende
dtv 4514

# Deutsche Geschichte der neuesten Zeit

vom 19. Jahrhundert bis zur Gegenwart

Fritz Blaich:
**Der Schwarze Freitag**
Inflation und Wirtschaftskrise
dtv 4515

Martin Broszat:
**Die Machtergreifung**
Der Aufstieg der NSDAP und die Zerstörung der Weimarer Republik
dtv 4516

Norbert Frei:
**Der Führerstaat**
Nationalsozialistische Herrschaft 1933 bis 1945
dtv 4517

Bernd-Jürgen Wendt:
**Großdeutschland**
Außenpolitik und Kriegsvorbereitung des Hitler-Regimes
dtv 4518

Hermann Graml:
**Reichskristallnacht**
Antisemitismus und Judenverfolgung im Dritten Reich
dtv 4519

Hartmut Mehringer/ Peter Steinbach:
**Emigration und Widerstand**
Das NS-Regime und seine Gegner
dtv 4520 (i. Vorb.)

Lothar Gruchmann:
**Totaler Krieg**
Vom Blitzkrieg zur bedingungslosen Kapitulation
dtv 4521

Wolfgang Benz:
**Potsdam 1945**
Besatzungsherrschaft und Neuaufbau
dtv 4522

Wolfgang Benz:
**Die Gründung der Bundesrepublik**
dtv 4523

Dietrich Staritz:
**Die Gründung der DDR**
Von der sowjetischen Besatzungsherrschaft zum sozialistischen Staat. dtv 4524

Kurt Sontheimer:
**Die Adenauer-Ära**
Grundlegung der Bundesrepublik
dtv 4525

Manfred Rexin:
**Die Deutsche Demokratische Republik**
dtv 4526 (i. Vorb.)

Ludolf Herbst:
**Option für den Westen**
Vom Marshallplan bis zum deutsch-französischen Vertrag
dtv 4527

Peter Bender:
**Neue Ostpolitik**
Vom Mauerbau bis zum Moskauer Vertrag
dtv 4528

Thomas Ellwein:
**Krisen und Reformen**
Die Bundesrepublik seit den sechziger Jahren
dtv 4529

Helga Haftendorn:
**Sicherheit und Stabilität**
Außenbeziehungen der Bundesrepublik zwischen Ölkrise und NATO-Doppelbeschluß
dtv 4530

# Auslandsberichte

Jewgenia Albaz:
Das Geheimimperium KGB
Totengräber der Sowjetunion
dtv 30326

Milovan Djilas:
Jahre der Macht
Im jugoslawischen Kräftespiel
Memoiren 1945 – 1966
Vorwort von Wolfgang Leonhard
dtv 30304

Marion Gräfin Dönhoff:
Der südafrikanische Teufelskreis
Reportagen und Analysen aus drei Jahrzehnten
dtv 11110

Georg Markus (Hrsg.):
Mein Elternhaus
Ein österreichisches Familienalbum
Mit zahlreichen Fotos
dtv 30330

Mark Mathabane:
Kaffern Boy
Ein Leben in der Apartheid
dtv 10913

Conor Cruise O'Brien:
Belagerungszustand
Die Geschichte des Zionismus und des Staates Israel
dtv 11424

Peter Scholl-Latour:
Mord am großen Fluß
Ein Vierteljahrhundert afrikanische Unabhängigkeit
dtv 11058
Leben mit Frankreich
Stationen eines halben Jahrhunderts
dtv 11399

Der Tod im Reisfeld
Dreißig Jahre Krieg in Indochina
dtv 30336

John R. MacArthur:
Die Schlacht der Lügen
Wie die USA den Golfkrieg verkauften
Vorwort von Dagobert Lindlau
dtv 30352

Dorothee Sölle:
Gott im Müll
Eine andere Entdeckung Lateinamerikas
dtv 30040

Jonathan D. Spence:
Das Tor des Himmlischen Friedens
Die Chinesen und ihre Revolution
1895 – 1980
dtv 30307

Yue Daiyun:
Als hundert Blumen blühen sollten
Die Odyssee einer modernen Chinesin vom Langen Marsch bis heute
dtv 11040